Meinem Vater

ISBN 3-98-05844-4-5

© **1999 Deutsche Stimme Verlag, Rötestraße 4, 70197 Stuttgart.**
Alle Rechte vorbehalten. Printed in Germany.

Bei einigen in diesem Buch veröffentlichten Bildern konnten die Eigentümer der daran gebundenen Rechte für die Zahlung der entsprechenden Honorare bzw. Vergütungen nicht festgestellt werden. Der Verlag erklärt sich bereit, den Inhabern der Rechte die üblichen Honorare bzw. Vergütungen zu entrichten.

Jürgen Schwab

Deutsche Bausteine

Grundlagen nationaler Politik

Inhalt

Geleitwort von Dr. Reinhold Oberlercher: Viele deutsche Bausteine sind nötig....7
Vorwort von Jürgen Schwab: Warum dieses Buch überfällig ist...............10

I. Politische Lageanalyse..17
Deutschland außenpolitisch..17
Deutschland innenpolitisch..58
Die Verfolgung der nationalen Opposition................................59
Feindbestimmung...89
Es regt sich Widerstand...98
Widerstand – mitten aus der Gesellschaft................................99

II. Politischer Handlungsbedarf......................................143
Nationale Opposition und Öffentlichkeit................................144
Nationale Opposition – eine neue Standortbestimmung....................152
Deutscher Fundamentalismus – eine nationale Fundamentalkritik..........177
Rechte Parteipolitik – im Abseits?.....................................199

III. Politische Zielbestimmung.......................................219
Drei deutsche Bausteine –
die Grundlagen nationaler Politik......................................220
Nationale Identität..221
Nationale Souveränität...246
Nationale Solidarität..267

Deutsche Visionen –
alternative Ordnungsentwürfe zum *Status Quo*..........................284
Geschichtsverständnis und Revisionismus................................285
Staat, Volksherrschaft – Volksstaat....................................290
Alternativen einer neuen Ordnung.......................................297
Zusammenfassung – was ist zu tun?......................................312
Anmerkungen..339
Literaturverzeichnis...355

Geleitwort – viele deutsche Bausteine sind nötig

In seinen zahlreichen journalistischen Beiträgen in den Periodika der nationalen außerparlamentarischen Opposition wie in seinem Buch „Die Meinungsdiktatur" (Coburg 1997) hat der junge Publizist Jürgen Schwab seine Fähigkeit zur politischen Lageanalyse wie zur politischen Zielbestimmung häufig unter Beweis gestellt. Zudem beschränkt sich Jürgen Schwab niemals nur auf die politische Pragmatik, sondern hat immer auch die politische Theorie im Blick. Ebensowenig verliert er den politischen Überblick oder vernachlässigt gar die Visionen einer künftigen Neugestaltung der politischen Ordnung. Und jede deutsche Ordnung muß aus „Deutschen Bausteinen" errichtet sein.

Dr. Reinhold Oberlercher

Wer in der deutschen Nationalbewegung länger aktiv ist, den überraschen natürlich nicht die vielen Formen der Unterdrückung der Meinungs-, Versammlungs- und Demonstrationsfreiheit. Gleichwohl ist es für „diejenigen Deutschen, die es noch sein wollen" (Horst Mahler) wichtig, sich untereinander auszutauschen und sich nicht darauf zu verlassen, daß sie schon immer einer Meinung sein werden.

Manche Deutsche meinen, daß die BRD unter den Reichs-Zerteilungsstaaten ein viel größeres Unrechtsregime sei als die DDR es je gewesen war. Sie werde darin nur von der Republik Österreich übertroffen, deren Gründung 1945 ein völkerrechtliches Gemeinschaftsverbrechen aller vier Siegermächte des II. Weltkrieges war. Die BRD-Gründung von 1949 erfolgte ohne Rücksichtnahme auf den Willen des deutschen Volkes, so daß dies die Ostmacht nicht mehr mitmachte und mit der DDR-Gründung reagierte. Deshalb fällt die Schuld an der Regierungskriminalität der DDR allein der Westmacht zu, denn die Ostmacht hat mit dem Tod der Sowjetunion die gehörige Strafe bereits erlitten.

Kriminell im Sinne des unverjährbaren, weil von der Geschichte selber zu ahndenden Völkerrechtsverbrechens ist alle Politik, welche die mittlerweile durch über zehn Millionen fremdvölkische und sogar fremdrassige Zivilokkupanten verstärkte amerikanische Besatzung Deutschlands nicht beendet und nicht die Handlungsfähigkeit des Deutschen Reiches wiederherstellt. Dabei figuriert die BRD auch formell als Reichsstellvertreter und ist faktisch das in seiner Handlungsunfähigkeit konservierte Dritte Reich und auch deswegen bevorzugtes Ausbeutungsobjekt.

Deshalb stellt sich die Frage: Ist die BRD das „illegale" Dritte Reich? Unabhängige Völkerrechtler sind der Auffassung: Der einzige Weg zur Wiederherstellung des öffentlich-europäischen Rechts, also des Kriegsrechts, führe über die Legalität des Dritten Reiches als Ausgangspunkt für ein Viertes Reich, worin sich die verfassungsgebende Gewalt des deutschen Gesamtvolkes verwirkliche. Im 20. Jahrhundert ist mit dem zweimaligen Angriff der Randmächte auf die europäische Mittelmacht von europäischer Ordnung und Gesittung kein Stein auf dem anderen geblieben. Zur Wiederherstellung wie erst recht zur Fortbildung der europäischen Ordnung, von der immer eine Weltgestaltung ausging, werden noch viele „deutsche Bausteine" nötig sein. Insbesondere ist zu hoffen, daß die Initiativen zur nationalen Befreiung jetzt bald zunehmend von Westdeutschen ausgehen und Jürgen Schwab viele Nachahmer findet. Denn bislang wurden alle wesentlichen nationalen Befreiungsversuche von uns Mitteldeutschen unternommen: Der 17. Juni 1953, die Massenfluchtbewegung bis zum 13. August 1961, die nationalrevolutionäre Bewegung von 1968, die zum 9. November 1989 führende Fluchtbewegung, die Gründung der „Staatsbriefe" 1990, die Volksaufstände von Hoyerswerda und Rostock-Lichtenhagen 1992.

Befreiung hat häufig etwas mit Flucht zu tun. Der Fluchtweg muß aber immer ein zweites Mal, und zwar in umgekehrter Richtung, zurückgelegt werden, soll die Befreiung nicht nur versucht, sondern auch vollendet werden. Als dank uns Mitteldeutschen und schließlich auch der Russen der Ostblock zusammenbrach, wurde im Westblock behauptet, er selber habe gesiegt und das Ende der Geschichte sei erreicht. Jedes vorläufige Ende der Geschichte ist aber immer ein Sieg der Gegengeschichte über die Geschichte, woraufhin eine Moderne eintritt. Völkisch betrachtet ist die Moderne die Unterwerfung der Nationen unter den Willen der Antination und kulturell bedeutet sie den siegreichen Sklavenaufstand des Geldes gegen den Geist.

Schon 1844 hatte Karl Marx in seiner Abhandlung „Zur Judenfrage" die Auffassung vertreten, daß die Geldherrschaft im Kapitalismus nichts anderes als die „Verjudung der Christen" und damit die falsche Judenemanzipation sei, die Emanzipation der Juden als Juden, aber nicht ihre Emanzipation zu freien Menschen. Diese Emanzipation der Juden als Juden sei die Fehlemanzipation der Christen zum Juden, ihre Befreiung von der Herrschaft des absoluten Geistes, die sie allen Daseinssinns beraubt.

Ethnische Verschmelzung der Nationen einerseits, um sie in der Schürung und Steuerung der daraus folgenden Konflikte in die verherdete Massengesellschaft hinabzudrücken, und Ghettoisierung nach sozialen und rassischen Merkmalen andererseits sind die entsprechenden Treibertechniken in der kapitalistischen Welthirtschaft der Antination. Die Brechung dieser Welthirtschaft durch den wahren Internationalismus, durch die Solidarität der Nationen gegen die Antination, wird die Selbstbefreiung der Völker, sei es in einherrschaftlicher, bestenherrschaftlicher oder allherrschaftlicher Weise, wiederherstellen, die Moderne beiroden und den Geschichtsstillstand beenden.

Die von Marx 1844 angekündigte „Verjudung der Christen" ist 1945 auch militärisch real geworden. Der von der Antination inspirierte Kampf gegen die Völker wird unter wechselnden Titeln – wie Menschenrechte, UNO oder NATO – von einer Koalition imperialistischer Staaten gegen die wirklichen Völker geführt. Vertreibung wird angewandt, dient sie der Schwächung homogener Völker, und sie wird sanktioniert, wenn sie ethnisch „säubert". Die so erzeugten Kämpfe zwischen den Nationen, die alle um ihre völkische Homogenität ringen, sind das Lebenselement der Antination.

Gleichwohl offenbarte der in diesem Sinne 1999 geführte Kosovo-Krieg der NATO jene klassische Zwickmühle, in der das antinationale System steckt, das zum Opfer der nächsten Revolution auserwählt ist: Ob es einen Sieg oder eine Niederlage davonträgt, es verliert immer, der leichte Sieg der NATO über Serbien verwandelt sich in eine besonders demütigende Niederlage vor dem völkischen Prinzip, zugefügt von den albanischen Verbündeten. Dem Sieg der Nationalisten im Kosovo sollte bald ein Sieg der Nationalisten in den deutschen Staaten folgen.

Hamburg, im August 1999

Dr. Reinhold Oberlercher

Vorwort – warum dieses Buch überfällig ist

Deutschland, Europa und die Welt befinden sich seit der Zeitenwende von 1989/90 in der Phase eines fundamentalen Umbruchs. Die Teilung Deutschlands, die Teilung Europas sowie die Bipolarität der Welt sind aufgehoben, der jahrzehntelange „Kalte Krieg" scheint überwunden zu sein. Wer sich den neuen politischen Herausforderungen stellen will, muß zunächst einmal diese hier kurz skizzierte Ausgangsbedingung zur Kenntnis nehmen. Zur Kenntnis nehmen deshalb, weil diese epochale Zäsur die alten weltpolitischen Kräfteverhältnisse zugunsten neuer

Jürgen Schwab

Konstellationen aufgehoben hat. Wenn sich das Politische, wie der Staatsrechtler Carl Schmitt sagt, in der Unterscheidung von Freund und Feind ausdrückt, dann müssen auch die alten Freund- und Feindbilder auf den Prüfstand gestellt werden, wenn es darum geht, ernsthaft Politik zu gestalten. Das gilt auch und gerade für eine nationalpolitische Position – und das vor allem in Deutschland, wo die Teilung der Welt in einen „freien" Westen und den sowjetisch dominierten Ostblock mitten hindurch verlief.

Der Kommunismus als das Feindbild schlechthin hat für den Nationalismus ausgedient. Revolutionäre Nationalisten haben schon vor 1989/90 richtig erkannt, daß aus konsequent nationaler Sicht dem Antibolschewismus immer auch ein Antikapitalismus zur Seite stehen muß. Denn beide Position gelten für Nationalrevolutionäre als materialistisch, außerdem stellen beide – Kommunismus wie Kapitalismus – nur Klassenpositionen im Weltbürgerkrieg dar, nämlich die des „internationalen Proletariats" sowie die der „internationalen Finanzbourgeoisie". Da der völkische Nationalist jedoch in den Kategorien von Rassen, Völkern, Staaten und kulturellen Großräumen denkt, für ihn die Interessen des eigenen Volkes den Maßstab des politischen Handelns ausmachen, muß er sowohl die Bürgerkriegsposition des Kommunismus wie die des Kapitalismus, die beide nur die zwei Seiten der einen internationalistischen und materialistischen Medaille darstellen, rundheraus ablehnen.[1]

Nun ist jedoch – entgegen mancher rechter Verschwörungstheorien – die weltweite Bedeutung und das reelle Bedrohungspotential des internationalen Kommunismus gesunken. In kaum einem Staat der Welt wird nach dem Zusammenbruch der Sowjetunion und ihrer Vasallen dieses Wirtschafts- und Gesellschaftsmodell noch in seiner dogmatisch reinen Lehre – des Marxismus/Leninismus/Maoismus und dergleichen – praktiziert. Selbst das sogenannte kommunistische China öffnet sich immer mehr der westlichen Wirtschaftsweise. Nicht nur aus dem chinesischen Modell könnte sich eine Art „nationaler Sozialismus" entwickeln, in dem Elemente des freien Marktes mit denen des wirtschaftlichen Plans eine Symbiose eingehen. Nach dem weltweiten Zurückweichen des Kommunismus als Herrschaftsform scheint nun für manche das Ende der Geschichte (Francis Fukujama) eingetreten zu sein, der Liberalkapitalismus seinen weltweiten Siegeszug unaufhaltsam anzutreten.

Dieser Anschein jedoch trügt. Vielmehr ist der Nationalismus, aber auch der religiöse Fundamentalismus weltweit wieder erwacht. Diese Formen des Ethnopluralismus sind die Antwort auf das Bestreben der Strategen der „One World"-Ideologie, die Völker und Kulturen der Welt zu einer Welteinheitszivilisation degenerieren zu lassen, die Menschen zu kulturlosen Konsumidioten herabzuwürdigen.

Das vorliegende Buch soll deshalb einen Beitrag leisten, diesem weltweiten Widerstand der Völker und Kulturkreise – bezogen auf die deutschen Belange – eine geistige Grundlage zu bieten. Eine geistige Grundlage deshalb, damit sich der nationalpolitisch aktive Teil des deutschen Volkes wieder voller Selbstbewußtsein als deutscher Verfechter der ethnischen und kulturellen Vielfalt der Menschheit versteht. Das klingt zwar in nationalen Ohren alles selbstverständlich, jedoch sieht das in der politischen Praxis schon anders aus. Die nationale Opposition hierzulande sieht sich einem medialen Verleumdungsprozeß größten Ausmaßes ausgesetzt. Sie wird als „antidemokratisch", „rechtsextrem", „ausländerfeindlich", „rassistisch", „antisemitisch" und vieles mehr beschimpft.

Diese permanente Hetzorgie erzeugt bei vielen Angehörigen des sogenannten nationalen Lagers Selbstzweifel an der eigenen weltanschaulichen Legitimation. Vielerorts entsteht innerhalb der nationalen Opposition politische Resignation. Lethargie macht sich breit: „Wozu das alles? Wir haben ja doch keine Chance gegen die mediale Übermacht unserer Gegner. Es hat alles keinen Zweck mehr!" Dies hört man nationale Bürger sagen, die durchaus bereit wären, sich politisch für ihr

Volk einzusetzen, denen jedoch die erfolgversprechende Handlungsperspektive fehlt.

Es besteht zudem die Gefahr, daß sich die Angehörigen der nationalen Opposition in Deutschland der soeben skizzierten Sprachregelung des liberalkapitalistischen Feindes unterwerfen, die von den Systemmedien vorgegeben wird, womit die eigenen weltanschaulichen Grundlagen nationaler Politik konsequent verschüttet werden. Doch nur wer sich seiner eigenen geistigen Grundlagen auch wirklich bewußt ist, diese in seiner eigenen Sprache gegenüber dem Bürger voller Selbstbewußtsein vertritt, nur der kann sich in der weltanschaulichen Auseinandersetzung auch Erfolgschancen ausrechnen. Dieser Anforderung will sich der Verfasser dieses Buches bewußt stellen. Die vorliegende Abhandlung soll, um es in einem Satz auszudrücken, dem bekennenden und im politischen Kampf stehenden deutschen Nationalismus eine politische Theorie an die Hand geben, mit der er sein politisches Handeln gegenüber Freund und Feind begründen kann. Und hierbei geht es nicht um das leider noch zu oft anzutreffende „Rechtfertigen" des weltanschaulichen Nationalismus, wo es ja eigentlich gar nichts zu rechtfertigen gibt, da der Nationalist im Gegensatz zu den Verfechtern irgendwelcher „Ideologien" eben nur die Welt mit seinen Augen sieht, wie sie nun mal ist. Es geht hierbei darum, das „Selbstverständnis", besser noch formuliert, die „Selbstverständlichkeit" des weltanschaulichen Nationalismus offensiv zu vertreten. Denn der Nationalismus ist „Lebensrealität", wie eben auch die Mutter und der Vater sich um ihre eigenen Kinder zuerst kümmern und nicht um die der anderen. Da spielt es auch keine Rolle, ob dieses dem Menschen angeborene Verhalten, sich zunächst einmal im Sinne der richtig verstandenen Nächstenliebe (nicht Fernstenliebe) um die Eigenen zu kümmern, nach den Maßstäben der politischen Korrektheit „human" ist. Denn nichts anderes tut der Nationalist, als sich um die Eigenen zu kümmern. Ob dies in moralisierender Weise „gut" oder „böse" sein soll, spielt dabei auch keine Rolle. Für den Nationalisten ist der Nationalismus subjektiv „gut", für den Internationalisten „böse". Dennoch gilt: der Nationalismus drückt ein gutes Stück Lebenswirklichkeit aus. Und genau darum geht es! Mit dem vorliegenden Buch soll dem deutschen Nationalisten die Möglichkeit geboten werden, sein politisches Handeln systematisch erklären zu können. Diese Fähigkeit setzt Bildung und Intelligenz voraus, ist jedoch keinesfalls an umfangreiche philosophische Vorkenntnisse gebunden. Der Nationalismus benötigt keinen „philosophischen Überbau", er erklärt sich vielmehr aus sich selbst heraus – instinktiv und naturgesetzlich! Was nicht heißen soll, daß es nicht auch ratsam ist, die bisherigen politischen und philosophischen Denker des Nationalismus heranzuziehen, wo es notwendig ist.

Die Grundlagen einer nationalen Politik: Darüber ist schon viel gesprochen und geschrieben worden – vor allem innerhalb des sogenannten nationalen Lagers. Warum soll deshalb über dieses Thema noch ein eigenes Buch geschrieben werden? Der Verfasser hält ein solches Buchprojekt deshalb für dringend erforderlich, weil epochale Zäsuren eine Neuformierung in der politisch-geistigen Auseinandersetzung erfordern. Seit der Zeitenwende von 1989/90 ist nichts mehr so, wie es zuvor war, weil in Folge dieses Bruchs die alten Freund- Feind-Bezeichnungen und Frontverläufe völlig durcheinandergeraten sind: „Demokratie" und „Diktatur", „links" und „rechts" sowie „Krieg" und „Frieden" – sind Begriffe, die heute beliebig Verwendung finden. Die politischen Standorte, auf die man sich zuvor scheinbar verlassen konnte, sind unsicher geworden. Hierfür nur ein Beispiel: Eine „linke" Regierung, die unter Gerhard Schröder (SPD) seit September 1998 in der BRD an der Macht ist, beteiligt sich mit Bundeswehrsoldaten aktiv an einem verfassungs- wie völkerrechtswidrigen NATO-Angriffskrieg gegen Jugoslawien. Aus ehemaligen friedensbewegten Pazifisten sind bellizistische Kriegstreiber geworden.

Während die „gemäßigte Linke" von Rot-Grün und die (konservative) „gemäßigte Rechte" die NATO-Aggression befürworten, leisten die sogenannte „radikale Linke" sowie die sogenannte „radikale Rechte" ausnahmslos Widerstand, denen wiederum gemeinsam ist, daß sie beide in den Verfassungsschutzberichten als angebliche Verfassungs- und Demokratiefeinde stehen, obwohl sie – nicht nur bei diesem Thema wird das deutlich – auf die Einhaltung verfassungsmäßiger Grundsätze pochen. Nun werden demokratische Grundrechte und das Grundgesetz weder von der PDS, noch von der NPD – um zwei Vertreterinnen dieser radikalen politischen Richtungen zu nennen – in Frage gestellt, obwohl es natürlich im Umfeld dieser PDS verwirrte „antifaschistische" Geister gibt, die Nationalisten die Grundrechte vorenthalten wollen. Dennoch gilt: Nicht „Rechtsextremisten" und „Linksextremisten" sind, wie so oft behauptet, die Ursache für die Unfreiheit. Vielmehr ist die bürgerliche Mitte dabei, Verfassung und demokratische Grundsätze über Bord zu werfen, wenn es denn politisch zweckmäßig erscheint. Der politische Zweck besteht für diese „Demokraten" nun darin, den inneren Feind („Extremisten") wie den äußeren Feind (Jugoslawien, Irak) zu bekämpfen – und dazu ist jedes politische, polizeiliche und militärische Mittel recht. Das Spektrum reicht von bewußter medialer Lüge und „Verfassungsschutz"-Denunziation, über Hausdurchsuchungen und Bombenterror gegen jugoslawische und irakische Städte, bis hin zu Mordaufrufen gegen Staatsoberhäupter fremder souveräner Staaten. Von dem antidemokratischen Terror der herrschenden „Demokraten" sind also sowohl außenpolitische als auch innenpolitische Feinde dieser Gutmenschen betroffen.

Da die neuen Konflikte in der Innen- wie in der Außenpolitik sich nicht mehr nach dem Links- Rechtsschema erklären lassen, ergibt es auch keinen Sinn mehr, aus nationaler Sicht eine Positionierung auf der „Rechten" vorzunehmen. Da die Frontverläufe nicht zwischen „rechts" und „links" verlaufen, sondern zwischen national und international, soll in dem vorliegenden Buch der Versuch unternommen werden, die Grundlagen eines deutschen Nationalismus zu beschreiben, von denen aus sich dann – aus konsequent nationaler Sicht – die Freund-Feind-Bestimmung (nach Carl Schmitt) vornehmen läßt.

Der Verfasser ist sich dessen bewußt, daß man über das Thema „Grundlagen nationaler Politik" mehrere Bände schreiben könnte. In einem Vorlauf könnte man zunächst einmal alles zusammentragen, was bisher zu diesem Thema aus anderen Federn geschrieben wurde. Der Verfasser könnte bei der politischen Theorie, der Ideengeschichte nationaler Denker, bei der Philosophie und Zeitgeschichte anfangen, ganz im Stile einer Zettelkastenmentalität sich auf alles und jeden berufen, der vor ihm namhaft zu dem Themenbereich irgend etwas gesagt oder geschrieben hat. Auf dieses sinnlose Unterfangen soll hier bewußt verzichtet werden.

Nur wem zur Gegenwart nichts einfällt, der holt erst einmal weit in der Geschichte und Philosophiegeschichte aus, läßt andere für sich sprechen, kommt vielleicht gerade am Schluß seines Werkes darauf zu sprechen, was das aus der Geschichte Zusammengetragene eigentlich für Gegenwart und Zukunft bedeutet. An dieser Stelle soll nun der umgekehrte Weg beschritten werden. Die gegenwärtige Situation und die politischen Zukunftsaussichten stehen im Mittelpunkt, bei der Formulierung von Lösungsansätzen wird hin und wieder beispielhaft auf ideen- und zeitgeschichtliche Bezüge zurückgegriffen.

Es soll hier auch nicht der Anschein erweckt werden, daß es darum ginge, was die Konzeption des weltanschaulichen Nationalismus angeht, das sprichwörtliche Rad neu erfinden zu wollen. Das vorliegende Buch soll vielmehr als Konzentrat verstanden werden, das Gedanken enthält, die in den letzten rund zehn Jahren innerhalb der nationalen Publizistik in Deutschland formuliert wurden, und die der Verfasser als wertvoll erachtet und die er als Teile einer Debatte zu einem Ganzen zusammenfügt. Er sieht sich deshalb weniger in der Rolle des politischen Philosophen, sondern mehr in der des journalistischen Moderatoren, der das zusammenfaßt, was zusammengehört. Hierzu gehört jedoch auch der Mut zur Lücke. Nicht alles muß hier ausführlich besprochen werden. Der Anspruch des vorliegenden Buches besteht vielmehr darin, einen Bogen über ein komplexes Problem, das der nationalen Politik in Deutschland, zu spannen.

Das eigentliche Anliegen, das zu der vorliegenden Abhandlung geführt hat, ist die Überlegung, worin die Grundprinzipien eines nationalpolitischen Programms und des nationalpolitischen Handelns liegen, ob es sozusagen weltanschauliche „Elemente" oder „Bausteine" des Nationalismus gibt. Wenn dies nicht der Fall wäre, dann würden die Programme nationaler Parteien, die Inhalte nationaler Zeitschriften und Flugblätter sowie die Formulierungen nationaler Vortragsredner bloß thematische Sammelsurien darstellen, die sich irgendwie zufällig ergäben. Ein bißchen zum Thema Ausländer, gegen EU-Europa, für den Erhalt der deutschen Sprache und der deutschen Familien. Der eine Publizist oder Vortragsredner legt die Schwerpunkte seiner Ausführungen vielleicht auf die Einwanderung von Ausländern, der andere auf die Beteiligung deutscher Soldaten an NATO- und UNO-Einsätzen. Alles erscheint wie zufällig und ohne tieferen Sinn. Das vorliegend Buch will zeigen, daß Nationalismus wie eine mathematische Formel in sich schlüssig ist, daß es einen inneren Wesenszusammenhang gibt, von dem aus man sämtliche nationalen Forderungen und Ziele ableiten kann.

In den nachfolgenden Ausführungen wird auch bewußt darauf verzichtet, was die Verwendung von politischen Begriffen betrifft, falsche Rücksichtnahme zu üben. Die Dinge, die hier zu besprechen sind, die sich um das Schicksal der deutschen Nation drehen, sind zu wichtig, um sie der sprachlichen Zensur zu unterwerfen. „Völkische" Politik muß so benannt werden, damit dem Leser vor Augen geführt wird, worum es sich tatsächlich handelt. Warum auch diesen Gegenstand euphemistisch „volkstumsbezogenen Vaterlandsbegriff" nennen, wie dies heute die „Deutsche Burschenschaft" (DB) tut, oder wie es manche rechte Publikationen handhaben, die das, um was es hier geht, mit „volkhaft", „volkstreu" und ähnlichen

Ausweichworten beschreiben. Es handelt sich hierbei um das „völkische Prinzip", welches die Grundlage nationaler Politik schlechthin bildet, und damit basta! Auch der „Nationalismus" muß so benannt werden und wird nicht synonym zum (Verfassungs-) Patriotismus gesetzt. Wer die Begriffe nicht in seinem eigenen Sinne richtig verwendet und auf die Sprache des Feindes, der eben nicht bloß ein „Gegner" ist, falsche Rücksicht ausübt, der hat den politischen Kampf, bevor er ihn aufnimmt, schon im voraus verloren.

Die Notwendigkeit, die Grundlage nationaler Politik zu formulieren, ist ein grundsätzliches Anliegen nicht nur bekennender Nationalisten, sondern ein menschliches Anliegen überhaupt. Der Verfasser vertritt hierbei die Grundsatzthese: *„Ein Politiker kann nicht nicht national handeln!"* Das soll heißen, daß zum Beispiel ein BRD-Politiker, der die politischen Interessen des deutschen Volkes verleugnet und sie nicht zur Grundlage seines politischen Handelns macht, eben die nationalen Interessen anderer Nationen vertritt. So vertritt die herrschende politische Klasse der BRD innenpolitisch die nationalen Interessen der Ausländer in Deutschland, außenpolitisch die Interessen der EU-Hegemonialmacht Frankreich sowie die der NATO-Hegemonialmacht USA. Ein handelnder Politiker ist demzufolge immer Nationalist, ob in seiner positiven Form der Vertretung eigener nationaler Interessen, oder dergestalt, daß er als Vasall fremde nationale Interessen vertritt, die sich gegen die Lebensinteressen des eigenen Volkes richten. Letzteres ist im Falle der herrschenden Klasse der BRD absolut der Fall. Dies stellt eine außerordentliche Gefahr dar, denn *„dadurch, daß ein Volk nicht mehr die Kraft oder den Willen hat, sich in der Sphäre des Politischen zu halten, verschwindet das Politische nicht aus der Welt. Es verschwindet nur ein schwaches Volk".*[2] Mit dieser Feststellung trifft der Staatsrechtler Carl Schmitt zweifellos in den Kernbereich des vorliegenden Buches.

Weil die gegenwärtigen Deutschen das Politische an sich negieren, stellen sie ein schwaches Volk dar, das bei Fortsetzung dieses Zustandes politisch, aber auch physisch aus der Welt verschwinden wird. Das Ziel, dem sich der Verfasser verpflichtet weiß, kann deshalb für den deutschen Nationalismus nur darin bestehen, durch eine Politisierung des deutschen Volkes aus diesem schwachen Volk wieder ein starkes Volk zu machen, das den ihm drohenden Untergang verhindert und wieder bereit ist, zu neuen Ufern aufzubrechen. Hierzu ist jedoch dringend die Schaffung einer nationalpolitischen Elite erforderlich, die sich dieser Aufgabe, wieder ein starkes deutsches Volk zu schaffen, stellt.

Jürgen Schwab

I. Politische Lageanalyse

Wer sich die Frage stellt, wohin er will, der muß zunächst einmal darüber Bescheid wissen, wo er überhaupt steht, beziehungsweise woher er kommt. Die politischen Ziele der nationalen Opposition sollen in diesem Buch auf einer allgemeingültigen Grundlage formuliert werden. Dies ist jedoch nur möglich, wenn zunächst einmal geklärt wird, wie es um die Voraussetzungen nationaler Politik bestellt ist. Können diese überhaupt durchgesetzt werden, und falls dies zutrifft, unter welchen Voraussetzungen und Bedingungen? Zunächst also muß die Ausgangslage beschrieben und bewertet werden. Welche Ausgangslage ist hierbei gemeint? Auch diese Frage ist nicht mit einem Satz zu beantworten. Von Wichtigkeit ist die Analyse der globalen, also internationalen Ausgangslage genauso wie die Untersuchung der nationalen Lage in der BRD, mit der wiederum die Positionierung der nationalen Opposition in Deutschland zusammenhängt. In dieser Dreistufigkeit soll also die politische Lage, unter deren Voraussetzungen nationale Politik überhaupt stattfinden kann, untersucht werden: die Lage global, die Lage national, die Lage der nationalen Opposition in diesem Beziehungsgeflecht. Nach dieser Reihenfolge soll auch die gesamte Lageanalyse vorgenommen werden, von der großen (globalen) geopolitischen Einheit, der Weltpolitik, über die kleine (nationale) geopolitische Einheit, der BRD-Innenpolitik, bis zur Mikroperspektive, zur Positionierung der nationalen Opposition in der BRD.

Deutschland außenpolitisch

Die außen- und weltpolitische Positionierung der BRD ist bestimmt durch die militärische Kapitulation der großdeutschen Wehrmacht am 8. Mai 1945. Seitdem ist das Deutsche Reich politisch handlungsunfähig, existiert jedoch völkerrechtlich bis in unsere Tage fort. Frühere Verfassungsgerichtsurteile haben dies immer wieder bestätigt. An diesem Grundsatz des völkerrechtlichen Fortbestehens des Deutschen Reiches hat sich auch durch die jüngsten Ereignisse der Nachkriegsgeschichte nichts geändert – wie die Ratifizierung des „2+4-Vertrages" im Vollzuge der Teilvereinigung Deutschlands durch die BRD, die DDR und die vier alliierten Siegermächte.

Auch hat sich, um das in aller Deutlichkeit festzustellen, nichts an dem völkerrechtlichen Bestand des Reichsgebietes, in seinen Grenzen von 1937[3], geändert.

In diesem Zusammenhang spielt es auch keine Rolle, wenn BRD-Politiker bei der Unterzeichnung des „2+4-Vertrages" behauptet hatten, die Teilvereinigung der BRD mit der DDR sei nur aufgrund des Verzichts auf Ostdeutschland möglich gewesen. Demgegenüber verdichten sich die – bisher unbewiesenen – Hinweise, denenzufolge der damalige sowjetische Präsident Michail Gorbatschow den BRD-Politikern Helmut Kohl und Hans-Dietrich Genscher das von den Russen besetzte Nordostpreußen zurückgeben wollte, diese jedoch in ihrer Vasallenmanier darum gebeten hätten, an ihrem Verzicht auf deutsches Land auch weiterhin festhalten zu dürfen.

Gerade gegenüber den Vertriebenenverbänden wurde von Unionspolitikern immer wieder die Falschbehauptung aufgestellt, daß die Teilvereinigung West- und Mitteldeutschlands nur auf der Grundlage des deutschen Verzichts auf die preußischen Ostprovinzen möglich gewesen sei. Demgegenüber kursierten immer wieder Gerüchte und Spekulationen, die auf eine russische Kompromißbereitschaft hinwiesen. Jedoch rührte sich keiner der Angehörigen der BRD-Journaille, um der Richtigkeit oder Falschheit solcher Behauptungen auf die Spur zu kommen. Würde sich die These von der Bereitschaft der Russen auf Rückgabe von Nordostpreußen als richtig erweisen, was auch einen Rückkauf miteinschließen würde, dann wäre der Eidbruch maßgeblicher BRD-Politiker offenkundig, da sie verpflichtet sind: *„Den Nutzen des deutschen Volkes zu mehren und Schaden von ihm abzuwenden."*

Die militärische Niederlage und politische Handlungsunfähigkeit des Deutschen Reiches brachte dem deutschen Volk – vor allem in den westlichen Besatzungszonen – eine mediale Gehirnwäsche („Reeducation") ohnegleichen. Hatte man den „Krauts" noch nach dem Ersten Weltkrieg die völlige militärische Besatzung und politische Entmündigung erspart, indem man sie zur Unterzeichnung eines Schanddiktats zwang, und ihnen „nur" Gebiete – zum Teil gegen die Abstimmungsergebnisse – abgetrennt, sowie gigantische Reparationsforderungen und in deren Folge die Ausplünderungen an Rhein und Ruhr auferlegt, von der „Alleinkriegsschuld"-These gar nicht zu reden, so sollte diesmal alles gründlicher gemacht werden. Mit einem Umerziehungsprogramm[4] sollte den Deutschen ihr nationales Selbstwertgefühl genommen werden. Hierzu mußte zunächst einmal dieses Volk zu einem „Tätervolk" abgestempelt werden, bevor man es in die „westliche Wertegemeinschaft" aufnehmen konnte.

Nachdem dieses Programm prächtig gelungen war, und der Typ des „deutschen Untertans" (Heinrich Mann) nun westlicher denkt, fühlt und handelt als die eigentlichen Westler und die Umerziehung ohne fremde Anleitung in vorauseilendem Gerhorsam selbst betreibt, wurde er nach und nach in die Strategie des „freien" Westens einbezogen – im Rahmen der supranationalen Organisationen: UN, NATO, EG/EU usw. Dort erhielt er vor allem die Rolle des ewigen Zahlmeisters. So bestreitet mittlerweile die BRD einen Prozentanteil am Gesamtbudget der EU von 28,5 Prozent, der NATO von 22,8 Prozent, der UN von 8,93 Prozent; zudem ist sie die größte Aktionärin der Weltbank und der Europäischen Bank für Wiederaufbau und Entwicklung.[5]

Durch die Teilvereinigung West- und Mitteldeutschlands, die faktisch einem finanzkapitalistischen Anschluß der DDR durch die BRD gleichkam, ist das Gewicht Deutschlands in Europa und der Welt wieder beträchtlich angewachsen. Dies nicht etwa deshalb, weil sich die nationalmasochistische Grundeinstellung des Bonner Systems im Vollzuge zur „Berliner Republik" grundlegend geändert hätte. Nein, alleine die Geographie und die Volkszahl sind für das gewachsene Gewicht Deutschlands ausschlaggebend. 80 Millionen BRD-Bewohner, davon etwa 90 Prozent deutscher Volkszugehörigkeit, stellen, was ihre wirtschaftlichen und kulturellen Leistungspotentiale betrifft, einen Machtfaktor an sich dar. Weiterhin gibt es rund acht Millionen Deutsch-Österreicher, die – ob sie wollen oder nicht – vom nichtdeutschen Ausland ohnehin dem in der Luft schwebenden gesamtdeutschen Hegemonialanspruch zugerechnet werden. Auch und gerade seitdem Wien der EU beigetreten ist.

Und für den Westen schwebt immerzu die Gefahr im Raum, daß dieses flächen- und volksmäßig wieder größere Deutschland seine vor allem wirtschaftlichen Kräfte bald schon in politische Ansprüche ummünzen könnte. Davon ist zwar in der nächsten Zeit nicht auszugehen, weshalb das Gerede im westlichen Ausland von einem „Großdeutschland" oder einem „deutschen Europa" in der Kategorie „Verschwörungstheorien" abzulegen ist; dennoch: die Gefahr eines „Großdeutschland" schwebt im Raume, desto mehr die BRD-Bourgeoisie betont, sie sei an derartigen Plänen nicht interessiert. Der Argwohn ist geweckt. Und keiner im Westen wie im Osten kann sicher sein, daß Deutschland auf ewig von einer nationsvergessenen politischen Klasse regiert wird und nicht wieder „Großdeutschland" wie ein Phönix aus der Asche steigt. Das wissen insbesondere die Polen und die

Tschechen, deren durch Massenmord, Massenvertreibung und Landraub genährtes schlechtes Gewissen sie dazu treibt, panikartig Zuflucht in westlichen Bündnissen zu suchen – Stichworte: NATO- und EU-Osterweiterung. Denn wer, wie die Tschechen und Polen, geographisch zwischen den zwei Verlierern der Nachkriegspolitik sitzt – Deutschland (seit 1945) und Rußland (seit 1989), dem kann es um den Besitz seiner Beute nicht wohl sein. Der dürfte sich vorkommen, wie der Schuft zwischen zwei Mühlsteinen, die zwar derzeit stillstehen – doch das kann sich ändern.

Dieses Szenario eines deutsch-russischen Bündnisses ist es, das der außen- und weltpolitische Schlüssel nationaler deutscher Politik darstellt – der natürlich ein nationales Deutschland wie ein nationales Rußland voraussetzt. Zur Zeit jedoch befindet sich Deutschland politisch und kulturell am Boden, Rußland vor allem wirtschaftlich und militärisch, weshalb es seine politischen Machtansprüche momentan nicht umsetzen kann. Das alles kann sich jedoch ändern – und wird sich auch ändern. Denn die Kräfte des Raumes sind zu eindeutig, als daß sich sowohl Deutschland als auch Rußland ihrer ordnungspolitischen Aufgaben für den eurasischen Kontinent auf ewig entziehen könnten.

Soweit in aller gebotenen Kürze zur deutschen Nachkriegslage. Wer nun, wie die herrschende Klasse in der BRD, eigene nationale Interessen leugnet, unterstützt automatisch die Hegemonialinteressen anderer Mächte. Im Falle der BRD in erster Linie die der USA – was die NATO-Mitgliedschaft der BRD betrifft. Was die EU-Mitgliedschaft der BRD betrifft, unterwirft sich die BRD vor allem dem französischen Interesse, deutsche Nationalstaatlichkeit in der Mitte Europas aufzulösen. Dies geschieht durch die Unterstellung deutschen Militärs unter fremdes, auch französisches Oberkommando, und die Liquidierung der D-Mark, um auch die wirtschaftliche Dominanz Deutschlands in einem „Vereinigten Europa" zu brechen und unter französische Kontrolle zu stellen.

Was das Verhältnis zur USA betrifft, so wird die BRD von ihrem populärsten politischen Strategen Zbigniew Brzezinski mittlerweile als treuester „Vasall" amerikanischer Hegemonialinteressen in Europa betrachtet. Deshalb, und das ist beachtenswert, betrachtet die US-Außenpolitik die BRD im Gegensatz zu Frankreich als Lieblingspartner und würde es am liebsten sehen, wenn die BRD die Führungsrolle im Prozeß der „europäischen Einigung" übernehmen würde, da man den Franzosen zutraut, an eigenen französischen Weltmachtplänen zu schmieden.[6]

Soweit nun zur weltpolitischen Situation, in die Deutschland gegenwärtig eingebettet und die in den vorangegangenen Ausführungen nur kurz skizziert worden ist. In der Folge soll die doch recht allgemeine globale Skizze auf das spezifische Verhältnis Deutschlands zu einzelnen Staaten und Völkern bezogen werden. Daraus wiederum ist auszuloten, welche geopolitischen Möglichkeiten für Deutschland bestünden, hätte es selbst eine nationale Regierung und ihm zur Seite ein ebenso national regiertes Rußland. Doch bevor es an die Einzelbewertung des Verhältnisses Deutschlands zu anderen Staaten vor allem Eurasiens geht, aus denen Planspiele für eine bessere politische Zukunft auf unserem Kontinent abgeleitet werden sollen, muß noch ein kleiner historischer Exkurs eingeschoben werden, um exemplarisch zu zeigen, wie verhängnisvoll sich eine falsche Bündnispolitik auswirken kann.

Der nationale Publizist Rolf-Josef Eibicht hat in einem Beitrag [7] zusammengefaßt, wie sich die zum Teil fremd- aber auch zum Teil selbstverschuldete geopolitische Einkreisung Deutschlands und der anderen Mittelmächte um 1900 herum zugetragen hat. Aus diesem Musterbeispiel einer völlig verfehlten Bündnispolitik und außenpolitischen Frontstellung sind dann in der Folge der Abhandlung die entsprechenden Lehren zu ziehen und geopolitische Ideenansätze für eine erfolgreichere deutsche Außenpolitik herauszuarbeiten, wobei es sich hierbei natürlich noch um reine Planspiele handelt, die ein national regiertes Deutschland ebenso voraussetzen wie ein wieder selbstbewußteres Rußland.

Verfehlte Bündnispolitik – ein historischer Exkurs

Lange vor Beginn des Ersten Weltkrieges wurden die Grundlagen gelegt für die 1918 erfolgte militärische Niederlage der Mittelmächte. Die Grundlagen bestanden in einer fehlgeleiteten Bündnispolitik Deutschlands. Dabei ist die Einkreisung nicht nur auf fremdes, sondern auch auf eigenes Verschulden zurückzuführen. Bei Ausbruch des Ersten Weltkrieges standen Deutschland und Österreich-Ungarn einer Feindkoalition aus Frankreich, Rußland, England und Serbien gegenüber. Dazu kam Belgien – das Land hatte schon in Friedenszeiten durch die Anlage seiner Festungen deutlich gemacht, daß es das Deutsche Reich als seinen Kriegsgegner betrachtete; außerdem sahen französische Aufmarschpläne einen Angriff auf Deutschland über belgisches Territorium vor. Dementsprechend verweigerte Belgien 1914 trotz Garantie seiner Grenzen und staatlichen Existenz deutschen Truppen den Durchmarsch und erhielt deshalb eine Kriegserklärung. Die Feindkoalition hatte sich im Verlauf einer längeren Zeit gebildet und war deshalb der Reichsregierung bekannt oder konnte von ihr vorausgesehen werden. Sie zeichnete sich in ersten Umrissen 1890 ab und fand im Frühjahr 1914 ihre endgültige Form. Die deutsche Diplomatie hatte wiederholt und mit wechselnden Konzepten versucht, diese Allianz zu verhindern oder zu beseitigen, konnte ihr Ziel jedoch nicht erreichen. 1914 blieb Italien, das mit Deutschland und Österreich-Ungarn den Dreibund geschlossen hatte, zunächst neutral und erklärte dann 1915 Österreich-Ungarn und 1916 Deutschland den Krieg. Auch dieser Schritt war langfristig vorbereitet worden.

Zum Ersten Weltkrieg kam es durch die Politik mehrerer Länder, die sich von einer militärischen Niederlage Deutschlands und Österreich-Ungarns erhebliche Vorteile versprachen und deshalb zwischenstaatliche Vereinbarungen und Vorbereitungen für einen Krieg trafen, die ihren Ausdruck in der Einkreisung dieser später so genannten Mittelmächte fanden. Das spielte sich zu einem großen Teil während Schlieffens Tätigkeit als Generalstabschef ab. Seine Pläne und Handlungen sind ohne die Politik der späteren Kriegsgegner Deutschlands und Österreich-Ungarns nicht zu verstehen.

Die Ziele und Interessen, die Frankreich, Rußland, England, Serbien und Italien zum Vorgehen gegen Deutschland und Österreich-Ungarn veranlaßten, waren zu einem großen Teil schon vor dem Ersten Weltkrieg bekannt. Sie wurden in den Kriegsabsichten dieser Länder sowie in den Friedensdiktaten von 1919 noch deutlicher und seitdem durch zahlreiche Veröffentlichungen weiter belegt.

1870/71 besiegten der Norddeutsche Bund und die süddeutschen Staaten Frankreich in einem Krieg, den Kaiser Napoleon III. Preußen unter einem Vorwand, jedoch mit der Absicht erklärt hatte, nach einem Sieg das französische Staatsgebiet auf Kosten deutscher Territorien weiter auszudehnen. Napoleons Vorgehen war mit der Erwartung verbunden, die süddeutschen Staaten würden in diesem Konflikt neutral bleiben und Österreich, das 1866 von Preußen geschlagen und aus dem Deutschen Bund ausgeschlossen worden war, werde Frankreich militärisch unterstützen. Dazu kam es jedoch nicht. Kaiser Franz Joseph blieb neutral, während sich alle nord- und süddeutschen Länder am Krieg gegen Frankreich beteiligten und am 18. Januar 1871 im von deutschen Truppen besetzten Versailles zum Deutschen Reich zusammenschlossen, an dessen Spitze der König von Preußen als Deutscher Kaiser trat.

Frankreich war bis zum Ende der Herrschaft Napoleons I. die wahrscheinlich einflußreichste Großmacht Europas gewesen, hatte jedoch nach seiner Niederlage gegen Rußland, Preußen, England und Österreich 1812/13/15 erheblich an Gewicht verloren, was maßgebende französische Kreise nicht hinnehmen wollten. Dieser Einfluß nahm nach dem deutsch-französischen Krieg von 1870/71 noch weiter ab. Jedoch wollten sich die meisten Franzosen auch mit den Folgen dieses verlorenen Krieges nicht abfinden und strebten die Rückgewinnung des 1871 zu Deutschland zurückgekehrten Elsaß-Lothringen an, obwohl Frankreich im 17. Jahrhundert diese deutschbesiedelten Länder gewaltsam erobert und annektiert hatte. Solche Absichten waren aber ohne Krieg nicht zu verwirklichen, und dementsprechend forderten zahlreiche Franzosen nach 1871 eine „Revanche", die jedoch ohne starke Verbündete kaum zu verwirklichen war. Als äußeres Zeichen ihres Anspruchs ließen die Franzosen in ihrer Nationalversammlung Sitze frei, die einmal von Abgeordneten eines wieder französisch gewordenen Elsaß-Lothringen eingenommen werden sollten. Bis 1892 blieben die Franzosen jedoch ohne Alliierte und konnten deshalb einen Krieg gegen Deutschland kaum mit Aussicht auf Erfolg beginnen.

In Österreich-Ungarn hatten der Reichskanzler von Beust und der Kriegsminister von Kuhn 1870 für die Teilnahme am Krieg gegen den Norddeutschen Bund an der Seite Frankreichs plädiert. Sie erwarteten in diesem Konflikt die Neutralität Süddeutschlands und betrachteten sie als Voraussetzung für einen Sieg Napoleons III. über Preußen und seine Verbündeten. Als es dazu nicht kam, hielt Österreich-Ungarn sich von der Auseinandersetzung fern. Danach kam es zu einer immer engeren Verbindung zwischen Berlin und Wien. 1873 schlossen Rußland und Österreich-Ungarn ein Abkommen zur Bewahrung des Friedens in Europa, dem Deutschland am 22.Oktober 1873 beitrat und das danach als Drei-Kaiser-Abkommen bezeichnet wurde. Sechs Jahre später vereinbarten Deutschland und Österreich-Ungarn im Zweibund-Vertrag ein gemeinsames militärisches Vorgehen, falls „eines der beiden Reiche von Seiten Rußlands angegriffen werden sollte". Dieses Übereinkommen bestimmte bis zum Ersten Weltkrieg die Politik beider Länder.

Anders als zwischen Berlin und St. Petersburg entwickelten sich die Beziehungen zwischen Österreich-Ungarn und Rußland; daran waren vor allem die gegensätzlichen Interessen beider Staaten auf dem Balkan schuld. Rußland wollte den Ausgang des Schwarzen Meeres, also den Bosporus und die Dardanellen kontrollieren und dieses Ziel über die Beherrschung des größtenteils noch unter türkischer Verwaltung stehenden Balkans erreichen. Schon im Frühjahre 1853 hatte der Zar die zum Osmanischen Reich gehörenden Donaufürstentümer besetzen lassen, um dadurch vom Sultan das Protektorat über die griechisch-orthodoxen Christen auf dem Balkan zu erpressen. Die Folge war der Krimkrieg, den die von Frankreich und England unterstützte Türkei gewann.

Rußland räumte die Donaufürstentümer, die anschließend von österreichischen Truppen besetzt wurden. Im Friedensschluß von 1856 erhielt das Fürstentum Moldau, das der Souveränität des Sultans unterstand, die von Rußland beanspruchten Donaumündungen sowie Teile Bessarabiens. In einem weiteren Krieg 1877/78 konnte Rußland zwar die Türkei besiegen, auf dem Berliner Kongreß von 1878 aber wieder nur einen Teil seiner Forderungen durchsetzen. Es erhielt im wesentlichen nur Bessarabien, während Bulgarien, Ostrumelien und Mazedonien unter türkischer Verwaltung blieben. Rumänien, Montenegro und Serbien wurden unabhängig, Österreich-Ungarn konnte die zum türkischen Staatsgebiet gehörenden Provinzen Bosnien und Herzegowina besetzen. Unabhängig von seinem Bestreben, die Ausgänge des Schwarzen Meeres zu kontrollieren, fühlte sich Rußland als selbsternannter Protektor der slawisch sprechenden Völker und orthodoxen Christen nicht nur zu Forderungen an die Türkei, sondern auch an Österreich-Ungarn berechtigt. Da die k.u.k. Monarchie dies nicht nur als eine Einmischung in ihre inneren Angelegenheiten betrachtete und somit zurückwies, sondern durch die Okkupation – und spätere Annexion – Bosniens und der Herzegowina auch zu erkennen gab, daß sie ihren Einflußbereich auf dem Balkan ebenso wie Rußland ausdehnen wollte, traten die Interessengegensätze zwischen Wien und St. Petersburg klar hervor.[8] Es muß hier jedoch festgehalten werden, daß seit den Verhandlungsergebnissen des Berliner Kongresses von 1878 erstmals auch das deutschrussische Verhältnis belastet war. Rußland sah sich durch eine scheinbar rußlandfeindliche Diplomatie des Deutschen Reiches um die Früchte seiner militärischen Erfolge gebracht. Die hegemonialen Interessenskonflikte zwischen St. Petersburg und Wien auf dem Balkan verschärften diese aufkommende Frontstellung noch zusätzlich.

Trotzdem gab es in den 80er Jahren noch vertragliche Vereinbarungen, die einen Krieg wegen der Balkan-Frage unwahrscheinlich machten. Zar Alexander II. hatte erkennen müssen, daß der 1879 zwischen Deutschland und Österreich-Ungarn geschlossene Zweibund seinen Handlungsspielraum begrenzte und es deshalb zweckmäßig war, sich mit beiden Mächten zu verständigen. Er stimmte deshalb einem Neutralitätsabkommen Rußlands mit Deutschland und Österreich-Ungarn zu, das am 18. Juni 1881 unterzeichnet und danach als Drei-Kaiser-Bund bezeichnet wurde. Vereinbart wurde, daß, falls einer der drei Staaten in einen Krieg mit einer der dem Bündnis nicht angehörenden Macht verwickelt werden sollte, die beiden anderen Vertragspartner ihm gegenüber eine wohlwollende Neutralität einzunehmen hatten. Damit wurde gesagt, daß Deutschland und Österreich England in einem Krieg gegen Rußland nicht unterstützen würden, umgekehrt Rußland und Österreich-Ungarn Deutschland in einem Krieg gegen Frankreich wohlwollende Neutralität zu gewähren hatten. Das schloß gleichzeitig ein russisch-französisches Bündnis aus. In einem Zusatzprotokoll heißt es:

„Österreich-Ungarn behält es sich vor, die türkischen Provinzen Bosnien und Herzegowina, die nur okkupiert worden sind, sich in einem Augenblick einzuverleiben, den es für günstig halten wird."[9]

Das Abkommen war bis 1887 gültig und wurde dann vom Zaren nicht verlängert, der vor allem Österreich für Rückschläge seiner Politik gegenüber Bulgarien verantwortlich machte. Er war lediglich zu einem „Rückversicherungsvertrag" mit Deutschland bereit, der ihn bei einem Krieg zwischen dem Deutschen Reich und Frankreich zur Neutralität verpflichtet hatte, jedoch nur unter der Voraussetzung, daß Deutschland angegriffen wurde. Aus deutscher Sicht sollte das Abkommen vor allem ein russisch-französisches Zusammenwirken gegen das Deutsche Reich verhindern. Umgekehrt erkannte Berlin das Interesse Rußlands an Bulgarien und Ostrumelien an. Eine wichtige Konzession erhielt ein „ganz geheimes Zusatzprotokoll":

„In dem Fall, daß S.M. der Kaiser von Rußland sich in die Notwendigkeit versetzt sehen sollte, zur Wahrung der Rechte Rußlands selbst die Aufgabe der Verteidigung des Zuganges zum Schwarzen Meere zu übernehmen, verpflichtet sich Deutschland, seine wohlwollende Neutralität zu gewähren und die Maßnahmen, die S.M. für notwendig halten sollte, um den Schlüssel seines Reiches in der Hand zu behal-

ten, moralisch und diplomatisch zu unterstützen." [10]

Der Vertrag sollte für drei Jahre gelten und geheim bleiben. Gleichzeitig förderte Bismarck aber den Abschluß eines „Orientdreibundes" zwischen Großbritannien, Österreich-Ungarn und Italien, der die Türkei vor einem russischen Angriff schützen sollte. Er wurde am 12.12.1887 abgeschlossen und stellte den *Status quo* auf dem Balkan unter die Obhut der Dreibundmächte, also auch Deutschlands. Zwischen dem Rückversicherungsvertrag, der Deutschlands Neutralität bei einem militärischen Vorgehen Rußlands gegen die Dardanellen und den Bosporus vorsah, und der Förderung des Orientdreibundes, der Rußlands Einfluß auf dem Balkan begrenzen sollte, gab es somit einen Widerspruch. Außerdem kam es 1888 zu einem rumänisch-österreichisch-ungarischen Abkommen, welches das Königreich Rumänien vor einem befürchteten russischen Angriff schützen sollte und dem Deutschland beitrat.

Als 1890 der Rückversicherungsvertrag auslief, schlug Rußland eine Verlängerung des Abkommens vor. Bismarcks Nachfolger als Reichskanzler, Leo von Caprivi, war dazu jedoch nicht bereit. Er wollte einerseits die durch den Rückversicherungsvertrag und Orientdreibund bedingten gegensätzlichen Verpflichtungen des Deutschen Reiches zugunsten überschaubarer Bindungen beenden, andererseits in stärkerem Maße Österreichs Interessen auf dem Balkan berücksichtigen und folglich die russischen vernachlässigen. Zudem traute er der russischen Neutralität in einem Konfliktfall nicht, hatte jedoch auch keine Bedenken vor den Folgen einer russischen Reaktion. In seinen Aufzeichnungen schreibt Caprivi darüber:

„Eine Annäherung Deutschlands an Rußland würde unsere Verbündeten nur entfremden, England schädigen und unserer eigenen Bevölkerung, die sich in den Gedanken des Dreibundes immer mehr eingelebt hat, unverständlich und unsympathisch sein. Was gewönnen wir für diese Nachteile? Welchen Wert hätte er, wenn Rußland sich mindestens die ersten Wochen nach einem Angriff der Franzosen auf uns ruhig verhielten. Diese Ruhe würde nicht so vollständig sein, daß wir nicht einen Teil unserer Armee an der russischen Grenze stehen lassen müßten. Wir würden gegen Frankreich doch nicht mit unserer ganzen Kraft auftreten können, während auf der anderer Seite für Österreich der casus foederis nicht vorläge.

Was aber die Möglichkeit angeht, daß Rußland die Anlehnung, die es bei uns nicht findet, anderswo suchen könnte, so kommen hierfür nur Frankreich und England in Betracht. Für den Schritt, den Rußland jetzt vorzuhaben scheint, ist die französische Allianz ihm wertlos, solange die englische Mittelmeerflotte dazwischentreten kann. Durch eine englische Allianz würde Rußland das, was es von uns kostenfrei zu erhalten wünscht, nur durch Opfer an anderer Stelle (Asien) gewinnen können und seine Beziehungen zu Frankreich voraussichtlich lockern. Eine Allianz aber, die England und Frankreich umschlösse, ist der englischen Interessen im Mittelmeer wegen durchaus unwahrscheinlich."[11]

Darüber hinaus berücksichtigte Caprivi mit der Nichtverlängerung des Rückversicherungsvertrages, daß die öffentliche Meinung in Rußland zunehmend deutschfeindlich wurde und dieses Denken Einfluß auf den Zaren gewann. Auch befürchtete er, daß der Rückversicherungsvertrag durch eine russische Indiskretion bekannt werden könnte und Deutschland somit international als unzuverlässiger Vertragspartner dastehen mußte. Angesichts der so gesehenen Unberechenbarkeit der russischen Politik planten der Geheimrat von Holstein im deutschen Auswärtigen Amt und Caprivi eine Verbesserung der deutsch-englischen Beziehungen bis hin zu einem Bündnis beider Staaten. Das war angesichts russisch-englischer Konflikte in Asien und wegen der Dardanellen-Frage jedoch nur durch eine Entscheidung gegen Rußland möglich. Von einem deutsch-englischen Bündnis erwartete man in Berlin auch eine Zurückhaltung Rußlands in einem deutsch-französischen Krieg.

Nicht bedacht wurde bei der Nichtverlängerung des Rückversicherungsvertrages, daß Rußland von da ab nicht mehr daran gehindert war, mit Frankreich vertragliche Bindungen einzugehen und daß damit gerechnet werden mußte, weil beide Staaten 1890 ohne Verbündete waren. Während es Rußland aber nur darum ging, seine Isolierung zu überwinden, war ein Bündnis Paris-St.Petersburg für Frankreich die ideale Voraussetzung dafür, Deutschland in einen Zweifrontenkrieg zur Eroberung Elsaß-Lothringens sowie zur „Revanche" für die Niederlage von 1870/71 zu verwickeln. Andererseits gab es keine sicheren Informationen darüber, daß England einer Annäherung an Deutschland aufgeschlossen gegenüberstehen würde – eine Hoffnung, die das deutsche Verhalten 1890 erheblich bestimmte. Rußland erblickte in der Nichtverlängerung des Rückversicherungsvertrages eine gegen sich gerichtete Neuorientierung der deutschen Politik und suchte deshalb in kürzester Zeit die Übereinstimmung mit Frankreich. Damit begann jene Einkreisung, die 1914 zum Ersten Weltkrieg führte.[12]

Das Ende des Ersten Weltkrieges bedeutete, den Sturz dreier europäischer Monarchien: Des Zweiten Deutschen Kaiserreichs, der österreichisch-ungarischen Doppelmonarchie sowie des russischen Zarenreiches. Die Mittelmächte Deutschland, Österreich, Ungarn und Bulgarien wurden durch die sogenannten französischen Vorortverträge, die vielmehr Diktaten glichen, die den Krieg mit politischen Mitteln fortsetzten, schwer gedemütigt. Die Folgen waren für die Verlierer – um es in aller Kürze zusammenzufassen – die vertragliche „Anerkennung" der angeblichen Alleinkriegsschuld, unmeßbare Reparationen, Ausplünderungen durch Besatzungsarmeen, Gebietsabtretungen und dergleichen an Schikanen mehr. Die Weimarer Republik, die formell das Deutsche Reich völkerrechtlich fortführte, versuchte sich dieser Nötigung unter anderem durch ein Arrangement mit dem seit 1917 bolschewistisch regierten (Sowjet-) Rußland Luft zu schaffen . Dabei bildete der sogenannte Rapallo-Vertrag von 1922, der gegenseitige wirtschaftliche und militärische Kooperation vorsah, einen markanten Höhepunkt, der die westlichen Siegermächte irritierte.

Leider wurde diese positive Ostpolitik vom Dritten Reich nicht fortgesetzt. Adolf Hitler knüpfte 1933 nicht an diese Tradition an. Dafür gab es jedoch zwei Gründe: Die Ursachen für die spätere Katastrophe, die vom deutschen Präventivschlag gegen die Sowjetunion 1941 ihren Ausgang nahm und über Stalingrad im Winter 1942/43 in der militärischen Besetzung, Vertreibung, Ausmordung und Massenvergewaltigung in den deutschen Ostgebieten ihr vorläufiges Ende fand, müssen dabei auf beiden Seiten gesucht werden: Sowohl Berlin als auch Moskau waren ideologisch bedingt nicht in der Lage, die seit Bismarck im großen und ganzen positiv traditierte deutsch-russische Politik fortzusetzen. Der historische Nationalsozialismus wollte den Rassenkrieg zur Eroberung von „Lebensraum" gegen die „ostischen und bolschewistischen Untermenschen" bis zum Ural vortragen und gewinnen; die kommunistische Sowjetunion wollte in ihrem revolutionären Elan die „proletarische Weltrevolution" zumindest bis zum Atlantischen Ozean vortragen und gewinnen. Daß diese beiden Strategien irgendwann und irgendwie kriegerisch zusammenprallen mußten, dürfte auf der Hand liegen. Es muß dann nur noch darum gegangen sein, wem der Erstschlag gelingt, also wer dem anderen militärisch zuvorkam. Daß dies im Zweifelsfall Adolf Hitler war, ist deshalb logisch, da dieser über die deutlich geringere militärische Schlagkraft sowie über die deutlich geringere Verteidigungsfähigkeit – aufgrund des kleineren geographischen Raumes – verfügte, als Stalins Sowjetunion.

Das Ende ist bekannt. Deutschland war neben Japan der Hauptverlierer des Zweiten Weltkrieges, die Sowjetunion Mitsiegerin und gestärkte Hegemonialmacht auf dem eurasischen Kontinent – deren Einflußbereich seit 1945 bis weit nach Mitteleuropa hineinragte. Stand man 1939 noch in Ostpolen so zählte nun sogar Mitteldeutschland zum russischen Machtbereich. Da nun beide Teile Deutschlands, Österreich mußte beziehungsweise durfte neutral bleiben, in die dann im „Kalten Krieg" feindlich gegenüberstehenden Blöcke NATO und Warschauer Pakt als treue Vasallen eingebunden waren, war zum einen Deutschland gespalten, zum anderen auch eine Anknüpfung an die segensreiche deutsch-russische Zusammenarbeit früherer Epochen nicht möglich.

Nach dem Niedergang der Sowjetunion 1989/90 und der damit verbundenen Teilvereinigung der BRD mit der DDR hatte es kurz den Anschein, als ob diese Strategie nun möglich sei. Doch der Schein trog. Das „neue" Deutschland, war nur erneuert in seiner geographischen Ausdehnung nach Mitteldeutschland. Was die geopolitische Ausrichtung der BRD betrifft, blieb alles beim alten. Die einseitige Westorientierung wurde beibehalten. Der BRD-Vasall betrieb statt dessen noch mehr seine „Integration" in EU und NATO, um wenigstens noch die Restbestände seiner Nationalstaatlichkeit und Souveränität aufzugeben. Auf europäischer Ebene denkt man französisch und auf weltweiter Ebene amerikanisch. Dazu trug nicht zuletzt die Politik des „größten Europäers aller Zeiten", Helmut Kohl, bei.

In den folgenden Ausführungen soll es darum gehen, ein geostrategisches Gegenkonzept zum *Status Quo* zu entwerfen. Der nun folgende Entwurf geht dabei bewußt und deutlich über eine bloße außenpolitische Lageanalyse hinaus. Nachdem bereits die deutsche Nachkriegswirklichkeit geschildert wurde, soll nun eine deutsche Zukunftsvision entworfen werden, deren Umsetzung freilich derzeit unmöglich erscheint, weil hierzu die elementaren Voraussetzungen fehlen.

Ziel dieses Zukunftskonzeptes sind zwei Punkte: Zum einen Deutschland und Europa dem Griff des Westens, vor allem dem der USA, zu entreißen und zugleich eine neuerliche „Einkreisung" Deutschlands präventiv zu verhindern. In beiden Fällen ist der derzeitige Vasallenstatus Deutschlands im Rahmen einer pro-amerikanischen Einbindung in den Westen zu beenden. Es versteht sich von selbst, daß diese deutsche Zielsetzung nur im Rahmen einer gesamteurasischen Großraumstrategie und als europäische Gemeinschaftsleistung verwirklichbar ist. Aber ein bloß „europäischer" Ansatz reicht hierzu bei weitem nicht mehr aus. Denn schon Alexander von Humboldt erkannte in seinem *Entwurf einer physischen Weltbeschreibung* aus dem Jahr 1845, daß „Europa" nur die „halbinselförmige Verlängerung von Asien nach Westen" darstellt.[13] Nur an drei Seiten besitzt dieser eurasische Westausläufer feste Grenzen – im Osten ist alles fließend. Auch eine fiktive „Grenze" Ural hilft bei der Frage, wo Europa östlich zu Ende ist, nicht weiter. Gehört Rußland zu Europa oder zu Asien? Das hängt nicht nur von den Russen, sondern auch von unserem Einfühlungsvermögen gegenüber den Russen ab. Den Russen fällt in der gesamteurasischen Raumkonzeption die wichtige Aufgabe der europäisch-asiatischen Vermittlungsrolle zu, wie uns Deutschen die Vermittlungsrolle zwischen West- und Osteuropa zufällt.

Hierzu ist zunächst in einem weiteren Schritt das Verhältnis Deutschlands zu einzelnen geostrategisch wichtigen Staaten herauszuarbeiten.

Nordamerika

Die Vereinigten Staaten von Amerika sind gegenwärtig die Weltmacht Nr. 1 und zudem, nach dem Untergang der Sowjetunion, die einzige auf der Bühne der Weltpolitik verbliebene Weltmacht, die ihre politischen, wirtschaftlichen, militärischen und kulturellen Stärken weltweit – immer und überall – ausspielen und auch nahezu vollständig durchsetzen kann. Für einen deutschen nationalen Politikansatz muß, weil Deutschland neben Japan zu den Hauptverlierern der Nachkriegsordnung zählt, die USA der Hauptfeind sein. Ganz einfach deshalb, weil die Vereinigten Staaten von Amerika, zu denen wir geopolitisch auch Kanada hinzuzählen müssen, den Hauptgaranten der Aufrechterhaltung dieser Nachkriegsordnung der Sieger und Besiegten darstellt. Deutschlands Wiederaufstieg zu einer europäischen Hegemonialmacht wird nur auf der Basis eines Abstiegs der USA als alleiniger Weltmacht möglich sein.

Die amerikanische Legitimation der Weltherrschaft stützt sich vor allem auf „Moral". Diese bestehe darin, so wird es uns tagtäglich in den gleichgeschalteten proamerikanischen Medien der BRD eingebleut, in einer globalen Durchsetzung von Menschenrechten. Die humanitäre Moralphilosophie soll den Amerikanern das Recht zugestehen, sich überall auf der Erde militärisch, politisch, kulturell und wirtschaftlich einmischen zu dürfen. Die Verlogenheit ihrer „Humanität" wurde unter anderem deutlich während des völkerrechtswidrigen militärischen Überfalls der von den USA geführten NATO-Staaten auf den souveränen Staat Bundesrepublik Jugoslawien, der mit dem Vertreibungsdruck der Serben auf die Kosovo-Albaner begründet wurde, der jedoch nur zum Teil durch die wiederbelebte großserbische Politik seit 1989 bedingt ist, zum anderen Teil jedoch durch das Bombardement der NATO auf den Kosovo und Jugoslawien selbst ausgelöst wurde. So machte der Bombenterror der Allianz selbst vor albanischen Flüchtlingtrecks nicht halt. Dabei schreckte man aber nicht davor zurück, hinsichtlich der von NATO-Bomben getöteten Flüchtlinge in der NATO-Kriegspropaganda von „lebenden Schutzschilden" zu sprechen, um auch noch die tatsächlichen NATO-Verbrechen den Serben in die Schuhe zu schieben.

Als dann die jugoslawische Volksarmee aufgrund des wochenlangen Bombardements den Kosovo räumen mußte und die NATO in das Gebiet mit Bodentruppen und UN-Mandat nachrückte, um dort ein NATO-Protektorat zu errichten, stießen in das militärische und polizeiliche Vakuum, das die abrückenden jugoslawischen Streitkräfte hinterlassen hatten, nicht nur die NATO-Militärs vor, sondern auch die terroristische albanische UCK, die nun zum Ausmorden und Vertreiben an Kosovo-Serben und Zigeunern überging. Mit der gutmenschlichen Betroffenheit, die sich Wochen zuvor noch anhand der Fernsehbilder vertriebener Albaner entlud, war es schnell vorbei, als die (guten) Albaner die (bösen) Kosovo-Serben „ethnisch säuberten". Die Zigeuner, für die man sonst so viel Mitleid übrig hat, vor allem wenn es um deren Verfolgung im Dritten Reich geht, wurden von der UCK kurzerhand kollektiv zu „Kollaborateuren" der Serben erklärt, um die Verbrechen an ihnen besser rechtfertigen zu können. Die gesamten Vertreibungsmaßnahmen wurden dann auch schnell mit angeblich gerechtfertigter „Rache" von den westlichen Medien begründet. So wurde die Kriegspropaganda von NATO und UCK in vielen westlichen Medien fast wörtlich und ohne Kritik übernommen. Aber nicht nur die Medien gerieten zu den willigen Helfern der Vertreibung an den Serben. Auch der amerikanische Präsident Bill Clinton zeigte sich zwar „besorgt" über den Vertreibungsdruck, den die Albaner gegen die Kosovo-Serben ausübten, doch die Gesetzlosigkeit in der Provinz erstaune ihn (Clinton) nicht, „nach allem, was die Menschen durchgemacht haben". [14] Noch deutlicher konnte wohl der amerikanische Präsident die neue Vertreibung – diesmal an den Serben – nicht rechtfertigen.

Aber es trifft nicht nur zu, daß die USA und ihr Präsident durchaus in der Lage sind, Völkermord zu rechtfertigen, wie sie sich ja auch bereit fanden, 1944/45 die Vertreibung und Ausmordung an den Ost- und Sudetendeutschen politisch zu unterstützen – auch wenn die blutige Drecksarbeit dann andere durchführten –; es ist auch interessant, sich vor Augen zu führen, wie die Amerikaner gedenken, mit den von ihnen unterworfenen Völkern umzugehen. Die Westdeutschen bilden da beileibe keine Ausnahme! So machte 1999 der jüdisch-amerikanische Politologe Daniel Goldhagen deutlich, wie er mit den besiegten Serben umzuspringen gedenkt. Dieser fordert schlichtweg eine „deutsche Lösung" für den Balkan. Die Serben, so Goldhagen, seien analog zu den Deutschen nach 1945 einfach „umzuerziehen". Er forderte deshalb ein *Reeducation*-Programm für die Serben, denn für diese sei gut genug, was für die Deutschen „recht und billig" gewesen sei.[15] Eine Besetzung des gesamten Jugoslawiens durch NATO-Truppen sei die „*Voraussetzung für einen umfassenden Demokratisierungsprozeß in Serbien und im gesamten ehemaligen Jugoslawien.*"[16]

Einwände, die durch das Völkerrecht bedingt wären, will Goldhagen nicht gelten lassen, denn „*jedes Volk, das einen Unterwerfungskrieg führt, das Massenmord begeht und unbewaffnete Männer, Frauen und Kinder attackiert, hat das Recht auf den Schutz verwirkt, den die Normen und Konventionen der Souveränität normalerweise garantieren. Auch wenn ein Volk fremdes Gebiet erobert und massenhaft Menschen vertreibt und ermordet, dann verwirkt es das Recht auf Selbstbestimmung, weil dieses Recht zurückstehen muß hinter den Grundrechten des Menschen – etwa dem Recht, nicht ermordet zu werden.*"[17]

Daß die Frage von Mord und Vertreibung („ethnische Säuberung") gerade auf dem Balkan nicht monokausal zu sehen ist, und sich gerade auch die Albaner dieser Verbrechen immer auch in der Geschichte schuldig gemacht haben, verschweigt Goldhagen wohl bewußt. Dies würde auch nicht in das von ihm vermittelte Schwarz-Weiß-Bild passen – in die Scheidung von den „guten" Albanern und den „bösen" Serben als „Schurkenvolk". In diesen Zusammenhang paßt dann auch, daß nach Goldhagens Vorstellung auf die militärische Besetzung die Umerziehung des serbischen Volkes folgen müßte. Ebenso seien von den Besatzern diejenigen serbischen politischen Kräfte zu fördern, die sich den Amerikanern gegenüber als die treuesten Vasallen erweisen würden. In diesem Sinne meint Goldhagen: „*Eine eher wohlwollende Besatzungsmacht würde die demokratischen*

Kräfte in Serbien ebenso stärken, wie sie es in Westdeutschland getan hat."[18]

Das ganze gipfelt dann schließlich in der Forderung nach einem serbischen „Konrad Adenauer".[19] So ist es auch nicht verwunderlich, daß der „freie Westen" seinen Wunschkandidaten als jugoslawischen Präsidenten schnell gefunden hatte – den Deserteur und vom amerikanischen Geheimdienst CIA geförderten Zoran Djindjic[20], der sich im Verlaufe der Bombardierung Serbiens in das bombensichere Montenegro begab, um sich dort auch vor seinem Einberufungsbescheid in die Armee zu drücken. Ein „guter" Serbe scheint für den „freien" Westen immer nur ein serbischer Landesverräter sein zu können – also ein serbischer Stauffenberg.

Ist nun aber Goldhagens brutales „Programm" nur eine böse Ausnahme, die Entgleisung eines durchgeknallten amerikanischen Politologen, die mit dem heutigen Amerika nicht mehr im Einklang steht? Leider nicht, denn auch der politisch zu seiner Zeit viel maßgeblichere US-Kriegspräsident George Bush hat auf die Frage, was denn unter dem Begriff „Neue Weltordnung" zu verstehen sei, geantwortet: *„Was wir wollen wird gemacht."*

Soweit nun zur weltpolitischen Dominanz der USA und ihre pseudomoralischen Rechtfertigungsversuche. Auf das Ziel, den USA die alleinige Weltmacht streitig zu machen, müssen sich die deutschen Nationalisten heute schon strategisch einstellen, auch wenn ihnen derzeit hierzu vollständig die Handlungsgrundlage fehlt. Aber es geht ja in dem vorliegenden Buch nicht alleine um „Realpolitik", die Aufgabe der (Struktur-) Konservativen in der BRD ist, sondern um Planspiele um eine bessere deutsche und europäische Zukunft. Denn wer keine Vision mehr hat in einer schier hoffnungslosen Lage, der hat auch keine Zukunft mehr vor sich.

Das Planspiel, die USA als alleinige Weltmacht zu stürzen, kann natürlich nicht ausschließlich aus deutschem nationalen Interesse heraus gedacht werden, sondern muß ins Kalkül ziehen, daß viele (nicht alle) Befreiungsnationalisten anderer Völker ihre nationale Interessen ebenfalls an den Sturz der amerikanischen Weltherrschaft knüpfen. Ausnahmen hierfür bilden zum Beispiel: Israel, Polen, die Tschechei und die Türkei, deren derzeitige geopolitische „Stärke" an die faktische Weltherrschaft der USA geknüpft ist. Ihre regionale Dominanz steht und fällt mit der globalen Dominanz der USA.

Die weltweite Hegemonie der USA stützt sich dabei auf zwei Faktoren: die weltweite Seemacht und die Kontinentalmacht. Erstere besteht darin, daß die USA die alte Kolonialmacht Großbritannien als maritime Weltmacht abgelöst haben. Die USA sind heute aufgrund ihrer gewaltigen Streitmacht zur See in der Lage, an nahezu allen Küsten der Welt militärisch eingreifen zu können, geostrategische Brennpunkte zu besetzen, Regierungen zu stürzen. Hierzu dienen den Amerikanern ihre Marine-Landetruppen, Amphibienfahrzeuge, Luftlandetruppen und Kampfhubschrauber, ihre gewaltige Luftwaffe, die mittels Flugzeugträger über verschiebbare Basen verfügt, sowie ihre gigantischen Landstreitkräfte. Natürlich darf hierbei das atomare Potential nicht vergessen werden, das jedoch aufgrund der ABC-Potentiale anderer regionaler Mächte relativ zu sehen ist.

Der zweite Faktor, die kontinentale Voraussetzung zur globalen Vormacht, stützt sich dabei auf zwei Bedingungen: zum einen ist der Staat USA militärstrategisch ziemlich deckungsgleich mit dem nordamerikanischen Kontinent, da Kanada ein zuverlässiger Vasall ist und Mexiko militärisch für die USA keine Konkurrenz darstellt. Ein Land wie ein Kontinent bedeutet für die USA, über die Ausgangspforten von zwei Ozeanen zu verfügen, was für sie wiederum die optimale Voraussetzung zur maritimen Weltmacht bietet. Von Land her droht den USA ohnehin keine militärische Bedrohung, sieht man von den schwelenden ethnischen Konflikten in der eigenen Gesellschaft ab. Wer sollte die Vereinigten Staaten nun aber von der See her angreifen können? Diese hervorragende geopolitische Konstellation Nordamerikas ist auch der Grund, weshalb es sich seine Politiker erlauben können, nahezu überall in der Welt militärisch und wirtschaftlich einzugreifen, Kriege zu entscheiden, wie die beiden Weltkriege, ohne den Krieg im eigenen Land und eine leidende amerikanische Bevölkerung irgendwann gegen sich zu haben.

Die weltweite Vorherrschaft gründet sich jedoch nicht nur, wie dies der amerikanische Politstratege Zbigniew Brzezinski richtig erkannt hat, auf die Vorherrschaft bezüglich des eigenen Kontinents, sondern in erster Linie auf die politische, kulturelle, wirtschaftliche und militärische Hegemonie der USA auf dem eurasischen Kontinent. Denn nach wie vor, so Brzezinski, fällt nur dem die Weltmacht zu, der die Hegemonie über den eurasischen Kontinent hat. Daran habe sich seit der europäischen Kolonialpolitik des 18. und 19. Jahrhunderts nichts geändert. Denn heute stellt der eurasische Kontinent nahezu 75 Prozent der Weltbevölkerung [21] (über 4 Milliarden von rund 5,5 Milliarden Menschen). Beim Bruttosozialprodukt und der Fläche verhalten sich die Proportionen ähnlich. Auch befinden sich auf dem eurasischen Kontinent gleich mehrere Besitzer von ABC-Waffen, während es außerhalb dieses Kontinents nur einen gibt – die USA selbst.

Wer nun, wie die deutschen Nationalisten, die weltweite Vorherrschaft der USA brechen will, und sei es zunächst nur im Rahmen eines Planspiels, der muß die Amerikaner zurück in den Atlantik werfen, dorthin wo sie hergekommen sind – 1944 bei ihrer Landung in der Normandie. Die amerikanische Hegemonie über Eurasien stützt sich im wesentlichen auf drei geopolitische Punkte, an denen sie vor allem militärisch präsent sind, beziehungsweise wo man sie militärisch ungestört von der See her agieren läßt: Westeuropa, die Türkei sowie der Bereich Japan/Südkorea/Südasien. Sollten sie an zumindest zwei dieser drei Punkte den Zugriff auf den eurasischen Kontinent verlieren, sind die USA auch ihre Vorherrschaft über den eurasischen Kontinent insgesamt los und verlieren somit auch die Basis für eine totale Weltherrschaft. Sie müßten sich dann wieder mit Isolationimus begnügen, beziehungsweise sich in „regionaler" Hegemonie über ihren „Hinterhof" üben (Karibik, Mittel- und Südamerika).

Konzentrieren wir uns nun auf denjenigen Punkt von den dreien, welcher der Fokus für die deutschen Nationalisten darstellt: Westeuropa, dem die derzeitige BRD zumindest politisch zugehörig ist, obwohl Deutschland traditionell „mitteleuropäisch" – auf Grundlage der Reichsidee! – die Mittlerposition zwischen West- und Osteuropa einnahm, und in Mitteleuropa die Ordnungsposition selbst innehaben sollte. Zur Umsetzung des strategischen Ziels, die Amerikaner in den Atlantik zu werfen, benötigt der deutsche Nationalismus gleichgerichtete potentielle Verbündete. Nur wer kommt dafür in Frage? Gehen wir die einzelnen Möglichkeiten der Reihe nach durch:

England

Großbritannien scheidet als der amerikanische Brückenkopf und historisch zuverlässigste Vasall in Europa wohl als erstes für solche deutschen Planspiele aus. Den Briten ist ja nicht zuletzt die amerikanische Präsenz in Europa zu verdanken, da diese 1944 ihr Inselreich den USA als Sprungbrett auf den damals deutsch besetzten Kontinent anboten. Das einzige, was die Briten noch auszeichnet, ist ihr historisch überlieferter Hochmut und ihr Ressentiment gegenüber ihrem Vetter auf dem europäischen Festland: Deutschland, das ja – in seinem Norden – bekanntlich das Ursprungsland der Angeln und der Sachsen darstellt.

Frankreich

Frankreich kommt zunächst einmal für unser Planspiel, die Amerikaner in den Atlantik zu werfen, am ehesten in Betracht, da es sich selbst als europäischen Nationalstaat mit eigenen nationalen und eigenen europäisch-hegemonialen Interessen definiert. Darüber können selbst die jüngsten amerikafreundlichen Aussagen des französischen Präsidenten Jacques Chirac nicht hinwegtäuschen. Mit einem solchen Partner könnte man die gegenseitigen nationalen Ansprüche abklären und nach Kompromissen suchen. Jedoch ist auch das französische außenpolitische Interesse geprägt von dem Ressentiment gegenüber Deutschland, dem man nicht das sprichwörtliche „Schwarze unter dem Fingernagel" gönnt. Alleine die Volkszahl sowie die Wirtschaftskraft, welche die BRD-Klasse nicht willens ist, in politische Macht umzusetzen, schürt den französischen Neid gegenüber den „Boches". Zudem hält auch der Verfasser die These für zutreffend, die bereits Thomas Mann [22] als „Unpolitischer" formulierte, daß ein Mentalitätsbruch zwischen deutscher Kultur und französischer Zivilisation existiert, der freilich derzeit durch die gnadenlose amerikanische Subkultivierung auf beiden Seiten des Rheins zugeschüttet ist. Diesen Mentalitätsbruch erkannte bereits der Nationalrevolutionär der Zwischenkriegszeit Ernst Niekisch, der schrieb:

„Je weiter man vom Rhein aus nach Osten vordrang, desto unstädtischer, unliberaler, feudalistischer waren die Völker; der Osten war aus geschichtlichen und seelischen Gründen der Raum des Feudalismus, des ländlichen Geistes; er war es um so mehr, je mehr er Osten war. Deutschland, als Reich der Mitte, hatte an beiden Geisteshaltungen teil; sein Westen stand im Bann der städtischen, westlerischen Zivilisation, jenseits der Elbe aber begann die 'Barbarei', begann 'Ostelbien'. Seit 1789 ist der zivilisatorische Geist des Westens mit systematischer Hartnäckigkeit am Werke, 'Ostelbien' zu 'überwinden'; ganz Deutschland sollte des Fortschritts, der Freiheit, der Erleuchtung, der 'Aufklärung' teilhaftig werden, sollte auf die Stufe westlichen Daseins 'erhoben' werden. Deutschlands um sich greifende Industrialisierung leistet diesen Tendenzen Vorschub. Der innere sachliche Zusammenhang zwischen Zivilisation, Industrialismus, Kapitalismus, Bürgerlichkeit wurde dabei offenbar; es kam ans Licht, daß die Freiheitsforderung, so unbedingt sie

sich anfänglich gegen Gewissensknechtung zu kehren scheint, doch in Wahrheit nur eine verschleierte Fehdeansage an wirtschaftliche Bindungen ist und allein der Entfesselung selbstsüchtiger, materialistischer Instinkte die Bahn brechen möchte. Die materialistische Grundhaltung des liberalen Freiheitsdranges verrät sich darin, daß seine eigentlichen Evangelisten Wirtschaftstheoretiker, wie Adam Smith und schließlich Karl Marx, waren, Wirtschaftstheoretiker und nicht religiöse Propheten oder philosophische Weltdeuter." [23]

Die Kontinuität französischer Außenpolitik besteht seit Jahrhunderten in dem Ziel, den östlichen großen Nachbarn, Deutschland, möglichst schwach zu halten. Dies kann entweder dadurch geschehen, wie die Geschichte immer wieder zeigte, daß diesem in seinem Westen Gebiete abgenommen werden, die französische Sprachgrenze nach Osten in den eigentlich germanischen Sprachraum vorgeschoben und die Herausbildung und Stabilisierung eines deutschen Nationalstaats durch von Paris geförderten Separatismus immer wieder verhindert wird, wobei die von Frankreich stets betriebene deutsche Kleinstaaterei (Förderalismus) ein bewährtes Instrument darstellt, siehe die Abspaltung von Randgebieten, oder die Herausbildung eigener deutscher „Nationen", wie Österreich, die Niederlande, oder die Deutsch-Schweiz. All dies trug in der Geschichte zur – zumindest zeitweiligen – Verhinderung einer starken, einigen deutschen Ordnungsmacht in der Mitte Europas bei. In diesem Grundanliegen treffen sich auch die nationalen Interessen der Franzosen und der Briten, wobei letztere ihre permanente Strategie, Deutschland schwach zu halten, damit der europäische Kontinent insgesamt schwach erhalten bleibt, euphemistisch „balance of power" nennen. Zerschlagung oder Verhinderung des (deutsch-dominierten) Reiches könnte diese britisch-französische Strategie ebenso heißen. Den französischen Part dieses germanophoben Spielchens, der sich wie ein roter Faden durch die Geschichte ihrer Außenpolitik zieht, hat bereits der deutsch-österreichische Historiker Heinrich Ritter von Srbik erkannt, der 1940 einen Bogen vom sogenannten Westfälischen Frieden (1648) bis zum sogenannten Versailler Vertrag (1919) schlug, und darin das Betreiben Frankreichs erkannte, Deutschland schwach zu halten:

„Die Ernest Laivisse, Maurice Barrès, Gabrielle Hanotaux haben als Vorbereiter des zweiten westfälischen Friedens, des Friedens der brutalsten Gewalt und der tiefsten politischen Unmoralität, des auf Geschichtslüge aufgebauten Vetrages von Versailles, die bleibende Erdrosselung Deutschlands kaum anders betrieben: auch

ihnen schwebten die Verträge von Münster und Osnabrück, das einstige ewige Grundgesetz des Reiches, als nachahmenswertes Beispiel vor Augen, und sie selbst und das offizielle Frankreich des Weltkrieges und von 1919 waren nur Glieder einer sehr alten und niemals abgebrochenen französischen Tradition, die von Kapetingern über die Valois zu den Bourbonen über Revolution und Empire zu der Erneuerung des Gottesgnadentums der alten Dynastie reichte und im Bürgerkönigtum des Orleans, im Kaisertum Napoleons III., das auf dem Suffrage universell beruhte, und in der dritten Republik ihre Fortsetzung fand und die sich dann in den Jahren der tiefsten Erniedrigung des deutschen Volkes und Reiches auslebte." [24]

Diese äußerst zutreffende Kommentierung französischer Außenpolitik könnte man bis in die 90er Jahre des zwanzigsten Jahrhunderts fortschreiben, denn mit dem Maastrichter Vertrag hat Frankreich die soeben beschriebene Strategie erfolgreich fortgesetzt, wobei freilich die bereitwillige Paraphierung des Vertrags von deutscher Seite durch die penetrant frankophile Geisteshaltung der politischen Klasse des BRD-Rheinbundstaates zu erklären ist. Nicht umsonst schrieb der Chefredakteur Franz-Olivier Giesbert 1992 im Pariser *Le Figaro: „Maastricht, das ist der Versailler Vertrag ohne Krieg".*[25]

Trotz dieser berechtigten skeptischen Bewertung der französischen Position muß Frankreich in die deutschen Bündnisüberlegungen einbezogen werden, um der eurasischen Gesamtkonzeption die westliche Flanke zu sichern und somit auch den amerikanischen Brückenkopf in Europa zunichte zu machen. Dieser Brückenkopf kann nie aus den britischen Inseln alleine bestehen, sondern benötigt die Gegenküste Englands – also Frankreich und die Beneluxstaaten. Gerade in dem zuletztgenannten Bereich sind die deutschen und die französischen Interessen abzustecken. Die Wallonie gehört zur französischen Einflußsphäre, Flandern soll die Möglichkeit besitzen, sich in einen gemeinsamen Staat einer Vereinigten Niederlande einzubringen, wobei dieser „niederfränkische" Bereich, inklusive Luxemburg, sprachlich-kulturell-bedingt der deutschen Sphäre zuzuordnen ist. Sowohl den Elsässern und Deutsch-Lothringern als auch den Schweizern sämtlicher Nationalitäten ist weitestgehende kulturelle Selbstbestimmung zuzubilligen, wie auch das Recht, über ihren staatlichen Status selbst in freier Abstimmung zu entscheiden.

So sehr eine reibungslose Einigung zwischen einem nationalen Deutschland und einem nationalen Frankreich unwahrscheinlich erscheint, so wäre sie jedoch – gerade aus deutschem Interesse heraus – wünschenswert, um sich den westlichen Rückhalt deutscher Bemühungen in Ostmitteleuropa zu sichern. Den Franzosen hingegen ist freie Hand bei ihren Hegemonialbestrebungen im romanischen Mittelmeerbereich zu lassen, sowie an der nordafrikanischen Gegenküste. Hierzu jedoch müssen erst einmal die Franzosen ihre (vor allem nordafrikanische) Überfremdung im eigenen Land loswerden, wie die Deutschen die ihrige. Ebenso sind die Bemühungen Frankreichs zu unterstützen, die Sezessionsbestrebungen der französischen Kanadier zu fördern (Quebec).

Die Achse Paris-Berlin-Moskau stellt das Ideal deutscher nationaler Außenpolitik dar, die dann in Übereinstimmung mit Peking, Tokio, Delhi, Islamabad, Teheran und Bagdad zu bringen ist. Daß die zuletzt genannten, was ihre Interessenlage anbetrifft, nur schwer „unter einen Hut" zu bringen sind, dürfte auch klar sein. Doch ein Beziehungsgeflecht bilateraler Bündnisse sowohl von Deutschland, als auch von Rußland und Frankreich zu den genannten asiatischen Mächten dürfte allemal möglich sein.

Polen/Tschechei

Die Franzosen müssen von deutscher Seite davon überzeugt werden, daß sie von ihrer „Entente"-Vergangenheit Abstand nehmen müssen, um nicht wieder zum amerikanischen Brückenkopf gegen Deutschland und Rußland herabzusinken, sondern daß sie statt dessen ihre wichtige europäische Rolle im Westen des Kontinents sowie rund um das westliche Mittelmeer wahrnehmen sollen. Frankreich muß klar gemacht werden, welche Rolle es künftig spielen will: Brückenkopf für die Angelsachsen und somit in Feindschaft zu Deutschland, oder westlicher Achsenpartner in einem eurasischen Bündnis Paris-Berlin-Moskau. Ebenso ist den Franzosen zu verdeutlichen, daß ein Sonderabkommen zwischen Paris und Moskau ebenso gegen Berlin und Wien gerichtet ist, wie ein Sonderabkommen mit Warschau und Prag. Beide Strategien müßten von einem nationalen Deutschland als feindlicher Akt und reelle Kriegsgefahr durch „Einkreisung" aufgefaßt werden und sie würden das deutsch-französische Verhältnis schwer belasten.

Gerade auch den Polen und Tschechen, die von ihrem schlechten (Vertreibungs-)Gewissen getrieben sind und permanent um den Bestand ihrer staatlichen Integrität bangen, muß von deutscher Seite klar gemacht werden, daß ihre staatliche Existenz nicht – wie die 30er Jahre deutlich gezeigt haben – dauerhaft vom Westen (Frankreich, England, USA) garantiert werden kann, sondern ausschließlich von Deutschland und Rußland. Ein nationales Deutschland gedenkt ihre Existenz nicht in Frage zu stellen; aber um dauerhaft Frieden zwischen Berlin und Moskau gewährleisten zu können, muß Zwischeneuropa, das maßgeblich von Polen und der Tschechei geprägt ist, als ein von deutschen und russischen Truppen entmilitarisierter Bereich angesehen werden, um eine direkte Konfrontation zwischen Deutschen und Russen – wie 1941 („Barbarossa") – ausschließen zu können. Zwischeneuropa, inklusive des Balkans, soll lediglich in einen deutschen, einen russischen sowie einen gemischten Interessensbereich geteilt werden, in dem Berlin beziehungsweise Moskau politischen und wirtschaftlichen Einfluß unter Wahrung der staatlichen und kulturellen Selbstbestimmung der Völker Zwischeneuropas ausüben können, beziehungsweise sich die Vorherrschaft in zu definierenden Zonen teilen. Dieses Zwischeneuropa, inklusive des Balkanraums, soll sowohl von den Deutschen als auch von den Russen – in Anlehnung an Carl Schmitt[26] – als „gemeinsamer Großraum mit Interventionsverbot für raumfremde Mächte" definiert und vertraglich festgeschrieben werden.

Dieser Lösungsansatz schließt jedoch unabdingbar mit ein, daß die Vertreibungsverbrechen durch die Polen und Tschechen an den Ost- und Sudetendeutschen so weit wie möglich gesühnt werden, ohne neuen Vertreibungen das Wort zu reden. Schließlich ist in dem zwischeneuropäischen Raum Platz für alle beheimateten Völker – sowohl für Deutsche, als auch für Polen, Tschechen und die anderen Völker. An der deutschen Kompromißbereitschaft, was den Zugang der Polen zur Ostsee betrifft, soll es jedenfalls nicht liegen. Nur muß beiden – Polen wie Tschechen – klargemacht werden, daß sie ihre Interessen nur mit und nicht gegen Deutsche und Russen durchsetzen können. Ein nationales Deutschland und ein nationales Rußland wird in den Regierungssitzen von Warschau und Prag eher Vernunft einziehen lassen, als die derzeitige Schwäche Berlins und Moskaus, die bei den Polen und Tschechen nur Illusionen schürt, im Rahmen einer EU- und NATO-Osterweiterung eigene „Großmacht"-Träume verwirklichen zu können.

Südslawien/Serbien

Weniger eine Halbinsel als vielmehr eine Landbrücke zwischen Mitteleuropa und dem Südwesten Rußlands einerseits und der Türkei beziehungsweise Vorderasien andererseits, verdankt der Balkan gerade dieser zentralen strategischen Lage zwischen den Kontinenten seine leidvolle Vergangenheit. Die Meerengen im Süden des Balkans sind seit Jahrtausenden von überragender strategischer Bedeutung, und mit der Donau mündet im Osten eine der wichtigsten Wasserstraßen Europas in das Schwarze Meer. Das Gerede im NATO-Kriegsjahr 1999, daß man in Jugoslawien einen Krieg für westliche Werte führe – schließlich sei dort, im Unterschied etwa zum Irak, nichts zu holen – ist offensichtlicher Unsinn.[27]

Von großem nationalen Interesse ist für die Deutschen die Aussöhnung mit den slawischen Völkern, mit denen man in den beiden Weltkriegen kriegerische Auseinandersetzungen mit all den bösen Begleiterscheinungen auf beiden Seiten geführt hat (Mord und Vertreibung etc.). Ein wesentlicher Zielpunkt dieser deutschslawischen Aussöhnung stellt dabei das serbische Volk dar. In den Ohren der Deutschen der älteren Generation, welche die Massaker der jugoslawischen Tito-„Partisanen" während des Zweiten Weltkrieges und unmittelbar nach dessen Beendigung miterlebt hatten, ist naturgemäß die Idee einer Versöhnung mit dem serbischen Volk nur schwer nahezubringen. Doch die junge Generation könnte sich da leichter tun. Zunächst einmal ist der historischen Wahrheit wegen festzuhalten, daß auf beiden Seiten Verbrechen begangen wurden, wenn auch die Quantität und die Qualität der Verbrechen durch die jugoslawische Seite um ein wesentliches höher einzuschätzen ist. So sind nach historischen Quellen alleine von rund 500 000 Jugoslawiendeutschen die Hälfte ermordet und die andere Hälfte vertrieben worden. Natürlich muß der Gerechtigkeit halber hinzugefügt werden, daß auch viele Serben während der deutschen Besatzungszeit verschleppt und ermordet wurden – zumeist von den kroatischen, bosnischen und albanischen Verbündeten der großdeutschen Wehrmacht. Dieser Umstand entbindet jedoch nicht von der Verantwortung, auch diese Verbrechen als Verbrechen wahrzunehmen.

Die gebotene Aussöhnung, vor allem mit Serbien, wäre dringend im deutschen Interesse erforderlich, um Deutschland einen Handlungsspielraum in Südosteuropa zu verschaffen, was zur Zurückdrängung der amerikanischen Hegemonie ebenso erforderlich ist, wie zum Aufbau eines eigenen deutschen Einflußbereichs. Den von dem neuen deutschen Hegemonialanspruch der Deutschen betroffenen Völkern Mittel- und Südosteuropas ist dabei klarzumachen, da diese Wiederanknüpfung an die deutsche Reichsidee nicht eine Kopie des Dritten Reiches darstellen soll, deren Reichspropagandisten mehrheitlich ein „Großgermanisches Reich" vorschwebte, in dem es dann kulturell „höher- und minderwertigere" Völker gegeben hätte, wobei die „slawischen Untermenschen" zu versklaven oder auch zu germanisieren waren. Dieses neue von Deutschland zu führende mitteleuropäische Reich soll der politischen Ordnung aller Mittel-, Ost- und Südosteuropäer dienen – nicht zuletzt den Serben, denen vom „germanischen" Norden her der Rücken freizuhalten ist, um sich des türkischen Imperialismus`, wie so oft in der Geschichte, erwehren zu können. Und genau in diesem Punkt treffen sich die nationalen deutschen mit den nationalen serbischen Interessen – nämlich die beiden NATO-Verbündeten Türkei und USA vom Balkan und von Europa insgesamt fernzuhalten.

Indem die BRD-Deutschen als treue US-Vasallen in den verbrecherischen NATO-Angriffskrieg militärisch aktiv einbezogen wurden, versuchen die USA offensichtlich auch, eine Aussöhnung zwischen Deutschen und Serben – und somit auch zwischen Deutschen und Russen! – von vorneherein kaputtzumachen. Deutschland soll nach amerikanischem Kalkül nicht eine eigenständige europäische Rolle in der Mitte Europas spielen, sondern ein Instrument amerikanischer Herrschaft in Europa darstellen. Und die amerikanische Anmaßung richtet sich derzeitig eindeutig gegen Ost- und Südosteuropa – mit dem Ziel, Rußland endgültig auch zum amerikanischen Vasallen herabzudrücken. Die BRD-Regierung, egal welcher politischen Couleur, spielt dabei prächtig die Rolle des willigen amerikanischen Helfers. Der amerikanische „Musterknabe" BRD (Brzezinski) dient den USA als Werkzeug, um freiheitsliebende Völker wie die Serben zu ebensolchen Vasallen herunterzudrücken.

Der jugoslawische Staatspräsident Slobodan Milosevic hat die Gefahr, daß der von ihm politisch geführte Staat, einen geopolitischen Dorn im Auge der USA darstellt, bereits 1989 erkannt, als er anläßlich des 600-Jahrgedenkens der Schlacht auf dem Amselfeld ausführte:

„(...) Niemals in der Geschichte war Serbien nur von Serben bewohnt. Heute mehr als jemals zuvor leben hier Bürger aller ethnischen und nationalen Gruppen. Dies ist kein Handikap für das Land. Ich bin aufrichtig davon überzeugt, daß dies ein Vorteil ist (...) Der Sozialismus als eine progressive und demokratische Gesellschaftsform darf eine Trennung nach Nationalität und Religion im Zusammenleben nicht erlauben. Der einzige Unterschied, der im Sozialismus erlaubt ist, ist der

Unterschied zwischen arbeitenden Menschen und denen die nichts tun, zwischen ehrenhaften und unehrenhaften Menschen. Deshalb verdienen alle, die in Serbien rechtschaffen von ihrer Arbeit leben, den Respekt der anderen. Darüber hinaus muß unser ganzes Land auf dieser Basis organisiert werden. Jugoslawien ist eine multinationale Gesellschaft und kann nur auf der Grundlage völliger Gleichberechtigung aller hier lebenden Nationen überleben (...) Seit Bestehen multinationaler Gesellschaften liegt der Schwachpunkt in den etablierten Beziehungen zwischen den verschiedenen Nationen. Gleich einem Schwert über ihren Köpfen besteht eine konstante Drohung, daß eines Tages eine Nation durch andere bedroht werden und eine Welle freigesetzt werden könnte, die mit Verdächtigungen, Anklagen und Intoleranz behaftet und schwer zu stoppen ist. Innere und äußere Feinde derartiger Gesellschaften wissen dies und trachten deshalb danach, innerethnische Konflikte zu stimulieren."[28]

Es hat für den Verfasser den Anschein, als daß Milosevic damals schon – im Jahre 1989 – seherische Fähigkeiten gehabt haben muß, um vorauszuahnen, was zehn Jahre später eintreffen werde: das westliche Bündnis NATO war die maßgebliche treibende Kraft, die von langer Hand geplant, die Zerstörung Jugoslawiens im Schilde führte und deren Etappenziel „Kosovo" hieß, das zunächst als NATO-Protektorat auszuweisen ist, indem die Kosovo-Serben von den Albanern unter den Augen der UNO- und NATO-Politiker und Militärs systematisch „ethnisch wegzusäubern" sind, um dann langfristig – in einem zweiten Schritt sozusagen – den Kosovo einem „Großalbanien" anzugliedern. Es versteht sich von selbst, daß dieser teuflische NATO-Plan dann auch auf die von einer albanischen Minderheit bevölkerte jugoslawische Republik Montenegro und den ethnisch instabilen und ebenso von einer albanischen Minderheit bevölkerten Staat Mazedonien auszuweiten ist, damit an der östlichen Adria-Küste bis tief ins Innere des Balkans eine geopolitische Zone entsteht, die von der NATO politisch und militärisch und von Albanien ethnisch dominiert wird. Daß in Folge der Durchsetzung eines solchen Plans die Türkei an Einfluß auf dem Balkan gewinnt, dürfte auf der Hand liegen. Ihr Ziel wird es sein, einen politischen und ethnischen Korridor von Istanbul/Adrianopel über die türkischen und anderen moslemischen Minderheiten in Bulgarien, Mazedonien, dem Kosovo bis Albanien und Bosnien zu schlagen – also vom Bosporus bis zur Adria. Daß dies weder in nationalem deutschen Interesse noch in nationalem russischen Interesse liegt, braucht hier nicht näher erklärt zu werden.

Rumänien/Bulgarien

Auch Rumänien und Bulgarien sind aus der Sicht des deutschen Nationalismus bei entsprechender Handlungsgrundlage in die Frontstellung gegen die Türkei einzubeziehen. Den Rumänen ist dabei klarzumachen, daß ihnen ihre traditionelle Anlehnung an Frankreich allein als Zukunftsvision nichts mehr nützt, da die Franzosen als ihr vermeintlicher Helfer „zu weit weg" sind. Die historisch tradierte Angst der Rumänen vor Russifizierung soll durch ein deutsch-russisches Übereinkommen genommen werden, das besagt, daß sowohl Rumänien, als auch Bulgarien, Mazedonien und Jugoslawien eine Balkan-Union bilden können, die weder von deutschen noch von russischen Truppen unmittelbar militärisch dominiert wird. Nur im Falle des Eindringens raumfremder Mächte bestünde militärischer Handlungsbedarf, der zwischen Berlin und Moskau abzustimmen ist. Bei den Bulgaren überwiegt weniger die Angst vor den Russen, die von ihnen als slawische Brüder betrachtet werden, als vielmehr vor den Türken. Im Rahmen der Balkan-Union, die unter gemeinsamen deutsch-russischen Schutz und Einfluß steht, wird Sofia die begründete Angst vor einer Türkisierung genommen. Jedoch sollten beide, Bulgarien und Rumänien, von dem Gedanken einer Anlehnung an den Westen Abstand nehmen. Umso mehr, da der „Westen" sie in der Geschichte nicht nur einmal verraten hat (siehe Rumänien 1944/48) und sie, wie die Polen übrigens auch, wissentlich ohne zu zögern für die eigenen Interessen verheizte. Daß sowohl Sofia als auch Bukarest am 5. Juli 1999 dem „Wunsch" der USA nachkamen, ihren Luftraum für den Transport von russischen UN-Luftlandetruppen in den Kosovo zu sperren, wurde zu Recht von Moskau als „Provokation" – nicht nur von seiten der USA! – interpretiert. Unter anderen Kräfteverhältnissen gilt: Mit der Geduld des deutschen Adlers wie auch mit der des russischen Bären spielt man nicht!

Insgesamt gesehen müssen sowohl Deutsche als auch Russen bestrebt sein, die innerbalkanischen Interessen einigermaßen gerecht auszugleichen: dies betrifft Streitpunkte wie den Kosovo (Serben/Albaner), Mazedonien (völkischer Anspruch der Bulgaren und Serben; etymologischer Anspruch sowohl der slawischen als auch der hellenischen „Makedonier"), die Küstenregion Thrakien (Griechenland und Bulgarien), Siebenbürgen (Rumänen und Ungarn), Vojwodina (Serben und Ungarn) und viele andere Brennpunkte in der Region mehr. Diese vielfältigen Konfliktpotentiale in der Region sollen vor allem im Rahmen der Balkan-Staatenunion, der

Jugoslawien, Mazedonien, Bulgarien und Rumänien angehören, unter deutsch-russischer Vermittlung geregelt werden. Hierzu ist auch von Berlin und Moskau ein dauerhaftes Schiedsgericht zu installieren.

Griechenland

Traditionell stellt Griechenland ein Sorgenkind südosteuropäischer Politik dar – sowohl für Deutschland, als auch für Rußland. Dieses ist zur Zeit wieder einmal – was die offizielle Politik Athens betrifft, die durch die EU- und NATO-Mitgliedschaft bestimmt ist – einer der vielen Vasallen des Westens. Diesmal der Amerikaner, im Zweiten Weltkrieg der Vasall der Engländer. Freilich erst dadurch, daß das faschistische Italien mit seinen „imperialen" Wahnvorstellungen, die sich weniger auf militärische Leistungen und Reichsfähigkeit als auf römisch-cäsarischen Chauvinismus gründeten, von Albanien her Griechenland militärisch bedrohte und NS-Deutschland und Großbritannien zum Eingreifen zwang. Das heutige Griechenland ist gemeinsam von Deutschen und Russen wieder auf seine europäische Aufgabe einzuschwören – nämlich die einer Bastion gegen den türkischen Imperialismus an Europas Südostflanke. Dabei ist Griechenland voll und ganz bezüglich seiner Ansprüche in der Ägäis (vor allem Zypern) von Berlin und Moskau zu unterstützen.

Rußland

„Geopolitisch ist Rußland Deutschlands Wiederholung im Weltmaßstab, in der Einkreisung Rußlands wiederholt sich die der Deutschen. Ihre Lage zwischen drei Fronten und abseits der Weltmeere, die Ungunst und Länge der Grenzen, die Feindschaft der angelsächsischen Handelsmächte und ihrer wechselnden Brückenköpfe, der Zwang zu deren möglichst blitzartiger Beseitigung, also zur Führung des ersten Schlages, zu steter Kriegsbereitschaft und raschester Mobilisierung sowie Ausschöpfung aller Möglichkeiten der 'inneren Linie', alles das samt den unvermeidlichen Kosten ist beiden gemeinsam – dem Deutschland von einst und dem Rußland von heute (...)."[29]   Jordis von Lohausen

Die geopolitischen Gemeinsamkeiten von Deutschland und Rußland sind offenkundig. Was jedoch die außenpolitische Orientierung beider Völker betrifft, so ergibt sich hierbei ein wesentlich differenzierteres Bild. Denn im Rahmen sowohl der deutschen als auch der russischen Geschichte gab es immer nationalistische Strömungen, die entweder einem deutsch-russischen Bündnis offen oder aber diesem im Wege standen. In der russischen Politik gab es immer Strömungen germanophober und germanophiler Art, wie es auch in Berlin und Wien immer russophobe und russophile Strömungen gab und gibt. In beiden Ländern müssen heute Nationalisten das Bewußtsein für eine erforderliche deutsch-russische Zusammenarbeit fördern. Die Mentalität eines Adolf Hitler, der in den Russen „Untermenschen" glaubte erblicken zu müssen, und eines „Russen" Ilja Ehrenburg, der in den Deutschen „Bestien" sah, ist auf beiden Seiten als Irrweg in den völkischen Abgrund zu sehen und sollte der Vergangenheit angehören.

Die Freundschaft zwischen Deutschland und Rußland wird maßgeblich davon abhängen, wie beide ihre Ansprüche in Zwischeneuropa und auf dem Balkan im gegenseitigen Einverständnis abstimmen. Die natürlichen historischen Hegemonialmächte des Balkans sind Deutschland/Österreich/Ungarn von der europäischen Mitte aus die Donau abwärts, die Türkei vom Süden her die Donau aufwärts und die Russen aus Richtung des Schwarzen Meeres und des Karpartenbogens. Ziel künftiger deutscher Reichspolitik muß es sein, sich so viel Hegemonie wie möglich in Mittel- und Südosteuropa zu sichern – aus nationalem politischem, wirtschaftlichem, kulturellem und militärischem Sicherheitsinteresse. Um dieses Maximalziel zumindest ansatzweise umsetzen zu können, bedarf es der Erkenntnis, daß hierzu zwei Voraussetzungen dringend erforderlich sind:

1. Die Abwesenheit der Amerikaner in Europa, was also ihren Hinauswurf in den Atlantik bedeutet.

2. Das Bündnis mit einer der beiden weiteren Balkan-Hegemonialmächte (Türkei, Rußland).

Dabei dürfte die Auswahl nicht schwer fallen! Rußland ist sicherlich der geeignetere Bündnispartner. Und dies aus mehreren Gründen:

Zum einen würde ein nationales Rußland ebenso wie ein nationales Deutschland auf Revanche sinnen. Die Deutschen müssen den *Status Quo* seit 1945 und die Russen den ihren seit 1989 überwinden. Beiden gemeinsam ist das Bestreben, die Amerikaner in den Atlantik zurückzuwerfen, um Eurasien frei von raumfremder politischer Bevormundung zu machen. Zum anderen erheben beide Nationen – die deutsche wie die russische – den Anspruch auf Hegemonie auf dem eurasischen Kontinent. Während Rußland jetzt schon Ansprüche sowohl in Zwischeneuropa als auch in Ost- und Zentralasien geltend macht, wird ein nationales Deutschland seine Interessensphären ausschließlich in Zwischeneuropa [30] abstecken. Aus dieser Konstellation heraus müssen Deutsche und Russen ihre Interessen in gegenseitigem Einvernehmen aushandeln und vertraglich abstecken, um nicht zuzulassen, daß andere sich in den „Handel" einmischen und die beiden natürlichen Bündnispartner (Deutschland und Rußland) gegeneinander ausspielen.

Diese „Störenfriede" eines deutsch-russischen Arrangements könnten die Amerikaner, aber auch die Briten und leider sogar die Franzosen sein, die bestrebt sein könnten, durch ihre traditionelle Bündnispolitik in Richtung Zwischeneuropa (vor allem Polen, Tschechei) einen geopolitischen Sperrkeil zwischen Deutschland und Rußland zu treiben. Diesen Sperrkeil nannten die Franzosen der Zwischenkriegszeit *Cordon Sanitaire* (von Polen über die CSR nach Jugoslawien und Griechenland). Eine weitere Variante, Deutschland und Rußland in Gegnerschaft zu bekommen, bestünde in dem Bündnis Paris-Moskau, das dann einer erneuten Einkreisung Deutschlands entsprechen würde. Auch manche Denkzirkel der französischen Neuen Rechten haben über diese Möglichkeit bereits nachgedacht, weshalb die Fiktion von einer immerwährenden deutsch-französischen Freundschaft in die Welt der rheinbündlerischen Märchen und Sagen zu verweisen ist. Französische Nationalisten vertreten naturgemäß zuallererst französische Hegemonialinteressen, die deutschen sollten ihre vertreten. Das heißt aber nicht, daß hierbei nicht auch ein Ausgleich gefunden werden kann.

Doch zurück zum potentiellen Bündnispartner Rußland. Dessen hegemoniale Interessen überschneiden sich – wie bereits erwähnt – in Zwischeneuropa und auf dem Balkan mit den deutschen Interessen. Hier müssen deshalb rechtzeitig Kompromisse angestrebt werden – Maximallösungen können nur auf Grundlage militärischer Überlegungen angestrebt werden; doch diese Überlegungen sind bereits im Winter 1942/43 in Stalingrad gescheitert. Dies alles freilich auf Grundlage einer falschen Rassentheorie. Aber das soll an dieser Stelle nicht weiter ausgeführt werden. Der Verfasser schlägt vor, einen deutsch-russischen Ausgleich nach folgendem Grundsatz anzustreben: Die Deutschen setzen ihre Hauptansprüche in Zwischeneuropa durch – damit sind die deutschen Ostgebiete, Polen, Tschechei,

Slowakei und Ungarn (bis Siebenbürgen) gemeint. Das Baltikum wäre als eine gemeinsame Einflußzone mit Zugang für Deutsche und Russen zu definieren. Zu dieser baltischen Zone würden gehören: Litauen, Lettland, Estland – deren staatliche Selbständigkeit von Deutschen und Russen gemeinsam zu garantieren ist –, sowie das nördliche Ostpreußen, das staatlich dem Deutschen Reich angehören würde, das jedoch vertraglich der dort lebenden russischen Bevölkerung Minderheitenrechte und dem russischen Staat Rechte im Hafen von Pillau belassen würde.

Die Russen hingegen sollen ihr Hauptaugenmerk neben ihrem wirtschaftlichen „Lebensnerv" Zentralasien auf Südosteuropa setzen – in Konfrontation mit der Türkei. Der ausschließlich deutsche Einflußbereich ist dabei auf Slowenien, Kroatien und die kroatischen und moslemischen Teile Bosniens zu beschränken. Den Serben in Bosnien soll zugestanden werden, sich mit der Bundesrepublik Jugoslawien zu vereinen. Die Russen sind in ihrem strategischen und religiös bedingten Ziel „Konstantinopel" von deutscher Seite unbeeinträchtigt zu lassen. Ob dieses russische Ziel realistisch oder unrealistisch sein mag, soll nicht das Problem der Deutschen sein. Die traditionelle Rivalität auf dem Balkan zwischen Deutschen (historisch: Österreich/Ungarn) und Russen ist zu beenden, denn gemeinsam können Berlin und Moskau viel mehr erreichen, als getrennt und vor allem gegeneinander.

Serbien-Montenegro sowie der Kosovo (Bundesrepublik Jugoslawien), inklusive der serbischen Republik in Bosnien, weiterhin Mazedonien, Bulgarien und Rumänien sind in einer Balkan-Union staatenbundlich zusammenzufassen und dem gemeinsamen Interessensbereich von Deutschland und Rußland zuzurechnen. Im Rahmen dieses Staatenbundes werden sowohl von Berlin als auch von Moskau die jeweiligen nationalen und kulturelle Selbstbestimmungsrechte der dortigen Völker garantiert und gegenüber dem Eingriff raumfremder Mächte geschützt (wie dem der Türkei). Dieser Grundsatz der weitestgehenden nationalen und kulturellen Selbstbestimmung gilt ebenso für die rein deutsche beziehungsweise für die rein russische Einflußsphäre. Diese Staaten sind lediglich in ihrem außenpolitischen Radius dem jeweiligen „Hegemonialbereich" untergeordnet. Albanien ist sich selbst zu überlassen – wer sich dort einmischen will, soll dies tun, soll jedoch davon abgehalten werden, weitere Schritte zu unternehmen, die den gemeinsamen deutschrussischen Hegemonialbereich berühren (Serbien-Kosovo-Montenegro, Mazedonien).

Im Gegenzug ist Rußland von deutscher Seite freie Hand zu lassen in seinen natürlichen Bestrebungen, „Großrußland" wieder herzustellen – wozu die derzeitigen „Kleinrussen" (Moskau), Weißrußland (Minsk) und die Ukraine (Kiew) zählen. Des weiteren sollen die Russen ruhig versuchen, ihren Einfluß wieder auf Zentralasien und den Kaukasus (Turkmenistan, Kirgistan, Kasachstan, Aserbaidschan, Georgien, Armenien und dergleichen mehr) auszudehnen. Dort stoßen sie dann auf die hegemonialen Bestrebungen der Türkei, des Iran und Chinas.

Türkei

Es fällt dem Verfasser schwer – jedoch ist die Feststellung unvermeidbar: Die Türkei könnte sich aller Voraussetzung nach als d e r völkische Hauptfeind eines nationalen Deutschlands entwickeln. Dies ergibt sich schlichtweg aus der Lage und nicht aus dem Wunschdenken des Verfassers. Dafür sind vor allem zwei Gründen maßgeblich:

Der erste und wichtigste Grund ist die Tatsache der gegenwärtigen ethnischen Überfremdung auf dem Territorium der BRD und in Österreich. Vor allem in bundesdeutschen Großstädten und Ballungsräumen entwickeln sich die Türken zu einer nach politischer und kultureller Autonomie strebenden Minderheit, die in manchen Stadtteilen schon die Mehrheit stellt, und die in absehbarer Zeit ähnliche separatistische Tendenzen wie die moslemischen Völker auf dem Balkan erkennen läßt (Kosovo-Albaner, Bosniaken etc.). Für die USA stellt die Türkei ein für ihre Weltherrschaftsbestebungen lebensnotwendiger Bündnispartner an Rußlands Südwestflanke dar, weshalb Amerika notfalls den türkischen Imperialismus, dessen größte Waffe ethnische Minderheiten in anderen Staaten darstellt, sowohl auf dem Balkan als auch in Zentraleuropa unterstützen wird.

Ein nationales Deutschland könnte sich deswegen gezwungen sehen, um den drohenden Volkstumskampf und Bürgerkrieg im eigenen Land zu gewinnen, der ihm von den Strategen der Multikultur aufgezwungen wird, präventiv über ein antitürkisches außenpolitisches Bündnis nachzudenken. Der primäre Bündnispartner gegen die Türken wäre dabei das slawische Europa, das selbst – hegemonial wie völkisch – die Türken als Bedrohung empfindet. Gemeint sind hiermit die Russen, die im Kaukasus und in Zentralasien auf türkische Ansprüche stoßen sowie die Balkan-Slawen (Serben und Bulgaren), aber auch die Griechen, die Rumänen und selbst die islamischen Kurden und Iraner. Nur solche Bündnisbestrebungen könnten geeignet sein, den türkischen Großmachtplänen auf dem Balkan und in Zentraleuropa Einhalt zu gewähren und die deutschen strategischen Ziele – vor allem was den ethnischen Sprengstoff im eigenen Land betrifft – friedlich gegenüber Ankara durchzusetzen. Aber bei allen diesen Überlegungen muß beachtet werden, daß ein deutsch-russisches Bündnis – wie bereits erwähnt – ein deutsch-türkisches Bündnis von vornherein ausschließt, da es sich bei Ankara und Moskau um geopolitische Erzfeinde handelt. Deshalb kommt nur einer von beiden als deutscher Bündnispartner in Betracht – eben derjenige, der den Deutschen die größten geopolitschen Vorteile verspricht: Moskau. Die Bündnispolitik, die zum Ausbruch des Ersten Weltkrieges (1914) geführt hat, ist von den Deutschen als Irrweg zu erkennen. Denn wer die Türkei zum "Freund" hat, der hat automatisch Rußland und Serbien zum Feind.

Für die soeben genannten geostrategischen Überlegungen zur Eindämmung des türkischen Imperialismus gibt es bereits heute schon positive Anhaltspunkte. Die Türkei kann sich „warm anziehen". Wie den *Mittelmächten* (Deutschland, Österreich-Ungarn) am Anfang des Jahrhunderts die „Einkreisung" durch die *Entente* drohte, so sieht sich heute die Türkei von einem feindlichen Bündnis umstellt. So schlossen 1999 die Staaten Iran, Griechenland und Armenien ein Abkommen über „militärische Zusammenarbeit". Damit hat der Iran erstmals seit der islamischen Revolution von 1979 ein militärisches Bündnis mit einem westlich orientierten Land geschlossen – nämlich mit Griechenland, das Mitglied in EU und NATO ist. Das wird das NATO-Mitglied Türkei überhaupt nicht freuen, vor allem dann, wenn in dieses Bündnis noch „inoffiziell" die Kurden einbezogen werden, die bekanntlicherweise von Athen aus finanziell in ihrem befreiungsnationalistischen Kampf unterstützt werden.

Am 12. Juli 1999 fand dann auch die erste Sitzung des neugegründeten „Komitees" in Athen statt, an der Vertreter der Militärstreitkräfte von Iran und Griechenland teilnahmen. Diesem Schritt war ein Treffen der beiden Verteidigungsminister in Teheran auf Einladung des iranischen Verteidigungsminister Admiral Schamchani vorausgegangen. Dabei betonte sein griechischer Kollege Tsochatsopolous, daß er bei dieser Mission nicht die NATO vertrete, sondern nur sein Land.

Der Angriffskrieg der NATO gegen Jugoslawien scheint also genau das bewirkt zu haben, was die westlichen Strategen trachteten, unter allen Umständen zu verhindern – daß sich die gesamte Krisenregion, vom Mittelmeer bis in den Nahen Osten, zunehmend nationalisiert. Dabei scheint es für Athen keine Rolle mehr zu spielen, daß man der NATO angehört und die Türkei auch zu diesem Bündnis zählt, sondern daß es sich bei Ankara um den völkischen Feind Nummer Eins handelt. Und für den islamisch-fundamentalistischen Iran scheint es überhaupt keine Rolle zu spielen, sich mit einem christlich-orthodoxen Land (Griechenland) zu verbünden, um den Hauptrivalen (Türkei) auszustechen, wenn es darum geht, die moslemische Südflanke des einstigen Sowjetimperiums zu beerben. Die Armenier haben mit den Türken auch noch eine Rechnung offen. Schließlich haben 1916 die Türken an diesen in ihrem Herrschaftsbereich ein einzigartiges Verbrechen begangen. So wurden innerhalb nur knapp einer Woche von den Türken eine Million Armenier ermordet. Natürlich kommt deshalb noch lange kein heutiger türkischer Politiker auf die glorreiche Idee, in der Hauptstadt Ankara ein fußballfeldgroßes Mahnmal den ermordeten Armeniern zu widmen. Denn solche Vorstellungen sind einzigartig deutsch!

Es wäre nicht auszudenken, wenn Rußland jetzt versuchen würde, sich in den „Kuhhandel" zwischen dem Iran und Griechenland auch noch einzumischen und mit dem Iran die Interessensspähren in Zentralasien abzustecken. Dann stünde die Türkei ziemlich alleine in der Region da – und ihr Verbündeter, die USA, hätten ihre militärischen Kräfte in Bosnien und dem Kosovo gebunden. Denn erstens kommt es anders – und zweitens als man denkt!

Bei den Bemühungen, die Türkei einzukreisen, darf von deutscher Seite freilich nicht die – historisch bedingte – Variante außer acht gelassen werden, daß diese bestrebt sein könnte, ein deutsch-russisches Arrangement auf dem Balkan durch einen potentiellen Bündnispartner Frankreich zu durchkreuzen. Diesen Fall hatten wir 1690, als die österreichische Armee kurz davor war, von Belgrad aus den damals vorwiegend serbisch besiedelten, aber türkisch besetzten Kosovo zu erobern. Österreichische Diplomaten hatten im Vorfeld des militärischen Vorstoßes die Kosovo-Serben zu einem Volksaufstand gegen die türkischen Besatzer motiviert. Der Plan wurde dann allerdings von Frankreichs König Ludwig XIV. durchkreuzt, der zu der Zeit des österreichischen Vorstoßes ein Bündnis mit dem türkischen Sultan eingegangen war. Weil das Reich und vor allem die Habsburger

Besitzungen im Westen (Lothringen, Niederlande) von Frankreich bedroht waren, mußte Wien den Vorstoß von Belgrad auf das Kosovo abbrechen, um seinen Truppenschwerpunkt nach Nordwesten gegen Frankreich zu verlagern. Die Folge dieser französisch-türkischen Übereinkunft war, daß rund 300 000 Kosovo-Serben ihre Heimat verlassen mußten und im Gefolge der österreichischen Armee, die sich vor den Türken im Rückzug befand, in den habsburgisch besetzten Nordteil Serbiens flüchteten. Dort wurden die Kosovo-Serben dann vorwiegend in der ursprünglich ungarisch besiedelten Vojwodina angesiedelt, was auch dort in den darauffolgenden Jahrhunderten zu ethnischen Spannungen führte. Der ursprünglich mehrheitlich serbisch besiedelte Kosovo hingegen war durch das französischtürkische Abkommen gegen Österreich von 1690 an dem albanischen Zuwandererdruck ausgesetzt.

Arabische Welt/Persien

Die weiter zu besprechenden Völker und Staaten sind für die deutschen Interessen nur noch indirekt von Bedeutung, wenn auch ihre Wichtigkeit im strategischen Gesamtkonzept nicht unterschätzt werden darf. Die arabische Welt und auch der Iran sind von einem nationalen Deutschland als vollwertige und kulturelle hochstehende Nationen anzuerkennen. Die Demütigungen, die ihnen von den Briten, Franzosen, Amerikanern und Israelis in den zurückliegenden zwei Jahrhunderten angetan wurden, liegen nicht in deutschem Interesse, auch wenn sich gegenwärtig die BRD an dieser Frontstellung der „westlichen Wertegemeinschaft" gegen Nationalisierungsbestrebungen in der Region zwischen Persischem Golf und Marokko beteiligt. Traditionell ist dieser Raum als deutschfreundlich einzustufen, was einer gemeinsamen Gestaltung des eurasischen und nordafrikanischen Raumes zuträglich ist. Dennoch gilt es hier zu unterscheiden zwischen solchen arabischen Staaten, die eine dem angelsächsischen Einfluß feindliche Haltung erkennen lassen, wie dem Irak, die somit potentielle Bündnispartner eines sowohl nationalen Deutschland als auch eines nationalen Rußlands sind, und den arabischen Vasallenstaaten in diesem Raum. Zu diesen zählen insbesondere die Ölscheichtümer. Man muß abwarten, welche der beiden Tendenzen sich dauerhaft durchsetzen wird. Der Bevölkerungsdruck und die zunehmende innenpolitische Radikalisierung sowie die Akzeptanz des islamischen Fundamentalismus in Staaten wie Algerien und Ägypten, könnte die arabische Welt eines Tages insgesamt dem prowestlichen und somit auch pro-israelischen Einfluß entreißen und als Bündnispartner für Berlin und Moskau in Frage kommen lassen.

Für den Iran trifft die Bündnisfähigkeit in besonderem Maße zu, da der Iran durch seinen religiösen Fundamentalismus seit der islamischen Revolution im Jahre 1979 die USA sowie Israel als seine Hauptfeinde erkannt hat. Dies unterstreicht Teheran nicht nur durch Worte, sondern auch durch Taten, wie durch die militärische Unterstützung der Hisbollah-Milizen gegen Israel im Libanon. Zu seinen regionalen Rivalen zählen der ehemalige Kriegsgegner Irak sowie die Türkei, was die beidseitigen Einflußsphären in Zentralasien betrifft. Da die Türkei insbesondere ihr ethnisches Herkunftsland Turkmenistan als eines ihrer geostrategischen Hauptziele beim „Einsammeln" der Turkvölker Zentralasiens definiert und der Iran im Gegenzug bereits in diesem jetzt souveränen Staat den größten Einfluß entwickelt hat, stehen Ankara und Teheran unweigerlich im Konflikt. Auch hier besteht die Möglichkeit, den Iran in die deutschen geostrategischen Überlegungen gegen den türkischen Imperialismus miteinzubeziehen. Es dürfte auf der Hand liegen, daß die 1999 aufgetretenen Tendenzen der Instabilität im Iran ganz im Interesse des Westens liegen, vor allem im Interesse der USA, Israels und der Türkei, da ein selbstbewußter Iran im Widerspruch zu den hegemonialen Interessen des Westens steht. Ob diese Tendenzen von westlichen Geheimdiensten bewußt betrieben werden, kann derzeit nicht behauptet, allenfalls vermutet werden.

Afrika

Zentral-, West-, Ost- und Südafrika liegen nicht im Interesse deutscher Hegemonialbestrebungen. Dieser Kontinent scheint ohnehin von allen guten europäischen Geistern verlassen zu sein. Afrika muß lernen, seine Geschicke selbst in die Hand zu nehmen und für eigenständige Entscheidungen auch selbst die Verantwortung und die Konsequenzen zu tragen. Sollten Frankreich und Großbritannien Interesse haben, sich auch weiterhin in neokolonialem Stile in innerafrikanische Angelegenheiten einzumischen, so ist das ihre Sache und nicht die unsere. Hingegen liegen wirtschaftliche Beziehungen, die beiden Seiten Nutzen bringen, durchaus in deutschem Interesse, dies schließt jedoch eine politische, kulturelle und militärische Bevormundung durch Deutschland aus.

China/Japan

Bei China und Japan handelt es sich um die natürlichen Ordnungsmächte in Ost- und Südostasien. Dieses geopolitische Prinzip ist von deutscher Seite anzuerkennen. Hingegen schließt dies aus, eine weitere Hegemonie der USA in dem Raum zu akzeptieren. Wirtschaftliche und militärische Brückenköpfe für den amerikanischen Imperialismus in dem Raum sind unter anderem Japan, Südkorea, Thailand und die Philippinen – nicht oder noch nicht China. Deshalb ist logischerweise zunächst China die Wunsch-Ordnungsmacht des nationalen Deutschlands in diesem Raum, China hat sich von allen asiatischen Akteuren als am wenigsten erpreßbar gegenüber den USA erwiesen. Japan muß genauso wie Deutschland seine derzeitige Brückenkopffunktion und den Vasallenstatus für die USA aufgeben und sich in den eurasischen Kontext einfügen. Solange es dies nicht tut, muß Japan hinsichtlich einer eurasischen Gesamtstrategie als feindlich gelten.

Indien/Pakistan

Auch die „größte Demokratie der Welt", Indien, stellt eine zunehmend wichtige Größe in Südasien dar, auf die an dieser Stelle jedoch nicht näher eingegangen werden muß. Indien steht in Erzfeindschaft zu Pakistan und China, wobei es sich bei allen dreien um Atommächte handelt, die schon alleine aufgrund dieser Tatsache, die Hegemonie der USA auf dem eurasischen Kontinent relativieren.

Die Juden/Israel

„Nach 1945 galt der Antisemitismus als Sammelbezeichnung für judenfeindliche Bewegungen, Verhaltensweisen, Gefühle und Gedanken überhaupt – ohne Ansehen der Objekte. Den Deutschen wurde die Lesart einer sozialpathologischen Reaktion auf den Leib geschrieben, mit der sie eigene Minderwertigkeit kompensierten. Das Lexikon 'Geschichtliche Grundbegriffe' von Otto Brunner, Werner Conze und Reinhart Koselleck (1972 ff.) weitete den Begriff zu einem Synonym für Protestbewegungen gegen die Ideen von 1789, die liberale Staats- und Gesellschaftsordnung und die kapitalistische Wirtschaft aus. Niemand regte sich über diese Definition auf, die nach der Art des Hexenhammers von jüdischen Ursachen des Antisemitismus absah und nach der Art der heiligen drei Affen die Augen vor dem Umstand verschloß, daß immer die Juden die schärfsten Antise-

miten waren. Der Antisemitismus begleitete die ganze jüdische Geschichte. (...) Des Antisemitismus erster Hauptgrund war, daß die Juden unter den Völkern, so Theodor Mommsen, als ein 'Ferment des Kosmopolitismus und der nationalen Dekomposition' wirkten. (Römische Geschichte, Band III, 5. Buch, Kap. 11) Selbst nicht verwurzelt, erhoben sie sich über den Mangel und Makel, indem sie die Verwurzelung anderer Völker verächtlich machten."[31]

Hans-Dietrich Sander: *Die Auflösung aller Dinge*

Seit dem Ereignis, das die Juden den „Holocaust" nennen, ist das Verhältnis zwischen diesen und den Deutschen vergiftet, daran ändern auch die permanenten Bußbekundungen bundesdeutscher Politiker nichts. Diese Unterwürfigkeiten schüren auf jüdischer Seite gerade neues Mißtrauen.

Die Angst vieler jüdischer Politiker und Verbandsfunktionäre besteht wohl darin, daß ihnen ihre religiös motivierte „Einzigartigkeit" von den historischen Revisionisten weggenommen wird – einzigartiges jüdisches Volk, ein jüdischer Gott, einzigartiges Verbrechen der Deutschen an den Juden. Die Behauptung von der Einzigartigkeit entspringt in allen diesen Fällen religiöser Motivation, manchmal auch finanzieller, und eben nicht wissenschaftlicher. Zur Wissenschaft gehört in allen Fakultäten das Zählen und Gewichten und noch viel wichtiger: der Vergleich mit ähnlichen Gegenständen. Da bezüglich des „Holocausts" alle diese wissenschaftlichen Methoden in der BRD unter Strafzensur stehen, gibt es im gegenwärtigen Deutschland auch keine freie Geschichtsforschung. Allenfalls gibt es diese im Ausland, wo deutsche (aber auch ausländische) Historiker und Publizisten im Exil nach der historischen Wahrheit suchen und ihre Ergebnisse mittels Zeitschriften und Internet verkünden.

Was Unrecht war, soll auch so benannt werden. Daran darf kein Zweifel bestehen. Vielen Juden ist während des Dritten Reiches Unrecht geschehen. Für sie galten zu der Zeit nicht die Mindestanforderungen des bürgerlichen Rechts. Doch auch den Deutschen muß Recht widerfahren! Die Deutschen können als junges Volk ihre Zukunft nur auf der Basis der historischen Wahrheit und nationaler Selbstachtung gestalten. Mit einem weiterhin andauernden Nationalmasochismus der Deutschen, der – die Debatte um das Holocaust-Mahnmal in Berlin hat dies eindrucksvoll gezeigt – schon bald von einem gesellschaftlich verordneten Philosemitismus in einen neuen aggressiven Antisemitismus umschlagen könnte, ist keiner Seite gedient – den Deutschen ebensowenig wie den Juden!

Deshalb ist den Besonnenen unter den Juden zu raten, ihr religiöses Defizit mit sich selber auszumachen und hierzu nicht die jüngste deutsche Geschichte zu „instrumentalisieren" (frei nach Martin Walser). Noch eine Anmerkung zum Schluß dieses Abschnitts: Die deutsch-jüdische Feindschaft ist nicht naturbedingt und unabänderbar. Sie ist vielmehr im zwanzigsten Jahrhundert herangewachsen, die mit dem Eintritt des von jüdischem Einfluß dominierten Amerika in den Ersten Weltkrieg seinen Ausgang nahm und im innereuropäischen Bürgerkrieg (Ernst Nolte) von 1939-1945 – vor allem im Osten – seinen Gipfel erreichte. Was gerne von politisch korrekter Seite vergessen wird und zu den zeitgeschichtlichen Tabus zählt: In der Vernichtungswut standen sich damals keine der drei Seiten nach: von der Lynchjustiz waren sowohl Heinrich Himmler als auch Ilja Ehrenburg und „Bomber-Harris" befallen. Von daher ist auch die These der „Einzigartigkeit" unsinnig. Völlig zurecht meint Hans-Dietrich Sander:

„Die Liquidierung der Juden im Zweiten Weltkrieg war weder einmalig noch unvergleichbar. Sie waren für die Deutschen ein Zwischenspiel von ungewohnter Grausamkeit, für die Juden ein grausamer Akt der Normalität ihrer Geschichte. Die hohe Opferzahl war ein Signum des 20. Jahrhunderts, das ein Ausrottungsjahrhundert war. Sein Instrumentarium ließ selbst reguläre Kriege entarten. In Zeiten fieberhafter Vermehrung fallen offensichtlich Hemmungen für Massenausrottungen."[32]

Zu dem Staat Israel gilt es zu sagen, daß dieser maßgeblich auf Grundlage deutscher „Wiedergutmachungen" aufgebaut wurde. Somit leistet auch die BRD ihren finanziellen Beitrag – und leistet ihn immer noch – für die aggressive und das Völkerrecht verletzende Siedlungspolitik der Israelis in den Gebieten der arabischen Palästinenser (Westjordanland, Gazastreifen). Diese Tatsache der nachkriegsdeutschen Komplizenschaft ist den arabischen Völkern bekannt, weshalb die Pro-Israel-Politik der BRD von nationaler Seite als außerordentlich riskant und dumm zu bewerten ist. Ein nationales Deutschland hat auch hier eine Kurskorrektur vorzunehmen, indem die arabische Welt als potentieller Bündnispartner für die gesamteurasische Strategie erkannt wird.

Fazit – Imperium ohne Imperialismus

Der Vorwurf, den der Verfasser von den BRD-Berufsdenunzianten jetzt schon hören kann, er würde einem deutsch-russischen „Imperialismus" das Wort reden, läßt sich leicht entkräften. Der Gedanke eines – der Völkervielfalt widersprechenden – Imperialismus' ist ihm fremd; vielmehr würde er sein Konzept eines gesamteurasischen Ordnungsmodells, das freilich einer grundlegenden Veränderung der politischen Kräfte bedarf, als „Imperium ohne Imperialismus" bezeichnen. Die Reichsidee ist hiermit gemeint, die einer weitgehenden völkischen Selbstbestimmung der Nationen dieses Kontinents breiten Raum läßt. Natürlich gibt es immer großmachtpolitische Zwänge. Wer dies nicht einsieht, wie derzeit die „Nie wieder Deutschland"-Apologeten, der übersieht bewußt oder unbewußt, daß gerade der zwischeneuropäische und balkanische Raum niemals in der Geschichte ohne imperiale Ideen von Ordnungsmächten auskam. Wer eine deutsche und russische Hegemonie rundheraus ablehnt, befürwortet dann aber eine türkische oder eine amerikanische, beziehungsweise eine amerikanisch-türkische Hegenomie in diesem Raum. Diese Argumentation des „Antiimperialismus" hat mit diesem nichts zu tun, sondern bewirkt gerade sein Gegenteil: den Imperialismus raumfremder Mächte über den eurasischen Kontinent. Während Türken und Amerikaner ihre Kulturen und Sprachen sowie ihre Vorstellung von „Demokratie" gerade den Balkanvölkern aufoktroyieren wollen, geht es der Reichsidee des deutschen Nationalismus lediglich um die (sicherheits-) politische, kulturelle und wirtschaftliche Gestaltung dieses Raumes aus seiner Mitte heraus. Europas Mitte stellt nun einmal Deutschland und die Mitte der nördlichen Sphäre Eurasiens insgesamt Rußland dar.

Wer könnte daher diesen gesamten Raum besser gestalten als Deutsche und Russen gemeinsam? Auch stellt die hier vorgestellte Konzeption den Entwurf einer wirklich neuen Friedensordnung dar, da sowohl Zwischeneuropa als auch der Balkan keinesfalls militärisch besetzte Protektorate darstellen, sondern allenfalls militärische Zuständigkeitsbereiche zur Durchsetzung des Interventionsverbots für raumfremde Mächte. Demgegenüber geht es der NATO gegenwärtig eindeutig um Imperialismus. Es soll dauerhaft auf dem Balkan ein militärisch besetztes Protektorat geschaffen und schrittweise vom Kosovo und Bosnien ausgeweitet werden, um Rußlands hegemonialen Radius einzuschränken.

Wie bereits erwähnt, würde der Imperialismusvorwurf ohnehin am Thema vorbeigehen, da dieser Raum, um den es hier geht, seit Gedenken immer schon von Hegemonialmächten bestimmt wurde. Das gilt für Zwischeneuropa, für den Balkan, der eine eigene, aus dem Balkan kommende Vormacht, seit Byzanz nie gekannt hat. Immer ist dieser Raum von angrenzenden Mächten politisch, kulturell und militärisch dominiert worden: abwechselnd von Griechen, Römern, Byzantinern, Türken, Russen und Deutschen. Wer das übersieht, der denkt an der historischen Wirklichkeit dieses Raumes schlichtweg vorbei.[33]

Deutschland innenpolitisch

Die innenpolitische Lage in der BRD wird, wie die außenpolitische Situation, durch die militärische Niederlage des Deutsches Reiches im Jahre 1945 und seine seitdem bestehende politische Handlungsunfähigkeit geprägt. Die Bundesrepublik Deutschland ist ein Kind der westalliierten Siegermächte, die 1945 genau dieses Deutsche Reich militärisch zerschlugen und seine politische Handlungsunfähigkeit herbeiführten. In der Folge installierten sie in ihren westlichen Besatzungszonen, ebenso wie die Sowjets in Mitteldeutschland auf ihre Weise, ein System völliger geistiger Umerziehung sowie ein Lizenzparteien- und Mediensystem, das dafür Sorge tragen sollte, daß die „Demokratie"-Vorstellungen dieser „Westlichen Wertegemeinschaft" in der BRD nicht nur von den Westalliierten durchgesetzt werden konnten, sondern im weiteren Verlauf diese „Umerziehung" von einer geistig korrumpierten politischen Klasse – im vorauseilenden Gerhorsam – weitestgehend selbständig betrieben wurde.

Ansätze, ein neues deutsches Nationalbewußtsein zu stiften, wurden im Verlaufe der Jahrzehnte immer wieder zunichte gemacht. Dreh- und Angelpunkt dieser Strategie, ein neues deutsches Selbstbewußtsein sowie eine nationale Selbstfindung der Deutschen zu verhindern, stellt das historische Ereignis dar, welches die Juden „Holocaust" nennen. Dieser wurde und wird im Laufe der Jahrzehnte ständig und zu allen Anlässen thematisiert, um den Minderwertigkeitskomplex der Deutschen aufrechtzuerhalten, der auf dem irrigen Bewußtsein beruht, daß deren Großväter und Väter ein insgesamt „einzigartiges Verbrechen" begangen hätten. Der „Holocaust" wurde sozusagen zu der Ersatzreligion der Deutschen nach dem Kriege. Kein Bereich des öffentlichen Lebens, der nicht irgendwie mit ihm in Berührung gekommen wäre.

Völlig zurecht meinte 1993 der jüdisch-amerikanische Publizist Henryk M. Broder:

"Das Dritte Reich erweist sich als ein unerschöpflicher Steinbruch, aus dem große Quader rausgehauen, fachmännisch in kleine Stücke zerlegt und dann über den Einzelhandel zum Kauf angeboten werden. Die Branche ist so weit gefächert wie die Produkte, die von ihr vermarktet werden. Sie beschäftigt Forscher und Historiker, Verleger und Journalisten, Maler und Filmemacher, Dokumentaristen und Essayisten, Gedenkstättenplaner und Gedenkstättenleiter, Politologen und Pädagogen, Didaktiker und Dialektiker. Zu jeder dieser Subsparten gehört ein Troß von Kritikern, die den jeweils Produktiven bzw. Reproduktiven sagen, was diese alles falsch machen und wie sie es besser machen könnten. Es handelt sich garantiert um überkonfessionelle und interdisziplinäre Projekte, die bei Auschwitz anfangen und im Unendlichen aufhören. (...) Nachdem es kaum noch etwas zu dokumentieren gibt, weil auch die letzte Kinderzeichnung ausgestellt, die allerletzten unbekannten Fotos entdeckt und alle Gedichte, die in den Ghettos entstanden sind, veröffentlicht wurden, kann die Beschäftigung mit dem Holocaust in eine neue Stufe eintreten: Der Historisierung folgt die Akademisierung und Ritualisierung." [34]

Broder hat das Wesentliche des Holocaustkultes in der BRD erkannt. Dessen Betreibern geht es nicht nur um eine quasi religiös verbrämte „Legitimation" ihrer germanophoben Herrschaftsausübung, sondern der Kult garantiert zudem einer breiten Schicht der BRD-Bourgeoisie beträchtliche wirtschaftliche Einnahmequellen, für die der Holocaust sozusagen das „Werbedesign" abgibt. Wer nun aber die Grundlagen dieser auf der Niederlage und Niederhaltung des Deutschen Reiches gegründeten deutschen Nachkriegsordnung in Frage stellt, sie auch noch politisch bekämpft, indem er sich mit Gleichgesinnten organisatorisch außerhalb des Lizenzparteien- und Verbändesystems zusammenschließt und versucht, eine Gegenöffentlichkeit herzustellen, der wird hierzulande von den Herrschenden, die um ihre Macht fürchten, mit nahezu allen legalen wie illegalen Methoden bekämpft. Deshalb ist die innenpolitische Situation in der BRD durch die politische Unterdrückung und Verfolgung der nationalen Opposition geprägt wie in keinem anderen gegenwärtigen Staat auf dieser Erde.

Die Verfolgung der nationalen Opposition

Diese allgemeine politische Unterdrückung drückt sich auf sehr vielfältige Weise aus. Das reicht von der Benachteiligung nationaler Parteien in der etablierten Medienberichterstattung, der Einschränkung von Werbemöglichkeiten, der medialen Hetze gegen Nationalisten in den Medien, über Berufsverbot, Zerstörung des sozialen Umfeldes, Antifa-Terror, bis hin zu Geld- und Haftstrafen. So schrieb der Kolumnist „Pankraz" 1998 in der *Jungen Freiheit*:

„Neueste Nachrichten aus den Katakomben der BRD: letztes Jahr wurden hier sage und schreibe 7 949 Strafverfahren wegen 'Volksverhetzung' abgewickelt (Verfahren wegen politisch motivierter Straftaten: 781). Tausende von Jahren Gefängnis wurden verhängt, Tausende bürgerliche Existenzen vernichtet. Zur Zeit sitzen wegen sogenannter 'Propagandadelikte' in Deutschland mehr Menschen hinter Gittern als jemals in den letzten Jahren der DDR. Erkundigt man sich, was denn die vielen verurteilten Menschen ausgefressen haben, so erfährt man: Sie haben irgendwas 'geleugnet', irgendwas 'verharmlost', irgendwelche Zahlen 'öffentlich nicht geglaubt', irgendwelche Vorgänge 'nicht als historische Hauptsache, sondern nur als historisches Detail' bezeichnet, irgendwelche 'verbotenen Lieder' gesungen, irgendwelche Symbole 'vorgezeigt'. Und noch ist kein Ende abzusehen. Hunderte von Beobachtungsinstanzen sind installiert, um immer neue 'Volksverhetzer' aufzuspüren und den Behörden zu melden. Hochbezahlte Universitätsprofessoren geben dicke Sammelbände mit ellenlangen Proskriptionslisten heraus, in denen andere 'verdächtige' Professoren namentlich aufgeführt werden, damit sie gegebenenfalls sofort einer justiziellen Sonderbehandlung zugeführt werden können."[35]

Die These, daß die politische Verfolgung in der derzeitigen BRD schlimmer sei als in der DDR, wird auch vom Informationsdienst *PHI* bestätigt:

„Eine Untersuchung der Berliner Gauck-Behörde hat ergeben, daß rechte Gesinnungs- und Propagandadelikte in der ehemaligen DDR zwar strafrechtlich bzw. arbeitsrechtlich verfolgt wurden, daß die Konsequenzen für die 'Übeltäter' aber in der Regel wesentlich milder waren als in der heutigen BRD. Auch die Verunglimpfung des Staates und seiner Symbole konnte in der DDR mit maximal zwei Jahren Freiheitsstrafe bestraft werden, in der BRD jedoch gibt es dafür bis zu fünf Jahre Haft. Dies mußte ein ehemaliger DDR-Dissident erfahren, der wegen des gleichen Delikts nun in der BRD vor Gericht stand." [36]

Diese Energie zur politischen Verfolgung erklärt sich aus der Tatsache, daß Nationalisten politisch etwas völlig anderes vertreten als die herrschende Klasse, und nur sie alleine eine wirkliche Opposition hierzulande darstellen – nämlich eine Fundamentalopposition. Das ergibt sich schon aus dem gegenläufigen geistesgeschichtlichen Ansatz, den die nationale Opposition im Gegensatz zum herrschenden System vertritt: vertreten die Nationalen das Recht auf Verschiedenheit der Menschen, die sich in verschiedene Rassen, Völker und Kulturen gliedern, und gestehen die Nationalen lediglich eine (Chancen-) Gleichheit innerhalb der Angehörigen einer Volksgemeinschaft zu, so vertritt die herrschende Klasse die Gleichmacherei unter den Menschen schlechthin. Bei den herrschenden Liberalkapitalisten ist zu konstatieren, daß sie das Kriterium der Ungleichheit nicht – wie die Nationalisten – auf die Menschheit an sich beziehen, sondern innerhalb der deutschen Gesellschaft in Form einer ökonomischen Ellenbogenmentalität die Bürger nach „Leistungsfähigen" und „nicht Leistungsfähigen" unterscheiden wollen – als ob der Wert eines Staatsbürgers nur nach der wirtschaftlichen Raffinesse zu bewerten sei.

Im Mittelpunkt der umfassenden politischen Repression gegen die nationale Opposition in der BRD stehen die Instrumente der Herrschaftskontrolle, die man weitläufig unter dem Begriff der Zensur zusammenfassen kann. Bei der Zensur, wie bei vielen anderen Kampfbegriffen, fällt auf, daß die demokratischen Gutmenschen diesen Begriff meiden – wie der sprichwörtliche Teufel das Weihwasser. Die Zensur scheint – auf den ersten Blick – nicht zum demokratischen Anspruch der herrschenden Klasse zu passen. Nur scheinbar, wie gesagt. Das Gegenteil soll noch bewiesen werden.

„Wir führen keinen Krieg", sagte 1999 Bundeskanzler Gerhard Schröder während einer Bundestagsdebatte über den NATO-Angriffskrieg gegen Jugoslawien. Im Bundesverfassungsschutzbericht für das Berichtsjahr 1998 steht geschrieben, daß der nationale Publizist Jürgen Schwab in seinem Buch *Die Meinungsdiktatur* den Herrschenden der BRD eine „angebliche Zensur" unterstellen würde, die es ja nach Meinung des Bundesinnenministers gar nicht gibt, wobei die lauten Klagen über die angebliche Zensur nur dazu dienten, „Rechtsextremisten" wie dem Autor, eine Opferrolle zuzuschreiben. Wenn man den offiziellen Verlautbarungen folgt, dann führte die BRD weder einen Krieg gegen Jugoslawien, noch einen Krieg gegen politisch Andersdenkende der nationalen Opposition. Beim ersten Fall würde es sich

– nach Carl Schmitt – um den Ausnahmezustand in außenpolitischer Hinsicht handeln, beim zweiten um den der Innenpolitik.

Tatsächlich führte der NATO-Vasall BRD einen Angriffskrieg gegen Jugoslawien, mit dem Ziel, dort ein NATO-Protektorat zu errichten, und tatsächlich führt die BRD einen permanenten inneren Bürgerkrieg in Form von politischer Repression und Zensur gegen den inneren Feind, die nationale Opposition. Die Herrschenden in der BRD leiden schlichtweg unter Realitätsverlust, wenn sie leugnen wollen, daß sie sowohl außenpolitisch wie auch innenpolitisch keinen Krieg führen.

Der Gegenstand, um den es an dieser Stelle gehen soll, ist der Krieg, den die Herrschenden hierzulande gegen den inneren Feind führen. Dieser Krieg wird vor allem mittels der Zensur gehandhabt, die dazu dient, einer wirklichen Opposition, die in einem internationalistisch geprägten politischen System wie der BRD nur national sein kann, die Möglichkeiten der Kritik in Wort, Schrift und Bild zu beschneiden. Am hysterischsten reagiert das System dann, wenn ihm sein Predigermonopol verloren geht – das soll heißen, wenn die nationale Opposition versucht, an der Zensur vorbei eine eigene, nicht lizensierte Öffentlichkeit herzustellen.

Für viele Zeitgenossen scheint in der Gegenüberstellung der Begriffe „Zensur" und „Demokratie" ein Widerspruch zu stecken. Ist es denn nicht in unserer freiheitlichen und pluralistischen Demokratie in Sachen Meinungsfreiheit zum Besten bestellt? In den weiteren Ausführungen soll es nicht darum gehen, dem Leser zu erklären, daß es in der Demokratie so etwas wie eine Zensur geben kann und tatsächlich – wie die BRD-Verhältnisse zeigen – auch gibt. Von Interesse ist nur die Frage, wie denn im Detail und als Wirkungssystem die Unterdrückung von Meinungen funktioniert. Wie unterscheidet sich also die Zensur in Demokratien – die es ja in solchen nicht geben darf – von der Zensur in offensichtlich totalitären Systemen? Diese Frage ist nun zu beantworten.

Ausgangspunkt des demokratischen Zensurproblems ist der Artikel 5 des Grundgesetzes der Bundesrepublik Deutschland, der die Meinungs-, Presse- und Wissenschaftsfreiheit verfassungsrechtlich garantiert. Im bundesdeutschen Grundgesetz heißt es:

„Jeder hat das Recht, seine Meinung in Wort, Schrift und Bild frei zu äußern und zu verbreiten und sich aus allgemein zugänglichen Quellen ungehindert zu unterrichten. Die Pressefreiheit und die Freiheit der Berichterstattung durch Rundfunk und Film werden gewährleistet. Eine Zensur findet nicht statt."[37]

Mit dem Satz 3 des Artikel 5 Absatz 1 des Grundgesetzes (*„Eine Zensur findet nicht statt"*) scheint das Problem bereits gelöst zu sein und weitere Ausführungen hierzu überflüssig. Wenn man aber Zensur voreilig und ganz pauschal als Unterdrückung von Meinungsäußerungen definieren würde, dann müßte – resultierend aus dem genannten Zensurverbot (*„Eine Zensur findet nicht statt!"*) – eine jegliche Form von Meinungsäußerung in der BRD uneingeschränkt möglich sein. Und dieser Gedanke weckt selbst bei oberflächlicher Betrachtung Mißtrauen. Denn uneingeschränkte Meinungsfreiheit und die Freiheit, diese Meinung grundsätzlich äußern zu dürfen, wird es wohl zu keinem Zeitpunkt der Menschheitsgeschichte gegeben haben.

Wer der Frage nachgeht, ob es in deutschen Landen so etwas wie eine Zensur gibt, muß erst einmal definieren, was überhaupt „Zensur" – im eigentlichen Sinne des Wortes – bedeutet. Da gibt es verschiedene Spielarten der Zensur: die Fremd- und Selbstzensur, die Vor- und Nachzensur, die Sozialzensur usw. usf. Das Zensur-Thema ist auch zu komplex, um es auf das rechte Modethema der *Political Correctness* zu reduzieren – die, wie so oft, ein Begriff aus den USA darstellt, der Anfang der 90er Jahre in der deutschen Publizistik Einzug hielt und eine Reihe von bürgerlich-konservativen Autoren ermunterte, dieses „Phänomen" zu thematisieren. Bei dem Unterfangen ging dann zumeist sehr schnell unter, daß es sich bei der *Political Correctness* nur scheinbar um etwas neues handelte, das es aber schon gab, seit dem Menschen in Gemeinschaften und Staaten zusammenleben, seit es Herrschende und Beherrschte gibt. Es handelt sich dabei um die Sozialzensur. Bei der konservativen Kritik an dieser ging dann jedoch ebenso schnell unter, daß das eigentliche Problem ja nicht darin besteht, daß man Negerküsse und Zigeunerschnitzel nicht mehr so nennen darf, sondern daß nationale Publizisten und Revisionisten, welche politisch nicht korrekte Standpunkte zu vor allem zeitgeschichtlichen Fragen veröffentlichen, mit Geld- und Haftstrafen konfrontiert werden.

Historische und systempolitische Vergleiche

Wer sich ernsthaft mit der modernen Zensur auseinandersetzen will, muß zunächst einmal recherchieren, wie Zensur in anderen politischen Systemen der Geschichte funktionierte. Es ist also zunächst einmal ein systempolitischer und historischer Bezugsrahmen zu schaffen. Der Verfasser ist in seinem Buch *„Die Meinungsdiktatur"* [38] auf eine Reihe von Beispielen aus der deutschen Zensurgeschichte eingegangen. Die Neigung für die jeweils Herrschenden zu zensieren, wird es immer schon gegeben haben. Gemeinschaften, die ohne Zensur auskämen, sind jedenfalls für den Verfasser undenkbar und gehören deshalb in das Reich der Legenden und Märchen „demokratischer" Gutmenschen. Schließlich behaupten nur diese „Demokraten", daß sie ohne Zensur auskämen.

Neue Entwicklungen in der Zensur sind auch immer mit neuen Entwicklungen im Mediengeschehen verbunden. Eine der ersten bahnbrechenden Erfindungen, die eine Revolutionierung auch der Zensurtätigkeit der Herrschenden provozierte, war die der beweglichen und wiederverwendbaren Lettern aus Metall von Johannes Gutenberg um das Jahr 1440. Machen wir einen historischen Sprung: Im Jahre 1806 wurde der Nürnberger Verleger Johann Philipp Palm auf Befehl Napoleons erschossen, weil er das Büchlein *„Deutschland in seiner tiefsten Erniedrigung"* verlegt hatte. Heute werden in der BRD und Österreich Nonkonformisten „nur" mit Geld- und Haftstrafen verurteilt. Das mag zynisch klingen, ist aber so! Im Jahre 1819 wurden die Karlsbader Beschlüsse auf Betreiben Fürst Metternichs verabschiedet. Erstmals wurde damals die Vorzensur flächendeckend eingeführt. Das soll heißen: Schriftwerke, vor allem Flugschriften mit bis zu 20 Bogen Textlänge (sogenannte 320 Oktavseiten), wurden der behördlichen Vorlagepflicht unterzogen (klassische Form der Vorzensur), größere Publikationen „nur" der Nachzensur durch den Staatsanwalt und Richter. Schon die damals Herrschenden hatten erkannt, daß es überflüssig ist, die Autoren und Verleger umfangreicher Bücher mit der Vorzensur zu behelligen, da die breite Masse der Bürger ohnehin nur – wenn überhaupt – zu kurzen Informationen greift.

Doch wenden wir uns diesem Jahrhundert zu: In den etablierten Sozialwissenschaften existiert eine allzu einfache Dichotomie zwischen „Demokratie" und „Diktatur". Erstere steht dann für Meinungsfreiheit und letztere für Zensur. Als Paradebeispiele für „Diktaturen" müssen dann immer die DDR und vor allem das

Dritte Reich herhalten. Als Kriterien für diese unzulässige Vereinfachung dienen dann die Existenz einer Vorzensur (für die Diktatur) und die einer Verfassung (für die Demokratie). Das ist natürlich barer Unsinn, da man die DDR nicht deshalb als „Demokratie" bezeichnen kann, da diese über eine Verfassung (mit dem Gebot der Meinungsfreiheit!) verfügte und selbst das Dritte Reich im wesentlichen die Weimarer Reichsverfassung fortführte, wenn diese auch durch „Maßnahmen" zwischen 1933 und 1945 in wichtigen Teilen (Grundrechte) ausgehebelt war. Weder die DDR noch das Dritte Reich verfügten über eine alles umfassende behördliche Vorlagepflicht, da sie – wie analog die BRD – andere Methoden zur Vorprüfung nutzten (in der DDR war vor allem die ständige Papierknappheit und die Kontrolle über die Papiervergabe entscheidend). Das Dritte Reich hatte auch keine Probleme, sich gegen die Vorstellung eines „Meinungspluralismus" auszusprechen. In diesem Sinne meinte Propagandaminister Goebbels in einer Ansprache am 18. März 1933:

„Wie ich schon betont habe, soll die Presse nicht nur informieren, sondern muß auch instruieren. Ich wende mich dabei vor allem auch an die ausgesprochen nationale Presse. Meine Herren! Sie werden auch einen Idealzustand darin sehen, daß die Presse so fein organisiert ist, daß sie in der Hand der Regierung sozusagen ein Klavier ist, auf dem die Regierung spielen kann, daß sie ein ungeheuer wichtiges und bedeutsames Massenbeeinflußungsinstrument ist, dessen sich die Regierung in ihrer verantwortlichen Arbeit bedienen kann." [39]

Soweit zu Goebbels Verständnis von Medienpolitik. Nun aber zum politisch anderen politischen „Extrem". Die DDR-Oberen verwahrten sich stets dagegen, wenn unterstellt wurde, ihre Medien seien zensiert. Noch 1990, nach seinem Sturz, beteuerte Erich Honecker:

„Aber die Presse lief ohne Zensur, Rundfunk und Fernsehen liefen ohne Zensur. Nur kraft des Verantwortungsbewußtseins des Einzelnen wurde die Sache gestaltet. Der Adamek war verantwortlich für sein Fernsehen, der andere für den Rundfunk. Der Joachim Herrmann mußte die Anleitung geben und kontrollieren. Er war verantwortlich für das "Neue Deutschland". Und wenn er Mist gebaut hatte, dann wurde er kritisiert. Das war die Situation." [40]

Also auch Honecker wollte – so kann man jedenfalls seine Aussagen interpretieren

– den Zensurbegriff auf die behördliche Vorlagepflicht beschränken, wenn er sagte: *„Die Presse lief ohne Zensur"*. Und diese Vorlagepflicht hat es tatsächlich in der DDR – bis auf Ausnahmen, die nur die Regel bestätigen – nicht gegeben. Statt dessen gab es aber auch in der DDR eine um so gründlichere weltanschauliche Auslese im Journalistenberuf, ein politisches Weisungssystem für die Medien und eine effektive Nachzensur durch Staatsanwälte und Richter. Aber dies sind ja auch für die BRD-Herrschenden keine Fremdworte. Nun besteht tatsächlich eine inhaltliche Parallele zwischen der Aussage Honeckers und der von Altbundespräsident Roman Herzog, der meint – wie noch näher gezeigt wird –, daß mit dem grundgesetzlichen Zensurverbot nur die Vorzensur gemeint sei. Demnach ist aber die Nachzensur zulässig!? Das erinnert an die Aussage, die der frühere bayerische Ministerpräsident Franz-Josef Strauß einmal geäußert haben soll: Man brauche seine Vorsätze nur so hoch zu hängen, damit man bequem darunter hindurchschreiten könne.

Festschreibung der historischen Wahrheit

Allemal interessant in diesem Zusammenhang ist der Versuch, die historische Wahrheit juristisch festschreiben zu wollen. Das Dogma, die historische Wahrheit festschreiben zu wollen, geht sogar so weit, daß selbst das Nicht-Wissen der Wahrheit geahndet wird. Wenn nicht durch den Staatsanwalt und Richter, dann doch durch die allgegenwärtigen Gutmenschen. Dies macht das Beispiel Erwin Adler deutlich, der als Historiker an der Ludwig-Maximilian-Universität München doziert und in diesem Zusammenhang bezüglich des Dritten Reiches gesagt hatte:

„Die Juden wurden aus dem Leben der deutschen Gesellschaft entfernt, sie wurden konzentriert, sie wurden abgeholt, sie wurden verhaftet, sie wurden davongetrieben oder umgebracht. Die Frage ist aber jetzt: Wurden die Juden systematisch vergast, oder wurden sie nicht vergast? Und da muß ich sagen: Ich muß mich hier der persönlichen Meinung enthalten, ich weiß das einfach nicht, ich war nicht dabei."[41]

So kann man sich natürlich auch aus dem Erklärungsnotstand herausreden. Man stelle sich nur vor, ein Altertumsforscher würde sagen, er sei im alten Griechenland oder im alten Rom nicht selbst dabeigewesen, weshalb er die Abläufe dieser Epochen nicht beurteilen könne. Warum wird nun aber die Zensur so rigoros in bezug auf Geschichtsschreibung angewandt? Der *FAZ*-Autor Bahner meint hierzu entlarvend:

"Wenn Deckerts Auffassung zum Holocaust richtig wäre, wäre die Bundesrepublik auf einer Lüge gegründet. Jede Präsidentenrede, jede Schweigeminute, jedes Geschichtsbuch wäre gelogen. Indem er den Judenmord leugnet, bestreitet er der Bundesrepublik ihre Legitimität."[42]

Günter Deckert hatte lediglich einen revisionistischen Vortrag vom Englischen ins Deutsche übersetzt – angeblich „zustimmend" –, und dafür wurde er in zweiter Instanz zu einer Haftstrafe verurteilt, nachdem die erste Verurteilung zu einer Bewährungsstrafe auf öffentlichen Druck hin aufgehoben wurde. Die Katze endgültig aus dem Sack läßt der CDU-Politiker Wolfgang Schäuble, der ebenfalls in der *FAZ* zur BRD-Zensur über das Strafrecht meint:

„Man könnte, wenn man in einem abstrakten Raum wäre, natürlich trefflich darüber streiten, daß es unter juristischen Gesichtspunkten eigentlich Unfug ist, Meinungsäußerungen zu verbieten. Trotzdem ist es richtig, weil wir ja nicht in einem abstrakten Raum sind, sondern konkrete geschichtliche Erfahrungen hinter uns haben. Ich glaube zwar auch nicht, daß das Strafvorschriften für die Ewigkeit sind. Aber für hier und heute ist es richtig, selbst mit Gesetzen, die man unter rein juristischen Gesichtspunkten als problematisch empfinden kann."[43]

Was Schäuble hier als zwar juristisch bedenklich, jedoch politisch zweckmäßig bezeichnet, wirkt sich für nationale Verleger, Publizisten und Politiker verheerend aus. Denn regelmäßig wird dieser Personenkreis mit Zensurgesetzen behelligt, Bücher und Tonträger werden beschlagnahmt, Redeverbote verhängt – wie das Beispiel des englischen Historikers David Irving verdeutlicht – sowie Bürger eingesperrt, weil sie schlichtweg nicht korrekte Standpunkte zu Politik und Zeitgeschichte äußern. In der Folge soll es nun darum gehen, die Zensur in der BRD systematisch darzustellen.

Die Zensur in der BRD – eine systematische Bestandsaufnahme

Über die Zensur in der BRD ist von Seiten nationaler Publizisten und Vortragsredner bereits viel geschrieben und viel gesprochen worden. Für den Nationalisten dürfte klar sein, daß es eine solche Zensur selbst in sich demokratische nennenden Systemen gibt. Nach offizieller Lesart gibt es Begriffe, die zumindest bei oberflächlicher Betrachtung nichts miteinander gemein haben, zum Beispiel „Krieg" und „Frieden" oder „Demokratie" und „Diktatur", wobei dann ausschließlich „Diktaturen" und „totalitäre Systeme" für die „Zensur" stehen. Diese zuletzt genannte Variante von sprachlicher Manipulation des Publikums der Massenmedien funktioniert nach dem altbewährten Grundsatz: *„Es kann nicht sein, was nicht sein darf!"* Weil es eine Zensur angeblich in einer Demokratie nicht geben kann, darf sie dann auch nicht in der Wahrnehmung der „demokratischen Öffentlichkeit" existieren. Dem ist natürlich nicht so, wie die vorangegangenen Ausführungen deutlich gemacht haben. Es gibt nun einmal selbst im „freiheitlichsten Rechtsstaat", dessen herrschende politische Klasse die „freiheitlich-demokratische Grundordnung" (FDGO) auf ihre Fahnen geschrieben hat, eine Zensur. Eine Zensur, die auf vielfältige Weise die Meinungsäußerungen politisch Andersdenkender untergräbt, verhindert, bestraft. Mit „politisch Andersdenkenden" sind an dieser Stelle diejenigen Zeitgenossen hierzulande gemeint, die zu den fundamental wichtigen Themen in diesem Lande auch fundamental abweichende Aussagen im Gegensatz zu den Standardaussagen der Herrschenden tätigen wollen.

Bei der inflationären Fülle von Zensurfällen, die nationale Publizisten in den zurückliegenden Jahren recherchiert haben, entsteht der Eindruck der Beliebigkeit von demokratischer Zensur. Selbstzensur am Arbeitsplatz und im privaten Umfeld geht einher mit Zensurfällen, die über das Strafrecht abgewickelt werden, wobei der berüchtigte Paragraph 130 des BRD-Strafgesetzbuches (StGB) oftmals herhalten muß. Zugleich müssen nationale Schriftsteller feststellen, daß ihnen der Weg der Veröffentlichung über etablierte Verlage aus politischen Gründen verwehrt bleibt. Es stellt sich dabei die Frage, ob diese recht unterschiedlichen Varianten der Meinungskontrolle, die man unter dem Oberbegriff der Zensur zusammenfassen kann, sich zufällig ereignen, oder ob in der modernen demokratischen Zensur nicht vielmehr so etwas wie ein innerer Mechanismus, sozusagen eine Logik, existiert. Ein Mechanismus, oder eine Regelhaftigkeit, die vergleichbar wäre mit dem Werkzeugkasten eines Handwerkers, der eben auch nicht für verschiedene handwerkliche Anforderungen immer das gleiche Werkzeug verwendet, sondern je nach Bedarf verschiedene Werkzeuge für verschiedene handwerkliche Anforderungen heranzieht. Es soll dieses Bild des Handwerkers auf den "Zensur-Handwerker" übertragen werden. Denn auch diesem stehen verschiedene

Zensurinstrumente zur Verfügung, die er je nach Bedarf und Situation, wenn für die veröffentlichte Meinung in der BRD Gefahr in Verzug ist, einsetzen kann.

Der Verfasser hat in seinem Buch *„Die Meinungsdiktatur"* eine Theorie der modernen demokratischen Zensur vorgelegt, die an dieser Stelle, weil sie zur Lageanalyse der nationalen Opposition in Deutschland dient, noch einmal behandelt werden soll. Demnach differenziert sich die moderne Zensur zunächst einmal in zwei grundsätzliche Bereiche: in die „harte" und in die „weiche" Zensur. Die „harte" Zensur gliedert sich wiederum in zwei Typen: in die Vorzensur und in die Nachzensur. Auch die „weiche" Zensur gliedert sich ebenso in zwei Typen: in die ökonomische und in die soziale Meinungskontrolle. Mit der Bezeichnung „hart" sind diejenigen Zensurmaßnahmen gemeint, die auf Basis konkreter Zensurgesetze und staatlicher Verordnungen vom politischen System gerechtfertigt werden – also vor allem Gesetzestexte wie das Strafgesetzbuch; mit der Bezeichnung „weich" meint der Verfasser Zensurmaßnahmen, die weitestgehend ohne gesetzliche Legitimation ablaufen, damit ist die Zensur gemeint, die von den Verfechtern einer totalitären BRD-Gesellschaft umgesetzt wird, also von den sogenannten „Gutmenschen", die dafür sorgen, daß am Arbeitsplatz und im sozialen Umfeld in ihrem „moralischen" Sinne politische Korrektheit vorherrscht.

Das 4-Stufen-Modell – Versuch einer Systematisierung moderner Zensur

1. **Die „weiche" Zensur**
1.1. **Die ökonomische Kontrolle**
1.2. **Die soziale Kontrolle**

2. **Die „harte" Zensur**
2.1. **Die Nachzensur**
2.2. **Die Vorzensur**

Nach diesem Modell, das natürlich wie alle Modelle der Sozialwissenschaften eine Vereinfachung darstellt, funktioniert die Zensur in der BRD wie auch die in anderen modernen Demokratien wie folgt:

1. Die „weiche" Zensur

1.1. Die ökonomische Kontrolle

Der Zensor muß zunächst einmal dafür sorgen, daß die Fundamentalopposition in seinem politischen Herrschaftsbereich über keine ausreichenden Kommunikationsmittel verfügt; denn nur mit diesen könnte die Fundamentalopposition eine wirklich breite Öffentlichkeit an Bürgern erreichen. Den Fachterminus „Kommunikationsmittel" kann man auch mit „Medium" (im Singular) beziehungsweise mit „Medien" (im Plural) übersetzen; es geht hier also um Mittel (Zeitungen, Fernseh- und Hörfunkanstalten etc.), mit denen auf die Öffentlichkeit eingewirkt werden kann. Diese „Mittel" wiederum, mit denen Öffentlichkeit hergestellt werden kann, sofern man über sie verfügt, nennt der marxistische Sprachgebrauch (mediale) „Produktionsmittel" – also „Mittel", mit denen eine mediale Öffentlichkeit „produziert" werden kann.

Das strategische Ziel des internationalistisch gesinnten Zensors in der BRD (die Lizenzparteien und Mächtigen der Lizenzmedien, Gewerkschafts- und Kirchenvertreter etc.) besteht also darin, auf wirtschaftlicher Basis dafür Sorge zu tragen, der einzig wirklichen Fundamentalopposition hierzulande, die sich dem weltanschaulichen Nationalismus verpflichtet weiß, keinen Zugang zu den großen und wirkungsvollen Medien in diesem Lande zu gewähren. Damit sind vor allem die auflagenstarken Zeitungen und Zeitschriften sowie die rund um die Uhr sendenden Hörfunk- und Fernsehanstalten gemeint. Auf deren Sendebeiträge und Zeitungsspalten dürfen nationale Publizisten und Politiker keinen Zugriff haben, was in der BRD auch hervorragend funktioniert. „Rechtsradikale" sind in den BRD-Massenmedien präsent, vor allem in den „talk shows" und Magazinsendungen. Es wird dort über sie viel gesprochen, aber nicht mit ihnen.

Durch diesen vom BRD-System beabsichtigten Wirkungsmechanismus entsteht für die nationale Opposition hierzulande eine verhängnisvolle Situation, in der die Mehrheit der deutschen Bürger über die wirklichen Ziele nationaler Politik – wie sie zum Beispiel in dem vorliegenden Buch formuliert sind – völlig im Unklaren sind. Und wer möchte als anständiger Staatsbürger schon etwas mit „rechtsradikalen Brandstiftern" gemeinsam haben? Nur so ist es zu erklären, daß bei Meinungsumfragen Ergebnisse zutage treten, denen zufolge die Mehrheit der deutschen Bürger nationalen politischen Standpunkten zwar zustimmt, wie in der Ausländer- und Europapolitik, oder was die Vergangenheitsbewältigung betrifft, wobei ein Großteil dieser an und für sich national gesinnten Bürger sich gleichzeitig für das Verbot "rechtsradikaler" Parteien (gemeint sind NPD, DVU, REP etc.) ausspricht. Es gilt demnach festzuhalten, daß die ökonomische Zensurvariante, die über die Aussperrung nationaler Politik von den Massenmedien funktioniert, eine nahezu vollständige geistige Trennung der nationalen Opposition von ihrem eigentlichen Sympathisantenpotential bewirkt. Während sich die Funktionäre der lizensierten und etablierten Parteien, Gewerkschaften und Kirchen Tag für Tag in ständiger Wiederholung massenhaft an ein Millionenpublikum wenden können, um ihre ideologisch motivierte antinationale Propaganda als Tatsache zu verkaufen, obschon sie mit der gesellschaftlichen Wirklichkeit oft nichts gemein hat, sondern bestenfalls eine manipulierte Medienrealität darstellt, besteht das Publikum nationaler Publizisten und Politiker aus kleinen Vortragskreisen (um die 50-100 Personen) und der Kundschaft nationaler Buch- und Zeitungsverlage (um die 10 000 Leser), für welche die nationalen Argumente ohnehin nur Wiederholungen darstellen. Das soll heißen: Die nationale Opposition führt in ihren Hinterzimmern Selbstgespräche – und kaum einer hört ihr zu!

Die historische Grundlage dieser ökonomischen Kontrolle stellt der Lizensierungszwang dar, den die alliierten Siegermächte nach dem Zweiten Weltkrieg über die deutsche Medienlandschaft verhängt hatten. *„Nach Ende des Zweiten Weltkrieges führten die alliierten Besatzungsmächte einen Lizenzzwang für die Presse ein. Lizenzen erhielten nur nationalsozialistisch 'unbelastete' Personen; die Verleger, die vor 1945 Zeitungen herausgebracht hatten, waren von der Lizenzvergabe ausgeschlossen, ganz gleich, wie ihre politische Haltung war."* [44] Die sogenannten „Antifaschisten" jeglicher Couleur bekamen somit ihr Pressemonopol von ihren alliierten Gesinnungsgenossen frei Haus geliefert. „Nie wieder Deutschland" war von da an im BRD-Blätterwald die Devise. Und die reichstreuen Kräfte waren aus dem Rennen, indem ihnen die wirtschaftliche Basis zum Veröffentlichen entzogen war. Der Lizenzzwang war der erste entscheidende Schritt der Zensur in der BRD. Eine wirkliche Opposition war somit durch das extreme ökonomische Ungleichgewicht im Zugang zu den Massenmedien ausgeschaltet. Denn wem es am notwendigen Kapital fehlt, der kann noch so ansprechende politische Aussagen und Programme vorzuweisen haben, er wird sie mangels Massenmedien kaum über seine eigene Gesinnungsgemeinschaft hinaus verbreiten können. Genau darin spiegelt sich auch die Tragik der nationalen Publizistik im Deutschland nach 1945 wider. Die doch zahlreichen Zeitschriftentitel des nationalen Lagers erreichen in der Regel nur die Teilöffentlichkeit, die ohnehin schon in der nationalen Weltanschauung gefestigt ist. So entsteht das vom herrschenden System gewollte „rechte Ghetto".

Die Berufsbeschwichtiger des politischen Systems versuchen nun über das durch den Lizenzzwang geschaffene Medienmonopol mit dem Verweis auf Artikel 5 des Grundgesetzes (Meinungs- und Pressefreiheit) hinwegzutäuschen, indem sie den Anschein erwecken, daß eine Meinungsvielfalt im Rahmen des Lizenzmediensystems möglich wäre. Dies ist natürlich nicht der Fall. Was von solchen ökonomischen Zensurvorgaben zu halten ist, die für den Liberal-Kapitalismus typisch sind, wußte uns schon Oswald Spengler in seinem *„Untergang des Abendlandes"* zu berichten: *„(...) aber in Wirklichkeit gehört zur Freiheit der öffentlichen Meinung die Bearbeitung dieser Meinung, die Geld kostet, zur Pressefreiheit der Besitz der Presse, der eine Geldfrage ist (...)."* [45]

Spengler läßt den Mythos der Pressefreiheit wie eine Seifenblase zerplatzen: *"Und was die moderne Presse betrifft, so mag der Schwärmer zufrieden sein, wenn sie verfassungsmäßig 'frei' ist; der Kenner fragt nur danach, wem sie zur Verfügung steht."* [46]

Und wem die Presse beziehungsweise die anderen Massenmedien zur Verfügung stehen, der kann dann seine Vorstellung von gesellschaftlicher Wirklichkeit, seine „Medienrealität", dem Massenpublikum unwidersprochen darlegen. Bei diesem Vorgang schlüpft der Lizenz-Journalist in die Rolle des sogenannten *gate keepers* – der einer Nachricht die Türe in die Spalten der Zeitung oder in die Sendezeit der Fernseh- oder Hörfunkanstalt öffnet, oder auch nicht. Das soll heißen, der Journalist selektiert die Nachrichten, die auf seinem Schreibtisch eintreffen, oftmals von Presseagenturen und Interessensverbänden, nach den Kriterien „politisch korrekt" und „politisch nicht korrekt". Politisch nicht korrekt sind in der Regel solche Sachverhalte, die nach Meinung der selbsternannten „Monopoldemokraten" einer „Ausländerfeindlichkeit" und einem „Rechtsextremismus" das Wort reden.

Die Themen, welche die Massenmedien in ihrer Berichterstattung berücksichtigen, sind für den öffentlichen Diskurs und somit für die Meinungsbildung des

Volkes von Belang, die anderen, welche die Medien verschweigen, sind für die Öffentlichkeit und somit für die Willensbildung des Volkes irrelevant. Durch das journalistische Setzen der Themen („agenda setting function") im Sinne der herrschenden liberal-kapitalistischen Klasse wirken viele Journalisten systemstabilisierend und zugleich diskriminierend gegenüber der nationalen Opposition.

Gerne sieht sich der Systemjournalist im fundamentalen Gegensatz zur Public-Relations-Agentur, zum Öffentlichkeitsarbeiter eines wirtschaftlichen Unternehmens, oder zu einem Interessensverband. Doch ebenso wie der PR-Agent die Interessen seines Auftraggebers vertritt, arbeitet der Journalist systemkonform innerhalb der Rahmenbedingungen von Redaktion und Verlag. Ganz nach dem Sprichwort: „Wessen Brot ich eß', dessen Lied ich sing'". Der sogenannte Tendenzschutz der meisten Lizenzblätter (beim Axel-Springer-Verlag u.a. die „Aussöhnung mit Israel") bildet die Spitze in der Abhängigkeit des Journalisten von Verlag und Redaktion. Ein Verstoß gegen den verlagsinternen Tendenzschutz ist ein Kündigungsgrund.

Zur ökonomischen Form der Zensur gehört auch das Berufsdenunziantentum „antifaschistisch" motivierter Journalisten, die mit ihrer „Recherche" dafür Sorge tragen, daß „rechtsradikale" Buch- und Zeitschriftenverleger in wirtschaftliche Existenznöte geraten. So wurden in dem „Enthüllungsbuch" mit dem Titel *„Rechte machen Kasse"* der Fernsehjournalistin Franziska Hundseder die Geldgeber nationaler Parteien und Verleger „geoutet".[47] In einem parallel zu dem Buch erschienenen ARD-Fersehmagazin wurden dann manche der in dem Hundseder-Buch veröffentlichten Geldgeber, zumeist kleine Industrielle, an den öffentlichen Pranger gestellt, mit der Folge, daß ihnen private wie öffentliche Auftraggeber verlorengingen. Auch auf diese Weise funktioniert also in der BRD die von „gutmenschlichen" Journalisten betriebene ökonomische Variante der Zensur gegen nationale Politiker und Verleger. Denn wer keine Geldgeber hat, hat auch nicht die Möglichkeit, seine Informationen und Meinungen zu drucken und zu senden.

Als Zwischenfazit kann gezogen werden: Die in der unmittelbaren Nachkriegszeit vorgenommene ökonomische Verhinderung einer wirksamen reichstreuen Publizistik mittels der Lizenzierung durch die alliierten Sieger hat eine durchgehende Vorzensur bereits im Vorfeld überflüssig gemacht – womit vor allem die behördliche Vorlagepflicht von zu veröffentlichenden Texten gemeint ist. Man müßte also hinsichtlich der Entstehungsgeschichte des Mediensystems der BRD hierbei von einer Zensur vor der Vorzensur („Vor-Vorzensur") sprechen. Auf die Vorzensur wird noch im Verlaufe der Abhandlung näher eingegangen.

1.2. Die soziale Kontrolle

Nun ist durch die ökonomische Kontrolle das zensorische Ziel noch lange nicht erreicht. Zwar ist die nationale Opposition nicht in der Lage, mangels Zutritt zu den Massenmedien, ihre politischen Zielsetzungen einer breiten Öffentlichkeit zu vermitteln, doch es gibt auch hochbrisante Themen, die, auch wenn sie nicht an eine breite Öffentlichkeit vermittelt werden können, das Selbstverständnis der herrschenden Klasse in ihren Grundfesten erschüttern. Eines dieser „hochbrisanten" Themen ist der historische Revisionismus. An diesem läßt sich recht anschaulich dokumentieren, wie nun die zweite Stufe der modernen Zensur in der Demokratie greift. Das herrschenden System ist bestrebt, nationalen „unbelehrbaren" Fundamentaloppositionellen und Revisionisten die soziale Existenz zu zerschlagen.

Kein Mensch, mag er noch so politisch motiviert sein, lebt ausschließlich für sich alleine. Er benötigt vielmehr soziale Kontakte, private Rückzugsräume, die für das menschliche Seelenleben unverzichtbar sind. Damit ist vor allem die Familie gemeint, aber auch Freundschaften und ein harmonisches Miteinander am Arbeitsplatz und im Wohnumfeld gehören zum sozialen Bezugsrahmen des Menschen. Und wer nicht zum Helden geboren ist, der wird sich ganz genau überlegen, ob er nationale politische Standpunkte vertritt, die in der Öffentlichkeit stigmatisiert sind, und ob er sich organisatorisch der nationalen Opposition anschließt, was in der BRD eine noch größere gesellschaftliche Ächtung bedeutet als die bloße Äußerung nationaler Standpunkte.

Die gesellschaftliche Stigmatisierung in der BRD-Gesellschaft funktioniert vor allem über die Sprache, die in unserem demokratischen Gemeinwesen genau genormt ist. Waren die Fremden, die in den 60er Jahren auf Einladung des Großkapitals und der politischen Bourgeoisie in unser Land eindrangen, damals noch „Fremdarbeiter", so wurden sie später zu „Gastarbeitern", heute sind wir sprachlich bei den „ausländischen Mitbürgern" angekommen. So wird über die normierte Veränderung der Sprache ein Problem bewußt verdrängt, nämlich daß in unserem

Land eine ethnische Säuberung stattfindet: Die deutschen Eingeborenen werden nämlich klammheimlich aus ihren angestammten Großstadtvierteln verdrängt, weil sie sich dort aufgrund der explodierenden multikulturellen und multikriminellen Verhältnisse nicht mehr zu Hause fühlen. Sie flüchten in Reservate, andere Stadtteile oder „aufs Land", wo die Mieten oftmals teurer sind, wo sie jedoch als Deutsche noch unter sich sind. Bis ihnen die „ausländischen Mitbürger" auch dorthin nachfolgen.

Wer diese Mißstände, den Raub der deutschen Heimat, anprangert, der wird – welche schillernde Biographie er auch immer vorzuweisen hat – als „Neonazi" und „Rassist" diffamiert. Beispiel: Horst Mahler, ehemaliger RAF-Terrorist, der seit wenigen Jahren Position gegen die Überfremdung Deutschlands bezieht. Er findet, wie viele andere, bei seinen ehemaligen „linken" Gesinnungsgenossen kein offenes Ohr mehr; seine Argumente, warum er zum Beispiel gegen die ethnische Überfremdung eintritt, spielen in der öffentlichen Diskussion dann kaum eine Rolle.

Der systemtreue Journalist ist natürlich völlig auf Kurs – was den politisch korrekten Wortschatz betrifft. Unwörter wie die „Überfremdung" oder „Mitteldeutschland" für das Gebiet der ehemaligen DDR werden zum Tabu erklärt – vor allem wenn dieses Wort in einem „rechtsextremistischen" Zusammenhang Verwendung findet. Zum Tabuwort „Überfremdung" meint Carl-Friedrich Berg in einem zensierten Buch:

„Anfang Februar 1994 machte die "Gesellschaft für deutsche Sprache" (GfDS) das Wort 'Überfremdung' zum 'Unwort' des Jahres 1993, einer der bisher zynischsten, kaltschnäuzigsten und obzönsten Versuche Orwellscher Meinungs- und Gedankenkontrolle. Viele Deutsche, gerade die sozial schwächeren, leiden tagtäglich unter faktischer 'Entheimatung' durch Sprengung ihrer soziokulturellen Netzwerke. Sie wissen nur zu gut, was 'Überfemdung' ist. Jetzt sollen sie sich auch noch dafür schlecht fühlen, da sie die Dinge, die um sie herum geschehen und sie bedrohen, beim Namen nennen".

Übrigens sei angemerkt, daß Berg, ein Bonner Beamter, der seine Brotgeber, die BRD-Bourgeoisie, alles in allem als einen verkommenen, korrupten und kriminellen Haufen charakterisiert, wohl – aus reinem Selbsterhalt – gut daran getan hat, seinen wahren Namen nicht zu nennen und unter dem Pseudonym „Carl Friedrich

Berg" schriftstellerisch aufzutreten. Diese Maßnahme würde der Autor wohl mit der realexistierenden Sozialzensur in der BRD entschuldigen, die ihn beim Verstoß gegen die von ihr festgelegte politische Korrektheit mit dem Verlust des Arbeitsplatzes bedroht.

Aber nicht nur der Arbeitsplatz droht für nationale Politiker und Publizisten verloren zu gehen, auch die Wohnung kann einem infolge öffentlicher Denunziation gekündigt werden, wenn man gegen die Regeln der politischen und historischen Korrektheit verstößt. So wurde dem Revisionisten Germar Scheerer (geb. Rudolf) mitsamt seiner Familie die Wohnung gekündigt. Ein Rechtsanwalt teilte ihm mit:

„Unseren Mandanten wurde durch Presse, Funk und Fernsehen bekannt, daß Sie, Herr Scheerer, vom Landgericht Stuttgart wegen Volksverhetzung zu 14 Monaten Haft verurteilt wurden. Eine Fortsetzung des Mietverhältnisses ist unseren Mandanten deshalb nicht mehr zumutbar. Ich habe Sie aufzufordern, die Wohnung bis spätestens 31. Juli 1995 zu räumen." [48]

Scheerers Fehler war es gewesen, zur Judenverfolgung Thesen vertreten zu haben, die mit dem offiziösen Geschichtsbild kollidieren. Hätte er sich doch beizeiten an den schon zitierten Grundsatz erinnert:

„Die eigentliche Wirkung jeder Zensur besteht darin, daß die Zensierten und die von Zensur Bedrohten die Normen der Zensur internalisieren, daß sie Selbstzensur ausüben, um neuerliche Fremdzensur zu vermeiden." [49]

Fremdzensor kann in der BRD – man staune! – auch der Wohnungsvermieter sein. Er sorgt in letzter Instanz dafür, daß der Träger einer mißliebigen Meinung obdachlos wird. Menschenrechte? Sie gelten nicht für Revisionisten, „Rechtsextremisten" oder Angehörige verfemter Religionsgemeinschaften. Die Palette sozialer Inquisition im Rahmen einer Art „Bundesacht" reicht von der einfachen Denunziation durch selbsternannte Blockwarte über den Verlust von Wohnung und Arbeitsplatz bis hin zur strafrechtlichen Verfolgung. Der letzten Stufe, der Gesinnungshaft, hat sich Revisionist Scheerer durch Flucht ins – zunächst – spanische Exil bisher entzogen. Seine revisionistischen Thesen verbreitet nun Scheerer über eine englische Verlagsadresse. So war es zu allen Zeiten, daß die von der Strafzensur Bedrohten ihre Botschaften vom Ausland aus in die eigene Heimat lancierten. Doch die Strafrechtszensur soll in einem späteren Abschnitt behandelt werden. An dieser Stelle geht es „nur" um die gutmenschliche soziale Ächtung von politisch Andersdenkenden in der BRD. Ein Beispiel dafür, daß in der BRD selbst Steine politisch nicht korrekt sein können, soll dem Leser nicht vorenthalten werden:

„Beim Umbau des Berliner Reichstages kam der Jura-Marmor aus Bayern nicht zum Zug. Begründung: Der Stein sei wegen seiner Verwendung im Dritten Reich 'faschistoid' und 'ideologisch' belastet."[50]

Dieses geistige Klima der allgegenwärtigen politischen Korrektheit führt zu dem gesellschaftlichen Zustand, den die Kommunikationswissenschaftlerin Elisabeth Noelle-Neumann in ihrem Standardwerk *„Öffentliche Meinung – die Entdeckung der Schweigespirale"* beschreibt. Mit der Hypothese der Schweigespirale wird von ihr nachgewiesen, daß die Menschen ihre Umwelt genau beobachten, sie wachsam wahrnehmen, und dazu tendieren, wie die meisten anderen Menschen zu denken und sich daran orientieren, welche Einstellungen zunehmen, was sich durchsetzen wird und was nicht.[51] Sozusagen handelt es sich dabei um einen modernen „Herdentrieb". Dementsprechend opportunistisch verhalten sich die meisten Bürger dann auch in der Diskussion. Sie unterlassen es zumeist, Standpunkte zu äußern, mit denen man sich – und sei es nur im Freundeskreis oder unter Berufskollegen – als „Rechtsextremist" *outet*. Die öffentliche Meinung (die freilich aus der veröffentlichten Meinung resultiert) definiert Noelle Neumann als *„Meinungen im kontroversen Bereich, die man öffentlich äußern kann, ohne sich zu isolieren."*[52]

Von der politischen Korrektheit, die über Sprachzensur funktioniert, sind natürlich diejenigen Personengruppen am meisten betroffen, die „politische Berufe" ausüben. Das soll heißen, ein Maurer kann unter Umständen in der Arbeitspause noch eher unter Berufskollegen seine politische Meinung äußern, als ein Universitätsprofessor oder Journalist eines Lizenzbetriebes. Wer im sogenannten öffentlichen Leben steht, wie die Professorin Charlotte Höhn, der wird dazu angehalten, auf die Einhaltung gesellschaftlicher Tabus zu achten. Ein solches Tabu stellt die angebliche „Gleichheit aller Menschen" dar. Wer solchen unwissenschaftlichen Unsinn in Frage stellt und diesen wie Frau Höhn medial *ad absurdum* führt, der muß einen gewaltigen Karriereknick einkalkulieren. Die Direktorin des Bundesinstituts für Bevölkerungsforschung in Wiesbaden stellte in einem *taz*-Gespräch lediglich fest: *„Daß es zum Beispiel (rassische) Unterschiede in der Intelligenzverteilung gibt."* Das war jedoch zu viel des Guten: Der Frankfurter Jude Michel Friedmann hielt solche Äußerungen für „unerträglich". So eine Unperson wie Frau Höhn eigne sich nicht als Delegierte der BRD bei der Weltbevölkerungskonferenz in Kairo. Sie wurde deshalb von der Bundesregierung Kohl als Delegierte abberufen. Wer künftig die BRD in der (Welt-) Öffentlichkeit repräsentieren will, der müßte spätestens ab diesem Zeitpunkt wissen, daß er seine öffentlichkeitswirksamen Aussagen an den polit-moralischen Vorstellungen eines Michel Friedmann auszurichten hat. Dies deshalb, weil derjenige, welcher Wahrheiten wie die von der Ungleichheit der Menschen feststellt, sich in der BRD ganz schnell als „Neonazi", „Rechtsradikaler" und „Rassist" etikettiert sieht.

Die große Masse des deutschen Volkes wie auch die der gesamten Menschheit ist – wie bereits angesprochen – nicht zum Helden- und Märtyrertum geboren. Die große Mehrheit der deutschen Bürger spricht sich, glaubt man Ergebnissen der bekannten Meinungsforschungsinstitute, gegen eine Einwanderungsgesellschaft aus. Weil sich jedoch die Individuen dieser Volksmehrheit nicht gesellschaftlich stigmatisieren lassen und in ihrer ganz privaten Suche nach persönlichem Glück (Familie, Konsum, Urlaub etc.) vor politischer Diskriminierung ungestört bleiben wollen, hält man sich konsequent aus politischen Angelegenheiten heraus und überläßt von daher das politische Feld weitestgehend den antifaschistischen Gutmenschen, die sich tagtäglich in die bundesrepublikanische Öffentlichkeit vordrängen, samt ihrer Gutmenschlichkeit, die sie in ihrer geistigen Verblendung und maßlosen Selbstüberschätzung als „Zivilcourage" fehldeuten. Das Resultat dieser Entwicklung, in der eine „gutmenschliche" aktive Minderheit den öffentlichen Diskurs über eine unpolitische schweigende Minderheit hinweg diktiert, ist die von Noelle-Neumann so benannte Schweigespirale.

Diese Schweigespirale wurde bereits in früheren Zeiten Isolationsfurcht genannt. Der Franzose Alexis de Tocqueville meint hierzu in seinem Werk *„Das alte Staatswesen und die Revolution"*: *„Da sie* (die Bürger; J. Schw.) *die Absonderung mehr als den Irrtum fürchten, so gesellten sie sich zu der Menge, ohne wie diese zu denken"*.[53]

Aus dieser Erkenntnis heraus ist auch das für den aufmerksamen Beobachter der

Jetztzeit vielerorts feststellbare gespaltene Bewußtsein des Großteils der BRD-Bürger leicht zu verstehen, die sich bei Umfragen mehrheitlich für den Erhalt des deutschen Nationalstaats mit seiner Nationalwährung aussprechen und zudem noch für Ausländerbegrenzung, jedoch gleichzeitig – aus blanker Isolationsfurcht – diejenigen bestraft und verboten sehen wollen, die diese Ziele artikulieren – die Organisationen und Publikationen der nationalen Opposition. Der Begriff Selbstverleugnung kann hierbei synonym zur Isolationsfurcht angewandt werden.

Nun ist es jedoch nicht so, daß die politische Korrektheit und die Isolationsfurcht allmächtig sind. Denn immer wieder gibt es Persönlichkeiten, die selbst aus der Mitte der BRD-Gesellschaft kommen, die zumindest geistigen Widerstand gegen die allgegenwärtige Gesinnungsdiktatur leisten. So der Schriftsteller Martin Walser, der in einer Rede in der Frankfurter Paulskirche im Jahr 1998, als an ihn der Friedenspreis des deutschen Buchhandels überreicht wurde, meinte:

„In der Diskussion um das Holocaustdenkmal in Berlin kann die Nachwelt einmal nachlesen, was Leute anrichten, die sich für das Gewissen von anderen verantwortlich fühlen. Die Betonierung des Zentrums der Hauptstadt mit einem fußballfeldgroßen Alptraum (...) Jeder kennt unsere geschichtliche Last, die unvergängliche Schande, kein Tag, an dem sie uns nicht vorgehalten wird (...) Kein ernstzunehmender Mensch leugnet Auschwitz (...), wenn mir aber jeden Tag in den Medien diese Vergangenheit vorgehalten wird, merke ich, daß sich in mir etwas gegen diese unserer Schande wehrt." [53a]

Es hagelte in der Folge wütende Proteste gegen Martin Walser, vor allem – wen wundert's? – von Ignatz Bubis, dem damaligen Vorsitzenden des Zentralrates der Juden in Deutschland.

2. Die „harte" Zensur

2.1. Die Nachzensur

Haben alle bisher vorgestellten Instrumente der Zensur für den demokratischen Zensoren den durchschlagenden Erfolg nicht erbracht, der darin bestünde, eine Öffentlichkeit über nationale Tabuthemen zu verhindern, dann sieht sich der Zensor dazu veranlaßt, zu weiteren, gründlicheren Schritten überzugehen, um das selbstgesteckte Kommunikationsziel zu erreichen.

Man kann sich die Situation aus der Sicht des „demokratischen" Zensors am besten anhand von konkreten Beispielen veranschaulichen: Nationalen Oppositionellen in führender organisatorischer Position wurden bereits durch die ersten beiden Stufen des 4-Stufenmodells moderner Zensur zum einen die ökonomischen Grundlagen entzogen, vor allem durch den Lizenzzwang nach dem Zweiten Weltkrieg, ein breites Publikum zu erreichen, zum anderen wird ihnen das soziale Umfeld kaputtgemacht – sollten unbelehrbare nationale Publizisten und Politiker dennoch bestrebt sein, ein Publikum für ihre Thesen zu finden. Die Paradebeispiele für diese Strategie des BRD-Zensors sind Germar Rudolf und Günter Deckert, denen man beiden die berufliche Zukunft zerstörte (Doktorandenstelle von Rudolf beim Max-Planck-Institut und Lehrtätigkeit von Deckert an einer Schule) und ihr familiäres Umfeld in die politischen Druckmaßnahmen miteinbezog – was zum Beispiel für Rudolf die Kündigung des Mietvertrages bedeutete.

Sollte jedoch der umschriebene Personenkreis weiterhin unbelehrbar sein, die ökonomische Zensur sowie die soziale Ausgrenzung in Kauf nehmen und vor allem politische und historische Inhalte verbreiten, welche die geistigen Legitimationsgrundlagen des Systems angreifen, wie dies beim historischen Revisionismus zweifellos der Fall ist, dann besteht für das herrschende politische System und seinen Zensurapparat akuter Handlungsbedarf. Denn die Verbreitung von Thesen, welche die „Einzigartigkeit deutscher Verbrechen" in Frage stellen, ist ein fundamentaler Angriff auf die herrschende Klasse des „Nie-wieder-Deutschland", der auch dann gegeben ist, wenn zum Beispiel ein Günter Deckert nur vor einem sehr kleinen Publikum einen revisionistischen Vortrag vom Englischen ins Deutsche übersetzt. Die Zuhörer könnten ja die neue Kunde weitertragen an Bürger, die den Vortrag nicht gehört haben.

Der Handlungsbedarf der hierbei zwangsläufig für den BRD-Zensurapparat entsteht, kann nur durch die Schaffung neuer Zensurgesetze beziehungsweise die inhaltliche Verschärfung bereits bestehender Zensurgesetze gelöst werden. Genau in diese Phase des 4-stufigen Zensurmechanismus ist die BRD spätestens seit 1994 eingetreten, als nämlich von Bundestag und Bundesrat der Paragraph 130 des Strafgesetzbuches (StGB) von einem ursprünglichen allgemeinen Gesetz zu einem Sondergesetz umformuliert wurde. Dieser Sichtweise schlossen sich in der Folge sogar einzelne Vertreter der offiziellen juristischen Lehre an. So bezeichnete beispielsweise Huster die Neufassung des § 130 StGB in vernichtender Form als „Sonderrecht". [54] Spätestens also im Jahre 1994 haben Bundestag und Bundesrat offen Verfassungsbruch begangen, als sie nämlich den § 130 StGB („Volksverhetzung") von einem „allgemeinen" zu einem „Sondergesetz" umformulierten. Dies wird nicht nur in der nationalen Presse so erkannt. Die neue Regelung – so Daniel Beisel in einem Kommentar der *"Neuen Juristischen Wochenschrift"* – komme *„faktisch einem staatlich verordneten Denkverbot sehr nahe, sie stellt insofern einen Anschlag auf die geistige Freiheit Andersdenkender dar."*[55]

Diese Neufassung des § 130 StGB kann dabei nicht einmal den Schein von Recht und Legalität für sich in Anspruch nehmen. Dies verdeutlichen Josef Schüßlburner, Karl Salm und Jochen Lober in einem Sonderheft der *Staatsbriefe* [56] anhand der Dogmatik und verschiedener Anwendungsfälle. Josef Schüßlburner bezeichnete den neuen Volksverhetzungsparagraphen völlig zurecht als „Volksverhetzungskeule", die zur Bekämpfung von nationalen Oppositionellen diene, und die sich durchaus in ihrer Intention – nämlich Andersdenkende besser kriminalisieren zu können – mit dem unseligen „Art. 6 Rbs. 2" der DDR-Verfassung von 1949 („Boykotthetze") messen kann.[57]

Nach den Ausführungen von Schüßlburner, Salm und Lober hat der Tatbestand kein bestimmbares Rechtsgut zum Inhalt, die Tathandlungen (unter anderem Verharmlosen und Verbreiten geschichtsrevisionistischer Standpunkte) sind nicht hinreichend bestimmt, die in Absatz 3 des Gesetzes geschaffene Sonderregelung verzichtet auf die Feststellung subjektiver Tatbestandsmäßigkeit. Der Absatz 3 des neuen Volksverhetzungsparagraphen verstößt außerdem gegen das verfassungsrechtliche Gleichheitsgebot, weil es einen Sonderschutz für Sondergruppen bezüglich der Juden, Ausländer usw. konstituiert und somit eine gesetzliche Diskriminierung des deutschen Volkes etabliert. [58]

Die Neufassung des Tatbestandes der „Volksverhetzung" stellt somit kein allgemeines Gesetz dar, sondern verstößt vielmehr gegen das Gesetzmäßigkeitsprinzip und greift in verfassungswidriger Weise in das durch Art. 5 des Grundgesetzes doch eigentlich garantierte Recht auf freie Meinungsäußerung ein. Die Neufassung von § 130 StGB verstößt somit auch gegen die Europäische Menschenrechtskonvention und steht mit ihrem globalisierten Strafverfolgungsanspruch [59] nicht mit den geltenden Grundsätzen des weltweiten Strafrechts in Einklang, das die formale Rechtsgültigkeit als Maßnahmegesetz unterstellt und einzig die tatortgebundene Strafverfolgung innerhalb des räumlichen Geltungsbereiches des Grundgesetzes gestatten würde. Die Neufassung des Tatbestandes durch § 130 StGB beachtet also nicht die einfachsten Grundprinzipien einer jeden freiheitlich-demokratischen Staatsordnung. Unter lediglich formaler Beibehaltung justizmäßiger Verfahrensweisen wird damit die Einleitung von Gerichtsverfahren gegen Oppositionelle ermöglicht, die ausschließlich zur politisch gewünschten Verfolgung und Verurteilung abweichender Meinungen führt. Meinungsfreiheit ist damit im Bereich der mit § 130 StGB tangierten Sachproblematik (Holocaust, Juden, Ausländer etc.) suspendiert und somit das den Freiheitsrechten zugrunde liegende Prinzip vom Gesetzgeber liquidiert.[60]

Die Spannungen zwischen den Opportunitätsinteressen der politischen Klasse (und ihrer Erfüllungsjustiz) und dem Legalitätsprinzip schlagen in der BRD mittlerweile mit voller Wucht auf letzteres zurück. Da die Anwendung der Volksverhetzungskeule nicht von rechtlichen, sondern mittlerweile eher (partei-) politischen Opportunitätserwägungen abhängig ist, kann oppositionelles Verhalten problemlos der Strafverfolgung zugeführt werden. Daß die Anzahl der Verurteilungen wegen „Volksverhetzung" von durchschnittlich unter zehn in den 80er Jahren nach Neufassung des § 130 StGB auf mehrere tausend Verurteilungen jährlich (Stand 1994: 2586) angestiegen ist, verwundert daher keinesfalls.[61] Die Gesetzesänderung scheint daher das politische Ziel ihrer Initiatoren erfüllt zu haben: nämlich eine Explosion in der Verurteilung von „Rechtsextremisten". So ist es auch nicht verwunderlich, wenn in den 80er-Jahren, als die „Volksverhetzung" noch „allgemein" formuliert war, nur rund zehn Verurteilungen jährlich zu registrieren waren, im Jahr 1994 die Zahl aber schon auf 2 586 Verurteilungen hochschnellte – von den vielen Ermittlungsverfahren, die einschüchtern sollen, gar nicht zu reden. Auch die zweitgrößte Menschenrechtsorganisation „Human Rights Watch" kam zu dem Ergebnis, daß in Deutschland durch die politische Klasse eine „gefährliche Einschränkung der Meinungsfreiheit" vorgenommen werde.[62]

Dies alles geht stets einher mit der medialen Rechtfertigung, man müsse doch mit allen Mitteln gegen das „Böse", nämlich „Ausländerfeindlichkeit" usw., vorgehen. Nun werden aber in totalitären Systemen Zensurmaßnahmen mittels solcher Argumentationsmuster gerechtfertigt – die BRD sollte, ihrem demokratischen Anspruch zuliebe, eine Ausnahme bilden!

Da mit der Neufassung des Volksverhetzungsparagraphen Meinungsäußerungen und politische Forderungen, die in Meinungsäußerungen zum Ausdruck kommen, bestraft werden, wird somit auch das Ausmaß an Dialogunfähigkeit deutlich, die für die politische „Kultur" der BRD immer kennzeichnender wird.[63] Mit Fug und Recht bezeichnete deshalb Hans-Dietrich Sander „die vom Grundgesetz verbürgte Meinungsfreiheit" als nichts anderes „als die öffentliche Meinung in einer geschlossenen Gesellschaft". [64] Wer sich demzufolge außerhalb dieses in sich geschlossenen Meinungsspektrums bewegt, der läuft in der BRD stets Gefahr, in die Mühlen der Gesinnungsstrafjustiz zu geraten – dies alles wegen der Propagierung von Meinungen, die politisch nicht „korrekt" sind.

Daß im Umgang mit nationalen Oppositionellen in der BRD immer mehr eine Gesinnungsjustiz Platz greift, hat die soeben dargestellte rechtswissenschaftliche Analyse des § 130 StGB deutlich gemacht: Der Volksverhetzungsparagraph ist schließlich so abgefaßt, daß dessen Straftatbestand nur von „rechtsextremen" Parteifunktionären, Publizisten und Verlegern usw. verwirklicht werden kann, während „linke" und liberale Hetze gegen das deutsche Volk und sein Land in der Regel straffrei ausgeht (zum Beispiel mit Parolen wie „Deutschland verrecke!"). Diese Diskriminierungstendenz wirkt sich dann auf klassische Straftatbestände aus, indem „antifaschistischer" krimineller „Widerstand" entweder überhaupt nicht mehr geahndet wird oder Strafmilderungsgründe voll zur Anwendung gebracht werden. [65]

Die Spitze der Fahnenstange in der Neuschöpfung von Gesinnungsstrafrecht scheint – wenn man sich die laufende Diskussion unter bundesdeutschen Gutmenschen anhört – keinesfalls erreicht zu sein, weshalb auch Robert Schmitz seiner Befürchtung Ausdruck verleiht: *„Die Gesetzesmaschinerie läuft. Nur die Politik kann sie noch abstellen, und es ist bei ihr keine Neigung dafür zu beobachten."* [66] Einzelne Beispiele für die in den letzten Jahren in der BRD um sich greifende Strafrechtszensur hat der Verfasser in seinem Buch *„Die Meinungsdiktatur"* ausführlich erwähnt, auf die an dieser Stelle nicht weiter eingegangen werden soll. [67]

Wer nun der Auffassung ist, die Meinungsfreiheit, die uns in Artikel 5 des Grundgesetzes garantiert wird, dürfe rechtstaatlich nicht durch Strafgesetze eingeschränkt werden, der unterliegt einem Irrtum. Denn kein Grundrecht kann ewig ausgedehnt werden. Spätestens dort, wo das Grundrecht auf freie Meinungsäußerung in ein anderes Grundrecht eingreift, besteht die Möglichkeit, die Meinungsfreiheit einzuschränken. Natürlich ist die Gewichtung zweier Grundrechte, die sich gegenseitig beeinträchtigen, unter Umständen Auslegungssache und kann politisch motiviert sein. Verfassungsrechtliche Grundlage hierfür ist der zweite Absatz des Artikel 5 des Grundgesetzes:

„Diese Rechte finden ihre Schranken in den Vorschriften der allgemeinen Gesetzes, den gesetzlichen Bestimmungen zum Schutze der Jugend und in dem Recht der persönlichen Ehre." [68]

2.2. Die Vorzensur

Die rechtliche Grundlage, derzufolge in der BRD die Meinungsfreiheit garantiert sein soll, basiert auf dem Artikel 5 des Grundgesetzes. In dessen Absatz 1 steht folgende Bestimmung:

„Jeder hat das Recht, seine Meinung in Wort, Schrift und Bild frei zu äußern und zu verbreiten und sich aus allgemein zugänglichen Quellen ungehindert zu unterrichten. Die Pressefreiheit und die Freiheit der Berichterstattung durch Rundfunk und Film werden gewährleistet. Eine Zensur findet nicht statt." [69]

Nun könnte man meinen, daß der dritte Satz dieses ersten Absatzes des Artikel 5 des Grundgesetzes (*„Eine Zensur findet nicht statt"*) wörtlich zu nehmen sei. Doch entscheidend ist nicht nur das gedruckte Wort in entsprechenden Verfassungs- und Gesetzestexten, sondern auch die Auslegung solcher Texte durch die sogenannten Verfassungskommentatoren. Einer von diesen, wenn nicht der gewichtigste, wenn es um die Auslegung von Artikel 5 des Grundgesetzes geht, ist kein geringerer als Altbundespräsident Roman Herzog, der in dem Standard-Grundgesetzkommentar von Maunz-Dürig zu der Erkenntnis gelangt, daß *„nach herrschender , wenngleich nicht ganz unbestrittener Lehre"* lediglich die sogenannte Vorzensur, das heißt die vorherige staatliche Überprüfung einer beabsichtigten Meinungsäußerung, durch den dritten Satz (*„Eine Zensur findet nicht statt"*) ausgeschlossen sei, nicht jedoch die nachträgliche Überprüfung unter Zugrundlegung der von Artikel 5 Absatz 2 des Grundgesetzes ausdrücklich zugelassenen Einschränkungsmöglichkeiten (allgemeine Gesetze, Jugendschutz und dem Recht auf persönliche Ehre). [70]

Roman Herzog scheint sich dabei der Handlungsmaxime des legendären Franz-Josef Strauß zu bemächtigen, daß man seine Grundsätze nur dementsprechend hoch hängen brauche, damit man darunter bequem hindurchschreiten könne. Das soll heißen, daß, indem Herzog mit seiner Definitionsmacht des Grundgesetzkommentators erklärt, mit dem Satz 3 (*„Eine Zensur findet nicht statt"*) sei lediglich das grundgesetzliche Verbot der Vorzensur gemeint, er natürlich auch unterschwellig behauptet – sozusagen unausgesprochen zwischen den Zeilen stehend –, daß zum Beispiel eine Nachzensur durch den Staatsanwalt und Richter mit dem Grundgesetz vereinbar sei. Demzufolge würde im Artikel 5 des Grundgesetzes, Absatz 1 Satz 3, stehen: *„Eine (Vor-) Zensur findet nicht statt"*. Nun stellt sich aber die Frage nach der Vorzensur, da diese ja in der BRD laut Herzog grundgesetzlich untersagt sein soll. Gibt es nun tatsächlich im Herrschaftsbereich der BRD keine Vorzensur?

Der Verfasser ist in seinem Buch *„Die Meinungsdiktatur"* zu folgendem Ergebnis gelangt: Weil die zuvor vorgestellten Zensurmethoden in ihrer Gesamtheit zur Erreichung der Zensurziele eigentlich ausreichen, können die Herrschenden auch auf die flächendeckende Wiedereinführung der Vorzensur, womit im engeren Sinn eine behördliche Vorlagepflicht gemeint ist, gut verzichten. Doch gibt es auch hier Ausnahmen. Filme und Videos dürfen nur öffentlich vertrieben und gezeigt werden, wenn sie zuvor durch eine *„Freiwillige Selbstkontrolle"* (FSK) gelaufen sind. In diesem Gremium werden Altersgrenzen festgesetzt („frei ab 16 Jahren") und auch Jugendverbote ausgesprochen. Letztere führen dazu, daß ein Film unter den Ladentisch verbannt wird, nicht mehr im Versandhandel vertrieben werden kann und damit auch für Erwachsene kaum noch erhältlich ist. Hier geht es jedoch keineswegs nur um Gewaltdarstellungen oder Pornographie. Es werden auch die politischen Inhalte überprüft. Übereinstimmend berichten die Hersteller zeitgeschichtlicher Videos, daß sachliche und objektive Darstellungen in manchen Bereichen nicht mehr möglich sind, weil solche Filme als „jugendgefährdend" eingestuft werden. Ein Video, das die Kampfesleistungen deutscher Weltkriegssoldaten rühmt, gilt der FSK als „kriegsverherrlichend". Ein Video, in dem alliierte Soldaten gepriesen werden, ist dagegen für Sechsjährige ein geeigneter Beitrag zum sittlichen und moralischen Wachstum.

Vorzensur liegt aber auch vor, wenn Behörden bei der Anmeldung nationaler Veranstaltungen unter freiem Himmel die Flugblätter der Veranstalter im voraus sehen wollen, um Verbotsgründe zu gewinnen. Manchmal werden die Anmelder auch zu Vorgesprächen geladen, wie vor ein paar Jahren im Main-Spessart-Kreis anläßlich einer NPD-Demonstration gegen den Bau einer Moschee geschehen. Landrat Armin Grein betonte: *„Möglicherweise ergeben sich aus dem Gespräch Gründe, die Veranstaltung zu verbieten."* [71] Und ein Polizeisprecher meinte, daß im Vorfeld überprüft werde, „ob sicherheitsrelevante Störungen zu erwarten sind". Dazu würden die Themen, welche die Redner während der Kundgebung ansprechen wollten, „abgeklopft". [72]

Solche Abklopfung, aus der man Verbotsgründe gewinnen will, könnte auch Vorzensur genannt werden, wie sie in vordemokratischen Zeiten üblich war. Vorzensur ist es auch, wenn ausländische Historiker wie beispielsweise David Irving Einreiseverbot erhalten, weil deutsche Behörden vermuten, der Betroffene könnte auf Veranstaltungen etwas Unerwünschtes zum Ausdruck bringen. Hier findet praktisch eine Vor-Vorzensur statt, die einen Redner bereits am Reden hindert, noch bevor er auch nur ein Wort sprechen konnte. [73]

Als 1994 die Fernsehmoderatorin Margarete Schreinemakers den amerikanischen Gaskammer-Experten Fred Leuchter in ihre Sendung einlud, wurde dieser von einem Polizeikommando noch vor dem Beginn der Diskussion aus dem Studio gezerrt, weil ein Staatsanwalt befürchtete, Leuchter könne Aussagen machen, die nicht zu offiziösen Zeitgeschichtsdarstellungen passen. Man wartet gar nicht erst die Thesen des US-Fachmanns ab, sondern schritt zur Festnahme, noch bevor das erste Wort gesprochen werden konnte. Eine Art Präventiv-Zensur. Dazu paßt auch der in der BRD üblich gewordene Brauch, nationalen Veranstaltern städtische Säle zu verweigern, um die Kundgabe mißliebiger Meinungen zu verhindern. Man weiß zwar nicht genau, was auf der Veranstaltung verlautbart werden soll, man sorgt aber sicherheitshalber dafür, daß es gar nicht erst verlautbart werden kann.

Neu im Trend der Vorzensoren liegt derzeit das Bestreben kommunaler Beamter, über die Vergabe beziehungsweise den Entzug des Gewerbescheins nationale Verleger zu maßregeln. Sollten sich diese durch die Androhung, daß ihnen bei weiterem Verstoß gegen die politische Korrektheit der Gewerbeschein entzogen wird, nicht einschüchtern lassen, dann ergeht es ihnen wie im Jahre 1999 dem nationalen Publizisten Udo Walendy, der in dem selben Jahr eine Haftstrafe aus politischen Gründen abgesessen hatte und dem daraufhin der Gewerbeschein für den Betrieb eines Buch- und Zeitschriftenverlages entzogen wurde. Ein entsprechendes Schreiben, mit dem der Herfelder Oberkreisdirektor Barrmeyer ein „Gewerbeuntersagungsverfahren" einleitet, wurde dem Vlothoer Diplom-Politologen und Revisionisten vorgelegt, der sich in den zurückliegenden Jahrzehnten insbesondere für eine wahrheitsgemäße Zeitgeschichtsschreibung eingesetzt hat. Deshalb soll Walendy nun „unzuverlässig" zur Ausübung eines Verlagsgewerbes sein. Ihm wurde in dem ersten Schreiben des Oberkreisdirektors „Gelegenheit" gegeben, sich zu der Maßnahme gegen ihn zu äußern. In dem behördlichen Schreiben heißt es:

„Ich habe gegen Sie ein Gewerbeuntersagungsverfahren eingeleitet und beabsichtige, Ihnen die weitere Ausführung des von Ihnen betrieben Gewerbes 'Verlag für Volkstum und Zeitgeschichtsforschung (so der genaue Wortlaut der mir vorliegenden Gewerbeanmeldung) sowie jegliche Gewerbe, die geeignet sind, Medien aller Art herzustellen und zu verbreiten, zu untersagen."[74]

Der Vorgang verdeutlicht wieder einmal mehr, wie erfindungsreich das BRD-Zensursystem ist, das vorgibt überhaupt keine Zensur auszuüben. *„Eine Zensur findet nicht statt"*, lautet der dritte Satz in Artikel 5 Absatz 1 des Grundgesetzes. Damit sei, so der Altbundespräsident und Verfassungsrechtler Roman Herzog, lediglich das Verbot der Vorzensur gemeint. Nun müßte man jedoch Herzog vorhalten, daß selbst diese Vorzensur in der BRD vorherrschend ist. Denn um was sonst – wenn nicht um eine behördliche Vorkontrolle (klassische Vorzensur) – soll es sich bei dem Entzug eines Gewerbescheines aus politischen Gründen handeln? Natürlich beabsichtigt der Herforder Oberkreisdirektor Barrmeyer den Publizisten Udo Walendy zu einem Opfer der Vorzensur zu machen. Daran ändert auch nicht die Tatsache, daß es für die Durchführung der Vorzensur eine gesetzliche Grundlage gibt. Zum Beispiel ein „Gewerbeuntersagungsverfahren" nach Paragraph 35 der Gewerbeordnung von Nordrheinwestfalen.

Folgendes Fazit kann gezogen werden: Es gibt in der BRD durchaus eine punktuelle Vorzensur; sie findet nur seltener statt als die allgegenwärtige Nachzensur. Der Grund dürfte darin liegen, daß eine ausufernde Anwendung der Vorzensur das offizielle Postulat der Meinungsfreiheit ankratzen würde, das man in der BRD wie eine Monstranz vor sich herträgt. Und außerdem reichen die zuvor genannten drei Stufen des 4-Stufenmodells zur Kommunikationskontrolle weitestgehend aus.

Durch die Ungleichverteilung der medialen Produktionsmittel, die soziale Ächtung Andersdenkender und die Bedrohung durch die Sondergesetze der Nachzensur ist bereits ein Großteil des Kontrollbedarfs erreicht. Nur dort, wo die nationale Opposition sich in die Lage versetzen will, eine direkte Öffentlichkeit zu den Bürgern unseres Landes herzustellen, wird die Vorzensur für das BRD-Zensursystem sinnvoll. Wenn also zum Beispiel nationale Organisationen unter freiem Himmel Kundgebungen abhalten und damit „Normalbürger" mit ihren Inhalten erreichen wollen, ist die BRD-Vorzensur gefordert. Nicht jedoch bei Buchveröffentlichungen wie der vorliegenden, die ohnehin nur diejenigen erreichen und über die wahren Verhältnisse in der BRD aufklären können, die darüber im wesentlichen schon Bescheid wissen, weil sich ihre Namen und Kundenanschriften seit Jahren in den Verteilern nationaler Parteien, Organisationen und Verlagen befinden. Der „Normalbürger" hingegen kann ein solches Buch, von dessen Existenz er nichts weiß, auch nicht kaufen. Denn diese nationalen Bücher und sonstigen Medienträger werden in den Lizenzmedien so gut wie nie beworben oder inhaltlich besprochen. Das nationale Ghetto führt Selbstgespräche und außerhalb dieses Ghettos hört ihm kaum einer zu. Das ist die Medienrealität in der Bundesrepublik Deutschland – dem angeblich freiheitlichsten aller Rechtsstaaten, die jemals auf deutschem Boden bestanden haben.

Dennoch besteht kein Grund zum Pessimismus, da die an und für sich bedenkliche Entwicklung doch ihrer Logik nicht entbehrt. Da die Herrschenden zunehmend in Bedrängnis, nämlich in Erklärungsnotstand kommen, hat ihre primitive Repressionswelle eine Begründung. Ihre Nervosität erklärt sich – kommunikationswissenschaftlich betrachtet – aus dem Umstand, daß die von ihnen erzeugte Medienrealität mit der gesellschaftlichen Wirklichkeit in vielen Problembereichen nicht mehr im Einklang, sondern oftmals im krassen Widerspruch steht. Was soll der Fernsehzuschauer denn davon halten, wenn er Tag für Tag in der „Glotze" erzählt bekommt, daß Deutsche und Ausländer an und für sich gut miteinander in einer multikulturellen Gesellschaft zusammenleben könnten – wenn es nur die störenden „Ausländerfeinde" nicht gäbe –, er jedoch in seinem täglichen privaten und beruflichen Alltag die ethnische und kulturelle Überfremdung mit zunehmendem

Maß als lästig, wenn nicht gar als bedrohlich empfindet?

Da die Existenz der „Ausländerfeinde" auf die gravierende Diskrepanz zwischen gesellschaftlicher Wirklichkeit und Medienrealität aufmerksam macht, müssen diese als Störenfriede mit allen Mitteln der Zensur bekämpft werden. Der Verfasser hat anhand seines 4-Stufenmodells moderner Zensur die Instrumente hierfür beschrieben. Doch Druck erzeugt bekanntlich Gegendruck. Und das sollte alle nationalen Kräfte optimistisch stimmen. In diesem Sinne ist auch nach wie vor zutreffend, was Jakob Grimm im Jahre 1838 von sich gab:

„Des Verbots, der Censur blödsichtiges Auge vermag doch bloß in unmittelbarer Nähe und Gegenwart zu sichern, die drohenden Übel der Zukunft gewahrt es nicht." [75]

Feindbestimmung

Die gerade vorgenommene Beschreibung der Unterdrückung der nationalen Opposition durch das BRD-System führt zu der Notwendigkeit, dieses „BRD-System" näher zu bestimmen. Im politischen Spektrum des deutschen Nationalismus trifft man heutzutage oft auf Konzeptionslosigkeit, wenn es um Systemkritik im eigentlichen Sinne des Wortes geht. Fragt man den typischen nationalen Aktivisten, warum er gegen das „System" ist, dann wird man aller Wahrscheinlichkeit zur Antwort bekommen: *„Weil das BRD-System so viele Ausländer nach Deutschland hereinholt und den Nationalstaat abschafft zugunsten einer EU-Diktatur."*

Diese Antwort wäre zwar inhaltlich mit einer nationalistischen Position völlig im Einklang, geht jedoch eindeutig am Thema der Systemkritik vorbei, da sich die Frage ja auf den Grund der Ablehnung des BRD-Systems bezog. Die Ablehnung des BRD-Systems mit den vielen Ausländern oder der EU zu begründen, ist vergleichbar, die Frage nach dem Namen der Krankheit mit den Symptomen zu beantworten. Die „Krankheit", nach der hier gefragt wird, ist nämlich das politische System selbst, das nicht zu verwechseln ist mit dem Staat oder der Demokratie im allgemeinen. Das politische System der BRD, welches das Grundübel der deutschen Gegenwart darstellt, ist das parlamentarische System und der Parteienstaat. Dieses politische System muß aus seiner inneren Logik heraus alle die genannten Probleme wie die Überfremdung des deutschen Volkes zwangsweise produzieren. Deshalb muß die Kritik des deutschen Nationalismus am BRD-System selbst ansetzen und erst in zweiter Linie an den Symptomen, den vielen Ausländern und der Abgabe nationalstaatlicher Kompetenz an Brüssel. Auf die notwendige Systemkritik soll noch im Abschnitt „Deutscher Fundamentalismus – nationale Fundamentalkritik" näher eingegangen werden.

Feindanalyse – eine Grundvoraussetzung

Es muß also eine Feindanalyse vorgenommen werden. Denn nur wer bereit ist, seinen Feind zu bestimmen, der kann ihn schließlich auch wirkungsvoll bekämpfen. Für den Staatsrechtler Carl Schmitt besteht das Politische in der Bestimmung von Freund und Feind.[76] Aus dieser Grundüberlegung folgt: Wenn die einzige wirkliche Opposition in diesem Land der organisierte Nationalismus ist, und diese Fundamentalopposition mit nahezu allen legalen und illegalen Mitteln von den Herrschenden bekämpft wird, dann kann es sich bei dieser BRD notgedrungen nur um ein internationalistisch geprägtes politisches System handeln.

Dieser Internationalismus, der nach dem 8. Mai 1945 von den alliierten Siegern auf dem Territorium des Deutschen Reiches installiert wurde, hat einen weltanschaulich homogenen Kern, differenziert sich jedoch in verschiedene Färbungen dieses Internationalismus. Die Feinde des Nationalismus, nicht nur in Deutschland, sind demzufolge die verschiedenen Spielarten des Internationalismus, unabhängig ihrer Couleur. Es sind dies die politischen Programme des Marxismus/Kommunismus, des Liberal-Kapitalismus sowie des christlichen Universalismus. Diese Programme sind mit dem Programm des politischen Nationalismus allesamt unvereinbar!

Dagegen stellen konfessionelle Bekenntnisse, die Anerkennung der antikapitalistischen Gesellschaftskritik von Karl Marx sowie die Betonung unternehmerischer Freiheiten an sich noch keinen Widerspruch zu den Idealen des Nationalismus dar. Lediglich die Verabsolutierung eines marxistischen, liberalistischen und christlich-universalistischen Standpunktes in seiner programmatischen Ausformung ist das Problem. Ansonsten ist Religion und Glauben sowie soziales Interesse Privatsache! Nur ein Beispiel für diese These: Der Marxismus als Programm – zu dem laut des „*Kommunistischen Manifest*" auch der Klassenkampf, die Diktatur des Proletariats sowie die proletarische Weltrevolution gehören – sind wegen ihrer internationalistischen Ausrichtung und der Negation des Volksganzen mit weltanschaulichem Nationalismus unvereinbar. Jedoch ist wiederum der Marxschen Gesellschaftsanalyse des Kapitalismus vieles abzugewinnen – auch und gerade für Nationalisten. Und weil das so ist, ist ein Nationalist noch lange kein Marxist beziehungsweise „Nationalbolschewist", was immer auch solche Vorwürfe aus zumeist reaktionärem Munde bedeuten sollen.

Um diesen internationalistischen Feind im Lande bekämpfen zu können, bedarf es geeigneter Organisationen, da nur organisierter Wille Macht bedeutet. In Österreich gibt es – verbotsbedingt – keine nennenswerten authentisch nationalen Organisationen, die sich Gehör verschaffen könnten. Deshalb ist für den Nationalisten in Österreich traditionell der nationale Politiker innerhalb der FPÖ der geeignete Ansprechpartner, der in dieser rein populistischen Partei vor allem auf der mittleren Organisationsebene anzutreffen ist. In der BRD scheiden – bis auf wenige personelle Ausnahmen – sämtliche etablierten Parteien als Ansprechpartner und Bündnisgenossen aus. Jede dieser Parteien verstößt in fundamentaler Weise gegen mindestens eines der drei nationalen Prinzipien: Nationale Identität, Nationale Souveränität und Nationale Solidarität, auf die noch im weiteren Verlauf dieses Buches unter „Politische Zielbestimmungen" ausführlich eingegangen wird.

Die naturgemäßen Ansprechpartner für national denkende Deutsche in der BRD sind demzufolge alleine die Kleinparteien, Organisationen und Buch- und Zeitschriftenverlage, die aufgrund der Tatsache, daß sie diese soeben genannten drei nationalen Prinzipien konsequent propagieren, in der BRD von den Verfassungsschutzämtern stigmatisiert, von den etablierten Parteien, Gerichten und Medien an der Ausübung ihrer Grundrechte wie der Versammlungs- und Meinungsfreiheit gehindert werden. Natürlich gibt es hierbei qualitative Unterschiede in der Programmatik dieser Parteien, worauf an dieser Stelle des Buches nicht eingegangen werden soll. Dies wird dann im Abschnitt „Rechte Parteipolitik – im Abseits?" nachgeholt.

Es geht hier eigentlich auch nicht um Parteien, die nur – ob nationale oder antinationale – Teile des Volkes repräsentieren, sondern um die Interessen des ganzen deutschen Volkes, die bereits anhand der drei Prinzipien nationaler Politik erläutert wurden. Es geht demnach um nationale Inhalte, die diesen drei Prinzipien entsprechen und die verstärkt an die Öffentlichkeit zu transportieren sind. Und wenn es um nationale Inhalte geht und nicht um die Parteizugehörigkeit sowie die persönliche Biographie desjenigen, der nationale Inhalte äußert, dann müssen gerade Nationalisten das Lager- und Ghettodenken überwinden und auch den verhängnisvollen Mechanismen der Selbstzensur widerstehen.

Hierzu nur ein Beispiel: Wenn der ehemalige Vorsitzende des Zentralrates der Juden in Deutschland, Ignatz Bubis, meinte, der Schriftsteller Martin Walser würde zur Vergangenheitsbewältigung Standpunkte äußern, wie sie inhaltlich auch „Rechtsradikale" äußern würden, dann sind für einen prinzipientreuen deutschen Politiker die Standpunkte zur Vergangenheit von Walser nicht deshalb falsch, weil sie auch sogenannte „Rechtsradikale" vertreten. Leider ist diese an sich selbstverständliche Sicht der Dinge für manchen „elitären" Konservativen nicht selbstverständlich. Und der Verweis auf irgendwelche Verfassungsschutzberichte, die ohnehin nur die Privatmeinung des jeweiligen Innenministers zur Sprache bringen, ändern an dieser Tatsache rein gar nichts. Ebenso nicht die Hetze in den Pamphleten des sogenannten „Dokumentationsarchives des österreichischen Widerstandes" (DÖW).

Ein anderes Beispiel dafür, daß Nationalisten dem Hang zur Selbstzensur widerstehen und ein festgefahrenes Lagerdenken überwinden sollten: Wenn zum Beispiel sinngemäß gesagt wird: *„Die Ausländer sind das Salz in der Suppe der Deutschen. Aber wer will schon eine versalzene Suppe?"* – dann ist diese Fragestellung absolut berechtigt, und nicht deshalb falsch, weil diese Aussage von dem ehemaligen RAF-Terroristen Horst Mahler stammt.

Es geht hier also nicht um links oder rechts, sondern um national und antinational. Nationale Linke wie Horst Mahler, Günter Nenning, Reinhold Oberlercher und Michael Nier stehen dem authentischen Nationalisten näher als nationalliberale Rechte, denen es nur um die richtige Verträglichkeit von EU- und Ausländerintegration geht. Denn während ein nationaler Linker wie Horst Mahler mittlerweile zu der Einsicht gekommen ist, daß es nicht um die Integration von Ausländern, sondern um deren Rückführung in ihre Heimatländer geht, wirft zum Beispiel der ehemalige CDU-Bundestagsabgeordnete Heinrich Lummer in der *Jungen Freiheit* [77] der rot-grünen Bundesregierung vor, diese würde durch die Vergabe von Doppelstaatsbürgerschaften die Integration von Ausländern verhindern. Demnach kann geschlußfolgert werden, daß der CDU-Konservative die Integration von Ausländern an sich befürwortet. Der Linke Horst Mahler hat demgegenüber in der *Jungen Freiheit* die Auffassung vertreten, die Ausländer müßten sich darauf gefaßt machen, daß sie sich bei anderen Herrschaftsverhältnissen auf ihre Heimreise einstellen müssen:

„Was die etablierten Parteien bisher als ihre 'Integrationspolitik' angepriesen haben, ist im wesentlichen gescheitert. Wir müssen heute in eine ganz andere Richtung denken. Die Fremden mit ausländischer Staatsbürgerschaft werden sich an den Gedanken gewöhnen müssen, daß sie als Gäste in unserem Land nicht damit rechnen können, auf ewig hier bleiben zu dürfen."[78]

An dieser Stelle muß auch auf ein großes begriffliches Mißverständnis hingewiesen werden, welches selbst unter Nationalisten immer wieder kursiert. Wenn die herrschende Klasse die nationale Opposition in die „rechtsradikale" Ecke abdrängen will, dann bedeutet das noch lange nicht, daß Nationalisten sich selbst diesen Standort „rechts der Mitte" selbst zuschreiben sollte. Wenn die synonyme Verwendung von „national" und „rechts" zutreffen würde, dann müßte ein jeder, der sich „rechts" verortet, Freund sein, und wer erklärtermaßen „links" steht müßte zum Feindbild des Nationalisten zählen. Das ist natürlich Unsinn, wie die Beispiele Horst Mahler (links) und Heinrich Lummer (rechts) gezeigt haben.

Wider die Mär einer „Vereinigten Rechten"

Die politischen Kräfte, die weitläufig unter der Rubrik „rechts" subsumiert werden, sind die Konservativen und die Nationalisten. Nun bestehen tatsächlich inhaltliche Überschneidungen mit nahezu allen ideologischen Denkströmungen: mit den Liberal-Kapitalisten und mit den Kommunisten. Natürlich auch mit den Konservativen, deren es gleich mehrere Schattierungen gibt: Wertkonservative, christliche Konservative, autoritäre Konservative und Nationalkonservative. Insbesondere mit den letzteren teilen die Nationalisten viele Anschauungen. Doch es gibt auch Trennendes, das nicht in der Radikalität liegt – nach der sozusagen die Nationalisten („radikale Rechte") nur konsequenter als die Konservativen („gemäßigte Rechte") seien. Nein, es gibt Trennendes zuhauf in weltanschaulichen Fragen. Der wesentliche Punkt, den die Nationalisten den Konservativen vorzuwerfen haben, ist die Tatsache, daß die Konservativen über keinen (völkischen) Volksbegriff verfügen, der eben alle soziologischen Teile des jeweiligen Volkes umfaßt und eben nicht nur die besitz- und bildungsbürgerliche Klasse eines Volkes. Den Konservativen reicht es dann auch schon, wenn die großen Probleme, wie die Überfremdung, vor ihren Wohngebieten halt machen. Vor den Wohngebieten der Besserverdienenden und Besitzenden. Genau an dieser Stelle verläuft die geistige Trennlinie zwischen sozialrevolutionären Nationalisten einerseits und den Konservativen und Nationalliberalen andererseits.

Weil die Konservativen nur Autorität anstreben, diese jedoch nicht an einen klar (völkisch) definierten Volksbegriff knüpfen wollen, denken sie in Ordnungsmodellen, die nicht von der ethnischen Homogentität geprägt sind, sondern von der Unterordnung einer ethnisch nicht zu definierenden Bevölkerung unter ein Gottesgnadentum. So war es den Habsburgern in ihrem K. und K.-Reich wichtiger, daß die Bevölkerung dem „rechten", nämlich katholischen Glauben anhing, im Gegensatz zu dem nationalistischen Ziel, daß alle Deutschen Mitteleuropas möglichst in einem deutschen Staat leben können. Die Begriffe wie „christlich-europäisches Abendland" und „westliche Wertegemeinschaft" knüpfen genau an diese dem Nationalismus widerstrebenden Vorstellungen an und sind deshalb von jedem Nationalisten konsequent zu bekämpfen. Dieser christliche Universalismus hat mit einer völkischen Großraumordnung nichts gemeinsam, wie sie der (katholisch gläubige!) deutsche Staatsrechtler Carl Schmitt wollte und die auch der supranationale Ordnungsrahmen der Nationalisten darstellt. Denn für ihn ist das Deutsche Reich *„wesentlich volkhaft bestimmt und eine wesentliche nichtuniversalistische, rechtliche Ordnung auf der Grundlage der Achtung jedes Volkstums."*[79] Schon deshalb sollte nicht der Eindruck erweckt werden, daß ein jeder „katholische" Denker wie Schmitt automatisch dem Lager des politischen Katholizismus und dem Paneuropäertum zuzuordnen sei.

Beispielhaft dafür, was hinter der hohlen Phrase des konservativen „Europa"-Begriffes steckt, sind die Äußerungen der Funktionäre der *Paneuropa-Union*. Der Vorsitzende der *Paneuropa-Union* für Deutschland, Bernd Posselt, meinte im Zusammenhang mit dem Kosovo-Konflikt in der konservativen Berliner Wochenzeitung *Jungen Freiheit*:

„Ich bin sehr für eine eigene europäische Verteidigungsidentität. Der Kosovo-Konflikt führte uns allen die Notwendigkeit vor Augen. Dies kann nicht gegen, sondern nur in Ergänzung zur Nato geschehen. Der Konflikt auf dem Balkan macht deutlich, daß wir total nackt wären, wenn die Amerikaner nicht an unserer Seite

stünden. Man muß davon ausgehen, daß die Amerikaner nicht immer für uns die Kohlen aus dem Feuer holen. Dies könnte das letzte Mal gewesen sein. Ich wünsche das nicht, sondern wir sollten die USA im Boot halten. Wenn aber die USA bei einem regionalen Konflikt in unserer Umgebung nicht mehr intervenieren wollen, weil sie andere oder entgegengesetzte Interessen haben – was Gott verhüten möge – was tun wir dann? Wir brauchen eine europäische Verteidigungsgemeinschaft mit einer europäischen Eingreifarmee, einer Truppe, die in der Lage ist, Operationen durchzuführen, zu denen die nationalen Wehrpflichtarmeen nicht in der Lage sind." [80]

Dieser Gesprächsausschnitt macht deutlich, worum es den paneuropäischen Konservativen geht beziehungsweise worum es ihnen nicht geht. Ihnen geht es nicht um die Erkenntnis, daß die USA heute der Hauptfeind – in ethnischer, kultureller, wirtschaftlicher und militärischer Hinsicht – aller auf Identität setzenden Völker dieser Erde darstellen. Insbesondere Europa hat für Nordamerika heute nur noch die Funktion eines Vasallengebietes, in dem es die eigene Werteordnung (*„american way of life"*) durchzusetzen gilt, und wenn es mit friedlichen, das heißt ökonomischen Druckmitteln nicht geht, wie in der BRD, dann eben mit Gewalt, wie der Balkan-Konflikt gezeigt hat. In diesem Zusammenhang geht es den Paneuropäern um die Aufrechterhaltung einer „westlichen Werteordnung" – politisch wie militärisch, wirtschaftlich wie kulturell –, die Westeuropa sowie Nordamerika als Kernräume beinhaltet.

Der US-amerikanische Hegemonialbereich des westeuropäischen Ausläufers soll dann über Mitteleuropa in den europäischen Osten („Osterweiterung") erweitert werden, um Rußland auf dem eurasischen Kontinent vor allem militärisch festzusetzen. Auch die Instrumentalisierung der zur Zeit westlich orientierten Türkei im Rahmen einer NATO-Mitgliedschaft soll dem Zweck dienen, Rußland von seiner Südflanke her unter Druck zu setzen. Mit dem militärischen Eingreifen der NATO auf dem Balkan und der Erschaffung der NATO-Protektorate Bosnien und Kosovo soll der südwestlichste Hegemonialanspruch Rußlands – als „Schutzmacht aller Slawen" (Panslawismus) – beschnitten werden. Dabei geht es natürlich auch darum, die riesigen Ölvorkommen auf dem Grunde des Kaspischen Meeres (und die damit verbundenen Pipelinepläne) der russischen Kontrolle zu entziehen. Das damit heraufbeschworene kriegerische Konfliktpotential, das durch den Westen in Osteuropa und vor allem auf dem Balkan geschürt wird, schafft eine immense

Verschärfung der Unsicherheit auf unserem Kontinent. Im (atomaren) Konfliktfall wäre zunächst Deutschland akut bedroht – und eben nicht die USA, die diesen Konflikt schüren, jedoch nicht damit rechnen müssen, daß zuerst ihr Land atomar in Mitleidenschaft gezogen würde.

Der geistige Handlanger dieser amerikanischen Vorherrschaft in Europa ist nicht nur der herrschende Liberalkapitalismus, sondern ebenso die Paneuropaideologie der Konservativen. Deshalb muß diese Ideologie von den deutschen und auch anderen europäischen Nationalisten als feindliche Ideologie erkannt, angesprochen und bekämpft werden – wobei bei dieser Frage der für den deutschen Nationalismus schädliche politische Katholizismus vom katholischen Glauben zu trennen ist, dem Toleranz entgegenzubringen ist. Der Hauptwiderspruch zwischen diesen beiden skizzierten Lagern besteht darin, daß es dem deutschen Nationalisten auf Grundlage der Forderung nach nationaler Souveränität um die Schaffung eines völkisch strukturierten eurasischen Großraumes geht, dem konservativen Paneuropäer aber um die politische, wirtschaftliche, militärische und kulturelle Einbindung in den „freien" Westen – dem „christlichen Abendland" –, das zwangsweise – auch wenn dies von den Konservativen geleugnet wird – in Konfrontation zu Rußland und den meisten slawisch und christlich-orthodoxen Ländern Osteuropas gerät. Der deutsche Nationalismus muß sich hier entscheiden: entweder „christliches Abendland" oder eurasische Großraumordnung nach dem völkischen Prinzip, die in Konfrontation zu dem christlich-jüdisch dominierten US-Imperialismus steht.

Den konservativen Paneuropäern ist es auch niemals – trotz gegenlautender Verlautbarungen – um die Eigenständigkeit der Nationen Europas gegangen. Ihnen geht es vielmehr um ihren christlich verbrämten Universalismus, der heute in Gestalt eines „Europas der Regionen" daherkommt, in dem europäische „Regionen" die europäischen Nationen entmündigen sollen. Um diesen globalen Universalismus zu erreichen, muß zunächst von den Paneuropäern die europäische Vorstufe in Gestalt eines westeuropäischen Zentralstaates, auch „Bundesstaat" genannt, durchgesetzt werden. Bislang sind sie erst auf der Ebene des „Staatenbundes" angelangt. Dabei sind sie auch bereit, historisch gewachsene Nationen zu spalten, beziehungsweise deren Spaltung durch raumfremde Mächte zu billigen. So sprach sich der geistige Vordenker des Paneuropäertums, Richard Graf Coudenhove-Kalergi, 1959 für die Teilung Deutschlands in BRD und DDR aus.

Dies, obwohl sich ja die Paneuropäer gerne in der Rolle der "Antibolschewisten" sehen. Demgegenüber billigt Coudenhove-Kalergi die scheinbare Existenz einer (kommunistisch geprägten) DDR-"Nation". Welch' ein Widerspruch zwischen paneuropäischer Propaganda und europäischer Wirklichkeit!

Verwunderlich ist die Haltung des Grafen Coudenhove-Kalergi natürlich nicht. Der 1894 in Tokio als Sohn eines österreichischen Diplomaten und einer Japanerin geborene Paneuropäer ist schon aufgrund seiner ethnischen Gespaltenheit der Kosmopolit schlechthin. Nur sollten die Paneuropäer so ehrlich sein, ihre Ideologie auch „Kosmopolitismus" zu nennen und nicht versuchen, mit einer vermeintlichen „Reichs"-Ideologie von ihren wahren Absichten abzulenken.

Eine Bemerkung am Rande, die den Bezug zur Gegenwart wieder herstellt: Der heute prominenteste Propagandist des Paneuropäertums – auf der geistigen Grundlagen des Grafen Coudenhove-Kalergi – ist kein geringerer als der gegenwärtige Chef des Hauses Habsburgs, Otto von Habsburg, der für die christlich-konservative und separatistisch bayerische „Staatspartei" CSU im sogenannten Europäischen Parlament in Straßburg sitzt und dort sein Paneuropäertum propagiert.[81] Das soll er ruhig tun – das ist seine Sache. Doch es grenzt schon an ausgesprochene weltanschauliche Naivität, wenn deutschnationale Kräfte, vor allem in Österreich, diesen paneuropäischen Kräften in ihren Publikationen ein Forum zur Zersetzung bieten. Dabei dürfte es sich doch mittlerweile herumgesprochen haben, daß eine „schwarze" klerikalfaschistische Politik den natürlichen Feind des nationalfreiheitlichen Lagers, gerade in Österreich, darstellt – man denke da vor allem an die Schuschnig- und Dollfuß-Ära. Beachtlich ist vor allem die Tendenz zur Geschichtsklitterung, die den Paneuropäer Otto von Habsburg umtreibt. Seine paneuropäischen Gedanken breitet dieser in seinem Buch *Die Reichsidee – Geschichte und Zukunft einer übernationalen Ordnung* aus. Der Historiker Hans-Georg Meier-Stein bewertet den Inhalt als „unglaublich naiv".[82] Demnach wäre die Reichsidee nur „übernational" motiviert. Diese stehe über der Nation, könne daher keine nationalistische Vorherrschaft zum Ziel haben. Der Nationalismus ist für von Habsburg undeutsch, weil er der Tradition der Reichsidee widerspreche. Geschichtsfälschung pur. Da ist wohl nicht der historisch-wissenschaftliche Antrieb, sondern der Wunsch Vater des Gedankens gewesen. Dies gilt es zu bedenken, um sich im klaren zu sein, daß die absurden und antinationalen „Reichs"-Vorstellungen der Paneuropäer mit der Reichsidee des deutschen Nationalismus nichts, aber auch wirklich nichts gemeinsam haben! Auf die Unterscheidung der nationalistischen Reichsidee in Gestalt einer europäischen Großraumordnung von dem unvölkischen christlichen Universalismus der Paneuropäer wird noch im Abschnitt „Nationale Souveränität" genauer eingegangen.[83]

Es regt sich Widerstand

Nachdem in den vorangegangenen Ausführungen sowohl die politische Lage – national wie global –, als auch der internationalistische Feind aus nationaler Sicht analysiert wurden, stellt sich nun die Frage nach dem Widerspruch, also nach den politischen Kräften, die diesen Zuständen der Würdelosigkeit der deutschen Nation entgegentreten. Der Selbstvergessenheit der deutschen Nation steht in diesem Lande durchaus ein politisches Potential an aktiven Bürgern gegenüber, die sich mit diesem Zustand nicht abfinden wollen, die vielmehr den stetig um sich greifenden Internationalismus in Frage stellen und ihm politischen Widerstand entgegensetzen. Zunächst einmal ist es naheliegend, dem vorherrschenden Nationalmasochismus der herrschenden liberalistischen Klasse dialektisch den organisierten nationalen Widerstand gegenüberzustellen, den es in diesem Land gibt, auch wenn er – was die veröffentlichte Meinung betrifft – als machtlos erscheint. Doch bevor es darum geht, diesen „nationalen Widerstand" als Kontrapunkt zum internationalistischen Feind des deutschen Volkes zu beschreiben, soll darauf hingewiesen werden, daß dem herrschenden System nationaler Widerspruch nicht nur vom organisierten nationalen Widerstand droht, sondern – wenn auch nur unterschwellig und politisch weniger konsequent – auch mitten aus der Gesellschaft der BRD.

Der Berliner SPD-Politiker Walter Momper sagte 1990 in Berlin vor der sich abzeichnenden Wiedervereinigung, das deutsche Volk sei jetzt „das glücklichste Volk auf der Erde". Das traf zu dem Zeitpunkt zweifellos zu, doch das Glück über die Wiedervereinigung West- und Mitteldeutschlands währte nicht lange. Die Neider und Miesmacher im In- und Ausland meldeten sich bald zu Wort, um die Freude gründlich zu vermiesen. Weil sie die Vereinigung der BRD mit der DDR zu einer BRDDR aus ihrem germanophoben Haß nicht verhindern konnten, wollten sie wenigstens – als Notlösung sozusagen – dem bevölkerungs- und territorial größergewordenen Deutschland die nationalstaatlichen Trümpfe aus der Hand schlagen. Dazu zählen die Aufgabe der D-Mark zugunsten des EURO, die Einbindung der Bundeswehr in supranationale militärische Verbände unter fremdes Oberkommando und dergleichen mehr.

Anfang der 90er Jahre schien es noch so, als ob sich die politisch verklemmte Bonner Republik zu einer selbstbewußteren Berliner Republik mausern könnte. Diese Hoffnung hegten vor allem viele Konservative hierzulande. Die Freude jedoch über die neue alte deutsche Hauptstadt Berlin wurde nicht zuletzt getrübt durch die Endlosdebatte um ein gigantisches Holocaustdenkmal in Berlins Mitte. Auch die politische Instrumentalisierung der Brandanschläge auf Ausländerwohnheime in deutschen Städten Anfang der 90er Jahre sollte eine selbstbewußte Nation verhindern. Die Stimmung zugunsten eines nationalen Selbstbewußtseins der Deutschen kippte deshalb um die Mitte der 90er Jahre ins Negative um.

Widerstand – mitten aus der Gesellschaft

Es mehrten sich jedoch die Stimmen mitten in der Gesellschaft, die der permanenten nationalen Selbsterniedrigung der herrschenden Strömung in den Medien widersprachen. Vor allem Intellektuelle und Schriftsteller übten Kritik. Einer hiervon war der Dramatiker Botho Strauß, der in seinem „Anschwellenden Bocksgesang" (*Der Spiegel*) der herrschenden Meinung über den Umgang mit der jüngsten deutschen Vergangenheit und der Hysterie „gegen Rechts" heftig widersprach. Ein anderer war Martin Walser, der seine Frankfurter Paulskirchenrede im Jahre 1998, als ihm der Friedenspreis des deutschen Buchhandel verliehen wurde, nutzte, um gegen die Instrumentalisierung der deutschen Vergangenheit zu wettern. Walser steht nun mit dem organisierten nationalen Widerstand in keinem Zusammenhang. Gerade deshalb ist es erforderlich, daß sich deutsche Nationalisten mit seinen Gedankengängen zur deutschen Vergangenheit und neuem deutschen Selbstbewußtsein auseinandersetzen. Lohnenswert ist es auch, die von Walser geäußerten Standpunkte zu diesen in der Öffentlichkeit heiklen Themen in Bezug zu setzen zu dem, was er in seinem schriftstellerischen Werk dazu äußert. Der Verfasser animiert die Leser deshalb zu einem kurzen literarischen Ausflug – ein Exkurs in das Schrifttum von Martin Walser, welcher die seelischen Kämpfe eines deutschen Gegenwartsschriftstellers deutlich werden läßt, der sich in dem Spannungsfeld zwischen Konformität und Ausstieg aus dem intellektuellen Anpassertum befindet und immer wieder zwischen diesen beiden Polen hin- und herpendelt.

Martin Walser – ein Beispiel

„Jeder kennt unsere geschichtliche Last, die unvergängliche Schande, kein Tag, an dem sie uns nicht vorgehalten wird. Könnte es sein, daß die Intellektuellen, die sie uns vorhalten, dadurch, daß sie uns die Schande vorhalten, eine Sekunde lang der Illusion verfallen, sie hätten sich, weil sie wieder im grausamen Erinnerungsdienst gearbeitet haben, ein wenig entschuldigt, seien für einen Augenblick sogar näher bei den Opfern als bei den Tätern."[84]

Martin Walser
in seiner Paulskirchenrede
am 11.10.1998

Diese mutigen Worte Martin Walsers konnten nicht folgenlos bleiben. Er hatte die Rede anläßlich der Verleihung des Friedenspreises des deutschen Buchhandels an ihn in der Frankfurter Paulskirche gehalten. Es hagelte daraufhin Proteste. In der vordersten Reihe der Betroffenen präsentierte sich Ignatz Bubis, der damalige Präsident des Zentralrates der Juden in Deutschland, der Walsers Rede wie folgt kommentierte: *„Das ist geistige Brandstiftung."*[85] In seiner unnachahmlichen Ironie meinte Walser scheinbar ahnungslos: *„Ich sehe nicht, wo es brennt."*[86]

Die geistige Brandgefahr, so Bubis, bestehe nun darin, daß *„Leute wie der DVU-Chef Gerhard Frey und Ex-Republikaner-Chef Franz Schönhuber (...) es auch nicht anders (sagen)."* [87]

Wie dem auch sei, es lohnt sich aus nationaler Sicht, sich mit dem Schriftsteller Martin Walser und seinem Werk auseinanderzusetzen. So viel steht fest: Walser ist beileibe kein Nationalist, aber er macht sich immerhin Gedanken und vor allem Sorgen um die deutsche Nation. Nicht in jedem Punkt wird man als Nationalist ihm zustimmen können, vor allem was seine Einschätzungen zur deutschen Vergangenheit betrifft. Doch manche Standpunkte von ihm könnten sich manche Nationalisten als Lehrsätze dick herausstreichen. Man muß Walsers Aussagen in Wort und Schrift eben differenziert sehen.

Vor allem sollte man sich davor hüten, Walser aus der Perspektive der gleichgeschalteten BRD-Medien zu sehen. So wurde zum Beispiel dem Schriftsteller in der Debatte um seine Paulskirchenrede unter anderem von Ignatz Bubis vorgeworfen, im schriftstellerischen Werk des Alemannen komme Auschwitz und der Holocaust einfach nicht vor. Ganz so, als ob es die moralische Pflicht eines deutschen Schriftstellers wäre, sein künstlerisches Schaffen diesem zeitgeschichtlichen Gegenstand widmen zu müssen – sozusagen eine Art intellektuelle Pflichtübung, die von den bundesrepublikanischen Gutmenschen vorausgesetzt wird.

Nun ist jedoch diese Behauptung, in Walsers Werk würde Auschwitz nicht vorkommen, schlichtweg falsch. In einem Essay mit dem bezeichnenden Titel "Unser Auschwitz" widmete er sich im Jahr 1963 schon sehr früh dieser Thematik. Zur Zeit des sogenannten Frankfurter Auschwitz-Prozesses schrieb er:

„Wenn aber Volk und Staat überhaupt noch sinnvolle Bezeichnungen sind für ein Politisches, für ein Kollektiv also, das in der Geschichte auftritt, in dessen Namen Recht gesprochen oder gebrochen wird, dann ist alles, was geschieht, durch dieses Kollektiv bedingt, dann ist in diesem Kollektiv die Ursache für alles zu suchen. Dann ist keine Tat mehr bloß subjektiv. Dann ist Auschwitz eine großdeutsche Sache. Dann gehört jeder zu irgendeinem Teil zu der Ursache von Auschwitz. Dann wäre es eines jeden Sache, diesen Anteil aufzufinden. Es muß einer doch nicht in der SS gewesen sein." [88]

Bei so viel Kollektivschuldbekenntnis muß es einem nationalen Deutschen sprichwörtlich den Magen herumdrehen. Und auch in der Aufsatzsammlung *„Über Deutschland reden"* setzt er sich 1989 erneut mit Auschwitz auseinander. Darin legt Walser ein weiteres bußfertiges Bekenntnis zur angeblichen Kollektivschuld der Deutschen ab. Unter der Kapitelüberschrift *„Auschwitz und kein Ende"* meint er:

„Ich glaube: man ist Verbrecher, wenn die Gesellschaft, zu der man gehört, Verbrechen begeht. Dafür haben wir in Auschwitz ein Beispiel geliefert." [89]

Nach so viel Zeitgeistverschnitt, der sich bei Walser über nahezu drei Jahrzehnte nachweisen läßt, stellt sich die Frage, ob sich Walser dann bis in die 90er Jahre des zwanzigsten Jahrhunderts einem fundamentalen Wandel in Sachen Vergangenheitsbewältigung unterzogen hat – und wenn ja, wann sich dieser geistige Wandel vollzogen hat? Dieser Wandel – sollte er stattgefunden haben – könnte sich bereits Anfang der achtziger Jahre vollzogen haben. Im Jahr 1981 verfaßte

Walser einen Aufsatz unter dem für nationale Gemüter erstaunlichen Titel: *„Schlageter – eine deutsche Verlegenheit."*[90] In der kurzen Abhandlung bezieht sich der Schriftsteller auf eine Veranstaltung, die zu der Zeit alljährlich am 26. Mai zum Gedenken an den Todestag von Albert Leo Schlageter in Schönau im Schwarzwald stattgefunden hatte. Den etwa 100 Teilnehmern einer Pro-Schlageter-Feier, die von der NPD ausgerichtet wird, stehen nach Walsers Darstellung rund 2 000 linke Schlageter-Gegner gegenüber. Walser bedient sich, wenn er auf die NPD-Leute zu sprechen kommt, der Sprache der politischen Korrektheit, die er vielleicht auch nur unbewußt gebraucht. Bei der NPD ist bei ihm die Rede von „Faschisten" und „Reaktionären", die „antifaschistischen" Demonstranten sind dann die „Demokraten". Nur so viel zur Sprache Walsers im Jahre 1981. Auch rund zwei Jahrzehnte später glaubt sich der Schriftsteller öffentlichkeitswirksam als „Antifaschist" ausweisen zu müssen. Im Vorfeld der Landtagswahl in Brandenburg am 5. September 1999, zu der DVU und NPD antreten, beteiligt er sich an einer Aktion „Künstler gegen Rechts"[91], nachdem zuvor die Brandenburger SPD ihre Kampagne begonnen hatte.

Allerdings, und das ist verwunderlich, gerät der „Schlageter"-Aufsatz dann zu einer Ehrenrettung Schlageters, für den Walser ganz und gar Partei ergreift:

„Ich halte Schlageter weder für einen Bluthund noch für einen Mörder. Ich glaube, er ist ein deutsches Problem. Reiner, unverhüllter, lehrreicher kann unsere politische Misere nicht zum Ausdruck kommen als in dem, was mit Schlageter in Deutschland veranstaltet wird seit dem Erschießungstag im Mai 1923. Die Bundesrepublik – das ist Schönau im Oberen Wiesental. Wir können mit unserer Geschichte offenbar nur so umgehen: entweder schwarzweißrot und alle drei Strophen von Deutschland, Deutschland über alles oder: 'Bluthund', 'Mörder', Faschist."[92]

Walser kommt weder mit den Gegnern, denen er Verunglimpfung Schlageters vorwirft, noch mit den Befürwortern zurecht, denen er Verherrlichung Schlageters vorwirft:

„Schlageter hat sich, nach allen Berichten, nicht wie ein Landsknecht aufgeführt. Sein Motiv war idealistisch national. Die, die ihn heute verabscheuen, tun dies, weil ihn Neofaschisten zu ihrem Patron machen. In mir sträubt sich einiges gegen

diese kooperative Vergangenheitsbewältigung. Es ist schon ekelhaft genug, was die Reaktion aus diesem Erschossenen herausgewirtschaftet hat. Ludendorff wollte gleich ein paar tausend Schlageterobeliske in Auftrag geben und Deutschland damit pfählen. Die literarischen Brüder Ernst und Georg Friedrich Jünger feierten ihn, als sei so ein Leben eine Art nationales Saatgut, mit dem man den Schicksalboden dünge, daß daraus dann die pure deutsche Frucht erwachse. Hitler, Göring, Johst, alle arbeiteten sie mit an der Zurichtung einer dienstfrommen edlen Biographie zum nationalen Opferfetisch. Daß man sich opfern soll auf Teufel komm raus, dazu dressieren sie dieses schlichte Leben. Und das wollen die Unbelehrbaren unserer Tage in grauenhafter Weise fortsetzen."[93]

Man muß aus nationalistischer Sicht Walser gewiß widersprechen. Da für ihn Hitler, Reaktion, NPD und Faschismus so ziemlich ein brauner Sumpf darstellt, ist wieder einmal der Beweis erbracht, daß oftmals auch Intellektuelle wie Walser unter mangelndem Differenzierungsvermögen leiden. Zumal er auch nicht die Beweggründe kennt, welche die „Neofaschisten" zur Verehrung Schlageters treiben. Aber dennoch sind Walsers Kerngedanken richtig: Die Verunglimpfung wird der Biographie Schlageters nicht gerecht, sondern versucht lediglich die „moralischen" Maßstäbe der politischen Korrektheit der Nachkriegszeit auf die zwanziger Jahre zurückzuübertragen. Da kann nur Unsinniges herauskommen. Doch ebenso unsinnig ist es, historische Personen unter gutem Vorwand zum Fetisch zu machen – einen Menschen, mag er charakterlich noch so anständig wie Schlageter gewesen sein, zum Übermenschen zu stilisieren. Der hat aus nationaler Sicht einfach seine Pflicht für Volk und Reich getan – nicht mehr, aber auch nicht weniger! Ein Held ist er deshalb aber trotzdem. Da kann Martin Walser noch so viele Widersprüche anmelden.

Der geistige Wandel ist bei Walsers Schlageter-Essay von 1981 deutlich sichtbar. Wann allerdings dieser Wandel bei ihm genau eingesetzt hat und wie er zu begründen ist – wer weiß das schon. Da müßte man Walser selbst fragen. Apropos „Wandel" – wäre da nicht der bereits erwähnte literarische „Rückfall" Walsers im Jahr 1989, als er sich in dem Aufsatz *„Auschwitz und kein Ende"* erneut zur deutschen Kollektivschuld bekannte. Walser scheint in den achtziger Jahren hin- und hergerissen zu sein zwischen deutschem Schuldbekenntnis und dem inneren Aufbäumen gegen die ewige deutsche Schuld. In ihm scheint sich eine deutsche Tragödie abzuspielen. Er will mit den „Faschisten" nichts zu tun haben, mit den „Antifaschisten" aber auch nichts. Gegen das gleichgültige Bürgertum hegt er ebenso Mißtrauen.

Endgültig „gerutscht" in Richtung eines würdevollen Umganges mit der jüngsten deutschen Geschichte scheint Walser ungefähr Mitte der 90er Jahre zu sein. 1996 bekannte er sich in „*Finks Krieg*" – einem Roman, der eigentlich Anfang der 90er Jahre handelt und nur am Rande die Vergangenheitsbewältigung des Dritten Reiches streift – zu seiner inneren Ablehung des neudeutschen Nationalmasochismus, die zu der Zeit schon relativ weit in ihm herangereift sein muß:

„Den Sieger gibt es immer nur im Einzelfall. Es siegt immer nur EIN Land oder eine Nation oder eine Rasse oder eine Idee oder eine Kultur. Wer siegt, schreibt dann die Geschichte. Möglich, der Besiegte erholt sich rasch von seiner Niederlage, einfach weil die Niederlage in ihm eine Arbeits- und Aufbaukraft provoziert, die beim Sieger vorübergehend eingeschlafen ist. Aber die Geschichte schreibt trotzdem er, der Sieger. Das heißt, der Verlierer hat keine Würde. Er hat vielleicht mehr Geld oder die besseren Autos, aber er hat keinen Wert mehr, weil er nicht mehr die Legitimität hat, etwas zu einem Wert zu machen. Jeder Wert ist gemacht. An sich ist nichts wertvoll. Und universell wertvoll schon gar nicht. Und alle Legitimität für Wertschöpfung hat ganz allein der Sieger. Das heißt: nichts ist anerkennenswerter als der Sieg. Und der Sieger kann gar allem den Wert verleihen, den er ihm verleihen will. Deshalb muß man siegen. Siegt man nicht, ist alles, was man ist und macht und schafft, Scheiße, hat keinen Wert. Oder eben nur den Wert, den der Sieger einräumt, zuteilt, gestattet.

In den Jahrzehnten nach 1945 verlor der deutsche Soldat diesen Krieg zum zweiten, dritten, vierten ... Mal. Und er hört nicht auf, ihn zu verlieren. Er ist längst diffamierbar geworden. Daß er 1945 oder 46 nicht so diffamiert wurde wie jetzt, wird allen vorgeworfen, die in diesen Jahren etwas zu sagen hatten. Die sind dann fast schon so schlimm wie die Soldaten, denen sie zu wenig vorgeworfen haben.

Inzwischen weiß das jeder: diesen Krieg hat man gar nicht gewinnen dürfen. Als man ihn anfing, wurde allen, die kriegführen mußten, die nötige Legitimität verpaßt. Die deutschen Soldaten mußten diesen Krieg für einen Krieg halten wie den davor und den davor und den davor. Aber als er verloren war, war man nicht nur Soldat einer Armee gewesen, die einen Krieg verloren hatte, sondern Mitglied einer Verbrecherbande und insofern auch ein Verbrecher. Auch wenn man nichts getan hatte als die schaurige Pflicht, die die Gegnersoldaten auch getan hatten. Dann wurden aber so gut wie alle Deutschen gleich nach 45 eingeladen, sich auf die Seite des Siegers zu schlagen und damit auf der besseren, auf der einzig guten Seite zu sein und mitzuarbeiten an der Zerstörung auch noch der letzten bösen Altlegitimitätsrestchen. Diese Einladung, ein besserer Mensch zu sein, haben wir dankbar angenommen und haben uns fleißig hineingearbeitet ins Bessersein.

Das Ausland sparte nicht mit Lob und Belohnung. Heute geborene Deutsche werden ins Bessersein hineingeboren. Aber jetzt stellt sich heraus: die Welt wacht über uns, als könne täglich die ganze Scheiße wieder hochkochen, ausbrechen, vulkanartig. Der Frieden, den man uns geschenkt, ist faul. Er stinkt. Es genügen Scheußlichkeiten, wie sie heute überall passieren, und wir sind wieder im schrecklichen Verdacht. Und die für die Verdachtmeldung zuständigen Sensoren sind von Jahrzehnt zu Jahrzehnt immer mehr spezialisiert worden. Spezialisiert, das zu denken, worauf sie spezialisiert sind. Ein Ende dieser Empfindlichkeitssteigerung ist nicht abzusehen. Das heißt, wir bleiben in der Scheiße. Prinzipiell. Die deutsche Geschichte ist aus der Hitlerscheiße nicht herausgekommen, sondern die Hitlerscheiße wird so am Kochen gehalten, daß wir jederzeit mit ihr eingedeckt werden können. Rette sich, wer kann." [94]

Wer diese Zeilen liest, der bekommt eine Ahnung davon, daß Walsers Paulskirchenrede zwei Jahre später für den Kenner seiner Literatur keine Überraschung mehr darstellt, sondern schon in *„Finks Krieg"* inhaltlich angelegt war, wenn auch nur – zur Tarnung? – auf zwei bis drei Buchseiten (von insgesamt 310 Seiten). Ist nun aber Walser wirklich literarisch „gerutscht", oder schwankt er vielmehr zwischen Schuldbekenntnis und der inneren Gegenwehr gegen diese kollektive „Schuld", die es ja an sich gar nicht geben kann? Der Vergleich der Literatur und Reden Walsers über einen Zeitraum von über 30 Jahren läßt den Eindruck entstehen, daß Walser bereits vor Jahren seinem Publikum etwas mitteilen wollte, was erst ab 1996 in *„Finks Krieg"* vollständig aus ihm „hervorgebrochen" und in der mittlerweile legendären Paulskirchenrede voll zum Ausbruch kam. Metaphorisch gesprochen: Walser wirkt wie ein Autofahrer, der Jahre zuvor mit angezogener Handbremse losfährt und ab 1996, nachdem er die Handbremse endgültig gelöst hat, so richtig zum Beschleunigen kommt.

Die Richtigkeit dieser These freilich, die der Verfasser hier vertritt, daß Walser hinsichtlich der jüngsten deutschen Vergangenheit „gerutscht" sei und sich dabei in Form eines Schlingerkurses einem „geistigen Wandel" unterzogen hat, kann natürlich anhand eines Textvergleichs nur behauptet, letztendlich aber so nicht bewiesen werden. Es wäre allemal interessant, den Schriftsteller selbst mit dieser These in einem persönlichen Gespräch zu konfrontieren. Möglicherweise würde er, indem er andere, als die hier zitierten Texte heranführt, die These des Verfassers widerlegen können.

Welche Lehren können nun aus der Literatur von Martin Walser gezogen werden? Die Auseinandersetzung mit seinem schriftstellerischen Werk führt zu der Erkenntnis, daß nationale Deutsche, die für sich in Anspruch nehmen können, es immer schon gewesen zu sein, eigentlich keinen Grund haben, im rechten Ghetto zu verharren. Statt dessen – was die nahe Zukunft betrifft – auf die Lernfähigkeit vieler nicht-rechter Deutscher, vor allem vieler Intellektueller setzen können. Das zeigt sich derzeit an den Biographien von Horst Mahler, Bernd Rabehl und Peter Furth – und wird noch viele Nachahmer aus diesem linken Bereich des politischen Spektrums nach sich ziehen. Wie ein Deutscher zu Deutschland steht, ist keine Frage von „links" oder „rechts", sondern die von „national" oder „antinational".

Lernfähigkeit – was den Umgang mit der deutschen Vergangenheit betrifft – muß man nicht nur Martin Walser attestieren, sondern ebenso von manchem Vertreter der nationalen Rechten abverlangen. Nicht selten schwankt in diesem politischen Spektrum der Umgang mit der jüngsten deutschen Vergangenheit zwischen zwei Extrempolen: während die Vertreter einer eher „neuen Rechten" stets – vermutlich taktisch bedingt – bemüht sind, sich mittels oberflächlicher Floskeln vom „Erbe" des Dritten Reiches zu „distanzieren", verharrt die eher „alte Rechte" oftmals in plumper Dritter Reichs-Nostalgie und falsch verstandenem NS-Rechtfertigungszwang. Mancher Vertreter eines irreführenden historischen „Revisionismus" scheint dem Zwang zu unterliegen, alles, was zwischen 1933 und 1945 auf deutschem Boden getan wurde, rechtfertigen zu müssen – die alte Rechte sozusagen als Anwalt des Dritten Reiches zu verstehen. Diesen psychologischen Hintergrund voraussetzend, ist es dann auch nicht mehr verwunderlich, wenn solche „authentischen" Rechten gereizt reagieren, wenn die Rede von „Verbrechen" ist, die durch das Dritte Reich begangen wurden und keinesfalls durch das Völkerrecht – wie bei der Partisanenbekämpfung – gedeckt waren.

Der Schriftsteller Walser könnte für lernfähige Rechte eine literarische Hilfe bieten, einen Ausgleich zwischen notorischem NS-Rechtfertigungszwang und vordergründig pauschalierender Diffamierung der Generation des Dritten Reiches zu finden. Die Beschäftigung mit Walsers Werk führt jedenfalls zu dem Ergebnis, daß der Vorwurf von Bubis, der Träger des Friedenspreises würde sich in seinem schriftstellerischen Werk der Vergangenheit verweigern, einer jeglichen Grundlage entbehrt: Auch in seinem neuen Roman „*Ein springender Brunnen*", Ende 1998 im Frankfurter Suhrkamp-Verlag erschienen, behandelt Walser ausschließlich, von der ersten bis zur letzten Seite, die deutsche Vergangenheit der 30er und 40er Jahre. Natürlich nicht dergestalt, wie es von einem etablierten BRD-Schriftsteller erwartet wird. Der springende Brunnen ergießt sich nicht in permanenter Selbsterniedrigung und Anklage – er will erklären, wie es damals zugegangen ist, nicht wie es heute versucht wird für politische Zwecke zu deuten.

Dem *Metzler Autoren Lexikon* ist zu entnehmen, daß „*Walsers Interesse (...) der Darstellung der Lebens- und Leidensverhältnisse des kleinen Mannes (gelten)."* Und diese Charakterisierung bestätigte sich zuletzt in Walsers Roman „*Finks Krieg*" (1996), in dem er seine Hauptfigur, den hessischen Regierungsbeamten Stefan Fink – ganz im Stile von Heinrich von Kleists „*Michael Kohlhaas*" – voller blinder Sturheit und Querulantentum gegen die Willkür der parteienstaatlichen Obrigkeit ankämpfen läßt. Auch in seinem neuen Roman „*Ein Springender Brunnen*", in dem Walser autobiographisch seine Kindheit und Jugendzeit schildert, geht es um die Perspektive der kleinen Leute. Der Autor führt den Leser in eine kleine, katholisch geprägte Gemeinde am Bodensee. Dort wird es wohl in den frühen 30er Jahren, als sich die Machtergreifung der NSDAP anbahnte, zugegangen sein, wie anderswo im damaligen Reichsgebiet auch.

Die Leute, die Walser beschreibt, zeichnen sich allesamt durch einen äußerst schmalen Wissenshorizont aus, angefangen von der Mutter seiner Hauptfigur, des kleinen Johann, die in die NSDAP eintritt, dies auch mit dem Versailler Diktat und dergleichen zu begründen weiß und dem Vater, der bekundet, daß Hitler Krieg bedeute. Walser schildert detailgenau die Lebensläufe dieser „kleinen Welt". Denn im Dorf, und erst recht in der Gastwirtschaft der Eltern von Johann, kommt alles vor, was die Welt gerade erschüttert. Aber der Mittelpunkt dieser Welt ist Johann selbst (den manche Leser mit dem jungen Martin Walser verwechseln könnten). Er lernt beten, beichten, singen, schießen und gehorchen bei der Wehrmacht, dagegensein, küssen in der Liebe und natürlich schreiben, vor allem seinen „Wortbaum pflegen", was er vom früh verstorbenen Vater lernt.

Was dabei herauskommt, ist das Bild, wie die unterschiedlichsten Menschen und Charaktere immer Kinder ihrer Zeit, oftmals des Zeitgeistes sind und deren Handeln man nicht im Nachhinein, vor allem nicht wenn man mit der „Gnade der späten Geburt" (Ex-Bundeskanzler Helmut Kohl) gesegnet ist, mit dem moralischen Zeigefinger bewerten sollte. Natürlich hätten sich damalige „mündige Bürger" Gedanken machen können, was möglicherweise mit den Juden passiert, die aus ihrem Dorf plötzlich verschwunden waren. Doch machen sich vielleicht heutige „mündige Bürger" darüber Gedanken, wie viele ihrer Mitbürger aus politischen Gründen die gegenwärtigen Gefängnisse füllen? Natürlich nicht, wie sollten sie auch, da sie ja nicht am eigenen Leibe davon betroffen sind. Hierzu schreibt Horst Mahler in der *Jungen Freiheit*, daß es „*(...) zur Zeit in Deutschland mehr politische Gefangene als in der DDR im Jahre vor ihrem Zusammenbruch geben (soll). Nur werden diese Überzeugungstäter, die wegen Volksverhetzung, wegen Leugnung des Holocaust und wegen Fortführung verbotener Organisationen verurteilt sind, hierzulande nicht als politische Gefangene wahrgenommen, sondern als Neo-Nazis aus dem politischen Spektrum ausgegrenzt.*" [95]

Ein Martin Walser will die Geschichte nicht verdrängen, was ihm von seinen Gegnern in agitatorischer Weise vorgeworfen wird. Er ist hingegen durchaus bereit, sich der Vergangenheit, auch der eigenen zu stellen. Er will jedoch erklären und nicht richten, auch nicht zulassen, daß über ihn und seine Generation gerichtet wird, von denjenigen, die „nicht dabei" waren – in Abwandlung eines Buchtitels von Franz Schönhuber –, oder die vielleicht auf der anderen Seite standen, wie Ignatz Bubis` Familie auf der Seite der Opfer. Doch wie hätten Bubis und seine Angehörigen gehandelt, hätte man andere – nicht die Juden – verfolgt? Diese Frage ist ihm von Klaus von Dohnanyi gestellt worden, worauf er mit wütender Ablehnung reagierte. Man hätte dem inzwischen verstorbenen Ignatz Bubis auch die Frage stellen können, welchen Beitrag er gegen die Unterdrückung der arabischen Palästinenser durch den israelischen Siedlungsbau im Gazastreifen und dem Westjordanland leistet. Walser wehrt sich auch im „Springenden Brunnen" dagegen, daß Vergangenheit für gegenwärtige politische Zwecke instrumentalisiert wird:

„*Manche haben gelernt, ihre Vergangenheit abzulehnen. Sie entwickeln eine Ver-*

gangenheit, die jetzt als günstiger gilt. Das tun sie um der Gegenwart willen. Man erfährt nur zu genau, welche Art Vergangenheit man gehabt haben soll, wenn man in der gerade herrschenden Gegenwart gut wegkommen will. Ich habe einige Male zugeschaut, wie Leute aus ihrer Vergangenheit förmlich herausgeschlüpft sind, um der Gegenwart eine günstigere Vergangenheit anbieten zu können. (...)

Die Vergangenheit als Rolle. Es gibt wenig in unserem Bewußtseins- oder Benehmenshaushalt, was so sehr Rollencharakter hat wie die Vergangenheit. Daß Menschen mit unangeglichenen Vergangenheiten zusammenleben könnten, als die Verschiedenen, die sie auch durch ihre Vergangenheiten sind, ist Wunschdenken. In Wirklichkeit wird der Umgang mit der Vergangenheit von Jahrzehnt zu Jahrzehnt strenger normiert. Je normierter dieser Umgang, um so mehr ist, was als Vergangenheit gezeigt wird, Produkt der Gegenwart. Es ist vorstellbar, daß die Vergangenheit überhaupt zum Verschwinden gebracht wird, daß sie nur dazu dient, auszudrücken, wie einem jetzt zumute ist beziehungsweise zumute sein soll. Die Vergangenheit als Fundus, aus dem man sich bedienen kann. Nach Bedarf. Eine komplett erschlossene, durchleuchtete, gereinigte, genehmigte, total gegenwartsgeeignete Vergangenheit. Ethisch, politisch durchkorrigiert. Vorexerziert von unseren Gescheitesten, Einwandfreisten, den Besten. Was auch immer unsere Vergangenheit gewesen sein mag, wir haben uns von allem befreit, was in ihr so war, wie wir es jetzt nicht mehr möchten. Vielleicht könnte man sagen, wir haben uns emanzipiert. Dann lebt unsere Vergangenheit in uns als eine überwundene. Als bewältigte. Wir müssen gut wegkommen. Aber nicht so lügen, daß wir es selber merken. (...) Wunschdenkens Ziel: Ein interesseloses Interesse an der Vergangenheit. Daß sie uns entgegenkäme wie von selbst." [96]

Dies wird wohl bis auf absehbare Zeit ein Wunschdenken – nicht nur von Martin Walser – bleiben. Die Beschäftigung mit der Person und dem Werk von Martin Walser wirft eine grundsätzliche Frage auf – nämlich die Frage nach dem deutschen Intellektuellen. Der deutsche Intellektuelle nämlich scheint das deutsche Gegenwartsproblem darzustellen. Seine immer wiederkehrenden Selbstzweifel und Selbstverleugnungsversuche sind das eigentliche Problem des öffentlich zur Schau gestellten Nationalmasochismus. Bei vielen dieser Spezies ist dabei aber das Verhältnis zur jüngeren deutschen Vergangenheit gar nicht so eindeutig. Viele Intellektuelle scheinen sich in einem inneren Widerspruch, überspitzt formuliert in einer seelischen Zwangssituation zu befinden, die je nach psychischer Verfaßtheit in die Tendenz einmünden kann, die Schuld in umgekehrter kollektivistisch völkischer Marnier dem gesamten deutschen Volk anzulasten; wenn es geht, auch noch genetisch den deutschen Nachgeborenen. Martin Walser ist nur ein Beispiel für die innere Zerissenheit des deutschen Intellektuellen. Er will den Vorwurf der Schuld irgendwie nicht ausräumen, der eigentlich – wenn überhaupt – nur individuell sein kann. Ob es sich dabei um deutsche, russische oder amerikanische Schuld handelt, dürfte dabei eigentlich keine Rolle spielen. Der deutsche Intellektuelle neigt jedoch dazu, die allgemeinen menschlichen Niederträchtigkeiten auf die angeblich „deutsche Wesensart" zu übertragen, wo doch bekannt sein müßte, daß die deutsche Überheblichkeit eines Heinrich Himmlers sein germanophobes Spiegelbild in Morgenthau, Ehrenburg und „Bomber-Harris" findet. Verbrechen sind immer „menschlich" – und nicht spezifisch deutsch.

Die Tendenz, in Sachen deutscher Selbsteinschätzung vom Negativen ins Positive zu schwenken – oder umgekehrt –, läßt sich nicht nur bei Martin Walser finden. Beispiele aus der jüngeren deutschen Geschichte ließen sich das mehrere anführen. Eines davon ist Thomas Mann, der vom autoritär-konservativen Befürworter des Krieges gegen Frankreich (1914-1918) in seinem *Bekenntnis eines Unpolitischen* zum Nationalmasochisten erster Güte im amerikanischen Exil (im und nach dem Zweiten Weltkrieg) mutiert ist, als er sich zu der unglaublichen Aussage verstieg:

„Es mag Aberglaube sein, aber in meinen Aussagen sind Bücher, die von 1933 bis 1945 in Deutschland überhaupt gedruckt werden konnten, weniger als wertlos (...) Ein Geruch von Blut und Schande haftet ihnen an. Sie sollten alle eingestampft werden."[97]

Eine unlängst erst veröffentlichte Meinungsumfrage verdeutlicht, wie das deutsche Volk in Westdeutschland – unmittelbar nach dem Kriege noch nicht umerzogen – über diese Anmaßungen eines vom Volke abgehobenen deutschen Intellektuellen dachte. Die amerikanische Militärbehörde hatte im Sommer 1947 gefragt, ob Thomas Mann von Amerika nach Deutschland zurückkehren solle, worauf nahezu alle Befragten mit nein anworteten. Er galt dem deutschen Volk damals als Vaterlandsverräter, der sein Volk in der Stunde der Not im Stich gelassen hatte. Ein weiterer Verfechter des deutschen intellektuellen Selbsthasses war der wandlungsfähige Ernst Niekisch, der als konsequenter Hitlergegner in den zwanziger

Jahren für eine politische Symbiose von Preußentum und Russentum eintrat, das in einen gemeinsamen sozialistischen Weg münden sollte, und nach dem Zweiten Weltkrieg, als er aus der politischen Haft kam, nichts eiligeres zu tun hatte, als seine Kollektivschuldbroschüre „*Deutsche Daseinsverfehlung*"[98] herauszubringen, um sich den neuen kommunistischen Machthabern in Mitteldeutschland damit gleichzeitig als Hochschullehrer und Abgeordneter der Volkskammer anzudienen. In dieser Broschüre vertrat er dann die Auffassung, daß der Typus des deutschen Untertans, der ja gerade in Preußen fröhliche Urständ feierte, das Grundübel der „deutschen Daseinsverfehlung" sei. Natürlich ist Martin Walser weder direkt mit Thomas Mann noch mit Ernst Niekisch vergleichbar – da die Biographien doch zu verschieden sind –, aber der ständige Wandel, das hin- und herschwanken zwischen den Positionen was das „deutsche Dasein" betrifft, ist doch frappierend? In der Phase der Kollektivbeschuldigung – und da befindet sich der „frühe" Walser mit dem „späten" Mann und dem „späten" Niekisch in einer intellektuellen Gesellschaft –, beschuldigt man zwar vom intellektuellen Roß herab die Deutschen als Kollektiv, man gehört selber aber dann irgendwie nicht dazu, oder fühlt sich zumindest moralisch dem „Pöbel" überlegen. Aber Lernfähigkeit muß man Martin Walser allemal zugestehen. Was ihn für einen Nationalisten unbedingt sympathisch macht, ist seine ständige Sorge um Deutschland. Schon alleine deshalb lohnt die Auseinandersetzung mit seiner Person und seinem Werk. Das Hin- und Herschwanken und das Sich-nicht-festlegen-wollen, bringt Franziska Augstein treffend zum Ausdruck:

„*Martin Walser habe früher der DKP nahegestanden, ist in den vergangenen Monaten oft zu lesen gewesen. Spritzig, wie er ist, enthält der Satz ungefähr soviel Sinn wie die Annahme, wer neben einem Bankhaus wohne, sei Kapitalist. Walser sei unpolitisch, auch so ein Vorwurf. Aber weil er ein Weltverhältnis hat, das auf Personen bezogen ist, eignet er sich schlecht zum Parteigänger aus Prinzip.*"[99]

Horst Mahler – ein weiteres Beispiel

Ein weiteres Beispiel dafür, daß sich mittlerweile der Widerstand mitten aus der Gesellschaft regt, ist der bereits erwähnte Berliner Rechtsanwalt Horst Mahler, ehemaliger RAF-Terrorist, der sich unter anderem mit einem „*Flugblatt an die Deutschen, die es noch sein wollen*" an seine Landsleute wandte:

„Die politische Klasse spielt mit dem Feuer! Kann das deutsche Volk den Frieden noch retten?' 'Der deutsche Nachwuchs', verkündete der türkischstämmige Bundestagsabgeordnete der Bündnis-Grünen, Cem Özdemir, 'heißt jetzt Mustafa, Giovanni und Ali'. Er sagte das vor dem Hintergrund des im Koalitionsvertag festgeschriebenen Vorhabens der Regierungskoalition zur Änderung des deutschen Staatsangehörigkeitsrechts. Er meinte dabei gar nicht den deutschen Nachwuchs, sondern den Nachwuchs der nach Deutschland eingewanderten Fremden in Deutschland. Und das ist ein Unterschied. Ein gewaltiger sogar.[100]

Das klingt anrüchig. Aber es sind die Tatsachen und nicht die Reflexionen über Tatsachen, die bedrücken. Was auf uns zukommt, hat der Verfassungsrechtler Prof. Dr. Rüdiger Zuck, im März diesen Jahres in einer führenden juristischen Fachzeitschrift[101] *wie folgt vergegenwärtigt: '(...) das 'constant fertility scenario' für Westeuropa (ergibt) zwischen 1950 und 2050 einen Bevölkerungsrückgang von 180 auf 149 Mio. (und für die Entwicklungsländer einen Bevölkerungszuwachs von 4,5 Mrd. auf 14,9 Mrd.). Ohne kompensierende Einwanderungen sinkt die deutsche Bevölkerung in derselben Zeit von rd. 80 Mio. auf 48 Mio. (...) [Und was so noch nicht allgemein bewußt ist; H.M.:] 'In den achtziger Jahren gab es für die klassischen Einwanderungsländer auf 100 000 Einwohner folgende Zahlen für die jährliche Einwanderung: USA 245, Kanada 479, Australien 694. In Deutschland waren es dagegen 1022 Einwanderer. Nach dem Zusammenbruch des Ostblocks ist diese Zahl im Jahr 1993 sogar auf 1566 Personen angestiegen. Wollte man den deutschen Bevölkerungsstandard halten, müßte die Zahl der Einwanderer bis 2050 kontinuierlich auf 500 000 bis 650 000 pro Jahr anwachsen (nur zur Gegenüberstellung: im Jahr 1995 sind 189 000 Nicht-EU-Ausländer sowie 218 000 Spätaussiedler nach Deutschland zugezogen).'*

Sein Fazit: 'Die einheimische Bevölkerung wird infolgedessen zunächst in den großen Städten und schließlich im Landesdurchschnitt in die Minderheit geraten.'[102] *Wie sich das anfühlt, ist jetzt schon in Berlin-Kreuzberg zu erfahren. In diesem Stadtteil hat sich die 'Migration' regelrecht zur Landnahme ausgewachsen. Sogar die Berliner Tageszeitung (taz) berichtet darüber, daß jetzt auch eingefleischte Multikulti-Anhänger diesen Stadtteil verlassen, weil sie sich so, wie sie dort ist, die 'multi-kulturelle Gesellschaft' nicht vorgestellt haben. Dort belehrt der bloße Augenschein auch darüber, daß das Wort 'Ausländer' in der Debatte fehl am Platze ist. Er bringt nämlich wesentliche Unterschiede, auf die es hier ankommt, zum Verschwinden. Für das Zusammenleben mit Fremden hängt sehr viel von der kulturellen Nähe bzw. von der kulturellen Differenz ab, d.h. 'Fremdheit' ist nicht nur qualitativ bestimmt sondern auch quantitativ: es gibt unterschiedliche Grade der Fremdheit. Die Integration von Ausländern aus dem christlichen Kulturkreis ist weniger problematisch. Wesentlich schwerer fällt die Integration der Zuzügler aus der islamischen Welt. Sie bilden aber die bei weitem stärkste Gruppe.*

In zwei der größten Berliner Bezirke – Kreuzberg und Wedding – sind an den allgemeinbildenden Schulen die Deutschen bereits in der Minderheit. Dort erreicht an einigen Schulen die Ausländerquote die 90-Prozent-Marke. Deutsche Eltern fragen sich, ob solche Schulen das verfassungsmäßige Recht ihrer Kinder auf Bildung noch realisieren können. Die Politiker, die diese Entwicklung hinnehmen, gar noch fördern, wissen nicht was sie tun. Das in Aussicht gestellte neue Staatsbürgerrecht könnte den Weg für eine relativ humane und friedliche Lösung dieses Problems endgültig verschütten Es eröffnet eine Einwanderungsschleuse, die nicht mehr zu schließen ist: Wir werden in ein paar Monaten ein bis zwei Millionen Deutschtürken haben.

Durch Heirat von Partnern aus der Türkei, durch den zahlreicheren Nachwuchs, aber auch durch den Nachzug im Weg von Familienzusammenführungen wird dieser Bevölkerungsteil exponentiell, also sehr schnell, wachsen. Eine Begrenzung dieses Wachstums mit rechtlichen Mitteln ist dann nicht mehr möglich. Mein Rechtsgefühl sagt mir, daß eine so einschneidende Veränderung des Volkskörpers und seiner Wachstumsbewegung nicht durch einfaches Gesetz zu machen ist. Wenn schon die Änderung der Verfassung einer qualifizierten Mehrheit bedarf, dann doch wohl erst recht die Änderung des Verfassungsgebers selbst.

Hat der Balkankrieg nicht gezeigt, daß friedvolles ethnisches Einerlei jedenfalls nicht mit bestempeltem Papier zu machen ist? Die Menschen, die auf dem Territorium des früheren Jugoslawiens über sich herfallen, hatten doch alle einen jugoslawischen Paß. Sie alle waren Bürger der Republik Jugoslawien. Mit ein und der selben Staatsangehörigkeit sind sich die Serben, Kroaten, Makedonier, Bosnier und Albaner einander fremd geblieben. Sie sind heute in einem blutigen Bürgerkrieg Feinde. Der Völkermord ist nach Europa zurückgekehrt.

Uns kann das nicht passieren!? – sind wir nach dem Sieg der Alliierten über

Deutschland doch durch das Säurebad der 'reeducation' (Umerziehung) gegangen! Die vermeintlich in uns Deutschen über Jahrhunderte hinweg gewachsene 'politische Kultur des Todes', die aus uns ein Volk von 'Massenmördern' und 'Folterknechten' (Goldhagen) [103], gemacht haben soll, sei uns – so wird behauptet – von unseren amerikanischen 'Befreiern' in wenigen Jahren abgewöhnt worden [104]. Die Kultur der Deutschen – so scheint es – ist dahin. Das Bild, das man sich von uns macht, changiert wie in einem Hologramm: blutrünstige Bestien und kosmopolitische Lämmer, – je nach Bedarf, um uns als Volk und Nation auszulöschen.

Der intellektuelle Morgenthau-Plan hätte uns als Volk umgeschaffen: in ein Volk ohne Gott – also ohne Hoffnung auf Gnade und Vergebung –, ohne Willen zur Nation, ewig in gebückter Haltung, schuldbewußt im Büßergewand, willfährig gegenüber allen möglichen Zumutungen, zur Hergabe der Heimat bereit. Die Frankfurter Zunft der Ideologen hat Tausende von Büchern geschrieben, um 'wissenschaftlich' nachzuweisen, daß die Wörter 'Volk' und 'Nation' für bloße Phantasmagorien (Wahngebilde) stehen, Volk und Nation nicht wirklich seien. Sie wollen uns und dem Rest der Welt einreden, daß wir mit dieser 'Einsicht' endlich 'multikulti'-fähig seien. Ich glaube nicht, daß sich die Deutschen zu einer Minderheit in ihrem eigenen Lande machen lassen. So friedlich und lammfromm sind wir nämlich nicht. Den Grund dieses Glaubens finde ich in mir selbst und in der Überzeugung, daß so wie ich denke und fühle, sehr viele Deutsche – wahrscheinlich ist es die überwiegende Mehrheit der Deutschen – fühlen und denken: Mir wird unheimlich bei dem Gedanken, in einer Umgebung leben zu müssen, die von Menschen geprägt wird, die nicht meine Muttersprache sprechen, die ganz anders denken und fühlen und dementsprechend auch ganz anders reagieren, als die mir vertrauten Menschen, mit denen ich aufgewachsen bin.

'Heimat' – das ist für mich nicht nur die Landschaft. Heimat ist mir auch das kollektive Gedächtnis, aus dem heraus ich lebe, das kollektive Unbewußte, die Kultur, die Religion, die Institutionen, die den Geist dieser Kultur und Religion materialisieren. Es ist eine bestimmte Lebenswelt, der ich mich zugehörig fühle. Sie unterscheidet sich deutlich von anderen Lebenswelten. Diese empfinde ich als fremd. Nur als das Andere – und auch nur aus der Distanz und als Differenz – sind sie für mich interessant, anregend und bereichernd. Nichts – auch unsere Geschichtslast nicht – kann mich wünschen lassen, meine Heimat, meine Lebens-

welt gegen eine mir fremde Umgebung einzutauschen. Mein ganzes bisheriges Leben habe ich geführt als Versuch, einen Beitrag dazu zu leisten, den auf uns Deutschen lastenden Schatten aufzuhellen, den Schoß unfruchtbar zu machen, aus dem das braune Ungeheuer kroch. Dabei ging es mir immer auch um meine Heimat. Man sollte von uns Deutschen nicht erwarten, daß wir uns widerstandslos vertreiben lassen. Diesen Entschluß wird mir niemand ausreden können. Und niemand wird mir einreden können, daß ich deshalb ein 'schlechter Mensch' sei.

Das Recht auf Heimat ist ein Menschenrecht. Dieses Recht zu verteidigen, ist gerecht – auch für Deutsche. Daß wir offensichtlich zögern, uns dieses Recht zuzugestehen, hat etwas mit der Art und Weise zu tun, in der die Rücksicht auf den Holocaust unser Fühlen und Denken bestimmt: daß er uns als unsere ewige Schuld und zugleich als ein schlechthin unbegreifliches Geschehen vergegenwärtigt wird und jeder Versuch, sich der Geschichte auch insoweit begreifend zu nähern, als Tabuverletzung geahndet wird. Man denke hier nur an die emotionalen Ausschweifungen im sogenannten Historikerstreit um die Thesen von Ernst Nolte.

Der verordnete – und jetzt sogar strafrechtlich geschützte – Holocaust-Gedächtniskult ist verwurzelt in der Umerziehungsideologie, die den Deutschen als Folge ihrer militärischen Niederlage von den westlichen Besatzungsmächten übergestülpt worden ist. In der sowjetischen Besatzungszone lagen die Dinge ganz anders. Hier wurden die Vernichtungsaktionen der Nazis als Teil der Fäulniserscheinungen des kapitalistischen Systems verbucht. Es galt das Stalinwort: 'Die Hitler kommen und gehen, das deutsche Volk aber bleibt bestehen.'

Mit den amerikanischen Truppen kamen 1945 auch die Soldaten der psychologischen Kriegführung nach Deutschland. Es waren überwiegend dem Neo-Freudismus anhängende Psychologen und Soziologen. In der Nachfolge von Karl Abraham, aber auch der Väter der Frankfurter Schule, Max Horkheimer und Theodor W. Adorno, führten sie das 'Phänomen' des Hitlerismus im deutschen Volke auf den 'autoritären Charakter' der Deutschen zurück. Diese Doktrin war im Mai 1944 vom American Jewish Congress als maßgebliche Interpretation des Zeitgeschehens in Europa approbiert und auf diese Weise in den USA zur herrschenden Lehre geworden. [105] *In Deutschland durften sich nach der Niederlage nur von den Besatzungsmächten lizenzierte Persönlichkeiten öffentlich äußern. Mit ihrer Lizenz-Politik haben die Alliierten sicher gestellt, daß die von der American Jewish*

Conference approbierte Deutung über die Medien auch in Westdeutschland die kulturelle Hegemonie erlangte – bis heute. Eine freie wissenschaftliche Debatte zu diesem Thema hat in Deutschland bis heute nicht stattgefunden.

In jüngster Vergangenheit hat sie durch Daniel Goldhagen ihre Übersteigerung ins Absurde erfahren, dessen Provokationen – ganz gegen die Intentionen seiner Sponsoren – jetzt die Wiederaufnahme der Debatte erzwingen. Sie wird in erster Linie auch von jüdischen Holocaustforschern [106] geführt. Sie ist aber auch mit Rücksicht auf die Wiedervereinigung Deutschlands notwendig. Es wäre ein Akt der kulturellen Aggression, wollte man die 16 Millionen hinzugekommenen Deutschen per Strafgesetz (Paragraph 130 StGB) zwingen, sich der neo-freudistischen Deutung der deutschen Geschichte und den damit verbundenen Tabus zu unterwerfen.

Jürgen Habermas, das geistliche Oberhaupt der Frankfurter Schule, hat für die Apostel der 'multikulturellen' Gesellschaft unlängst den überfälligen Offenbarungseid geleistet. Mit Blick auf die Entwicklung im ehemaligen Jugoslawien schrieb er: In ihr zeige sich 'die Lebenskraft eines in den Sozialwissenschaften mehr oder weniger vergessenen Phänomens'. Die politische Zukunft scheine heute wieder den 'Herkunftsmächten' zu gehören. Er meint damit 'Religion, kirchlich verfaßte Konfession einerseits und Nation andererseits' [107]. Dieses Eingeständnis verdient gründliches Nachdenken über seine Tragweite: Diese Sozialwissenschaftler haben eben mal 'vergessen', was weltweit eine endlose Kette von politischen Beben und schließlich einen Weltbrand verursacht hat, der unserem Jahrhundert den Stempel aufdrückt. Wie konnte man das 'vergessen'? Horkheimer und Adorno, Kenner der Hegelschen Philosophie und des Alten Testamentes, haben durchaus auch eine andere – geistesgeschichtliche – Deutung des Holocaust gesehen. Mit ihrer These, daß Auschwitz nicht eine Abirrung vom Weg der Aufklärung sondern deren Vollendung war, haben sie die Tür zur Erkenntnis des vermeintlich Unbegreiflichen einen Spalt breit geöffnet; aber sogleich wieder verschlossen.

Die Frankfurter Schule hat in Wirklichkeit nichts 'vergessen', vielmehr ist sie angetreten mit dem Vorsatz, die geistigen Grundlagen der Deutschen: ihre Religion, ihr Geschichtsbild, ihre Traditionen und ihre Philosophie zu zerstören, um sie ihrer Identität zu berauben. Das Ziel der Umerziehung war nach den Worten von Bertram Schaffer, eines ihrer Protagonisten, den Charakter der Deutschen 'zum Wohl der Mehrheit der Männer und Frauen, die außerhalb Deutschlands le-

ben, umzuformen.'¹⁰⁸ *Das von Habermas behauptete 'Vergessen' ist nichts anderes als Gehorsam gegen ein von den 'Umerziehern' erlassenes Denkverbot, die Weigerung, die Wirklichkeit zur Kenntnis zu nehmen. Mit Wissenschaft hat das nichts zu tun.*

Wiederum ist es die Wirklichkeit, die am Ende des 20. Jahrhunderts zu neuen Gedanken und zu neuem Denken überhaupt drängt. ¹⁰⁹ *Nach dem Zusammenbruch der Sowjetunion, welche die Hauptlast des Widerstandes gegen die imperialen Pläne der Deutschen getragen hat, stellt sich das Ergebnis des Zweiten Weltkrieges noch einmal anders dar: Besiegt worden ist nicht nur Deutschland, sondern das System der europäischen Nationalstaaten als Ganzes. Die europäischen Mächte wurden zu Vasallen ihrer jeweiligen Protektoratsmacht. Die Grenzen, die dem amerikanischen Führungsanspruch durch die Sowjetunion gesteckt waren, sind verschwunden.*

Dieser Umstand ermöglicht jetzt den Europäern eine veränderte Selbstwahrnehmung . Ihnen dämmert die Erkenntnis, daß die USA ihrer Dominanz – der pax americana – zusätzlich zu den Institutionen des Freihandels (Bretton Woods, GATT, IWF, BIZ und Weltbank) in Westeuropa ein ideologisches Fundament geschaffen haben: So wie im Mittelalter die Sieger die Burgen ihrer besiegten Gegner schleifen ließen, so ließ die westliche Siegermacht – im Unterschied zur Sowjetunion – das Nationalbewußtsein, die letzte Feste für den Widerstand gegen das Regiment des globalen Spekulationskapitals, schleifen.

Jenes „Vergessen" der Frankfurter Schule ist der operative Kern der neo-liberalen Ideologie. Deren Propheten bemühen sich unter der Schirmherrschaft der USA seit einem halben Jahrhundert, das Selbstbewußtsein der Völker und Nationen als „unmodern", den Nationalstaat als 'unaufgehobene Vergangenheit', die endlich aufzuheben sei, erscheinen zu lassen. Sie proklamieren das 'global village', propagieren die 'Weltregierung' und wollen doch nur, daß die finanzielle Spekulation auf keinerlei Grenzen mehr stößt. Das Ergebnis dieser Anstrengungen wird jetzt sichtbar: es ist letztlich die Anarchie der denationalisierten Finanzkapitalfonds.

Deutschland mit seiner prekären Geschichtslast spielt hier eine Sonderrolle: Der hier erreichte 'Wohlstand für Alle' wirkt auf die Migranten wie ein Magnet auf Eisenpartikel. Gleichzeitig lähmt die begriffslose Vergegenwärtigung der Nazi-

Verbrechen – fälschlich 'Erinnern' genannt – nachhaltig unseren Selbsterhaltungswillen als Nation. So sind wir zu einem Labor geworden für den Versuch, eine große Nation 'friedlich' einzuschmelzen. Das so entstehende Gebilde wird das 'trojanische Pferd' innerhalb der Mauern des europäischen Nationenverbandes. Den Deutschen, die bald schon gar kein Volk mehr sind, fällt die Aufgabe zu, Europa zu denationalisieren, das heißt dem Finanzkapital restlos auszuliefern. Das ist der wirkmächtige Hintergrund der für die Deutschen – und nur für sie – geltenden Tabuisierung der 'nationalen Frage'. Im Namen einer durch nichts ausgewiesenen Moral wird uns zugemutet, die innere Vertreibung aus unserer Heimat widerstandslos hinzunehmen. Es ist politisch nicht korrekt – ja geradezu als 'rechtsextremistisch' verpönt – die sich abzeichnende Überfremdung unseres Lebensraumes zu thematisieren. Doch: 'Schweigen hat seine Zeit, reden hat seine Zeit' (Pred. 3,7). Jetzt ist es Zeit zu reden. Und uns bleibt nicht mehr viel Zeit, die Auslöschung unseres Volkes durch Reden, das heißt durch Überzeugungsarbeit abzuwenden. Die wichtigste Voraussetzung einer aussichtsreichen Verteidigung unserer Existenz als Volk ist die Wiederherstellung der deutschen Nation im Bewußtsein ihrer Bürger. Diese Anstrengung muß begleitet sein von der Widerlegung der sogenannten Sachargumente, mit denen uns der Untergang der Deutschen als Notwendigkeit dargestellt wird. Diese Argumente faßt Zuck wie folgt zusammen:

'Das Thema ist dabei allerdings nicht, ob die Deutschen aussterben, sondern ob sie ihre sozialen Sicherungssysteme aufrecht erhalten und weiter finanzieren können. Bei schwacher Fertilität und abnehmender Mortalität steigt nämlich der sogenannte Altenquotient (d. h. die Zahl der über 60jährigen auf 100 Personen im mittleren Alter von 20-60 Jahren) bis zum Jahr 2030 ohne Zuwanderung von 35 auf 80. D. h., auf 100 Personen im Alter von 20-60 Jahren entfallen dann nicht mehr 35, sondern 80 Personen im Alter über 60. Dies führt zu drastischen Anstiegen der Kosten der sozialen Sicherung mit entsprechender Steigerung der Lohnnebenkosten, der zusätzlichen Verlagerung von Arbeitsplätzen ins Ausland und weiter steigender Arbeitslosigkeit. Die Gesellschaft wird sich außerdem weiter polarisieren. Singles (bei denen im Alter die Pflege durch Familienangehörige ausscheidet) und kinderlose Frauen werden, wenn die Ressourcen einmal knapp geworden sind, zunehmend als gesellschaftliche Nassauer angesehen werden. Der Ausgleich demographischer Verluste durch Einwanderung würde dieses Probleme zwar nicht lösen, denn der Altenquotient fiele nur von 80 auf 70. Da damit aber die Leistungsfähigkeit der sozialen Sicherungssysteme verbessert würde, muß die-

ses Argument auf jeden Fall in die Einwanderungsdiskussion eingebracht werden.'[110]

Damit wird nicht einmal versprochen, daß die Aufnahme der Fremden die Finanzierbarkeit 'unserer' Sozialsysteme gewährleisten werde. In Aussicht gestellt wird nur eine 'Verbesserung'. Es wird Zeit, das Argument der Nichtfinanzierbarkeit und der steigenden Lohnnebenkosten unter die Lupe zu nehmen. Diese Untersuchung könnte auch die steigende Arbeitslosigkeit in einem neuen Licht erscheinen lassen. Die Vermittlung des Daseins des einzelnen Menschen durch Tätigkeit für das Ganze wird durch die Krise der Arbeit zu einem existentiellen – also unausweichlichen – Problem und muß neu durchdacht werden.

Wir sind ja nicht arm. Wir erleben – darin hatte Karl Marx recht – eine säkulare Reichtumskrise. Unsere Produktivität, das heißt unser Vermögen, Gebrauchsgüter und Dienstleistungen herzustellen, wächst ins Unermeßliche. Mit immer weniger Arbeit können wir immer größere Warenberge erzeugen. Menschenleere Fabrikhallen in der Produktionssphäre und sich selbststeuernde Computersysteme im Dienstleistungssektor sind schon keine Utopie mehr, sondern tendenzielle Realität. Das ist die systembedingte Wurzel der Arbeitslosigkeit. Die Verlautbarungen der Politiker über die Schaffung von Arbeitsplätzen sind der untaugliche Versuch, uns dumm zu reden.

Es ist nicht wahr, daß die gesellschaftlichen Kosten der sozialen Sicherung steigen. Wenn man als Kosten den absoluten Betrag der geleisteten Arbeitsstunden des 'gesellschaftlichen Gesamtarbeiters' (Karl Marx) definiert und diese Größe in Beziehung setzt zu der mit dieser Arbeit erzeugten Gütermenge (Gebrauchswerte), die den Arbeitsveteranen (Rentnern), Kranken und Unbeschäftigten von der Gesellschaft als Lebensunterhalt zur Verfügung gestellt wird, kann man leicht feststellen, daß die Kosten der sozialen Sicherung stetig abnehmen. Weil das so ist, spielt es auch keine Rolle, daß bei uns die 'Alterspyramide' auf dem Kopf steht. Das in den Menschen zwischen 16 und 60 Jahren verkörperte Arbeitskraftreservoir – wenn es denn ausgeschöpft würde – reicht aus, diejenige Gütermenge zu produzieren, die für die Beibehaltung unseres Lebensstandards benötigt wird.

Es gilt sich auch bewußt zu machen, daß in dem Argument der vermeintlich nicht mehr finanzierbaren Soziallasten ein gefährlicher Kohorten-Egoismus steckt, der *dem 'exterminatorischen Rassismus' sehr ähnlich ist. Die 'Alten' werden implizit als Last (und demnächst als 'lebensunwertes Leben') dargestellt. Übersehen wird dabei, daß die Alten, als sie noch nicht alt waren, den modernen gesellschaftlichen Produktionsapparat (mit)aufgebaut haben, der den Jungen, den Aktiven, unseren in der Geschichte beispiellosen Wohlstand beschert hat, den sie jetzt allein genießen möchten.*

Der Zusammenbruch des Sowjetsystem wird allgemein – wohl zu Recht – als Zeichen dafür gedeutet, daß die Widersprüche des Marktsystems nicht dadurch überwunden werden können, daß man den Markt gewaltsam abschafft und an seiner Stelle ein planwirtschaftliches System der Produktion und Verteilung errichtet. Dieser Lernschritt hat die Menschheit viele Millionen Menschenleben gekostet. Ich wage die Voraussage, daß sich jene Widersprüche auch nicht dadurch lösen lassen, daß die Europäer – voran die Deutschen – ihre Heimat den Asiaten überlassen. Ein Experiment in dieser Richtung würde das Abendland auslöschen. Die Straße in diese 'lichte Zukunft' wäre – dessen bin ich sicher – wiederum mit Menschenschädeln gepflastert.

Unsere Zivilisation lebt nach dem Grundsatz: 'Erst kommt das System, dann erst kommt der Mensch.' Folgerichtig kommt der Mensch im System der Systemtheorie überhaupt nicht mehr vor. [111] Er ist dort endgültig zum Störfaktor geworden. Diese Sicht der Dinge ist die Bedingung der Möglichkeit des Großen Tötens. Wir werden ihm nur entkommen, wenn wir unsere Sichtweise ändern, durch Neues Denken aufheben. Die Überfremdung ist eine Gefahr, die sich mehr und mehr in einem entsprechenden Gefühl bemerkbar macht. Das sind keine 'unmoralischen' Anwandlungen. Diese Gefühle sind ein Frühwarnsystem. Wehe uns, wenn wir dem keine Beachtung schenken. Daß diese Gefühle sich immer häufiger in haßerfüllter Gewalt äußern, ist nur Ausdruck von Hilflosigkeit der Täter und eine Folge des Versagens der politischen Klasse in unserem Lande.

Die Feinsinnigen, die sich solche Gefühle nicht gestatten, mögen 'dem Ausland' über die Medien und Kulturinstitutionen noch das Meinungsbild einer 'humanen', weltoffenen, weitgehend vorurteilsfreien Gesellschaft in Deutschland darbieten. Das sind aber nur potemkinsche Dörfer. Der Mob wird sie im Nu wegspülen, wenn der untergründige Haß auf alles Fremde an die Oberfläche drängt und die Menschen mit sich fortreißt. Das kann schon morgen sein. Aber nicht die politische

Klasse ist zu schelten, sondern die Passivität der Deutschen, die sich von dieser Klasse noch repräsentieren lassen. Die Deutschen, wenn sie sich als solche erhalten wollen, müssen – bevor sie der Fremdenhaß übermannt – parteiunabhängig und parteiübergreifend in Bewegung kommen. Niemand sonst wird es ihnen richten. Die Entwicklung in Italien hat gezeigt, daß die etablierten Parteien durch eine Volksbewegung zu erschüttern und aufzubrechen sind. Es können so – durchaus im Rahmen der Verfassung – neue Formen der politischen Willensbildung geschaffen werden. Darüber wäre auch zu reden. Wenn der Gedanke zur Wirklichkeit drängt und der Wille stark genug ist, kann es gelingen, das deutsche Volk zu retten und den Frieden zu erhalten."

Welcher Nationalist möchte Horst Mahler da nicht zustimmen? Die beiden Beispiele von Mahler und Walser zeigen deutlich, deshalb wurde auch auf sie so intensiv eingegangen, daß Nationalismus kein absoluter Wert ist. Dies aus zweierlei Gründen: zum einen ist die Bedeutung des Nationalismus zwar unbestreitbar, aber dennoch relativ. Dieser Wert hat sich für einen identitätsbewußten Menschen immer in die anderen identitären Werte einzufügen, die da heißen charakterfeste Persönlichkeit, Familie, Dorf- bzw. Stadtgemeinschaft, Stamm, Volk, Europa – und irgendwann auch die Menschheit, die jedoch ebensowenig wie der Nationalismus ein absoluter Wert darstellt („Wir alle sind Menschen – wir alle sind gleich!").

Zum anderen ist der lebensnotwendige Nationalismus nicht nur in seinem identitären Zusammenhang zu sehen, sondern auch ein relativer, schwer meßbarer Wert, was seine Intensität anbetrifft. Was ist „Nationalismus", wo fängt er an, wo hört er auf und mündet in den Chauvinismus? Wer kann für uns überhaupt als „Nationalist" gelten? Braucht man dazu ein Parteibuch, eine Grundüberzeugung, ein „nationales" Wissen in Geschichte, Politik und Kultur? Nein! Absolut nein! In jedem von uns steckt naturbedingt ein Nationalist, in manchem von uns bewußt, in anderen unbewußt. Ein Martin Walser und wahrscheinlich auch ein Horst Mahler würden wohl auf die Frage oder den Vorwurf, ob sie Nationalisten seien, mehr oder weniger mit NEIN antworten. Und dennoch sind sie es. Sie machen sich Sorgen um Volk und Land – um, wie es Horst Mahler sagt: „unser Land". Und deshalb gehören sie dazu, zu uns Nationalisten, ob sie wollen oder nicht, spielt dabei keine Rolle. Es gibt bewußte Nationalisten, unbewußte Nationalisten und zögerliche Nationalisten. Selbst „Antifaschisten" sind irgendwie den Nationalisten nicht fremd – in ihrer Pedanterie, in ihrer Verbissenheit, in ihrem missionarischen Eifer. Sie wollen auch das Beste für Deutschland, nämlich, wie sie sagen, dem „Faschismus" in unserem Land keine Chance mehr geben, obwohl sie keinen Begriff von „Faschismus" und „Nationalismus" haben. Sie sind, weil ihnen die Begriffe fehlen, fehlgeleitete Irrgänger, aber immerhin deutsche Irrgänger, die sich – unter falschen Voraussetzungen – Sorgen um unser Volk und unser Land machen. Und das verbindet sie, ob sie es wollen oder nicht, mit den deutschen Nationalisten. Es bedarf jedoch noch vieler „antifaschistischer" Irrungen und Wirrungen, bis Deutschlands „Antifaschisten" das begreifen – manche werden es nie begreifen. Doch die Geschichte wird ihnen eine notwendige Lektion zukommen lassen.

Nationale Politik muß diese Grundvoraussetzungen des weltanschaulichen Nationalismus akzeptieren, auch wenn es im tagespolitischen Kampf, vor allem auf der Straße, schwer ist. Nation setzt immer das Ganze voraus, nicht nur diejenigen, die heute schon bekennende Nationalisten sind, sondern auch die, die man zur Nation bekehren will. Gerade die intellektuellen Grenzgänger kommen hierfür zuallererst in Frage, die sich gestern schon – unter anderer inhaltlicher Schwerpunktsetzung – als „Linke" für ihre Überzeugungen von einer besseren Zukunft eingesetzt haben, und die heute erkennen müssen, daß Freiheit und Frieden zusammengehören und ohne die Nation nicht denkbar sind. Ein Beispiel hierfür ist Bernd Rabehl, der an der Freien Universität in Berlin Politikwissenschaft lehrt und sich – seit er sich offen zur Nation bekennt – heftigen Angriffen verblendeter „Antifaschisten" und Berufsdenunzianten ausgesetzt sieht.

Bernd Rabehl – noch ein Beispiel

Rabehl steht wie kaum ein Zweiter für den Idealismus der 68er-Generation. Er war führender Kader des *Sozialistischen Deutschen Studentenbundes (SDS),* der ursprünglich die Studentenorganisation der SPD war. Aber nur solange, bis der SDS der Mutterpartei zu radikal wurde und diese sich von ihm lossagte. Aus dem SDS entwickelte sich dann in der Folge die sogenannte *APO – die Außerparlamentarische Opposition.*

Ein Teil von ihr versuchte nun, ihre neomarxistischen Gesellschaftsvorstellungen über den „Marsch durch die Institutionen" durchzusetzen, ein anderer Teil versuchte es mit Bombenterror und politischem Mord. Die erste Variante war dann in der Folge von Erfolg gekrönt – vielen 68ern gelang der „Marsch durch die Institutionen" –, die zweite Variante, die gewaltsame, scheiterte jedoch in Form der *Roten Armee Fraktion (RAF)* an der Entschlossenheit der Staatsmacht.

Nun ist es bemerkenswert, daß manch einer dieses Spektrums sich in den letzten Jahren einer beachtlichen Wandlung unterzogen hat, indem diese ehemaligen SDS-Aktivisten ihr Herz für Deutschland entdeckt haben, beziehungsweise sie knüpften an ihre früheren Vorstellungen von Antiamerikanismus und unterschwelligem Nationalbewußtsein an. Zu diesem Personenkreis zählen unter anderem der ehemalige Hamburger SDS-Chefideologe Reinhold Oberlercher, der frühere RAF-Terrorist und Berliner Rechtsanwalt Horst Mahler sowie der emeritierte Philosophie-Professor Peter Furth.

Diesen drei Personen ist gemein, daß die allgegenwärtige politische Korrektheit kaum etwas gegen sie ausrichten kann. Anders sieht jedoch die Sache aus bei Professor Dr. Bernd Rabehl, der an der Freien Universität (FU) Berlin einen Lehrstuhl für Soziologie innehat. An Gebäude der FU Berlin wurden 1999 Parolen wie „Scheiß Rabehl" und „Nie wieder Deutschland" geschmiert. Die Seminare und Vorlesungen des Soziologen wurden von „Antifas" gestört. Stein des Anstoßes für den „antifaschistischen Protest" war Rabehls Auftritt Anfang 1999 auf dem Haus der Münchner Burschenschaft Danubia, bei der er im Rahmen eines Seminars über die 68er-Revolte selbstkritisch gesprochen hatte. Diese Tatsache geriet dann schnell an der Berliner FU zum „Skandal", Rabehl mußte sich vor linken Dozenten und Studenten ganz im Stile eines Politprozesses dafür rechtfertigen, daß er von dem Verfassungsrecht der freien Meinungsäußerung Gebrauch gemacht hatte.

Der „Skandal" bestand nicht nur darin, daß er das Thema „68er" äußerst selbstkritisch beleuchtete, sondern daß er auch die gegenwärtige Überfremdungspolitik in der BRD kritisierte, woran seine Generation einen maßgeblichen Schuldanteil habe. Der Professor verurteilte in seiner Rede den „Import der Partisanenfraktionen" aus dem Ausland, welche das deutsche Volk unterwanderten. Ergebnis dieses Prozesses seien die „Zerstörung von Volk und Kultur" sowie die „Zersetzung der nationalen Identität". Er charakterisiert das deutsche Volk als kulturlos, das korrupten Politikern ausgeliefert sei und am historischen „Schuldpranger" stehe.

Die Thesen Rabehls stießen nicht nur an der FU auf heftigen Widerspruch. Manche seiner Kollegen machten öffentlich Front gegen den linken Abweichler. Martin Jander, wie Rabehl im Forschungsverbund SED-Staat tätig, meldete sich als erster inquisitorisch zu Wort und bezeichnete seinen Kollegen als „Nationalbolschewisten". Unter dem Titel „Nationalisten waren wir nie!" widersprachen eine Reihe von Rabehls ehemaligen politischen Weggefährten seiner These von einer nationalen Tradition der Studentenbewegung von 1968. Auch Gretchen Dutschke, Witwe des prominenten Studentenführers Rudi Dutschke, äußerte scharfe Kritik. Sie warnte Rabehl von der Vereinnahmung ihres Mannes: *„Rudi wird mißbraucht – von Rechten, die einmal seine linken Freunde waren."* Der Gescholtene versteht die ganze Aufregung nicht: *„Ich bin kein Nationalist"*, antwortet er auf die Vorwürfe. Auf Fragen nach „rechtsextremen Argumentationsmustern" in seiner Münchner Rede, die in der konservativen Berliner Wochenzeitung *Junge Freiheit* nachzulesen war, kontert Rabehl: *„Einige wollen die Meinungsfreiheit durch political correctness ersetzen."*

Auch der sogenannte „Verfassungsschutz", der vielmehr einen Etabliertenschutz vor politischer Konkurrenz und abweichenden Meinungen darstellt, äußert mittlerweile Interesse an denjenigen „68ern", die sich heute „nationaler Argumentationsmuster" bedienen. So geben sich im neuen Hamburger Verfassungsschutzbericht, der von der dortigen SPD zu verantworten ist, eine Reihe von Persönlichkeiten ein Stelldichein, die in den „wilden" 60er und 70er Jahren einmal dem linken politischen Spektrum angehörten (APO, SDS etc.), heute jedoch schwerpunktmäßig nationale Standpunkte – zum Beispiel in der Ausländerpolitik – äußern. Und deshalb werden Linksnationale wie der Berliner Professor für Soziologie Bernd Rabehl jetzt unter der Rubrik „Rechtsextremismus" geführt. Pikant an der Denunziation ist die Tatsache, daß die „Verfassungsschützer" in ihrem Bericht so tun, als ob Rabehl einfach nur ein „ganz normaler Bürger" wäre und eben nicht „Professor Dr. Rabehl", der an der FU Berlin Soziologie lehrt, also im öffentlichen Dienst der BRD beschäftigt ist. Der akademische Bezug auf seine Professorentätigkeit fehlt nämlich völlig in dem Bericht. Peinlich, kann man da nur sagen!

Peinlich ist auch das Berufsdenunziantentum staatlicher „Extremismusforscher", die ihr Gesinnungskontrollunwesen unter dem Mantel der „Wissenschaftlichkeit" zu verbergen trachten. So meint der „Parteienforscher und Rechtsextremismusexperte" vom Otto-Suhr-Institut, Richard Stöss:

"Bernd Rabehl ist kein Rechtsextremist. Aber sein Text strotzt vor rechtsextremem Gedankengut. Nehmen wir etwa die angesprochene Umerziehung nach dem Zweiten Weltkrieg. In dem Artikel heißt es, daß Amerikaner und Russen deutsche Traditionen zerschlagen hätte. Da muß ich ganz klar sagen: Die Traditionen der Nationalsozialisten mußten doch vernichtet werden. Die Reeducation hat bewirkt, daß wir wieder lesen durften, was bis dahin verboten war, daß wir frei diskutieren konnten – übrigens auch über die deutsche Einheit. Sicherlich wurde die Entnazifizierung halbherzig durchgeführt, aber ihr Ansatz war richtig."[112]

Solche Gesinnungswächter wie Stöss, denen staatliche Institute zur Verfügung stehen und die sich so in der Öffentlichkeit einen Anstrich von „Objektivität" geben können, hat es zu allen Zeiten und in allen Systemen der modernen Staatengeschichte gegeben – in der DDR ebenso wie im Dritten Reich. Als Fazit bleibt: Politische Systeme, die sich in der Phase des Niedergangs befinden, zeichnen sich dadurch aus, daß sie ihre Mechanismen der Verfolgung, Überwachung und Denunziation auch auf Nonkonformisten ausweiten, die sich – was ihre berufliche und soziale Biographie betrifft – mitten in der Gesellschaft befinden. Rabehl ist dafür nur ein Beispiel. Das System überwacht seine Kinder!

Nun stellt der soeben anhand von Beispielen vorgestellte nationale Widerstand mitten in der Gesellschaft zwar ein interessantes intellektuelles Phänomen dar, da er sich weniger politisch aktiv als im geistigen und publizistischen Bereich abspielt, doch das kann natürlich nicht darüber hinwegtäuschen, daß die politische Hauptstoßrichtung gegen die etablierte nationsvergessene Klasse von der eigentlichen nationalen Opposition herrührt. Von deren Kleinparteien, Vereinigungen, Buchverlagen, Zeitschriften und Zeitungen und den vielen Kleingruppen und Einzelkämpfern, die sich im weitesten Sinne mit nationalen politischen Zielsetzungen identifizieren und bereit sind, dies in der Öffentlichkeit zu propagieren, wenn auch die tatsächlich erreichte „Öffentlichkeit" oftmals gering ausfällt, die es jedoch immerhin an dem Bekenntnis zu Volk und Nation nicht fehlen lassen.

Und das ist zunächst einmal ehrenwert und verdienstvoll – auch dann, wenn in vielen Einzelfällen in diesem „nationalen Lager" – das es in einer geschlossenen Form nicht gibt – strategisches und taktisches Unvermögen, praktische und theoretische Inkompetenz und schlichtweg Dilettantismus anzutreffen ist. Aber daraus den Schluß zu ziehen, wie dies manche rechtskonservative Publizisten tun, daß überhaupt keine nationale Opposition existiere, ist natürlich völlig verfehlt. Selbst wenn es sich bei diesem politischen Spektrum um lauter Idioten handelte, so würde natürlich dadurch nicht widerlegt, daß es so etwas wie eine nationale Opposition gibt, auch wenn sie aus lauter Unfähigen bestünde – was selbstverständlich ihrer Gesamtheit absolut nicht gerecht wird.

Es muß also zunächst darum gehen, eine nationale Opposition, einen ideellen Zusammenhang nationaler Oppositioneller in Deutschland vorauszusetzen. Denn schließlich ist es auch den Herrschenden nicht entgangen, daß es eine nationale Opposition hierzulande gibt, welche sie in ihren Denunziationsbroschüren, genannt „Verfassungsschutzberichte", als „Rechtsextremismus" bezeichnen. Dieses Gesamtspektrum soll, laut dieser Berichte, in etwa 56 000 Personen betragen, die in irgendeiner Form in „rechtsextremistische" Parteien und Organisationen eingebunden sind. Nicht zu vergessen das beträchtliche Potential, das einmal einer solchen Partei oder Vereinigung angehörte, frustriert ausgetreten ist und vielleicht seit dem nur noch in einem losen Zusammenhang zu diesem „rechtsextremistischen" Spektrum steht. In dem folgenden Kapitel soll es nun darum gehen, die zuvor beschriebene Lage und die Erkenntnisse daraus, in der sich Deutschland außenpolitisch international (Makroperspektive), aber auch die Deutschen innenpolitisch national befinden (Mikroperspektive), auf die Positionierung der nationalen Opposition im Herrschaftsbereich des BRD-Systems zu beziehen.

Diese nationale Opposition unterliegt dabei – und das ist vorauszuschicken – einem schier übermächtig erscheinenden politischen Handlungsbedarf, der aus der niederschmetternden Lage der Deutschen resultiert, und der nahezu unlösbar erscheint. Deshalb soll dieser politische Handlungsbedarf der nationalen Opposition systematisch herausgearbeitet werden.

Absage an US-Imperialismus: Nationalistische Demonstranten in Leipzig.

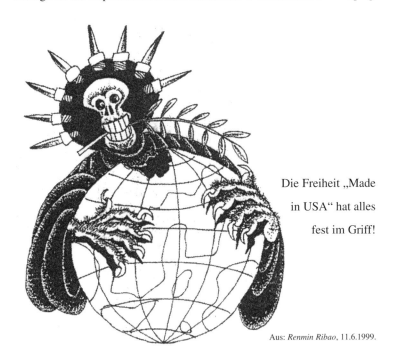

Die Freiheit „Made in USA" hat alles fest im Griff!

Aus: *Renmin Ribao*, 11.6.1999.

Die Zerstörung des Deutschen Reiches nahm ihren Anfang 1944 bei der Invasion in der Normandie.

Invasoren – amerikanisch-sowjetischer Handschlag 1945 bei Torgau an der Elbe.

>Neu York< aus L'Uomo libero, 17, 1984.

US-Außenministerin Madeleine Albright. Sie tat alles, um die NATO 1999 in des Angriffskrieg gegen Jugoslawien zu führen. Selbst vor der Bombardierung der chinesischenBotschaft schreckten die USA nicht zurück.

Milosevic spricht anläßlich 600 Jahre Amselfeld im Jahr 1989.

Serbische Demonstranten auf dem Amselfeld.

Adolf Hitler strebte nach
Lebensraum im Osten.

Josef Stalin wollte die proletarische
Weltrevolution bis an den Atlantik
treiben.

Zwischen diesen beiden
Staatsmännern war ein deutsch-
russischer Ausgleich nicht möglich.

A. Paul Weber: Grauen vor dem Osten.

Die Wiedergewinnung deutscher Handlungsfähigkeit kann nicht am Kreml vorbeiführen.

Die Hagia Sophia im einstigen Byzanz. Das christlich-orthodoxe Gotteshaus wurde von den Muselmanen geschändet und in eine Mosche verwandelt. Der Bosporus und die Dardanellen beim heutigen Istanbul sind das geostrategische Ziel russischer Außenpolitik.

Der Kaukasus ist neben Zentralasien eine der Krisenregionen des russischen Imperiums. Auf dem Grund des Kaspischen Meeres schlummern viele Bodenschätze.

Ethnische Säuberungen durch Vertreibung und Völkermord an der deutschen Zivilbevölkerung von 1945 bis 1950

134

18. Januar 1871: Otto von Bismarck (Bildmitte) war Wegbereiter der Gründung des kleindeutschen Reiches. Das größergewordene Deutschland zog Neid und Mißgunst auf sich.

Die Stürmung der Berliner Mauer am 10. November 1989. Wieder ist Deutschland einig geworden. Deshalb soll das größere Land in die Europäische Union eingebunden werden, um die deutsche Souveränität zu liquidieren.

Oswald Spengler erkannte die ökonomischen Wirkungsmechanismen der Zensur. Pressefreiheit ist demzufolge in erster Linie die Freiheit von Verlegern zur Veröffentlichung.

Carl Schmitt prägte den Begriff des Politischen, den er in der Unterscheidung von Freund und Feind sieht.

Die Grundrechte des deutschen Volkes, Lithographie von Adolf Schroedter, Mainz 1848. Die Grundrechte sind das eine, die tatsächliche Meinungsfreiheit das andere.

Die Justitia – Sinnbild für Gerechtigkeit. Die BRD-Strafrechtszensur spricht diesem Vorbild Hohn.

„Demokratische" Zensuropfer

David Irving

Germar Rudolf

Udo Walendy

Günter Deckert

Herbert Schweiger

Frank Schwerdt

Linke Nationale müssen in die Strategie des Nationalismus einbezogen werden.
Das Bild zeigt den ehemaligen RAF-Terroristen und Rechtsanwalt Horst Mahler (rechts) im Gespräch mit Peter Naumann.

Auch der Schriftsteller Martin Walser löckt den Stachel gegen den Zeitgeist.

Die deutschen Intellektuellen haben nicht selten ein gespaltenes Verhältnis zur Nation.
Dies wird auch an den Biographien von Thomas Mann (oben) und Ernst Niekisch deutlich.

II. Politischer Handlungsbedarf

Aus der vorangegangenen politischen Lageanalyse ergibt sich ein politischer Handlungsbedarf, der darin besteht, die nationale Fremd- und Selbsterniedrigung – in allen ihren inhaltlichen Facetten – zu überwinden. Diese Erniedrigung läßt sich mit der Überfremdung des deutschen Volkes auf einen einfachen Nenner bringen, ob es sich dabei um die ethnische Überfemdung durch sogenannte „Gastarbeiter" oder „Asylanten" handelt, um die wirtschaftliche Bevormundung und Ausbeutung durch multinationale Konzerne, um den Kulturverfall, der sich unter anderem an der Anglizierung der deutschen Sprache feststellen läßt, oder auch um die Manipulation der deutschen Seelenlage durch ein fremdbestimmtes Geschichtsbild.

Diese Verausländerung des deutschen Volkes kann nur durch eine Entausländerung in allen den genannten Bereichen behoben werden. Das soll nicht bedeuten, daß im Falle einer nationalen Machtergreifung überhaupt keine Ausländer mehr in Deutschland arbeiten, studieren oder Zuflucht vor Verfolgung finden können; das soll auch nicht heißen, daß in der deutschen Sprache überhaupt keine Fremd- und Lehnwörter mehr geduldet würden, oder eine kulturelle und wirtschaftliche Zusammenarbeit mit anderen Nationen ausgeschlossen würde, oder gar eine kritische deutsche Geschichtsschreibung unterdrückt würde. Nein, wie der ehemalige RAF-Terrorist und Berliner Rechtsanwalt Horst Mahler einmal in einer seiner Flugschriften richtig feststellte: *„Das Fremde ist das Salz in der Suppe, aber wer möchte schon eine versalzene Suppe?"* Das soll heißen, über die Dosierung des Salzes, der fremden Gewürzmischung, müssen wir Deutsche selbst alleine entscheiden, niemand sonst darf uns darüber eine Vorgabe machen. Selbst das als so „rassistisch" gescholtene Dritte Reich unterhielt Beziehungen und Bündnisse mit fremden Nationen, sogar mit dem „fremdrassigen" Japan. Mit jüdischen Zionisten verhandelten nationalsozialistische Politiker über eine friedliche und humane Lösung des Judenproblems in Europa. An deutschen Universitäten studierten junge Menschen aus dem Ausland, es gab auch Gastarbeiter, die auf freiwilliger Basis ihr Geld im Dritten Reich verdienten, die nicht mit den Zwangsarbeitern zu verwechseln sind. Die Vorstellung, es wäre ein Deutschland ohne Ausländer und ohne ausländische Einflüsse in Kultur und Wirtschaft möglich, gehört ins Reich der Märchen und Fabeln.

Nationale Opposition und Öffentlichkeit

Dies sind Sachverhalte, die jedem konstruktiv denkenden und handelnden Nationalisten einleuchtend sind. Doch in der sogenannten demokratischen Öffentlichkeit ist über die nationale Opposition und deren politische Ziele ein völlig anderes Bild vorhanden. Weil die Herrschenden den Dialog, das Streitgespräch um die besseren Argumente mit den Nationalisten fürchten, müssen sie deren Zielvorstellungen verfälschen – durch Halbwahrheiten und plumpe Lügen in den PC-gleichgeschalteten Medien. In diesen lizenzierten Medien wird in der Regel nicht mit „Rechtsradikalen" geredet, sondern fast ausschließlich über und gegen sie. Der organisierte Nationalismus hat in den etablierten Medien kaum eine Möglichkeit, seine inhaltliche Positionen einem breiten Publikum unverfälscht mitzuteilen. Ziel dieser etablierten Strategie ist die Kriminalisierung einer wirklichen Opposition in unserem Land.

So entsteht dann die Situation, daß in einer ZDF-Fernsehmagazinsendung *Frontal* im Mai 1999 die Behauptung aufgestellt wurde, die „Rechtsradikalen" hätten in dem jugoslawischen Staatspräsidenten Slobodan Milsosevic einen neuen „Führer" gewonnen. Diese Behauptung ist natürlich barer Unsinn. Den sogenannten „Rechtsradikalen" geht es nicht um ein neues (serbisches) Führerbild, sondern alleine um die Anerkennung der staatlichen Souveränität Jugoslawiens – um nicht mehr und um nicht weniger. Die deutschen Nationalisten stehen – für historisch Kundige deutlich erkennbar – ganz gewiß nicht unter Verdacht, von Haus aus Sympathisanten der serbischen Sache zu sein. Zu groß sind da nämlich die historischen Belastungen auf beiden Seiten, auf der deutschen wie auf der serbischen.

Dieses Beispiel soll deutlich machen, daß die nationale Opposition hierzulande an einem grundsätzlichen strategischen Problem leidet: Schenkt man den empirischen Umfragen der großen Meinungsforschungsinstitute (Infas etc.) Glauben, dann stimmen große Teile der deutschen Bürger mit den politischen Positionen der nationalen Opposition überein. Das schwankt zwischen 50-70 Prozent in der Europa- und Ausländerpolitik sowie im Umgang mit der deutschen Vergangenheit. Doch nur ein Bruchteil dieses nationalen Bürgerpotentials ist sich dieser inhaltlichen Übereinstimmung mit der nationalen Opposition (den „Rechtsradikalen") bewußt. Nur so ist es zu erklären, daß ein beträchtlicher Teil dieses Potentials bei Umfragen ebenso für ein Verbot nationaler Parteien stimmt.

Ein Großteil des deutschen Volkes stimmt – trotz Umerziehung und medialer Dauermanipulation – mit nationalen Politikinhalten überein, lehnt jedoch den Umgang mit nationalen Politikern und Organisationen ab. Dieser Umstand liegt zum einen an der schlechten Präsentation nationaler Politiker und Organisationen in der Öffentlichkeit. Das Problem ist also zu einem Gutteil „hausgemacht" – so viel muß feststehen. Inkompetenz vor laufender Kamera von nicht qualifizierten Mandatsträgern und Kandidaten (vor allem bei der DVU) sind hierfür eine wesentliche Ursache, ein für „Normalbürger" abschreckender Proletkult (Skinhead-Subkultur) und NS-Nostalgie die andere.

Diese nationale Selbstkritik, die nicht übergangen werden darf, kann aber natürlich nicht darüber hinwegtäuschen, daß die Hauptursache für die schlechte Präsenz der nationalen Opposition in den Medien an dem politischen System BRD selbst liegt, an seiner Methode Öffentlichkeit herzustellen, dem Bürger eine bestimmte Form von Medienrealität vorzuspielen, die mit den wirklichen politischen Zusammenhängen nur wenig gemein hat. Der hauptsächliche Punkt hierfür ist: In sogenannten „Demokratien" organisieren die Demokraten ihre Opposition am liebsten selbst, damit diese schön im Rahmen des „demokratischen" Diskurses bleibt. Das war in der „Deutschen Demokratischen Republik" so und ist auch in der BRD nicht anders. Waren es in der DDR die Blockparteien und Massenorganisationen, die eine pluralistische Meinungsvielfalt vorspielen sollten, so nennt man das in der BRD die „Gemeinschaft der Demokraten", die unter sich ausmachen, wer die Regierungs- und wer die Oppositionsrolle, mit möglichem Rollentausch nach vier Jahren, wahrnimmt. Die wirkliche Opposition, nämlich die nationale Opposition, die zu den Lebensfrage der Deutschen etwas wesentlich anderes zu sagen hätte, ist in diesem Rollenspiel nicht vorgesehen, sie wird statt dessen mit allen Möglichkeiten der Zensur aus der veröffentlichten Meinung ausgegrenzt.

Gegenstrategie – eine eigene nationale Öffentlichkeit schaffen!

An was es der nationalen Opposition in der BRD so ziemlich am meisten mangelt, ist die Fähigkeit, eine eigene Öffentlichkeit herzustellen. Wer wie Haiders FPÖ im Wiener Nationalrat und den österreichischen Landtagen und Gemeinderäten mit stattlichen Fraktionen vertreten ist, oder wie Le Pens Front National über Regionalratspräsidenten entscheidend mitbestimmt und über Bürgermeister verfügt, den können die etablierten Medien nicht mehr ignorieren. Ein durchgehender Medienboykott, der sich auf bloßes Totschweigen stützt, ist bei solchen Kräfteverhältnissen nicht in jedem Fall konsequent durchzusetzen. Da wird sich immer mal wieder ein Journalist aus dem Establishment – wie der „Staberl" von der *Kronen-Zeitung* – dazu hergeben, Grund- und Bürgerrechte auch für die Vertreter des nationalfreiheitlichen Lagers in Österreich einzufordern. Was ja für viele Gutmenschen schon viel verlangt ist, denn dieses politische Spektrum besteht nicht nur aus dem Rechtspopulisten Jörg Haider, sondern ebenso aus „eindeutigen Rechtsextremisten". Oder es findet sich eine vorzeigbare und populäre Prominente wie die Film-Diva Brigitte Bardot, die für den *Front National* Partei ergreift. Die Ausgrenzungsstrategie der „Demokraten" wird somit zumindest schwieriger, wenn nicht unterlaufen, wenn Sympathieträger nationale Politiker, Publizisten und Verleger in Schutz nehmen, und deren Positionen – wie es die Gutmenschen sagen – „salonfähig" machen.

Die nationale Opposition in der BRD befindet sich – um es einmal drastisch zu formulieren – im Ghetto. Es handelt sich vornehmlich um Stigmatisierte, vergleichbar mit den Pestkranken im Mittelalter, mit denen sich einer aus dem Establishment bestenfalls auf einer Autobahnraststätte treffen darf. Spricht ihn die *BILD*-Zeitung oder ein anderes Denunziationsorgan daraufhin auf dieses Treffen an, kann er dieses Zusammenkommen ja immerhin noch leugnen.

Wo bestehen nun für die nationale Opposition in der BRD die Möglichkeiten, Öffentlichkeit herzustellen? Darauf zu hoffen, daß einem die Systemmedien automatisch die Zeitungsspalten öffnen und Sendezeit zur Verfügung stellen, um einen wirklich „pluralistischen Meinungskampf" zu garantieren, der diesen Namen auch verdient, ist – zumindest in der BRD – illusorisch. Wer sich auf die Lizenzmedien verläßt, der ist hier wirklich verlassen. Eine nationale Partei beziehungsweise Gruppierung muß, wenn sie mittel- und langfristig Erfolg haben will, Öffentlichkeit erzwingen können. Die nationale Opposition muß sich in die Lage versetzen – so leichtfertig dies auch an dieser Stelle klingen mag –, über den Zeitpunkt und weitestgehend auch die Adressaten bestimmen zu können, die man mit einer konkreten Kampagne erreichen will.

Wer dazu – auch nur im Ansatz – nicht in der Lage ist, der soll die Hände davon lassen, weitere überflüssige rechte Parteien und Sekten zu gründen – wenn erst Monate vor einer Wahl darüber beraten wird, wie man die zum Wahlantritt nötigen Unterstützungsunterschriften zusammenbekommt, und man im gleichen Zuge versucht, das Bundesgebiet mit Kreisverbänden organisatorisch abzudecken. Es müssen also „Hebel" analysiert werden, mit denen die nationale Opposition Öffentlichkeit erzwingen kann, um potentielle Gesinnungsfreunde zum Unterstützen zu animieren – sei es in finanzieller, ideeller oder organisatorischer Art. Oder einfach dadurch, daß man Sympathisanten zur Stimmabgabe für eine nationale Partei bewegt.

Es gibt nun generell mehrere Möglichkeiten, die Meinungsmanipulation der Lizenzmedien zu unterlaufen. Eine davon wäre die langfristige Strategie, mit eigenen Medien zu versuchen, eine breite Öffentlichkeit zu erreichen. Das bedeutet, sich vorzunehmen, eigene Zeitungen und Zeitschriften ins Leben zu rufen, die über den Zeitungsständer eine breitere Leserschicht erreichen könnten, als die bisher bestehenden Publikationen der nationalen Opposition, die nur in der Lage sind, das „rechte Ghetto" zu bedienen. Diese Langzeitstrategie, über eigene Publikumszeitungen, Radio- und Fernsehsender, Internetangebote etc. aus dem „rechten Ghetto" auszubrechen, sollte unbedingt forciert werden. Konkrete Schritte hierzu sind einzuleiten und zum Teil schon auf dem Weg.

Eine zweite Möglichkeit, die Totschweige- und Verleumdungstaktik zu unterlaufen, besteht nun auf dem parlamentarischen Wege. Es handelt sich dabei um die Vorstellung, über den Einzug in die Parlamente eine Öffentlichkeit für die nationale Opposition zu erzwingen. Nun gibt es die Möglichkeit, über Geldeinsatz – falls davon genug vorhanden ist – die Totschweige- und Verleumdungsstrategie des Systems auszuhebeln. Die DVU des Gerhard Frey bedient sich nun genau dieser Strategie. Da wird dann ein Bundesland wie in Sachsen-Anhalt 1998 wochenlang mit Plakaten überklebt (u.a. „Deutsches Geld für deutsche Arbeitsplätze!"), Flugzeuge kreisen mit Spruchbändern über Magdeburg und Halle („Wählt DVU!"), mit Postwurfsendungen werden sämtliche Haushalte erreicht, die Jungwähler gesondert.

Das Ergebnis besteht aber nun darin, daß regionale Wahlergebnisse wie die der DVU in Bremen, Schleswig-Holstein und Sachsen-Anhalt nicht über mehrere Jahre kontinuierlicher Parteiarbeit erarbeitet, sondern in kürzester Zeit regelrecht erkauft werden. Das mag auf den ersten Blick beeindruckend wirken und wünschenswert sein, doch die Wirklichkeit sieht dann so aus, daß sich oftmals bereits nach wenigen Monaten die Angehörigen solcher Fraktionen untereinander und mit der DVU-Zentrale in München zerstritten haben. Der Grund liegt nun darin, daß es sich bei diesen Kandidaten und späteren Abgeordneten in der Regel um politische und intellektuelle „Leichtgewichte" handelt, die nicht in der Lage sind, eine eigenständige Fraktionsarbeit zu leisten, die dann am Gängelband der Bundespartei gehalten werden, und die in der Medienöffentlichkeit als Trottel vorgeführt werden. Es ist auch schon vorgekommen, daß Gerhard Frey sich seine Landtagskandidaten – zum Beispiel in Bremen – per Anzeigenkampagne in seinen Zeitungen zusammengesucht hat. Was dabei an „Sachkompetenz" nur herauskommen kann, dürfte auf der Hand liegen. Einer dauerhafte parlamentarische Arbeit ist jedenfalls auf diesem Wege nicht zu erreichen. Die Parteienverdrossenheit der BRD-Wähler schlägt dann logischerweise auch auf nationale Parteien zurück, die wie die DVU versuchen, lediglich über einen massiven Geldeinsatz kurzfristige Wahlerfolge zu erzwingen, anstatt durch eine solide Verbandsarbeit „vor Ort", die sich zum Ziel setzt, den Wählern in den Regionen und Kommunen kompetente „Gesichter" zu präsentieren, eine dauerhafte parlamentarische Verankerung auf allen Ebenen zu erreichen.

Wer nun das Geld nicht in so rauhen Mengen besitzt wie DVU-Chef Frey, wie kann der dann eine nationale Öffentlichkeit erzwingen? Wer über keinen konzentrierten Werbeetat verfügt, der muß notgedrungen über eine organisatorisch breitangelegte Aktivistenbasis verfügen, eine Vielzahl an Idealisten, die weltanschaulich gefestigt und leidensfähig sind. Die sich nicht darüber beklagen, daß sie ihre Freizeit hinter einem Infostand verbringen und sich dabei von „Antifaschisten" anpöbeln lassen müssen – manchmal bleibt es nicht beim Anpöbeln. Die NPD, die viele in den letzten Jahren längst totgesagt hatten, scheint auf dem Weg zu sein, diese soeben skizzierte Strategie, nämlich nationale Öffentlichkeit mittels einer aktionsfähigen und idealistisch gestimmten Basis zu erzwingen, langfristig am ehesten umsetzen zu können.

Seit den 90er Jahren fahren die Nationaldemokraten diese Strategie, themenbezogen – vor allem unter freiem Himmel – Demonstrationen und Großkundgebungen abzuhalten, um somit in den Medien ihre Themen und Inhalte zu transportieren. Die Teilnehmerzahlen bewegen sich dabei, was Großveranstaltungen anbetrifft, zwischen 1 000 und 6 000 Personen, die vorwiegend der jüngeren Generation zuzurechnen sind. Themen sind unter anderen der Protest gegen die Anti-

Wehrmachtsausstellung der Herren Reemtsma und Heer, die Einführung der doppelten Staatsbürgerschaft sowie die Einforderung von Grundrechten wie Versammlungs- und Meinungsfreiheit für nationale Oppositionelle.

Diese Großveranstaltungen haben – so viel läßt sich jetzt schon sagen – ihre beabsichtigte Wirkung erreicht. So wird die Anti-Wehrmachtsausstellung aufgrund ihrer Unwissenschaftlichkeit mittlerweile selbst in bürgerlichen Kreisen kritisiert. Gleiches läßt sich für andere Themen sagen. Zudem wird für den „Normalbürger", der sich an solchen Demonstrationen (noch) nicht beteiligt, deutlich, wer in den eigentlichen Lebensfragen des deutschen Volkes hierzulande wirklich die Opposition darstellt – wenn es um Themen geht, die alleine anzusprechen bedeutet, den Tabubruch zu wagen. Die Medien werden gezwungen, sich mit dezidiert nationalen Themen und Positionen auseinderzusetzen – wenn diese dann auch negativ kommentiert werden.

Zum zweiten wird natürlich durch die Aktionsform Demonstration ein Solidarisierungseffekt vor allem unter jungen Nationalisten erreicht, indem diesen Erfolgserlebnisse geboten werden, die zwar nur ein Wochenende andauern, jedoch monatelange Motivation bieten, in der eigenen Region nationalpolitisch tätig zu werden, das heißt: Sympathisanten anzusprechen und aufzuklären, Mitstreiter zu werben, Öffentlichkeitsarbeit zu leisten. Der negative Effekt besteht darin, daß durch den großen Anteil junger „Subkultureller" (Skins, Glatzenszene) vor allem nationale Wähler mit eher bürgerlichem Habitus abgeschreckt werden. Dies ist jedoch eher ein Phänomen, welches für Westdeutschland Gültigkeit hat, wo die Glatzenszene wirklich eine Randerscheinung darstellt – im Gegensatz zu Mitteldeutschland, wo kahlrasierte Nationale in vielen Gemeinden und Städten aus dem öffentlichen Bild nicht mehr hinwegzudenken sind und wo auch der Abschreckungseffekt gegenüber dem „Normalbürger" im Schwinden begriffen ist. Die Möglichkeit, bürgerliche Wähler abzuschrecken, ist in Kauf zu nehmen, jedoch sollte darauf geachtet werden, daß die nationale Opposition ihre Verhaltensregeln – was vor allem Gewalt und Alkohol bei Versammlungen betrifft – gegen die Subkultur durchsetzt und nicht der umgekehrte Fall eintritt.

Dabei gestaltet sich das Zustandekommen nationaler Demonstrationen recht problematisch. Dies ergibt sich aus dem Umstand, daß die Herrschenden an einer nationalen Gegenöffentlichkeit naturgemäß wenig Interesse besitzen, statt dessen bestrebt sind, solche Ansätze bereits im Keim zu ersticken. Da gibt es nun zwei Möglichkeiten, solchen öffentlichen Versammlungen zu begegnen. Zum einen werden Veranstaltungen, vor allem wenn diese sich an ein offenes Publikum wenden, verboten. Über das Verbot wird dann mittels medialer Gleichschaltung entweder gar nicht berichtet – wie zum Beispiel am 1. Mai 1999 über die verbotene NPD-Demonstration in Bremen –, oder die Veranstaltung findet – weil es immer noch politisch unabhängige Verwaltungsgerichte gibt – zwar statt, doch ohne Öffentlichkeit.

Die zuletzt skizzierte Variante, einer Fundamentalopposition, die in einem internationalistisch geprägten System immer nur nationalistisch sein kann, die Öffentlichkeit zu entziehen, ereignete sich wieder einmal am 8. Mai 1999, dem Tag der deutschen „Befreiung", an einem Brennpunkt der Weltgeschichte, nämlich dem Brandenburger Tor in Berlin. Dort wollten die Bürgerinitiative „Für unser Land" des Berliner Rechtsanwaltes Horst Mahler und die NPD gemeinsam eine öffentliche Kundgebung abhalten. Insbesondere die Bürger Berlins waren eingeladen, zu der Veranstaltung zu kommen, um sich selbst eine Meinung bilden zu können über die Redeinhalte von Horst Mahler, Udo Voigt und Friedrich Baunack (Deutschland Bewegung).

Doch was geschah? Die Kundgebung geriet zu einer Geisterveranstaltung. Knapp 100 Teilnehmer aus dem nationalen Spektrum lauschten den Reden, deren grundsätzliche Inhalte sie ohnehin schon kannten, die „Normal"-Bürger wurden hingegen erfolgreich abgeschreckt, den Weg zum Brandenburger Tor zu suchen. Dieses wurde nämlich weiträumig von immensen Polizeikräften abgeriegelt. Wer zu Voigt, Mahler und Baunack durchkommen wollte, mußte sich ausweisen. Dies wiederum ist dem „patriotischen" BRD-Spießer nun doch nicht zuzumuten. Im übrigen wurden auch Nationalisten in ihren Bussen von der politisch motivierten Polizei so lange festgehalten, bis die Kundgebung vorbei war. So funktioniert also „demokratische Öffentlichkeit" – die nationale Opposition spricht in Hinterzimmern und auf abgeriegelten „öffentlichen" Plätzen, nationale Publizisten schreiben in Büchern und Zeitschriften und erreichen allesamt nur diejenigen, welche die nationalen Inhalte im wesentlichen ohnehin schon kennen. Währenddessen spielen im neu besetzten Berliner Reichstag die Damen und Herren Bundestagsabgeordneten „Regierung" und „Opposition". Die Spannung des raffiniert inszenierten Stücks besteht dann darin, daß der Zuschauer sich die Frage stellt, ob in vier Jahren womöglich die Rollen getauscht werden.

Ein Großteil der Veranstaltungen, welche die nationale Fundamentalopposition anmelden will, wird von den dafür zuständigen Behörden (Kommunen, Polizei) zunächst einmal verboten. Die davon betroffenen Organisation ist dann darauf angewiesen, einen Rechtsanwalt einzusetzen, der wiederum mit juristischen Mitteln versucht, das Versammlungsverbot vor einem Verwaltungsgericht aufzuheben. Die Verbotsgründe sind dann zumeist politisch motiviert. Entweder wird im Stile einer Vorzensur daran Anstoß genommen, daß die vom Veranstalter vorgesehenen Redner oder Themen bereits politisch vorbelastet seien (Vorstrafen wegen Kommunikationsdelikten, historischer Revisionismus etc.), oder es wird ins Feld geführt, die „ausländischen Mitbürger" des Stadtteils, in dem die nationale Demonstration angemeldet wurde, würden sich „provoziert" fühlen. Auch die sogenannte „Antifa" könnte sich schließlich zu Gegenmaßnahmen, auch der gewaltbereiten Art, „provoziert" fühlen, weshalb ein „Polizeinotstand" zu befürchten sei, und man deshalb die angemeldete Versammlung verbieten müsse.

Hat der von der betroffenen nationalen Organisation mit der Aufhebung eines Versammlungsverbots beauftragte Rechtsanwalt die erste Hürde beim Verwaltungsgericht genommen, dann ist damit zu rechnen, daß die Verbotsbehörde versucht, bei einem Oberverwaltungsgericht, dann zumeist mit der Begründung des „Polizeinotstandes", doch noch ein Versammlungsverbot durchzusetzen – mit dem Ergebnis, daß über ein neuerliches Verbot, beziehungsweise eine Zulassung der Veranstaltung, erst im Morgengrauen des Tages zu rechnen ist, an dem die Versammlung stattfinden soll. Daß dieser Ablauf nicht gerade den „Normalbürger" dazu einlädt, sich einer solchen Demonstration und Kundgebung anzuschließen, bei der tagelang nicht klar ist, ob sie verboten oder erlaubt wird, dürfte auf der Hand liegen. Das Ergebnis dieser Verbotspraxis ist vom System natürlich so gewollt: Es besteht darin, daß nur der „harte Kern", also die „einschlägige" nationalistische Szene, bereit ist, sich einer solchen Vorgehensweise zu unterwerfen, die letztendlich darin gipfelt, daß sich ein Nationalist möglicherweise aus Oberbayern Freitag Nacht in einem Reisebus oder seinem Privat-PKW in Marsch setzt, um zu einer Versammlung in Hamburg aufzubrechen, die am darauffolgenden Samstag um 11 Uhr stattfinden soll und er einkalkulieren muß, daß er in Hamburg frühmorgens ankommt und dort von Kameraden oder der Polizei erfahren muß, daß die Versammlung, an der er eigentlich teilnehmen wollte, nun doch verboten ist, er möglicherweise sogar von der Polizei festgehalten wird, um ihn an der Beteiligung an einer verbotenen Demonstration zu hindern.

Die Verbotspraxis des BRD-Systems läßt sich immer weniger nach rein rationalen Erwägungen begründen. Einmal Verbot, dann wieder eine Genehmigung. Wenn man es am wenigsten erwartet, wird die Kundgebung erlaubt, wie am 23. Mai 1999 eine nationale Demonstration in Bremen. Gut drei Wochen zuvor, am „Tag der nationalen Arbeit", wurde in der Hansestadt eine NPD-Demo unter fadenscheinigen Gründen verboten, und die angereisten Organisatoren und Teilnehmer gewaltsam von der Polizei an ihrem grundgesetzlichen Recht auf Versammlungsfreiheit gehindert. Drei Wochen später durften die Nationalisten dann plötzlich doch marschieren. Vielleicht deshalb, weil am 23. Mai „nur" rund 120 Teilnehmer nach Bremen kamen und nicht mehrere Tausend, wie für den 1. Mai erwartet, als die NPD bundesweit ihre Anhänger mobilisierte.

Daraufhin freuten sich insbesondere die norddeutschen Nationalisten auf die für den 5. Juni 1999 in Hamburg angemeldete Pro-Wehrmachtsdemonstration. Denn wer in Bremen seine Meinung äußern darf, der darf dies auch in Hamburg. Falsch gedacht! Dort wurde die Veranstaltung verboten, weil offenbar die in Hamburg starke Reemtsma-Lobby keinen Widerspruch gegen die Verleumder der Wehrmacht dulden will. Auch in Hamburg haben Veranstalter, Medien und Polizei mit rund 2 000 Nationalisten gerechnet. Zermürbungstaktik?!

Nationale Opposition – eine neue Standortbestimmung

> *„Daß man in Deutschland, wenn man teilnehmen will,*
> *nur links oder rechts untergebracht werden kann,*
> *finde ich erbärmlich. Das empfinde ich als eine*
> *deutsche Krankheit. Wir sind ja das*
> *Religionskriegsvolk."*
>
> <div align="right">Martin Walser
in <i>Focus</i> 11/1997</div>

Unter orthodoxen Rechten wie unter orthodoxen Linken mutet die politische Standortbestimmung – wie der Schriftsteller Walser völlig zurecht meint – nicht selten wie eine Ersatzreligion an. Wer in seinem rechten beziehungsweise linken „Schützengraben" (Horst Mahler) ausharren will, der braucht sich allerdings über vorhandene Gemeinsamkeiten über die Lagergrenzen hinweg keine Gedanken machen. Das ist auch allemal bequemer. Natürlich gibt es auch Trennendes und Unvereinbarkeiten. Auch darüber muß gesprochen werden.

Es kommt jedoch nicht von ungefähr, daß ausgerechnet heute radikale Rechte wie radikale Linke untereinander weltanschauliche Schnittstellen feststellen, wie Anfang 1999 auf einer nationalen Veranstaltung in Karlsruhe die ehemaligen Links- bzw. Rechts-Terroristen Horst Mahler und Peter Naumann. Vor zehn Jahren wären solche Gemeinsamkeiten jedenfalls undenkbar gewesen. Zu tief waren damals die Gräben in vielen Köpfen, um sich inhaltliche Gemeinsamkeiten zwischen den beiden Lagern vorstellen zu können.

Nun, nachdem sich um die Zeitenwende von 1989/90 der Kalte Krieg sowie die Bipolarität der Weltpolitik in einen „freien" Westen und einen unfreien Ostblock auflöste, trennt sich endlich die Spreu vom Weizen. Während die Phase des Kalten Krieges für die Herrschenden auf beiden Seiten des Eisernen Vorhanges noch dazu diente, die ideologische Hauptkampflinie zwischen Nationalismus einerseits (Erhalt der Völker und Kulturen) und dem Internationalismus andererseits (Einebnung der Völker und Kulturen) zu verschütten, sind die allerorts im Establishment anzutreffenden propagandistischen Täuschungsmanöver nun für alle Klardenkenden und Unvoreingenommenen deutlich sichtbar geworden.

Nachdem die weltanschaulichen Fronten klar zutage getreten sind, müssen Fragen gestellt und von den Betreffenden präzise Antworten gegeben werden: Ein linker 68er muß sich heute die Frage gefallen lassen, wo sein Anti-Amerikanismus und sein Anti-Imperialismus geblieben sind – oder galten die nur für das vietnamesische Volk? Ein Linker muß sich heute auch die Frage gefallen lassen, wie er denn einerseits den Sozialstaat retten will, wenn er andererseits das gesamte Proletariat der Welt zur Einreise nach Deutschland animieren will? Und viele Fragen mehr. Auch Rechte müssen sich nun verstärkt Fragen gefallen lassen: Wie die nach der Volksgemeinschaft, die ohne eine konsequente Sozialpolitik nicht möglich ist. Die „antibolschewistische" Phrase der Vergangenheit: *„Wenn es Dir hier nicht paßt, dann geh doch rüber!"* zieht nicht mehr, da „drüben" jetzt auch – umrahmt von Mac Donalds und Baumärkten – Sozialdumping stattfindet.

Was bringen heute noch die Begriffe „links" und „rechts" für die politische Auseinandersetzung? Und wer gehört eigentlich zur deutschen Rechten? Begriffsdefinitionen, worin das Wesen der politischen Rechten bestehe, gibt es nun zahlreiche. Ein jeder, der sich selbst als „rechts" verortet, hat möglicherweise seine eigene „rechte" Vorstellung, was mit diesem politischen Spektrum rechts der Mitte gemeint ist, wer dazugehört und wer nicht.

Nun ist jedoch die persönliche Privatphilosophie eines einzelnen Rechten, der sich selbst so definiert, nicht ausschlaggebend für den politischen Verlauf dieser Welt. Interessant wäre allemal eine empirische Untersuchung, was zum Beispiel die Bürger der BRD unter „rechts" beziehungsweise einer „rechten" Politik verstehen, welche Programmpunkte sie einer politischen Rechten zuordnen würden. Möglicherweise ergäbe sich dabei ein Bild, daß die Forderung nach einem Zuzugsstopp für Ausländer und das Festhalten am deutschen Nationalstaat ebenso „rechts" eingestuft werden, wie konservative Grundhaltungen (Tradition, Familie etc.), aber auch eine „rechte", nämlich wirtschaftsliberale und unternehmerfreundliche Wirtschaftpolitik.

Eine Wirtschaftspolitik – man denke hierbei an den österreichischen Nationalökonom und Philosophen Friedrich August von Hayek –, die modellhaft einer „spontanen Ordnung" entspringen und in die der Staat wenn möglich nicht eingreifen soll. Diese Vorstellung ist auch im Konzept des Nachtwächterstaates von Adam Smith angelegt. Tatsächlich werden solche Wirtschafts- und Gesellschaftsmodelle, die von einem weitestgehend freien Markt ausgehen, in der Politikwissenschaft in der Regel unter der Rubrik „rechter" Gesellschaftstheorien abgehandelt. Demzufolge vertreten die Parteien „Die Republikaner" und im besonderen der „Bund Freier Bürger" eine konsequente rechte Wirtschaftspolitik. Das gleiche gilt für Jörg Haiders FPÖ in Österreich. Von den sogenannten „National"-Liberalen wird ja gerne gegen das Eingreifen des Staates in die Wirtschaft mit dem „Sozialismus"-Vorwurf polemisiert. Demzufolge wäre die Voraussetzung eines nicht-sozialistischen Wirtschaftssystems das Nichteingreifen des Staates in die Wirtschaft.

Wir sind also wieder am Ausgangspunkt des Themas angelangt: Was ist „rechts" und was ist "links"? Eine Frage, die immer wieder gestellt wird, die zwar auf Dauer manchen Beteiligten nervt, die es aber immer wieder wert ist – wie der Verfasser meint –, erörtert zu werden. Vielleicht trägt das nachfolgende Beispiel zur Erhellung der angesprochenen Problematik bei: Ein Peter Gauweiler, Münchner CSU-Politiker, bekennt sich tatsächlich dazu, der „Rechten" anzugehören. Auf die Frage des Münchner Magazins *Focus: „Sagen Sie mal, Peter Gauweiler, (...) sind Sie eigentlich ein Rechter?"* – meinte Gauweiler nicht zu unrecht: *„Da mich fast jeder einen Rechten nennt, muß was dran sein. Früher habe ich gedacht, ich sei ein Liberaler. Liberal im Sinne von normal (...)."*[113] Für solche bürgerlichen Politiker geht der politische Standort der Rechten – als begriffliche Wurzel sozusagen – immer von der „Freiheit" aus, während die Linke von dem Begriff der „Gleichheit" ausgehe.[114] Mit (rechter) „Freiheit" können bürgerliche und auch wirtschaftliche Freiheiten des Individuums gemeint sein – mit den ersten sind Grundrechte wie Meinungs-, Presse- und Versammlungsfreiheit gemeint, mit den zweiten die Möglichkeiten eines wirtschaftlich Selbständigen, sich auf dem freien Markt „frei" – ohne staatliche Bevormundung – entfalten zu können. Die Freiheit eines Kollektivs (Volk, Nation, Arbeiterklasse etc.) ist in diesem Konzept allerdings nicht vorgesehen.

Die begriffliche Ableitung der politischen Rechten von der „Freiheit" ist schon deshalb nicht abwegig, da sich zum Beispiel die derzeit erfolgreichste Rechtspartei auf deutschem Boden, nämlich Jörg Haiders FPÖ, gerade mit der Bezeichnung „freiheitlich" schmückt. Auch die bundesdeutsche FDP stellt ja dem Namen nach eine „freie" Partei dar, die historisch ihre Wurzeln in den beiden Weimarer liberalen Parteien hat, nämlich der linksliberalen „Deutschen Demokratischen Partei" (DDP) und der rechtsliberalen „Deutschen Volkspartei" (DVP). Sowohl der österreichischen (FPÖ) als auch der bundesdeutschen Variante (FDP) ist zu eigen, daß sie beide ein klassisch rechts-bürgerliches Wirtschaftsprogramm vertreten – nämlich den Wirtschaftsliberalismus, der einen weitestgehend freien Markt, möglichst ohne staatliche Reglementierung, vertritt. Während sich unter Haiders Vorsitz in der FPÖ seit 1986 wieder der rechtsliberale Ansatz sowie ein bürgerlicher Nationsbegriff durchgesetzt hat, dominiert in der heutigen FDP – im Gegensatz zu den 50er und frühen 60er Jahren – die linksliberale Position. Wenn national-liberale Politiker wie Haider in Österreich oder Schlierer (Die Republikaner) und Kappel (Bund Freier Bürger) in der BRD auch in ihrer Programmatik sozialpolitische Forderungen vertreten, dann entspringen diese wohl eher einer rein populistischen Motivation. Die Arbeiterschaft eignet sich ja hervorragend als Stimmvieh.

Vieles, jedoch nicht alles, was „Antifaschisten" über Rechte schreiben, ist pure

Polemik und hin und wieder steckt da auch ein Fünkchen Wahrheit drin. Das *Antifaschistische Infoblatt* zum Beispiel hat in seiner Ausgabe vom Januar/Februar 1999 eine gut durchdachte Analyse der in der Zeit davor unter Nationalen aufkeimenden Diskussion über den „Sozialismus"-Begriff geliefert. Natürlich wird zunächst einmal in typischer Antifa-Manier unterstellt, daß ein „rechter" Sozialismus generell unter Opportunismus- und Populismusverdacht zu stellen sei. Demzufolge könne nur die Antifa-Linke einen wahrhaften und überzeugenden Sozialismus vertreten. Die Erkenntnis, daß sich der Nationalismus einer festen Rechts-Links-Zuordnung entzieht, ist für linke wie rechte Reaktionäre – die nicht selten an Orthodoxie leiden – einfach nicht begreifbar. Aber dennoch hat das *Antifaschistische Infoblatt* gut erkannt, daß sich bei der „Sozialismus"-Frage offenbar die rechten Geister scheiden: Während nämlich einerseits die klassische Rechte, die rechtskonservativen und nationalliberalen Kräfte (FPÖ, REP, BFB), die soziale Frage lediglich in Form einer „Sozialdemagogie" flankierend zu ihrem dann doch durchgehend bürgerlich-wirtschaftsliberalen Programm einsetzen, gibt es andererseits die Nationalrevolutionäre, die aus innerer Überzeugung und programmatischer Identifikation den Sozialismus als Weltanschauung vertreten und diesen als unverzichtbaren Zwillingspartner des Nationalismus betrachten.

Die nationalliberale Variante der bürgerlichen und konservativen Rechten wird freilich auf Dauer nicht Erfolg haben. Die Volksverdummung liegt in diesem Falle nämlich zu deutlich auf der Hand: sich einerseits im Programm für die „Besserverdienenden" einsetzen (weniger Staat, für einseitige Steuersenkungen bei den Unternehmern, für Sozialabbau), andererseits jedoch die Arbeiterschaft bei Wahlen an sich binden zu wollen – durch inhaltslose „sozial"-populistische Sprüche, wonach einem die Interessen des Waldarbeiters im Bayerischen Wald näherstünden, als die des Plantagenarbeiters in Nicaragua (frei zitiert nach Franz Schönhuber). Auf Dauer wird die Arbeiterschaft dieses billige rechte Täuschungsmuster eines vermeintlichen „Sozialpatriotismus" durchschauen, der pseudosozial auftritt und bürgerlich handelt. Hingegen muß eine glaubwürdige nationale Sozialpolitik dem Volk schon sagen können, worin sich der Wesensgehalt eines „nationalen Sozialismus" beziehungsweise eines „sozialen Patriotismus" ausdrückt. Ist „Sozialismus", wie es manche Rechte meinen, lediglich ein Synonym zur „Volksgemeinschaft"?

Für den Verfasser sind jedoch nationaler Sozialismus und Volksgemeinschaft, die zweifellos zusammengehören, nicht identische beziehungsweise synonyme Begriffe, wie das nicht selten in rechten Publikationen behauptet wird. Der nationale Sozialismus ist vielmehr der Weg und die Volksgemeinschaft ist das Ziel einer authentisch nationalen Politik. Die Behauptung, die nationale Spielart des Sozialismus habe nichts mit Wirtschaftspolitik zu tun, findet zwar auf rechten Veranstaltungen immer wieder Beifall, ist jedoch absolut irreführend. Der Verweis darauf, ein nationaler Sozialismus dürfe nicht „materialistisch" sein, kommt zwar unter Rechten immer gut an, ist jedoch ebenso irreführend, da in der Realpolitik und im wirklichen Leben der Volksgenosse immer auch „materielle" Ansprüche und Probleme hat, da sich die volksfeindliche Politik der herrschenden Klasse für ihn immer auch „materiell" auswirkt (durch hohe Mieten, Lohndrückerei etc.).

Wenn sich nationaler Sozialismus lediglich im starken Staat erschöpfen sollte (Primat der Politik über die Wirtschaft), dann stellt sich die Frage, ob dies als inhaltliche Substanz des „Sozialismus"-Begriffes wirklich ausreicht? Dann könnte man nämlich ein jedes System, in dem autoritär die Politik über die Wirtschaftsinteressen dominiert – wie in einem reaktionären Ständestaat – als „Sozialismus" bezeichnen. Der Unsinn einer solchen Begriffsverwendung ist doch allzu offensichtlich.

Es ist hier die Frage aufzuwerfen: Hat Sozialismus nicht auch etwas, wie die Linken meinen, mit "sozialer Gerechtigkeit" zu tun? Und hat „soziale Gerechtigkeit" nicht auch etwas mit einer gerechten und vielfältigen Eigentumsstruktur zu tun? Solche Fragen und noch einige mehr müssen nationale Sozialisten beantworten, sie dürfen sich nicht vor solchen Fragen herumdrücken, nur weil man Gefahr läuft, von reaktionären Rechten des „Nationalbolschewismus" verdächtigt zu werden. Auch der „Materialismus"-Vorwurf greift hier zu kurz. Der Verfasser vertritt vielmehr die These, daß es einen „rechten" Sozialismus als solchen nicht gibt. Dieser ist vielmehr eine Chimäre, was die „Antifa" bisher gut erkannt hat. Ein nationaler Sozialismus ist hingegen sehr wohl möglich, was die Antifa bis heute allerdings aus Gründen geistiger Verblendung nicht wahrhaben will.

Soweit zur politischen Rechten und ihrem Verständnis von Sozialpolitik. Die Linke hingegen, folgt man der oben erwähnten klassischen politikwissenschaftlichen Definition, geht entsprechend der Französischen Revolution von der „Gleichheit" der Menschen aus. Diese führe zu den verschiedensten Formen des Kollektivismus. Aber unter „Kollektivismus" verstehen die diversen BRD-Verfassungsschutzberichte des Bundes und der Länder auch den Nationalismus. Ist aber deshalb der Nationalismus, der eine kollektive Volksgemeinschaft vertritt, eine linke Ideologie? Natürlich dann, wenn man der oben zitierten Definition folgt, die in der Tat einem klassischen Begriffsverständnis von „rechts" und „links" entspricht.

Von daher ist es auch durchaus verständlich, daß konservative Publizisten bestrebt sind, den für sie „diskreditierten" historischen National-Sozialismus ideengeschichtlich der politischen Linken zuzuordnen. Die Verortung des Nationalsozialismus als linke Ideologie stellt natürlich nur eine Teilwahrheit dar, ist aber insofern zutreffend, da ja – folgt man Rainer Zitelmanns Biographie „*Hitler – Selbstverständnis eines Revolutionärs*"[115] – der historische Nationalsozialismus die linke „Gleichheit" bezogen auf die Chancengleichheit deutscher Volksgenossen vertrat. Man denke nur an das sozialrevolutionäre NS-Schul- und Ausbildungssystem, das bis in unsere heutige Zeit überlebt hat. Die Abschaffung des Schulgeldes und vieles andere mehr empfinden gegenwärtige Gutmenschen als Selbstverständlichkeiten, müßten diese Errungenschaften jedoch – weil „historisch belastet" – „entnazifizieren".

Daß die Freund-Feind-Unterscheidung nicht in jedem Falle nach dem Schema „links" und „rechts" vorgenommen werden kann, verdeutlicht ein kommunalpolitisches Beispiel aus der Landeshauptstadt der Steiermark. In Graz spricht sich 1998 der KPÖ-Stadtrat Ernst Kaltenegger vehement gegen eine Privatisierung der Grazer Stadtwerke aus. Müllabfuhr, Volksbildungswerke und öffentlicher Nahverkehr seien dem Allgemeinwohl aller Bürger von Graz verpflichtet und von privatwirtschaftlichen Interessen fernzuhalten. Demgegenüber vertritt die nationalliberale FPÖ einen Kurs der Privatisierung staatlichen und kommunalen Eigentums. Was folgt nun als Lehre aus diesem Beispiel, das sich auf alle Regionen und Städte Deutschlands übertragen läßt? Ein nationaler Sozialist, für den Sozialismus nicht eine hohle Phrase ist, wird zumindest in diesem einen Punkt dem linken Politiker Kaltenegger zustimmen. In anderen Bereichen mag dies nicht zutreffen. Auch in Mitteldeutschland könnte sich die Gelegenheit ergeben, daß NPD-Stadt- und Kreisräte gemeinsam mit PDS-Kommunalpolitikern gegen eine Privatisierung kommunalen Eigentums stimmen. Warum eigentlich nicht? Bei anderen Themen mag man vielleicht eher mit konservativen Kreisen übereinstimmen. Aber was ist schon „konservativ"? Weite Teile der PDS-Wähler und Mitglieder werden von Meinungsforschungsinstituten als „konservativ" eingeschätzt, was natürlich für die Führungsriege in Berlin nicht zutrifft.

Diese vorangegangene begriffsgeschichtliche Einführung soll deutlich machen, daß, wer sich der Begriffe nicht völlig im klaren ist, in der politischen Diskussion schnell ins Schleudern geraten und diese deshalb nicht bestehen kann. Und schließlich ist davon auszugehen, daß Politik im allgemeinen, und nationale Politik im besonderen immer von der eindeutigen Bestimmung der eigenen Position auszugehen hat. Folgt man dem bedeutenden deutschen Staatsrechtler Carl Schmitt, dann besteht – nach dem gleichnamigen Buchtitel – das Wesen des „Begriffes des Politischen" in der Unterscheidung von „Freund" und „Feind". Ob dies wirklich das eigentliche Wesen des Politischen ausmacht, sei einmal dahingestellt. Doch die Unterscheidung von Freund und Feind muß der politischen Aktion vorausgehen, sofern sie strategisch und taktisch durchdacht sein will – und dies gilt gerade für die in diesem Land verfolgte nationale Opposition. Wenn diese tatsächlich die Auffassung vertreten sollte, wer „rechts" stehe ist Freund und wer „links" stehe ist Feind, dann ist für das sogenannte nationale Lager sprichwörtlich Hopfen und Malz verloren.

Nur ein Beispiel: Während der „linke" Ex-RAF-Terrorist Horst Mahler verstanden hat, daß es bei der Ausländer-Diskussion nicht darum geht, sich Gedanken zu machen, wie die hier lebenden Ausländer zu integrieren seien, wirft der Chefredakteur der rechtskonservativen Wochenzeitung *Junge Freiheit*, Dieter Stein, der Rechten vor, daß sie kein Konzept zur Integration von Ausländern hat – ganz so, als ob das ihre Aufgabe wäre!? Demgegenüber geht der linke Horst Mahler davon aus, daß die Zeit kommen werde, da ein Großteil der hier lebenden Ausländer wieder nach Hause geschickt werde. Von „Ausländer-Integration" ist also beim linken Mahler keine Rede, wohl aber beim rechten Stein wie auch in rechten Unionskreisen (Heinrich Lummer etc.), für die Stein sich publizistisch gewaltig ins Zeug legt. Für einen Nationalisten aber, der die Bewahrung der nationalen Identität (gemäß dem völkischen Prinzip) in der Wertehierarchie ganz oben ansetzt, müßte aus diesem Beispiel resultieren, daß der linke Horst Mahler einen potentiellen politischen Freund darstellt, Dieter Stein von der *Jungen Freiheit* hingegen dem politisch feindlichen Lager angehört.

Wer nun die Auffassung vertritt, die Nationalen sollten sich eindeutig „rechts" positionieren – wie dies ja auch die Verfassungsschutzberichte durch die Etikettierung „Rechtsextremismus" nahelegen –, der muß natürlich zwangsweise wie Franz Schönhuber in seiner *Nation & Europa*-Kolumne zu dem „Denkmodell" gelangen, daß die nationale Rechte, die er in DVU und REP vertreten sieht, bloß einen Wurmfortsatz der „Mitte-Rechts-Bataillone" (Unionsparteien) darstelle. Die Möglichkeit, CDU/CSU bei Wahlen zu unterstützen, sieht der frühere „Republikaner"-Chef in deren angeblicher Gegnerschaft gegen die Einführung der doppelten Staatsbürgerschaft durch Rot-Grün. Da Schönhuber ohnehin ein Gegner des völkischen Prinzips ist, ist seine Nähe zur Unionspolitik auch nachvollziehbar, da sich CDU/CSU zwar gegen die doppelte Staatsbürgerschaft, jedoch für eine Integration von Ausländern aussprechen. Und genau in diesem Punkt verläuft die Grenze der Unvereinbarkeit rechtskonservativer und authentisch nationaler Positionen.

Nicht nur an diesem Beispiel wird deutlich, daß ein Nationalist, der die Carl Schmitt'sche Freund-Feind-Unterscheidung konsequent anwendet, erkennen muß, daß der Frontverlauf für den Nationalismus nicht zwischen „rechts" und „links", sondern vielmehr zwischen „Nationalismus" (Erhaltung der Völker und Kulturen) und dem Internationalismus (Einschmelzung der Völker und Kulturen) verläuft. Der Nationalismus ist demnach der natürliche Feind eines jeglichen Internationalimus, in welchem Couleur er auch daherkommt: in dem des Liberal-Kapitalismus, des internationalen Kommunismus oder eines christlichen Universalismus, der vorgibt die Reichsidee zu vertreten, die aber mit deutschem Reich nichts zu tun hat, sondern ein religiös-fundamentalistisches Weltreich meint. Diese Vorstellung ist nun aber zutiefst undeutsch. Denn schon für die Germanen galt, daß die Welt immer aus einem „sowohl-als-auch" und nicht aus einem „entweder-oder" besteht – das gilt vor allem für die Akzeptanz der Verschiedenheit der Rassen, Völker und Religionen. Der religiöse Glauben ist daher immer – wie es das Wort „Glauben" nahelegt – das woran man persönlich „glaubt" –, ob das nun naturwissenschaftlich beweisbar ist oder nicht, spielt dabei überhaupt keine Rolle.

Dieses germanische „sowohl-als-auch" (der Völker, Kulturen und Religionen), für das der Stauferkaiser Friedrich der Zweite wie kein anderer eintrat, bietet die Möglichkeit, daß in einer nationalen Partei wie der NPD zum Beispiel Christen, die keinen Universalismus vertreten, mit Neuheiden und Atheisten politisch zusammenarbeiten können, die nicht das Ziel vertreten, Christen verfolgen zu wollen. Jedoch gilt für Christen, Neuheiden und Atheisten gleichermaßen : Wer den Religions- und

Bürgerkrieg pflegen will, hat in einer nationalen Organisation nichts verloren.

Im übrigen sei darauf verwiesen, daß die Freund-Feind-Unterscheidung nicht nur für die innenpolitische Auseinandersetzung in Deutschland Gültigkeit besitzt, sondern sich für den Nationalisten natürlich ebenso auf die Außen- und Weltpolitik übertragen läßt. Das Strickmuster Links-Rechts führt auch hier in die strategische Sackgasse. Denn während die rechtskonservative republikanische Partei der USA absolut keinen potentiellen Bündnispartner, sondern einen Feind des deutschen Nationalisten darstellt, pflegt zum Beispiel die nationalistische NPD außenpolitische Kontakte zu Nordkorea und China, deren Regierungen als „links" einzustufen sind. Die Grundlage solcher internationaler Kontakte ist die Idee des Ethnopluralismus und des Anti-Imperialismus, nicht jedoch die Frage – was immer wieder mißverstanden wurde –, ob man sich den „Sozialismus" eines asiatischen Staates zum Vorbild nehmen soll. Derartige Beispiele, wo es Gemeinsamkeiten mit linken Befreiungsnationalisten gibt und Trennendes mit rechtsverorteten Nationalregierungen anderer Staaten, könnte man beliebig viele aufführen. Die linke kurdische PKK zum Beispiel gewinnt dem deutschen Nationalisten in der Regel Respekt ab, die rechte „Likud"-Regierungspolitik Israels stößt im nationalen Lager Deutschlands – naturgemäß – auf Ablehnung.

Die politische Rechte hierzulande zeichnet sich durch ihren jahrzehntelangen Mißerfolg aus. Schlichte Gemüter folgern, daß man nur die Erfolglosen sammeln müsse, um künftig politischen Erfolg garantieren zu können. Aber nicht nur die konsequente Freund-Feind-Unterscheidung von Carl Schmitt rät dazu, den Kassandrarufen der Prediger einer fiktiven „Einheit der Rechten" zu widersprechen, einer „Einheit" von wirtschaftliberalen Besitzbürgern (Position des Bundes Freier Bürger), schwäbischen Kleinbürgern und Polizeibeamten (Republikaner), einem Großverleger, dem es zuallererst um die eigene Brieftasche geht und dessen „politische" Motivation bis heute nicht ganz geklärt ist (DVU), und Nationaldemokraten, für die soziale Gerechtigkeit und Volksgemeinschaft im Vordergrund steht: Eine solche „Einheit" kann nicht funktionieren. Sie ist vielmehr von vorneherein zum Scheitern verurteilt! Wer sie dennoch fordert, hat entweder von politischer Lageanalyse keine Ahnung oder betreibt bewußt das Geschäft des politischen Gegners. Im ersten Fall handelt es sich um geistige Schwäche, also Unfähigkeit, im zweiten Fall um Bösartigkeit. Beides sollten anständige Nationalisten nicht unterstützen.[116]

Das ständige gebetsmühlenartige Gerede von der „Einheit der Rechten" entspringt vor allem der jahrzehntelangen Erfolglosigkeit dieses Lagers. Gemeint ist hiermit die p o l i t i s c h e Erfolglosigkeit. Diese deutsche Rechte, von der hier Abschied zu nehmen ist, versucht seit langem diese politische Erfolglosigkeit durch eine Entpolitisierung zu lösen. Weil einem der politische Erfolg fehlt, der unter „verfassungstreuen" Rechten immer mit dem parlamentarischen Erfolg gleichgesetzt wird, flüchtet man sich gerne in unpolitische Nebenkriegsschauplätze. Diese resignative Hilflosigkeit teilt sich dabei in zwei Fraktionen (was natürlich eine modellhafte Vereinfachung darstellt!). Es soll in der Folge unterschieden werden zwischen einer alten und einer neuen Rechten, wobei diese Kategorien eher Verhaltensmustern entsprechen, die – was rechte Parteien, Organisationen und Publikationen betrifft – auch „quer" verlaufen können. So gibt es rechte Organisationen, die, wie noch gezeigt wird, einem der beiden Verhaltensmuster (alte oder neue Rechte) deutlich entsprechen, andere bewegen sich eher in einem Schnittmengenbereich.

Ausgangsthese: Die Alte Rechte

Die Alte Rechte versucht sich vor der politischen Erfolglosigkeit zu retten, indem sie Zuflucht in den „besseren Zeiten" sucht, in der Zeitgeschichte und dem (falsch verstandenen!) historischen Revisionismus, der sich auf der Ebene von Waffen-SS-Bildbänden bewegt. Wer das nicht glaubt, der vergleiche nur das Buchangebot rechter Verlagsprospekte – darin enthalten sind viel Zeitgeschichte, vor allem Militärgeschichte und reichlich Drittes Reich. Politische Bücher, Literatur zu kulturellen Themen oder gar „Schöngeistiges" ist eher schwach vertreten. Das liegt jedoch in erster Linie am Geschmack des Publikums solcher Verlage. Die Verleger selbst richten sich in ihrem Angebot nur danach.

In der Publizistik stellt die *Nationalzeitung* sozusagen das Flaggschiff der Alten Rechten dar. Die darin enthaltene Themenauswahl entspricht genau dem oben genannten inhaltlichen Profil: kaum Kultur, wenig konstruktive Politik, allenfalls DVU-Propaganda, jedoch viel Kommerz (Bestellaufruf am Ende eines Artikels!) und Drittes Reich bis zum Abwinken. Was man dem jüdisch-amerikanischen Regisseur Steven Spielberg vorwerfen muß, nämlich in diffamierender Weise die Vergangenheit zum großen Geschäft zu machen, betreibt die Frey-Presse unter umgekehrten Vorzeichen. Hier wird das Ansehen von Kriegshelden, wie das von

Rudel, durch den massenhaften Verkauf von Kitsch und Devotionalien in den Dreck gezogen. Das Ergebnis – ob durch Spielberg oder Frey – ist in etwa gleich. Während man in der Frey-Presse – diesmal im Stile einer Neuen Rechten – wohl eher taktisch motivierte Distanzierungen zum Dritten Reich vorfindet, besteht das eigentliche Markenzeichen der Alten Rechten darin, die jüngste deutsche Vergangenheit in undifferenzierter Weise als uneingeschränktes Vorbild auszugegeben.

Daß eine billige Kopie aber immer schlechter ist als das Original, dürfte sich von selbst verstehen. Denn mit den Rezepten und der Symbolik der Vergangenheit, die zu ihrer Zeit ihre Berechtigung hatten, ist keine Gegenwart und schon lange keine Zukunft zu machen. Der bereits angesprochene falschverstandene Revisionismus, der nicht historisieren will, was seine alleinige Aufgabe wäre, sondern glorifiziert, versteht sich als Anwalt des Dritten Reiches, oftmals zurecht, manchmal aber auch zu unrecht, wo tatsächlich Verbrechen und kriegsentscheidende Fehler begangen wurden. Wie in der Ostpolitik. Ein sinnvoller Revisionismus kann natürlich nur bestrebt sein, auf rein (fach-) historisch-wissenschaftlicher Grundlage Leistungen und Fehlleistungen des Dritten Reiches zu bilanzieren. Nicht mehr, aber auch nicht weniger!

Hat man schon eine Reihe altrechter Vortragsveranstaltungen besucht, dann erlebt man, wie die sich anschließenden Diskussionen nach einem Referat oftmals nach dem selben Strickmuster ablaufen. Der Referent hat möglicherweise über ein Thema aus dem Bereich der Kunst gesprochen, der typische Altrechte hingegen versucht in der Diskussion das Thema auf die Judenvernichtung, die Freimaurer, die Kriegsschuldfrage und natürlich die nicht vorhandene „Einheit der Rechten" zu lenken. Nicht daß diesen Themenkreisen keine Bedeutung zuzumessen ist, doch die einseitige Fixierung auf diese führt in der Tat zur Resignation im politischen Bereich. Innerhalb dieser alten Rechten findet eine Entpolitisierung statt.

Die Frage etwa, wie man aktuelle politische Themen für nationale Politik nutzen kann, wird dann zumeist nicht mehr gestellt. Dabei ist es aber so, daß den Bürger, der inhaltlich mit nationaler Politik sympathisiert, nicht der Leuchter-Report interessiert, sondern die drohende Einführung der Doppelstaatsbürgerschaft und die Integration von Ausländern – um nur ein aktuelles Beispiel zu nennen. Deshalb ist auch die Entscheidung der neuen NPD-Führung, sich schwerpunktmäßig nicht mit historischem Revisionismus zu befassen, der einer Partei juristisch nur viel Ungemach, jedoch kaum personelle Stärkung zuführt, absolut richtig. Nicht nur deshalb ist es wohl kein Zufall, daß sich Udo Voigt immer wieder dafür ausspricht, daß sich die NPD nicht mehr der „Alten Rechten" zugehörig fühlt. Bis zur Ära Mußgnug war dies aber zweifellos der Fall. Für die Ära von Thadden galt das insbesondere.

Damals war das vielleicht auch noch verständlich, daß sich eine nationale Partei eher als rechts definierte. Der „Kalte Krieg", der damals noch berechtigte „Kampf gegen den Bolschewismus", ist sicherlich hierfür der hauptsächliche Grund. Nachdem der sogenannte Ostblock auseinandergefallen ist und der Kommunismus in seiner reinen marxistisch-leninistischen Ausrichtung weltweit kaum mehr als staatstragende Kraft eine Rolle spielt, kann der Anti-Bolschewismus für den Nationalisten keine vordringliche Rolle mehr spielen. Nur reaktionäre Rechte ergehen sich heute in Verschwörungstheorien, daß irgendwo im Untergrund die kommunistische Machtergreifung drohe, sich gar die EU – wie man von reaktionären Rechten oft zu hören bekommt – zu einer Super-Sowjetunion entwickele.

Das Gegenteil ist der Fall: Auch wenn beiden, der Sowjetunion und der EU, zu eigen ist, daß sie supranationale Staatengebilde darstellen, so verkörperte die Sowjetunion die Diktatur des absoluten wirtschaftlichen Plans, die EU hingegen die Diktatur des absoluten Marktes. Daran ändert auch nichts die Tatsache, daß die EU zeitweise von „sozialistischen" beziehungsweise sozialdemokratischen Politikern dominiert wird, da die Schröders, Klimas und Blairs realpolitisch allenfalls als die besseren Kapitalisten einzuschätzen sind. Mit Arbeiterparolen werden Arbeiter zur Wahlurne gelockt, die Realpolitik wird dann aber kapitalfreundlich gestaltet. Der Vorwurf des „Sozialfaschismus" an die Adresse der Sozialdemokratie, den die Kommunisten unter Stalin in den 20er Jahren erhoben, scheint heute wieder an Aktualität gewonnen zu haben. Sozialdemokratie ist heute in der Tat Kapitalismus mit sozial gutem Gewissen, das realpolitisch harmlos bleibt. Zu Oppositionszeiten vertreten SPD-„Vordenker" in Grundsatzdiskussionen dann revolutionäre Thesen, wie die Teilhabe der Arbeitnehmer am Eigentum der Betriebe, in Regierungszeiten ist davon dann nichts mehr zu hören. Die alte Rechte erscheint jedoch unfähig, diese Widersprüche der Linken offenzulegen. Die Linke kann jedoch nicht mit einem dumpfen Antibolschewismus unter Druck gesetzt werden, sondern nur anhand ihrer ureigensten Grundsätze, wie der sozialen Gerechtigkeit.

Antithese: Die Neue Rechte

Die sogenannte Neue Rechte, die sich von Mitte der siebziger bis in die achtziger Jahre herausbildete, hat nun begriffen, daß der Anti-Bolschewismus sowie eine Fixierung auf Zeitgeschichte und historischen Revisionismus alleine keine ernstzunehmende weltanschauliche Grundlage darstellen. Neue Rechte, jedenfalls solche, die sich selbst so definieren, haben auch begriffen, daß nicht nur das ideelle sondern auch das personelle Potential der deutschen Rechten zu dünn ist, um in absehbarer Zeit eine ernstzunehmende politische Kraft darzustellen. Die Neue Rechte beteiligt sich nicht mehr an dem Gerede von der „Einheit der Rechten", weil sie begriffen hat, daß das vorhandene Potential sowohl qualitativ als auch quantitativ zu ungenügend ist. Man hat deshalb in diesen neurechten Kreisen, die sich unter anderem um die Berliner konservative Wochenzeitung *Junge Freiheit* gruppieren, begriffen, daß das (alt-) rechte Ghetto, das weltanschaulich zu dürftig, personell zu dünn besetzt und gesellschaftlich isoliert ist, verlassen werden muß. Die Art und Weise jedoch, wie diese Neuen Rechten dieses altrechte Ghetto verlassen wollen, bedarf der nationalistischen Kritik.

Die Theorie des italienischen Kommunisten Gramsci (der 20er Jahre) ist zwar von der reinen Theorie her sehr plausibel, doch für die nationale Opposition hier und heute nicht das allein seligmachende Konzept. Die sogenannte „Kulturrevolution von rechts" (Alain de Benoist, Vordenker der französischen Neuen Rechten) soll dann ungefähr so funktionieren, daß der BRD-Bürger erst die nationale Botschaft über den Bekleidungsgeschmack, über Kino- und Fernsehfilme und über sprachliche Ausdrucksweisen vermittelt bekommt und dann erst – nach der Erringung der kulturellen Hegemonie – den Nationalen die politische Vorherrschaft (in Parlament und Regierung) zufällt. Nur wer glaubt schon daran, daß sich die nationale Rechte zuerst in der BRD-Gesellschaft und im etablierten Kulturbetrieb durchsetzt und ihr dann erst die absolute Mehrheit im Bundestag zufällt? Das ist zu kurz gedacht! Ein Frank Rennicke, ein Jörg Hähnel werden im deutschen Fernsehen, das sich diesen Namen erst noch verdienen muß, erst nach der politischen Machtergreifung regulär auftreten können, nicht umgekehrt: Daß nationale Kulturbeiträge in den Systemmedien erst gesendet werden, und den Nationalen – sozusagen als gesellschaftliches Ergebnis – danach die politische Macht zufällt, erscheint doch äußerst unrealistisch.

Bis dem deutschen Nationalismus die politische Herrschaft zufällt, spielen nationale Liedermacher und ähnliches lediglich eine zentrale Rolle für die kulturelle Identifikation innerhalb des nationalen Lagers – ihre Wirkung darüber hinaus wird leider, bis sich die Machtverhältnisse ändern, gering bleiben. Der Gramscismus der Neuen Rechten führt – auch wenn er intellektuell anspruchsvoll erscheint – leider in die Irre. Das muß hier eindeutig festgestellt werden. Nicht, daß der Verfasser nicht die Notwendigkeit sehen würde, neben der Politik auch die Kultur zu besetzen, letztere kann jedoch nur in einer „Gegenkultur" zur BRD-Gesellschaft gesehen werden und nicht – wie die Neue Rechte meint –, um am offiziellen kulturellen und gesellschaftlichen Diskurs teilnehmen zu können.

Aber dennoch muß der Neuen Rechten im Gegensatz zur Alten Rechten zugestanden werden, daß sie zumindest erkannt hat, daß neue Wege zu beschreiten und neue Bündnispartner außerhalb des rechten Ghettos zu gewinnen sind. Die Vertreter der Neuen Rechten sind nun seit Jahren bestrebt, der nationalen Rechten Bündnispartner der bürgerlichen Rechten zuzuführen. Diese Strategie verfolgen gekonnt die beiden konservativen Wochenzeitungen *Junge Freiheit* (in der BRD) und *Zur Zeit* (in Österreich). Nur gilt auch hier die alte Regel: „Wes` Brot ich eß, des Lied ich sing'!" Die Berliner *JF* zehrt nun vom Brot des rechten Unionsflügel (Heinrich Lummer & Co.) wie die Wiener *Zur Zeit* vom Industriellenverband in Wien finanziell ausgehalten wird. Die inhaltliche Linie des Blattes ist automatisch vorbestimmt – das gilt für beide genannten Beispiele.

So wird unter anderem in diesen konservativen Blättern geschrieben, daß die Idee der EU ja an und für sich gut sei, nur der EURO zu früh komme; die Integration von Ausländern sei ebenso gut, doch der Personalausweis solle bitteschön erst nach erfolgter Integration vergeben werden usw. usf. Mit Nationalismus hat das natürlich nichts mehr zu tun. Allenfalls wird hier versucht, den Begriff der Nation über das bürgerliche Klasseninteresse zu definieren. Die deutsche Kapitalisten-Klasse verdient ja auch ganz gut an EU und Einwanderungspolitik (größerer Markt und billige Arbeitskräfte). Vom völkischen Standpunkt aus betrachtet, stellt dieser bourgeoise „Nations"-Begriff freilich ein billiger Etikettenschwindel dar. Es kann an dieser Stelle schon einmal bilanziert werden, daß die Neue Rechte zwar das Problem der rechten Ghettobildung richtig erkannt hat und dieses Ghetto verlassen will, sich jedoch – aus nationaler Sicht – die falschen Bündnispartner sucht, was zwangsweise zur politischen Prostitution für die BRD-Bourgeoisie führt.

Vielen Vertreter dieser Neuen Rechten scheint es darum zu gehen, am offiziellen Diskurs der BRD-Gesellschaft partizipieren zu dürfen; und dafür wird alles getan beziehungsweise unterlassen, um dieses Ziel, für das Establishment „salonfähig" zu sein, auch erreichen zu können. Die Neue Rechte jammert zwar seit Beginn der 90er Jahre am meisten über die *Political Correctness*, die von der politischen Linken ausgegeben werde, akzeptiert jedoch ebenso gesellschaftliche und politische Tabus, deren Beachtung zur Teilnahme am offiziellen Diskurs legitimieren. Solche Tabu-Themen, die von der Neuen Rechten akzeptiert werden, sind unter anderem die harten revisionistischen Themen wie Kriegsschuldfrage am Zweiten Weltkrieg und die unabhängige Holocaustforschung. Für die Neue Rechte scheint es zudem ausgemachte Sache zu sein, daß die europäische Integration und die Integration der hier lebenden Ausländer nicht mehr zu hinterfragen sind, es statt dessen nur noch um die Frage der Geschwindigkeit bei der Einführung des EURO und der Vergabe des Passes an Ausländer gehe. Nationalisten jedenfalls würden solche Themen der Grundsatzkritik unterziehen.

Bezeichnend ist auch, daß die Neue Rechte sich längst von ihrem geistesgeschichtlichen Vorbild gelöst hat, der Konservativen Revolution, ein Personen- und Ideenkonglomerat, das in den 20er und 30er Jahren unter der Sammelbezeichnung „Neuer Nationalismus"[117] firmierte und erst später von dem Schweizer Publizisten Armin Mohler – vermutlich aus PR-Gründen – die moderatere Bezeichnung „Konservative Revolution" verpaßt bekam. Da sich die Systemtreue der Neuen Rechten nicht mit dem ideengeschichtlichen Vorbild zum Beispiel eines Carl Schmitt, der an der Weimarer parlamentarischen Demokratie Fundamentalkritik übte, vereinen läßt, mußte notgedrungen die „Distanzierung" der Neuen Rechten von der „Konservativen Revolution" erfolgen, nachdem berufsantifaschistische Buchautoren und „Verfassungsschützer" – völlig zurecht – die Unvereinbarkeit des Erbes der Konservativen Revolution mit dem heutigen Bekenntnis zum Parlamentarismus in der Öffentlichkeit herausstellten.

Insofern ist es auch nicht verwunderlich, daß Dieter Stein, Chefredakteur der *Jungen Freiheit* vor ein paar Jahren meinte, als es zur Spaltung innerhalb der *JF*-Redaktion zwischen Befürwortern der „Konservativen Revolution" und deren Gegnern kam, man solle endlich aufhören mit dem „Quatsch von der Konservativen Revolution". Natürlich spielt die KR in der *JF* immer noch eine Rolle, wenn wieder mal Ernst Jünger Geburtstag hat oder sonst ein Jahrestag auf dem Redaktionsplan steht. Die „Konservative Revolution" ist somit zum Kulturkonservatismus verkommen. Der Vorteil für das BRD-System besteht nun in der Tat darin, daß die genialen Denker und das Erbe der 20er und 30er Jahre, wie das von Carl Schmitt, der Gebrüder Jünger, Ernst von Salomon, Ernst Niekisch, Edgar Julius Jung, Arthur Moeller van den Bruck und Hans Zehrer nicht mehr für gegenwärtige Politik ideengeschichtlich fruchtbar gemacht werden kann. Die sogenannten konservativen Revolutionäre sind in der Mottenkiste der Geschichte abgelegt worden, wo sie langsam aber sicher verstauben. Das ist zweifellos das Verdienst der Neuen Rechten!

Gesellschaftliche Anpassung, Systemanbiederung und Verleugnung historischer Vorbilder kennzeichnen diese Neue Rechte. Rolf Schlierer, der derzeitige Bundesvorsitzende der „Republikaner", entspricht nun genau diesem Typus, der bei den Herrschenden um gesellschaftliche Anerkennung winselt. Daß im Parteiprogramm der „Republikaner" gleich ganz vorne das Bekenntnis zum Grundgesetz abgedruckt ist, symbolisiert diese These sehr anschaulich. Das hindert jedoch die Herrschenden nicht, die Republikaner in den Verfassungsschutzberichten des Bundes und der Länder als „verfassungsfeindlich" zu stigmatisieren, wie eben die anderen nationalen und rechten Parteien und Organisationen auch. Anstatt an einer Gegenkultur zur BRD-Gesellschaft zu arbeiten, die jungen Leuten Nationalismus als etwas Erlebbares vermittelt, ihnen nationalistische Erfahrungsräume bietet, setzt man auf die alleinige parlamentarische Etablierung. Daß jedoch der parlamentarisch dauerhafte Erfolg einer verfemten Partei, wie dies auch die „Republikaner" darstellen, eine Gegenkultur voraussetzt, hat man bisher nicht begriffen. Wenn auch die Gegenkultur ein politisch revolutionäres Programm nicht ersetzen kann. Nicht immer – das macht das Beispiel Schlierer deutlich – garantieren akademische Bildungsabschlüsse auch politischen Durchblick.

Auch wenn man der Neuen Rechten vorwerfen muß, ihre ursprünglichen ideengeschichtlichen Vorbilder aus PC-Gründen zu verleugnen, so ist dennoch offenkundig, daß diese ziemlich genau dem entspricht, was Armin Mohler in seinem Standardwerk *„Die Konservative Revolution"*[118] als die Fraktion der „Jungkonservativen" bezeichnet (neben Völkischen, Nationalrevolutionären, Bündischen und Landvolkbewegung etc.). Hatten die „Jungkonservativen" in der Weimarer Republik, zu denen etwa Edgar Julius Jung und Arthur Moeller van den Bruck zu zählen sind, oftmals ihr Vorbild im Zweiten Deutschen Kaiserreich oder in der Donaumonarchie[119] gesehen, so besteht das Vorbild der gegenwärtigen Rechten offenbar – auch wenn sie sich explizit nicht dazu bekennt – in der BRD der Adenauerzeit, als die bürgerliche Rechte das Zepter noch fest in der Hand hatte und weitestgehend die kulturelle Hegemonie besaß. Spätestens mit der 68er-Revolte ist dieser Zustand dann beendet worden. Beides jedoch – sowohl die Bezugnahme der Weimarer „Jungkonservativen" auf Zweites Kaiserreich und Donaumonarchie, als auch die der Neuen Rechten auf die Adenauerzeit – muß genauso als reaktionär bezeichnet werden wie das Bestreben von Teilen der Alten Rechten, ausschließlich im Dritten Reich das große Vorbild zu sehen.[120] In allen diesen Fällen handelt es sich jedoch um Rückwärtsgewandtheit, da hier bloß versucht wird, einen Zustand, der nur aus seiner spezifischen Zeit heraus zu verstehen ist, in der Gegenwart wiederzubeleben. Doch weder die gewünschte Wiedereinführung der Monarchie (preußischer oder österreichischer Variante) in der Weimarer Republik (durch die „Jungkonservativen") noch die Forderung nach einem „Führerstaat" (durch Teile der Alten BRD-Rechten) oder eine „bürgerliche Mehrheit" zur Brechung der linken Vorherrschaft hätten eine Grundlage geboten, beziehungsweise würden eine Grundlage dazu bieten, die jeweiligen Probleme der Nachkriegszeit und Gegenwart zu lösen. Denn aus der Geschichte kann nur gelernt werden, ihre Bedingungen jedoch können nicht – in reaktionärer Verblendung – nahtlos in die Gegenwart übertragen werden.

Außerdem gilt ebenso, daß die sogenannte Neue Rechte, die sich gerne intellektuell gibt, lediglich das Spiegelbild der Alten Rechten darstellt, jedoch im Politikangebot ebenso daneben liegt. Wo die Alte Rechte historisch nur versucht zu verteidigen, biedert sich die Neue Rechte bei den Etablierten an, indem sie zum Beispiel revisionsistische Tabufelder akzeptiert, wie das der „Einzigartigkeit deutscher Verbrechen" und sich darin gefällt – in für die Berufs-Antifa durchsichtiger Weise – das Dritte Reich einseitig zu diffamieren („Verbrecherregime" etc.). Wer ist hier aber „Regime" und wer ist „Verbrecher"? Einem Alfred Rosenberg zum Beispiel oder einem Rudolf Hess kann mit Sicherheit kein Verbrechen nachgewiesen werden. Und dennoch wurden sie während der Nürnberger Unrechtsprozesse abgeurteilt.

Natürlich muß man feststellen, ob es einem ins Konzept paßt oder nicht, daß manche Handlung die von den Herrschenden des Dritten Reiches begangen wurde, keinesfalls dem Völkerrecht (Außenpolitik) beziehungsweise rechtsstaatlichen

Maßstäben (Innenpolitik) standhält. So mag der mehrfache politische Mord im Zusammenhang mit der Röhmrevolte im Jahre 1934 politisch zweckmäßig gewesen sein, vor allem was die innenpolitische Stabilität des Reiches betraf, doch Erschießungskommandos ohne ordentliche Gerichtsverhandlung bleiben nun einmal – egal nach welcher juristischen Definition – Unrecht. Wer das feststellt, ist kein „Nestbeschmutzer", sondern er versucht die Dinge nur historisierend objektiv zu sehen. Unter historisch objektivem Blickwinkel ergibt sich natürlich auch, daß die Hinrichtung der Hoch- und Landesverräter um den 20. Juli 1944 rechtsstaatlichen Maßstäben absolut standhält – auch wenn das heute in den Systemmedien aus propagandistischen Gründen verdreht wird.

Flüchtet sich die Alte Rechte vor der Politik in die Zeitgeschichte und in einen falsch verstandenen historischen Revisionismus, so weicht die Neue Rechte in die Kultur und den Zeitgeist aus. Das soll nicht heißen, daß eine Filmkritik und der Bericht über moderne Musik nicht auch Gegenstand einer fortschrittlichen nationalen Zeitung sein müßten. Diese kulturjournalistischen Genres dürfen aber nicht eine prinzipientreue politische Berichterstattung und Kommentierung verdrängen. Und genau das ist zum Beispiel bei der neurechten *Jungen Freiheit* der Fall, die zwar jedem Zeitgeisttrend auf der Spur ist und über die *Love Parade* in Berlin berichtet, Techno-Konzerten etwas abgewinnen kann – natürlich nicht den „bösen" Skins, sofern sie politisch agieren –, sich jedoch im politischen Ressort völlig anbiedert. Die permanente CDU/CSU-Hofberichterstattung in der *Jungen Freiheit* gibt davon ein Zeugnis ab, was insbesondere nach der von der CDU gewonnenen hessischen Landtagswahl von 1999 deutlich wurde.

Während die Neue Rechte also im allgemeinen journalistisches Format und im besonderen kulturelle Sachkompetenz im Detail beweist, wie analog die Alte Rechte oftmals in der Zeitgeschichte durch Detailwissen glänzt, dort aber durch Beliebigkeit auffällt, leistet diese Neue Rechte im Politischen absolute Themaverfehlung. Während die Alte Rechte im Politischen zu Sektierertum neigt („keiner mag uns, alle sind gegen uns!") betreibt die Neue Rechte politische Anbiederung (unter dem Vorwand „Brücken zu schlagen"). Ihr geht es darum, zu einer bürgerlichen parlamentarischen Mehrheit „rechts der Mitte" beizutragen. Doch in dieser „rechten Mitte" befinden sich die Hauptverantwortlichen der Abwicklung des deutschen Nationalstaates (Helmut Kohl läßt grüßen!) und vieles andere mehr, was mit nationaler Politikvorstellung im eigentlichen Sinne absolut nicht zu vereinbaren ist.

Synthese: Der Neue Nationalismus

Aus der vorangegangenen politischen Analyse kann die Schlußfolgerung nur lauten, daß sich eine nationale Fundamentalopposition, also eine nationale Opposition, die sich ihrer geistigen Fundamente wieder bewußt ist, von der deutschen Rechten verabschieden muß. Dieser Abschied gilt sowohl für die alte wie für die neue Rechte. Das nostalgische Sektierertum der einen führt wie die gesellschaftliche Anbiederung der anderen in die politische Sackgasse. Zeitgeschichte einerseits sowie Kultur und Zeitgeist andererseits sind wichtige Themenfelder, doch keinesfalls Ersatz für klare Aussagen im politischen Ressort. An dieser Stelle wurden vom Verfasser schon einmal die drei Grundprinzipien nationaler Politik vorgestellt, die nicht oft genug wiederholt werden können: Nationale Identität (Bewahrung und Entwicklung der völkischen Eigenart), Nationale Souveränität (gegen Supranationale Bevormundung: EU, NATO, UNO, „Wiedergutmachungen" etc.) und Nationale Solidarität (soziale Gerechtigkeit, bezogen auf das eigene Volk).

Diese drei Prinzipien einer nationalen Politik müssen sich durch die gesamte politische Publizistik und Propaganda ziehen, angefangen von der Presse (zum Beispiel in politischen Zeitungen wie der *Deutschen Stimme*) bis hin zu Großkundgebungen, Veranstaltungen und Öffentlichkeitsarbeit und der Schulung von Führungskadern. Diese hier nur in aller gebotenen Kürze skizzierte Aufgabe, die nationale Opposition wieder zu politisieren, kann nur von einem „Neuen Nationalismus" geleistet werden, der den eigenen geistesgeschichtlichen Prinzipien treu bleibt – so viel muß klar sein –, diese aber immer auf Gegenwart und Zukunft bezieht. Die politische Rechte hingegen, die permanent durch Entpolitisierung auffällt, ist insgesamt überflüssig geworden. Dies gilt für die alte wie für die neue Rechte.

Nun soll das aber nicht heißen, daß alles zu den Akten zu legen sei, was die alte wie die neue Rechte in der deutschen Nachkriegsgeschichte an Erfahrungswert ausmacht. Insgesamt ist es der politischen Rechten zu verdanken, daß sie die Idee der Nation und des Nationalstaates trotz massiver Umerziehungsmethoden von 1945 bis heute erhalten hat, wodurch erst ein Anknüpfen in Gegenwart und Zukunft möglich ist. Eine ausschließliche nationale Linke, die sich a) in diesem Jahrhundert in Deutschland in nennenswerter Stärke nie organisiert hat und b) zahlenmäßig – auch heute – zu schwach ist, konnte diese elementar wichtige Aufgabe nie erfüllen. Von daher mag es zwar intellektuell anspruchsvoll erscheinen, wenn der ehemalige Nationalrevolutionär Henning Eichberg meint, die Rechte interessiere ihn nicht mehr, doch auf Grundlage einer kompletten Ignorierung und Ausgrenzung dieser Rechten ist keine nationale Politik möglich. Denn linksnationale Intellektuelle wie Horst Mahler, Reinhold Oberlercher und Michael Nier benötigen ein nationales Forum. Und ein solches ist ohne nationale Rechte nicht möglich, die sich allerdings künftig als links-rechts-übergreifende Nationalisten verstehen müssen.

Der Neue Nationalismus, dem hier eine Lanze gebrochen werden soll, kann von der Prinzipientreue und Standfestigkeit insbesondere der Alten Rechten durchaus lernen, muß jedoch den ziemlich deutlich definierten Begriff des völkischen Nationalismus um einen ebenso deutlich bestimmten Begriff des Sozialismus ergänzen[121]. Von der Neuen Rechten können Nationalisten die Erkenntnis aufgreifen, daß neue Bündnispartner zu suchen sind (NPD-Strategie: *„Kampf um die Köpfe!"*) und eine rechte Orthodoxie nicht weiter führt (*„Gräben überwinden!"*) – und zwar hinsichtlich jeder nostalgischen Variante, die stets an historische Persönlichkeiten anzuknüpfen versucht, ob an Adolf Hitler, an die Gebrüder Strasser, Ernst Niekisch und andere.

In der Ideengeschichte gibt es jedoch – wie auch sonst – kein Schwarz-Weiß, sondern es dominieren die Grau-Töne. Die geistige Hinterlassenschaft des einen wie des anderen Vordenkers ist in der Regel nicht nur als „gut" oder als nur „schlecht" einzuordnen, so wie der Verfasser die Auffassung vertritt, daß er nicht deshalb unter die Kategorie „Bolschewist", „Kommunist" und „Marxist" einzuordnen ist, nur weil er der Marx'schen Gesellschaftsanalyse des Kapitalismus einiges abgewinnen kann, wenn auch ein marxistisches Programm – und so viel muß feststehen! – mit nationaler Politik absolut nicht in Einklang zu bringen ist (Klassenkampf, Diktatur des Proletariats, proletarische Weltrevolution etc.). Karl Marx und Friedrich Engels ist jedoch uneingeschränkt zuzustimmen, wenn sie im 1848 in London erschienenen *„Kommunistischen Manifest"* meinten:

„Die Bourgeoisie, wo sie zur Herrschaft gekommen, hat alle feudalen, patriarchalischen, idyllischen Verhältnisse zerstört. Sie hat die buntscheckigen Feudalbande, die den Menschen an seinen natürlichen Vorgesetzten knüpften, unbarmherzig zer-

rissen und kein anderes Band zwischen Mensch und Mensch übriggelassen als das nackte Interesse, als die gefühllose bare Zahlung. Sie hat die heiligen Schauer der frommen Schwärmerei, der ritterlichen Begeisterung, der spießbürgerlichen Wehmut in dem eiskalten Wasser egoistischer Berechnung ertränkt. Sie hat die persönliche Würde in den Tauschwert aufgelöst und an die Stelle der zahllosen verbrieften und wohlerworbenen Freiheiten die einer gewissenlosen Handelsfreiheit gesetzt. (...)

Die Bourgeoisie hat alle ehrwürdigen und mit frommer Scheu betrachteten Tätigkeiten ihres Heiligenscheins entkleidet. Sie hat den Arzt, den Juristen, den Pfaffen, den Poeten, den Mann der Wissenschaft in ihre bezahlten Lohnarbeiter verwandelt. Die Bourgeoisie hat dem Familienverhältnis seinen rührend-sentimentalen Schleier abgerissen und es auf ein reines Geldverhältnis zurückgeführt. (...)

Die fortwährende Umwälzung der Produktion, die ununterbrochene Erschütterung aller gesellschaftlichen Zustände, die ewige Unsicherheit und Bewegung zeichnet die Bourgeoisieepoche vor allen früheren aus. Alle festen eingerosteten Verhältnisse mit ihrem Gefolge von altehrwürdigen Vorstellungen und Anschauungen werden aufgelöst, alle neugebildeten veralteten, ehe sie verknöchern können. Alles Ständische und Stehende verdampft, alles Heilige wird entweiht, und die Menschen sind endlich gezwungen, ihre Lebensstellung, ihre gegenseitigen Beziehungen mit nüchternen Augen anzusehen."[122]

Es ist erschreckend, welche Aktualität mittlerweile diese Kapitalismus-Analyse von Marx und Engels in der Gegenwart gewonnen hat. Welcher Nationalist könnte dieser Kritik nicht zustimmen? Freilich hatten Marx und Engels das Problem – etwa im Gegensatz zu manchem heutigen rechten Kapitalismuskritiker – messerscharf erkannt, nämlich daß eine Gesellschaft, welche die uneingeschränkte Verfügbarkeit des Privateigentumes wie einen Fetisch vor sich herträgt, naturgesetzmäßig den Menschen zu Profitgier und Rücksichtslosigkeit erziehen muß; doch die programmatischen Konsequenzen, die aus dieser Gesellschaftsanalyse von den Marxisten gezogen wurden, lassen sich selbstverständlich mit einem weltanschaulichen völkischen Nationalismus nicht vereinbaren. Diese heißen Klassenkampf, Diktatur des Proletariats und Proletarische Weltrevolution. Die Verfechter des marxistischen Programms wollen die von ihnen richtig erkannte Perversion, die aus der Vergötzung des Privateigentums entstehen kann, dadurch lösen, daß sie das Privateigentum an den Produktionsmitteln insgesamt zugunsten eines staatlichen Eigentummonopols abschaffen (Kommunismus bzw. Staatskapitalismus). Diese Konsequenz führt jedoch zwangsläufig zu einer Verhinderung eines jeglichen selbständigen Unternehmertums, auf das eine Volksgemeinschaft natürlich ebenso angewiesen ist wie auf eine leistungsfähige Arbeitnehmerschaft.

Aus der vorangegangenen Untersuchung ist der Schluß zu ziehen, daß ein Neuer Nationalismus sich einer einseitigen Rechts- bzw. Linksfixierung zu entziehen hat und daß gerade der Erfolg zum Beispiel des historischen Nationalsozialismus genau darin bestanden hatte, daß sich die NSDAP – neben der SPD die zweite „Volkspartei" in der deutschen Parteiengeschichte – einer festen Einordnung in rechte oder linke Lager entzogen hatte. Von daher mutet es auch merkwürdig an, wenn heutige rechtskonservative Historiker – aus nur allzu naheliegenden taktischen Erwägungen heraus – den Versuch unternehmen, den historischen Nationalsozialismus als vorwiegend, wenn nicht ausschließliche linke Ideologie darzustellen.

Leuten wie Rainer Zitelmann und Karlheinz Weißmann geht es wohl darum, sich vom Vorwurf zu befreien, die konservative Rechte – der man selber angehört – stehe in der „bösen" Tradition der „rechten" NSDAP. Ordnet die linke Antifa selektiv unwissenschaftlich die NS-Zeit einseitig der Rechten zu, so verorten Historiker der Neuen Rechten den NS ausschließlich in der Linken. Beides entspricht weniger wissenschaftlichem Interesse, sondern eher agitatorischer Absicht. Der Verfasser schlägt im Gegensatz hierzu vor, die Ideengeschichte, insbesondere die der 20er und 30er Jahre dieses Jahrhunderts wieder – vor allem für Schulungszwecke – transparent zu machen. Und hierbei spielt es keine wesentliche Rolle, ob ein Vordenker dieser Zeit – wie immer man dessen Ideen bewertet – mit einem NSDAP-Parteibuch ausgestattet war oder nicht.

Sowohl Alfred Rosenbergs *„Mythus des 20. Jahrhunderts"* als auch Oswald Spenglers *„Untergang des Abendlandes"* sind unter nationalen Intellektuellen umstritten – nicht zuletzt unter dem Gesichtspunkt der Wissenschaftlichkeit. Doch beide Werke haben – auf unterschiedliche Weise – das nationale Denken in Deutschland beeinflußt. Da spielt es keine Rolle, ob Rosenberg der NSADP angehörte und Spengler nicht. Die theoretische Leistung eines Ernst Niekisch wird nicht dadurch geschmälert oder aufgewertet – je nach dem Blickpunkt des Betrachters – ob man ihn nun biographisch als „aufrechten Widerstandskämpfer gegen den Hitlerismus" oder als „Hoch- und Landesverräter" einordnen will. Vielleicht war er ja beides – in jedem Fall aber ein glänzender politischer Denker seiner Zeit. Außerdem ist er nach wie vor aktuell, wenn man die gegenwärtige Politik der „westlichen Wertegemeinschaft" betrachtet.

Die Orthodoxie, die sich nur an den Biographien und den Organisationszugehörigkeiten von historischen Vorbildern festmacht, führt ganz gewiß in die politische Sackgasse. Es soll deshalb an dieser Stelle dafür plädiert werden, die – oben erläuterten – drei Grundprinzipien nationaler Politik als Arbeitsgrundlage zu betrachten, die sozusagen der kleinste gemeinsame Nenner von Nationalisten darstellen: die Forderung nach nationaler Identität, Souveränität und Solidarität; und sie zum Ausgangspunkt von Bündnisbemühungen zu machen. Hier stellt sich also die Frage: Mit wem kann ich möglichst alle drei Prinzipien gemeinsam verfolgen? Mit einem Franz Schönhuber zum Beispiel, der in alt- wie neurechten Publikationen immer wieder dazu aufruft, in Anlehnung an den französischen *Front National* das völkische Prinzip (nationale Identität) in Bezug auf die Staatsbürgerschaft und die Aufnahme von Mitgliedern in nationale Organisationen zu negieren, kann es dann natürlich mit d e u t s c h e n Nationalisten keine durchgehende Zusammenarbeit geben – allenfalls Diskussion und Meinungsaustausch. An Franz Schönhuber ist tatsächlich ein guter Franzose verloren gegangen, da er wie die „Westliche Wertegemeinschaft" die Nationalität am Geburtsort (*jus soli*) und nicht wie wir Deutschen und die Osteuropäer am Abstammungsprinzip (*jus sanguinis*) ausrichten will.

Für den deutschen Nationalismus, der zur Zeit noch etwas zu sehr rechtslastig erscheint, wäre es besser, neue Bündnispartner auf Seiten einer nationalen Linken zu suchen, auch wenn diejenigen, die sich innerhalb der Linken zumindest inländerfreundlich artikulieren, zwar intellektuell wertvoll, jedoch nicht gerade zahlreich sind. Aber das kann sich noch ändern. Es müssen, ob links oder rechts, alle jene angesprochen werden, welche die Gefahr für Volk und Land erkannt haben und bereit sind, den Kampf gegen Globalisierung und Verausländerung aufzunehmen. Die deutsche Rechte muß von Nationalisten nicht bekämpft werden, sie wird sich hingegen selbst erledigen: die Alte Rechte wird, bedingt durch ihre Rückwärtsgewandtheit, ideologisch und biologisch schon bald erledigt sein, die Neue Rechte hingegen wird – gerade von der Jugend, die den revolutionären Impetus bevorzugt

– zunehmend als Bestandteil, nämlich als nützliche Idioten, des BRD-Systems erkannt werden und nicht mehr als politische Alternative zu diesem wahrgenommen. Zudem kann sich ein Jugendlicher, der sich irgendeiner Jugendsubkultur zugehörig fühlt, gleich das entsprechend Fanzine abonnieren, anstatt zur *Jungen Freiheit* zu greifen, die auf ihrer letzten Seite zwar einen auf jung macht, im vorderen politschen Ressort jedoch vor politischer Anpassung nur so strotzt.

Der Teil der politischen Linken, der (noch) nicht zur Einsicht gebracht werden kann, nämlich daß die Nation einen bedeutenden Stellenwert im Leben der Menschen besitzt, kann nicht mit einem dumpfen Antibolschewismus bekämpft werden, durch den sich bisher große Teile der alten wie der neuen Rechten auszeichneten, sondern indem man die Linke insgesamt mit ihren ureigensten Idealen konfrontiert, die da heißen soziale Gerechtigkeit, Forderungen der Arbeiterbewegung, Umweltschutz, Pazifismus usw. usf. Dieser Linken sind unbequeme Fragen zu stellen, etwa die, wie die Interessen der deutschen Arbeiter wahrgenommen werden können, wenn das gesamte Proletariat dieser Welt zur Einwanderung nach Deutschland aufgerufen wird? Oder wie soll Umweltschutz möglich sein, in einer Einwanderungsgesellschaft, die immer mehr Asphalt, Betonwüsten und Müll produziert? Oder wie ist es möglich, daß ein „Pazifist", wie der grüne Bundesaußenminister Joseph „Joschka" Fischer, wie im Falle des Angriffskrieges gegen Jugoslawien zum wahrhaftigen Bellizisten (Kriegstreiber) und Erfüllungsgehilfen US-amerikanischer Interessen mutiert ist? Mit einem dumpfen Anti-Bolschewismus nach dem Strickmuster von „Roten-Socken"-Kampagnen kommt man jedenfalls nicht weiter. Die politische Linke muß hingegen anhand ihrer ureigensten Prinzipien (Frieden, soziale Gerechtigkeit) inhaltlich unter Druck gesetzt werden.

Der Neue Nationalismus, der hierzulande die einzige konsequente Systemalternative zum Liberal-Kapitalismus darstellt, muß aus den Fehlern der alten wie der neuen Rechten lernen. Die Schlußfolgerungen sowohl für Agitation und Propaganda, noch mehr aber für die weltanschauliche Schulung müssen lauten, daß die ausufernde Beschäftigung mit zeitgeschichtlichen Fragen – zugunsten einer neuen Schwerpunktsetzung auf die Ideengeschichte – zu reduzieren ist. Außerdem sollte künftig ein stärkeres Augenmaß auf den Bereich Staatswissenschaft, politische Systemlehre und Verfassungs- und Gesellschaftsmodelle gelegt werden, damit beim sympathisierenden Bürger nicht der Eindruck entsteht, Nationalisten schimpfen zwar gegen das BRD-System, hätten jedoch zu diesem konzeptionell keine Alternative anzubieten. Denn wer das repräsentativ-parlamentarische System ablehnt, muß dem Volk auch sagen, wie sich der Bürger in Staat und Volksgemeinschaft sonst einbringen kann. Die Nationalen müssen einen eigenen „Demokratie"-Begriff prägen, eine eigene Vorstellung von Volksherrschaft entwickeln. Denn mit der Parole *„Gegen System und Kapital – unser Kampf ist national!"* ist es alleine eben nicht getan.

Nicht zuletzt gilt es auch, sich als Argumentationsgrundlage mehr als bisher die modernen Naturwissenschaften zunutze zu machen. Daß die herrschenden Liberal-Kapitalisten und Multikulti-Befürworter ihre Politik auf einem lebensfalschen Weltbild aufbauen, die Nationalisten hingegen auf einem lebensrichtigen, beweisen empirisch die neuesten Erkenntnisse der Biologie, insbesondere der Genetik sowie der Verhaltensforschung. Denn der Vorwurf der „Ausländerfeindlichkeit", der gegen Nationalisten regelmäßig erhoben wird, ist nichts weiter als ein unwissenschaftlicher Kampfbegriff, der bloß verschleiern soll, daß die Xenophobie (Fremdenfurcht) schon beim Kleinkind angeboren ist. Demzufolge steht die Abwehr vor Überfremdung, sei es in der Einwanderung von Fremden, der Amerikanisierung der deutschen Sprache oder der Globalisierung der Wirtschaft, voll und ganz im Einklang mit der biologischen Veranlagung des Menschen. Der Nationalismus basiert, um es abschließend in diesem Abschnitt auf eine kurze Formel zu bringen, auf dem Naturrecht des Menschen – dem Recht auf Verschiedenheit der Völker („rechts"), was eine („linke") Chancengleichheit im Rahmen der Volksgemeinschaft nicht ausschließt, sondern geradezu bedingt.

Deutscher Fundamentalismus – eine nationale Fundamentalkritik

Der soeben skizzierte Neue Nationalismus muß an dieser Stelle näher beschrieben werden. Was soll daran „neu" sein? Die geistigen Grundlagen des Nationalismus an sich können natürlich nicht neu sein, die in der Forderung nach Nationaler Identität, Nationaler Souveränität und Nationaler Solidarität bestehen. Diese Grundprinzipien, auf die noch näher einzugehen ist, sind von der Ideengeschichte und der politischen Theorie auf die Anforderungen der Gegenwart zu übertragen.

Dieser Neue Nationalismus zeichnet sich also nicht dadurch aus, daß in der nationalen Theoriebildung das „Rad neu erfunden" wird, sondern darin, daß er die bereits bekannten nationalen Zielsetzungen systematisch erfaßt und mit zeitgemäßen Themen füllt. Das Neue muß aber auch darin bestehen, daß sich dieser Neue Nationalismus als deutscher Fundamentalismus versteht. Fundamentalismus in dem Sinne, daß er die Dinge „radikal", also von der geistigen Wurzel her, betrachten muß. Dieser nationale Fundamentalismus muß naturgemäß bei der fundamentalen Kritik an den herrschenden politischen Zuständen und den dafür Verantwortlichen ansetzen. Diese Kritik darf dabei keine Tabus respektieren. Die Zustände, die zu kritisieren sind, müssen beim Namen genannt werden; und das mit den dafür zutreffenden Begriffen. „Nationalismus" ist dann eben völkischer „Nationalismus" und nicht (Verfassungs-) „Patriotismus". Wer den „Nationalismus" „Patriotismus" nennt, mag vielleicht bestrebt sein, bürgerliche Sympathisanten nicht abzuschrecken, er desinformiert jedoch aufgrund der von ihm vorgenommenen falschen Wortwahl sein Zielpublikum. Denn wer „Patriotismus" fordert, der erweckt den Eindruck, als ob es hier alleine um ein gefühlsmäßiges Bekenntnis ginge und nicht vielmehr um ein Schicksal, zu einem Volk zu gehören, dessen Lebensrechte es durch Bekenntnis und aktiven politischen Einsatz durchzusetzen gilt.

Die Forderung nach einem nationalen Fundamentalismus schließt auch mit ein, daß dabei keine falsche Rücksichtnahme geübt werden darf. Für wen es – aus privaten oder beruflichen Gründen – wichtig erscheint, daß er seinen Namen nicht mit Zusätzen wie „Neonazi", „Ausländerfeind" und „Rechtsextremist" verunglimpft sieht, der gehört automatisch nicht zum Nationalismus, da dieser als politische Bewegung nur den Personenkreis deutscher Volksgenossen umfaßt, der bereit ist, für die Durchsetzung nationaler deutscher Interessen auch persönliche Opfer zu erbringen, die auch und gerade darin bestehen können, daß einem bekennenden Nationalisten ein gesellschaftlicher „Prestigeverlust" droht. Dieser Prestigeverlust kann nun darin bestehen, daß sich der Name der Partei und Organisation, der man als Nationalist angehört, in einem „Verfassungsschutzbericht" wiederfindet und diese Erwähnung für die Angehörigen dieser nationalen Partei private und berufliche Nachteile nach sich zieht.

Erst auf Grundlage einer nationalen Fundamentalkritik an den herrschenden Zuständen ist die Formulierung eines nationalfundamentalistischen Programmes möglich. Diese beiden Schritte sollen nun im weiteren Verlauf des Buches vorgenommen werden. Die Frage nach der notwendigen nationalen Fundamentalkritik an den herrschenden politischen Zuständen wirft die grundsätzliche Frage auf, wer für diese Fundamentalkritik geeignet erscheint. Auf den ersten Blick könnte man annehmen, daß die Neue Rechte das geistige Potential besitzen müßte, den hierzulande herrschenden Liberalkapitalismus von Grund auf zu kritisieren – ihm somit die Legitimationsgrundlage zu entziehen. Das geistige und intellektuelle Potential besitzt diese Neue Rechte nun tatsächlich, doch ihren Protagonisten mangelt es in der Regel an dem Willen oder auch an dem Mut, diese Fundamentalkritik zu äußern. Der Grund hierfür liegt ganz einfach darin, daß es der Neuen Rechten erheblich an Selbstbewußtsein, genauer gesagt an nationalem Selbstbewußtsein, mangelt.

Anstatt die gesellschaftlichen Verhältnisse in der BRD einer fundamentalen Kritik zu unterziehen und demgegenüber eine staats- und verfassungsrechtliche Alternative sichtbar zu machen, begnügt sie sich mit Rechtfertigungen vor sich selbst. Der Grund hierfür lautet schlichtweg: Feigheit vor dem liberalkapitalistischen Feind! So hätten Heimo Schwilk und Ulrich Schacht den von ihnen im Jahre 1994 herausgegebenen Sammelband treffender mit dem Titel „Die Rechtfertigung" versehen sollen, als den Einband ihres Werkes voller Euphemismus mit *„Die Selbstbewußte Nation"* zu überschreiben. Denn was die darin publizistisch versammelten Salon-Rechten und BRD-Verfassungspatrioten wie Brunner, Seebacher-Brandt und Wolffsohn – um nur wenige der Autoren des Bandes zu nennen – an geistigen Ergüssen angeboten haben, hat nur wenig mit nationalem Selbstbewußtsein zu tun, sondern schon eher etwas mit jämmerlichem Rechtfertigungszwang und der geistigen Unterwürfigkeit. Auschwitz und Holocaust sitzen da noch so tief, daß Rainer Zitelmann in seinem Aufsatz dem Leser erst einmal erklären muß, daß er keinesfalls so schlimm strukturiert sei, wie der Herausgeber der nationalen Zeitschrift *Staatsbriefe*, Hans-Dietrich Sander, den er ganz einfach in der Schublade der „Ghetto-Rechten" verschwinden lassen will. [123]

Solche krampfhaften und gegenüber dem liberalistischen Feind letztendlich erfolglosen Abgrenzungsbemühungen von der deutschen Fundamentalopposition, für die Hans-Dietrich Sander hier stellvertretend steht, die aus der panischen Angst vor der Faschismus- und Verfassungsschutzkeule resultieren, führen letztendlich nur dazu, daß sich die sogenannte Neue Rechte, für die der *Welt*-Redakteur Rainer Zitelmann stehen will, bereits im vorneherein die intellektuelle Option zunichte macht, dem liberal-kapitalistischen BRD-System eine konzeptionelle Gegenposition entgegenzusetzen. [124]

Diese mangelnde Fähigkeit, beziehungsweise der mangelnde Wille, einen ordnungspolitischen Gegenentwurf zum *Status Quo* zu entwerfen und diesen dann in der Öffentlichkeit zu propagieren, liegt – wie bereits angesprochen – nicht an mangelnder intellektueller Fähigkeit. Gerade in konservativen Publikationen der Neuen Rechten, wie der Berliner Wochenzeitung *Junge Freiheit* oder dem Theorieorgan *Criticon*, finden seit den letzten Jahren regelmäßige Bezugnahmen zur „Konservativen Revolution" und ihren Vordenkern, Theoriezirkeln und Zeitschriften statt. Der Staatsrechtler Carl Schmitt ist in heutigen konservativen Publikationen beileibe kein Unbekannter. Sein Werk wird immer wieder auf hohem Niveau besprochen. Jedoch wird es streng vermieden, dessen Pluralismus- und Liberalismuskritik auf die Gegenwart zu übertragen. Es wäre die Frage zu stellen, was uns heute ein Carl Schmitt bei der Bewertung des BRD-Systems zu sagen hätte. Wer bereit ist, diese Gedanken zu Ende zu denken, der wird sich eben damit abfinden müssen, Bekanntschaften mit dem „Verfassungsschutz" zu machen. Weil die gegenwärtigen Publizisten der Neuen Rechten Angst davor haben, in solchen Berichten erwähnt zu werden und somit gesellschaftlich nicht mehr in bürgerlich-konservativen Kreisen (vor allem bei Union und FDP) „salonfähig" zu sein, meiden sie die Fundamentalkritik an den herrschenden Zuständen wie der sprichwörtliche Teufel das Weihwasser. Wie leicht könnte man in diesen Kreisen an die Vordenker der „Konservativen Revolution" der 20er und 30er Jahre anknüpfen, an den Tat-Kreis, an Ernst Niekisch, an Edgar Julius Jung und viele andere, wenn man nicht Angst vor der „Verfassungsschutz"-Keule und vor der gesellschaftlichen Stigmatisierung hätte.

Diese Angst jedoch führt dann unweigerlich zur intellektuellen Phantasielosigkeit und zur Systemfixiertheit. Diese zeigt sich schon darin, daß die ideengeschichtlichen Vorbilder, von denen die Neue Rechte aus PC-Gründen ohnehin zunehmend Abstand nimmt, für gegenwärtige Zwecke im Sinne von *Public Relations (PR)* begrifflich zurechtgeklopft werden. So erweist sich zum Beispiel die publizistische Verwendung „Konservative Revolution" als nichts anderes als ein begriffliches Phantom aus der Ideenwerkstatt des Deutsch-Schweizers Armin Mohler [125], da sich in der Zwischenkriegszeit kein kollektives Bewußtsein von Jungkonservativen, Nationalrevolutionären, Bündischen und Völkischen unter der

Losung einer „Konservativen Revolution" nachweisen läßt. [126] Diese weltanschauliche leere Worthülse wurde vielmehr, wie es der neurechte Publizist Claus-M. Wolfschlag richtig erkannt hat, aus einer weniger wissenschaftlich inspirierten, sondern vielmehr pragmatischen Überlegung heraus konzipiert:

„Die Neubeschäftigung mit der 'Konservativen Revolution' durch die 'Neue Rechte' ab den 70er Jahren hatte den Grund, unter Umgehung der NS-Ära einen neuen intellektuellen Anfang bzw. ein historisches Fundament für den geistigen Aufbau finden zu können." [127]

Demzufolge geht es also den Neuen Rechten lediglich darum, den *Hardcore-Begriff* des „Nationalismus", der nach ihrer Auffassung durch den realexistierenden Nationalsozialismus des Dritten Reiches diskreditiert wurde, durch die moderatere Begriffsvariante der „Konservativen Revolution" zu ersetzen. [128] Aber nur mit einer intellektuellen Worthülse alleine, die zudem rein begrifflich einer jeglichen historischen Grundlage entbehrt, läßt sich natürlich die bei der Neuen Rechten vorherrschende inhaltliche Phantasielosigkeit nicht verbergen und schon gar nicht eine Gegenposition zu den herrschenden Verhältnissen herstellen.

Die Phantasielosigkeit sowie die bereits erwähnte panische Angst vor der Faschismus- und Verfassungsschutzkeule sind die maßgeblichen Ursachen dafür, daß die geistig altbackene und unbewegliche Neue Rechte nicht in der Lage ist, gegen den realexistierenden Liberal-Kapitalismus eine Gegenposition zu setzen. Analog zur DDR-Bürgerrechtsbewegung, die nicht willens und nicht fähig war, die Endzeit-DDR zur Disposition zu stellen und statt dessen vergeblich eine „bessere DDR" forderte, verhalten sich heute die BRD-Neurechten, die glauben, sich in der Endzeit-BRD als letzte Prätorianer des Systems aufspielen zu können. Was sie allesamt vereint, ist demzufolge ihr naiver Irrglaube an eine „bessere BRD". Um Freiherr Caspar von Schrenck-Notzing sinngemäß aus einem seiner Vorträge wiederzugeben: Die Verhältnisse der Adenauer-Zeit sind es – einschließlich des dumpfen Anti-Bolschewismus, der sich Ende der neunziger Jahre in dem dilettantischen Agieren gegen die PDS austobte („Rote Socken", „Rote Hände") –, welche die eigentliche Zielvorgabe der Neuen Rechten abgeben. Eine systempolitische Gegenposition zu den derzeit herrschenden Verhältnissen stellen solche neurechten Auswüchse natürlich nicht dar. Wie ist nun aber Abhilfe zu leisten?

Wer eine Gegenposition zur BRD-Wirklichkeit aufzeigen will, muß zunächst einmal die herrschenden Verhältnisse des realexistierenden Liberal-Kapitalismus großwestdeutscher Prägung einer gründlichen gesellschaftswissenschaftlichen Analyse unterziehen. Die Absicht, oder besser gesagt das Ziel einer solchen Analyse kann für einen Nationalisten natürlich nur darin bestehen, sich die geistigen Waffen zu schmieden, die dazu geeignet sind, die herrschende politische Klasse – wenn die Zeit dazu reif ist – mittels einer Wortergreifung [129] delegitimieren zu können. Die geistigen Waffen wiederum müssen zur rechten Zeit darauf abzielen, den BRD-Kollaborateuren die Legitimationsgrundlage unter den Füßen wegzuschlagen, damit sie sich vor dem eigenen Staatsvolk als das entblößen, was sie tatsächlich sind: Jämmerliche Gestalten, die ihre Machtbasis auf der Fremdherrschaft der westalliierten Siegermächte des Zweiten Weltkrieges gründen und somit die nationalen Interessen des deutschen Volkes von Anbeginn verraten haben, zu deren Wahrung sie sich ja – sofern sie den herrschenden politischen Parteien angehören – durch ihren Eid verpflichtet haben.

Es wird hier darüber hinaus die Auffassung vertreten, daß der moderne Staat "demokratischer" Prägung generell seine Legitimation auf eine Reihe von Unwahrheiten stützt: Zum einen auf die in einem parlamentarischen System wie dem der BRD angeblich vorhandene horizontale Gewaltenteilung in *Legislative* (gesetzgebende Gewalt), *Exekutive* (vollziehende Gewalt) und *Judikative* (rechtsprechende Gewalt), zum anderen aber auch auf den Schwindel der angeblich nicht vorhandenen Zensur. Beides kann man getrost als Mythen der Moderne bezeichnen.

Doch das Reservoir der Legitimationsunwahrheiten des liberalkapitalistischen Systems ist damit bei weitem noch nicht ausgeschöpft. Es gibt zumindest noch einen liberalistischen Fetisch, den die Systemlinge ständig wie eine Monstranz vor sich hertragen: nämlich den des angeblich in der BRD vorhandenen gesellschaftlichen Pluralismus, der sich vor allem im parlamentarischen wie auch im Mediensystem der BRD widerspiegele. Dieser demokratische Pluralismus wird dann als ein unveräußerliches Merkmal von Demokratie ausgewiesen, wohingegen sich totalitäre Regime gerade darin auszeichneten, daß sie eine jegliche pluralistische Gesellschaftsstruktur vermissen ließen.

Schaut man sich jedoch einmal die pluralistischen Strukturen des politischen und gesellschaftlichen Systems hierzulande etwas genauer an, dann gelangt man zu der

Erkenntnis, daß dieser scheinbar demokratische Grundsatz lediglich eine propagandistische Fassade darstellt, die mit dem unsäglichen "gesellschaftlichen Pluralismus" der bereits verblichenen DDR durchaus vergleichbar ist. Denn auch dort wurde dem naiven Staatsbürger jahrzehntelang eine gesellschaftliche Vielfalt vorgegaukelt, die sich im Blockparteien- und Massenorganisationssystem des Arbeiter- und Bauernstaates ausdrücken sollte.

Lediglich die Bourgeoisie sollte im marxistischen Sinne für alle Zeiten von der politischen Mitbestimmung ausgeschlossen sein, obwohl selbst von den in der DDR Herrschenden der irreführende Eindruck erweckt wurde, als ob nationalliberale und bürgerliche politische Kräfte – unter anderem organisiert in den „Blockflöten" NDPD, CDU und LDPD – in den gesellschaftlichen Willensbildungsprozeß eingebunden seien. Gleichzeitig wurde aber versucht, bei allen Pluralismusbestrebungen die notwendige Geschlossenheit des DDR-Staates nach innen und nach außen zu demonstrieren: nämlich im Rahmen der Wahlformation der *„Nationalen Front"*, die wiederum Parallelen zum BRD-Lizenzparteiensystem aufweist. Wobei natürlich gerechterweise dem BRD-Parteien- und Wahlsystem zugestanden werden muß, daß es in der Bonner Rheinbund-Republik immerhin alle vier Jahre möglich ist, daß aufgrund des Wählervotums die Bundesregierung wechselt, während in der DDR die Sitzverteilung der einzelnen Parteien in der Volkskammer bereits vor der Wahl entschieden war. Mit solchen Ablenkungsmanövern wie der *„Nationalen Front"* wurde zu DDR-Zeiten versucht, von der eindeutigen Dominanz der SED in Volkskammer und Politbüro abzulenken.

Auch in der BRD versucht man mittels eines scheinpluralistischen Schmierentheaters von der geistigen Inzucht seiner Hauptdarsteller abzulenken. Da wäre zunächst einmal die Mär vom vermeintlichen Begriffspaar: Demokratie und Parlamentarismus. Denn gerade die Vielfalt der Parteien, als Vertreterinnen partikularer Interessen, sei Ausfluß einer pluralistischen Gesellschaftsstruktur. Daß jedoch Demokratie auch und gerade ohne Parlamentarismus denkbar ist, darauf hat schon Carl Schmitt im Jahre 1923 hingewiesen:

„Der Glaube an den Parlamentarismus, an ein 'gouvernement by discussion', gehört in die Gedankenwelt des Liberalismus. Es gehört nicht zur Demokratie. Beides, Liberalismus und Demokratie, muß voneinander getrennt werden, damit das heterogen zusammengesetzte Gebilde erkannt wird, das die moderne Massendemokratie ausmacht." [130]

Und weiter meint Carl Schmitt: *„Es kann eine Demokratie geben ohne das, was man modernen Parlamentarismus nennt und einen Parlamentarismus ohne Demokratie; und Diktatur ist ebensowenig der entscheidende Gegensatz zu Demokratie wie Demokratie zu Diktatur."* [131]

Das Parlament zeichne sich im wesentlichen durch Diskussion und Öffentlichkeit aus, also durch öffentliche Debatte und öffentliche Diskussion um Argumente und Gegenargumente. Da jedoch im modernen Parlamentarismus die Entscheidungen nicht mehr – wie noch im 19. Jahrhundert – in den öffentlichen Verhandlungen des Plenums fallen, sondern in Ausschüssen – und nicht einmal notwendig in parlamentarischen Ausschüssen –, da wesentliche Entscheidungen in geheimen, also nicht-öffentlichen Sitzungen der Fraktionsführer oder gar in außerparlamentarischen Komitees herbeigeführt werden, [132] besteht in unserer Zeit auch keine Notwendigkeit, das demokratische Prinzip auf den Parlamentarismus zu beziehen. Wie Carl Schmitt zurecht feststellt, ist *„das ganze parlamentarische System schließlich nur eine schlechte Fassade vor der Herrschaft von Parteien und wirtschaftlichen Interessen."* [133]

Wenn nun aber ein eifriger Verfechter des liberalen Parlamentarismus entgegnen wollte, daß das gesamte Staatsvolk zu groß und zu unmündig sei, um sämtliche Entscheidungen treffen zu können und deshalb das Parlament als eine Art Ausschuß des gesamten Volkes fungieren müsse, so würde ihm Carl Schmitt auch heute entgegnen:

„Wenn aus praktischen und technischen Gründen statt des Volkes Vertrauensleute des Volkes entscheiden, kann ja auch im Namen des selben Volkes ein einziger Vertrauensmann entscheiden, und die Argumentation würde, ohne aufzuhören demokratisch zu sein, einen antiparlamentarischen Cäsarismus rechtfertigen." [134]

Kurzum, der Parlamentarismus ist für wahrhafte (National-)Demokraten völlig überflüssig geworden! [135]

Der Verfasser kehrt nun die These Schmitts um, nach der Demokratie keines Parlamentarismus bedürfe, und propagiert die These: Demokratie und ein vornehmlich parlamentarisches System [136] schließen sich gegenseitig geradezu aus, sie sind miteinander nicht vereinbar! Denn selbst den hierzulande etablierten Politikwissenschaftlern ist es bereits aufgefallen, daß ein – im engeren Sinne des Begriffs – parlamentarisches System erhebliche Demokratiedefizite aufweist. Denn schließlich zählt die herrschende politologische Meinung zum unveräußerbaren Tafelsilber der Demokratie das Prinzip der horizontalen Gewaltenteilung (in Exekutive, Legislative und Judikative). Und gerade innerhalb eines vornehmlich parlamentarischen Systems – als Beispiele hierfür sollen die BRD und ihr systempolitisches Vorbild Großbritannien dienen [137] – ist doch stets eine naturgesetzmäßige Verschmelzung zwischen Exekutive und Legislative feststellbar. Wobei infolge dieser Gewaltenverschränkung eine eindeutige Parlamentsdominanz festzustellen ist. Mit Fug und Recht bezeichnete deshalb auch Thomas Finke in den *Staatsbriefen* die BRD als eine „parlamentszentrierte Republik", in der die Losung laute: *„Alle Macht den Parlamenten!"* [138]

Und Reinhold Oberlercher definiert den Parlamentarismus im allgemeinen als die *„Entartung des Parlaments als Repräsentant der bürgerlichen Gesellschaft zum Durchdringer und Beherrscher des Staates"*. Denn, so Oberlercher, *„durch parlamentarische Regierungsbildung wird der Mehrheitsführer im Parlament, also ein Parteichef, zum Regierungschef. Wird das Parlament als Repräsentant des Volkssouveräns – als national – aufgefaßt, so ist diese Souveränitätsrepräsentanz im Parlamentarismus zur Repräsentantensouveränität verkehrt"*. [139]

Mit anderen Worten ausgedrückt: Von einer Unabhängigkeit der Regierung gegenüber dem Parlament kann natürlich dann keine Rede sein, wenn die Konstituierung der Regierung aus der Parlamentsmehrheit resultiert, wie das ja in einem parlamentarischen System ausnahmslos zutrifft. So stützt sich die Regierungsgewalt des BRD-Kanzlers auf die Parlamentsmehrheit der Fraktionen der Regierungskoalition. Von einer horizontalen Teilung der Gewalten, die ja das Wesensmerkmal der Demokratie sein soll, kann hierbei überhaupt keine Rede sein, weil Legislative und Exekutive miteinander verschränkt sind. Wer soll denn bei dieser Konstellation die Regierung kontrollieren, wenn die Mehrheit im Parlament parteipolitisch dem Regierungslager angehört? Die Parlamentsminderheit, die sogenannte „Opposition", wohl kaum, da sie keine faktische Kontrolle ausüben, bestenfalls die Regierung in der Öffentlichkeit kritisieren kann.

Weil somit die Regierung das Parlament dominieren kann, und umgekehrt die Parlamentsmehrheit die Regierung, ist der BRD-Bundestag mittlerweile zur

„Schwatzbude des Bundes" verkommen, der sich immerhin noch zu symbolischen Betroffenheitsbekundungen eignet, wie im Juni 1999, als der Bundestag im Stile einer „Auschwitz-Religionsgemeinschaft" den Architektenentwurf für das Holocaust-Mahnmal in Berlins Mitte verabschiedete.

Die eigentlichen Entscheidungen, so viel steht fest, fallen tatsächlich – wie es Schmitt richtig erkannt hat – in den Ausschüssen und mittels interfraktioneller Absprachen. Also letztendlich – wenn man Demokratie mit Öffentlichkeit und Diskussion assoziiert – undemokratisch! Im Rahmen der Typenvielfalt westlicher Demokratien würde da schon eher das Modell einer Präsidialdemokratie das Etikett „Demokratie" zustehen. Die Beispiele hierfür, Frankreich und die USA, die institutionell allerdings voneinander abweichen, beweisen es: Eine Gewaltenteilung zwischen Exekutive und Legislative ist vom Ansatz nur mittels einer verfassungsrechtlich verankerten Direktwahl des Staatsoberhauptes möglich, wobei die Frage nach der Bezeichnung desselben („Präsident", „Führer", „Wahl-König", „Kaiser" etc.) zweitrangig ist.[140] Den modernen Begriff von Gewaltenteilung definierte umfassend zuerst Montesquieu:

„Alles wäre verloren, wenn (...) die gleiche Körperschaft (...) folgende drei Machtvollkommenheiten ausübte: Gesetze erlassen, öffentliche Beschlüsse in die Tat umsetzen, Verbrechen und private Streitfälle aburteilen (...) Es gäbe keine Freiheit mehr, wenn (...) die exekutive Befugnis bestimmten, von der legislativen Körperschaft ausgesuchten Personen anvertraut wäre, denn die beiden Befugnisse (Legislative und Exekutive) wären somit vereint."[141]

Und im Grundgesetz der BRD steht geschrieben:

„Der Bundeskanzler wird (...) vom Bundestage (...) gewählt. (...) Die Bundesgesetze werden vom Bundestage beschlossen."[142]

Dieses Horrorszenario, das Montesquieu malt, trifft nun tatsächlich in vollem Umfang auf die BRD zu, in der die Bundestagsparteien mehrheitlich über die Regierungsbildung sowie im Proporzsystem über die Besetzung des Bundesverfassungsgerichts, der Rundfunkratsmitglieder und viele andere Posten mehr entscheiden. Ebenso wird die föderale Kammer, der Bundesrat, von den Parteien dominiert. Genau dieses BRD-Horrorszenario ist es, was mit „Demokratie", die ja in erster Linie aus der Gewaltenteilung heraus resultieren soll, eben nicht vereinbar ist. Wer dieses Regime nun befürwortet, der mag ein Befürworter von Liberalismus, Parlamentarismus und Parteienstaat sein, mit Demokratie im eigentlichen Sinne hat dieses Konzept kaum etwas im Sinn.

Aber wenn sich schon das Geschwätz vom Parlamentarismus als äußerst durchsichtig zur Legitimation einer Pseudo-Demokratie erweist, dann hat Großwestdeutschland ja immer noch die Scheinargumentation um den „gesellschaftlichen Pluralismus" bei der Hand, die sich hervorragend zur pseudodemokratischen Maskerade eignet. So meinte dann auch der Politologe jüdischer Herkunft, Ernst Fraenkel, im Jahre 1964, daß in der „pluralistischen Demokratie" – die er in der BRD verwirklicht sah – das Gegenteil zur „Rousseauschen Demokratie" liege [143], wobei letztere dann – wegen ihres „volonté générale" (gemeinsamer Wille) – der Ursprung eines jeden totalitären Regimes darstelle (Faschismus, Nationalsozialismus, Kommunismus etc.). Der Neopluralist Fraenkel versteigt sich dann zu der Aussage, daß „pluralistische Gruppen (...) dem Bürger die ständige Mitwirkung an den öffentlichen Angelegenheiten" ermöglichten. [144]

Ins gleiche Horn stieß schon in den 30er Jahren Walter Lippmann in seinem Werk *„Die Gesellschaft freier Menschen"*, in dem der amerikanische Publizist gemessen am Kriterium der gesellschaftlichen Vielfalt einen dichotomischen Gegensatz zwischen der liberalen Demokratie einerseits und „kollektivistischen Systemen" andererseits zu erblicken glaubte. Mit letzterem Sammelbegriff meinte Lippmann den Faschismus/Nationalsozialismus sowie den Kommunismus, für die er allesamt auch die Sammelbezeichnung „totalitäre Regime" synonym verwendete. Für das Lippmann'sche Pluralismus-Strickmuster ist dann folgender Satz aus seinem Buch bezeichnend:

„Während in den freien Staaten die Opposition eine verfassungsmäßige Funktion hat, ist sie in den autoritären Staaten Hochverrat". [145]

So einfach ist das also! Wenn es in der Verfassung schwarz auf weiß geschrieben steht, daß Opposition seine Berechtigung und Funktion hat, dann wird es ja wohl schon irgendwie eine geben müssen, oder? Und wie weit dürfen eigentlich Opposition und Meinungspluralismus in „nicht-autoritären" Staaten, wie der BRD, gehen? Darauf gibt uns Lippmann leider keine Antwort.

Während die etablierte Zunft der Sozialwissenschaftler seit Ende des Zweiten Weltkrieges verstärkt versucht, ihre „pluralistischen", weil angeblich „antitotalitären" Nebelkanonen im wissenschaftlichen Diskurs einzusetzen, um den von ihnen befürworteten realexistierenden Liberalextremismus in einem besseren Licht erscheinen zu lassen, hat Carl Schmitt bereits in der Zwischenkriegszeit gewußt, was er von solch' akademischen Täuschungsmanövern zu halten hat. Schmitt bezog sich dabei auf den zuerst von Harold J. Laski geprägten politischen Pluralismusbegriff, der von diesem polemisch als Gegenposition gegen die Vorstellung einer Allmacht des Staates bestimmt war.

Während Laski schon während des Ersten Weltkrieges gegenüber solchen Omnikompetenzansprüchen eines „monistischen" Staates die (pluralistische) Bedeutung der Kirchen, Gewerkschaften und sonstigen Verbände betonte, definiert Schmitt demgegenüber die Ideologie des Pluralismus durchweg negativ als *„(...) soziale Machtkomplexe, die sich als solche der staatlichen Willensbildung bemächtigen, ohne aufzuhören, nur soziale (nicht-staatliche) Gebilde zu sein. (...) Der Pluralismus bezeichnet die Macht mehrerer sozialer Größen über die staatliche Willensbildung."* [146] Schmitt gelangt schließlich zu der Auffassung, daß es danach das Wesen des Pluralismus' sei, *„die souveräne Einheit des Staates, das heißt die politische Einheit zu leugnen und immer wieder hervorzuheben, daß der einzelne Mensch in vielen sozialen Verbindungen lebt (...)."* [147]

Es würde nun bedeuten, das vielzitierte Kind mit dem Bade auszuschütten, wollte man aus Carl Schmitts Ruf nach dem starken Staat die Folgerung ziehen, einer jeglichen völkischen Vielfalt innerhalb eines weitestgehend homogenen deutschen Staatsvolkes den Garaus machen zu müssen. Denn gegen eine regionale und soziale Vielschichtigkeit innerhalb eines Staatsvolkes wird sich vom nationalen Standpunkt wohl kaum etwas einwenden lassen. Problematisch wird die Sache nur, wenn wie im Falle Weimars und Bonns die Teile der bürgerlichen Gesellschaft über die staatliche Homogenität triumphieren, was unweigerlich zur Auflösung aller Staatlichkeit führt. Weshalb auch Winfried Knörzer zuzustimmen ist, wenn dieser meint, daß „wer den Staat als wesentliche politische Einheit (...) aufgibt, damit zu erkennen (gibt), daß er auf die Macht innerlich schon verzichtet hat". [148]
So mag zwar Henning Eichberg die „innere Kolonialisierung durch den multinationalen Kapitalismus" [149] bekämpfen wollen. Doch womit, wenn er rundheraus die Gegenkonzeption eines deutschen „Großstaates" [150] ablehnt und statt dessen aus

Gründen des Pazifismus (die Kehrseite des ebenso verhängnisvollen Bellizismus [151]), zu dem sich Eichberg bekennt, ein Modell der „kleineren Deutschländer" [152] favorisiert? Womit Eichberg sich lediglich dem ewigen Wunsche französischer Außenpolitik anschließt.

Die an sich sinnvolle Idee des Regionalismus, die darin besteht, einen Nationalstaat in Heimatregionen föderal zu gliedern, wird somit nur pervertiert, indem die regionale Identität nicht als kulturelles Fundament deutscher Staatlichkeit dient, sondern als Speerspitze gegen den Nationalismus mißbraucht wird. Der Regionalismus hat für den Nationalisten nur dort seine Berechtigung, wo dieser der Nationalstaatsidee untergeordnet wird! Die Vorstellung eines „Europas der Regionen", die vor allem von den geistigen Erben der christlich inspirierten Paneuropaidee propagiert wird, ist mit Nationalismus und dessen Reichsidee unvereinbar.

Deshalb sollte auch die Konzeption eines neuen Staates der Deutschen an der Maxime ausgerichtet sein: *„So viel (staatliche) Homogenität wie nötig, um staatliche Stabilität zu garantieren und Auflösungstendenzen entgegenwirken zu können, und so viel (völkische) Vielfalt wie möglich, um dem Reichtum deutschen Kulturlebens eine Entwicklungschance zu geben!"* Denn der deutsche Kulturbegriff ist ohne das Nürnberger Kunsthandwerk ebensowenig denkbar wie ohne die Umgangsformen und den Habitus des deutschen Bürgertums. Unverzichtbar sind ebenso das Liedgut und Brauchtum des westfälischen, saarländischen und des sächsischen Bergmannes, die schwäbische Küche, das fränkische Fachwerk, die Architektur mecklenburgischer Bauernhöfe sowie die niederdeutschen Mundarten. Zusammengehalten wird diese deutsche Kulturvielfalt durch homogene Elemente des deutschen Gesamtvolkes, wie deutsches Recht und Staatlichkeit sowie durch die deutsche Verkehrs- und Schriftsprache(n). Völkische Vielfalt in staatlicher Einheit lautet also die kulturpolitische Losung des Nationalisten!

Dabei wird von manchen Nationalisten sogar der Standpunkt vertreten, daß bei aller völkischen Vielfalt, die Machthaber eines neuen deutschen Staates aber nicht umhinkommen würden, ein generelles Parteienverbot für die in der BRD noch bestehenden Parteien auszusprechen. Auch der parteipolitisch organisierte Nationalismus würde nach dieser Sichtweise hiervon nicht ausgenommen sein. Insofern würden die neuen Machthaber ihre Lehren aus dem verfehlten Ansatz der NS-

Machtergreifung von 1933 ziehen, als Adolf Hitler „vergaß", seine eigene Bürgerkriegspartei, nämlich die NSDAP, aufzulösen. Entgegen dem Ratschlag eines Edgar Julius Jung, die NSDAP solle doch nach der Machtergreifung abtreten und den Weg für den Neubau des Reiches ohne Parteien freimachen, dachte die Partei nicht daran, auf die Früchte des Sieges zu verzichten. Jung mußte für seinen Vorschlag mit dem Tode büßen. [153]

Ganz gewiß haben, bis es zur Regierungsübernahme durch die Nationalisten kommt, nationale Parteien und Organisationen ihre Daseinsberechtigung, sofern sie Partei für den weltanschaulichen Nationalismus ergreifen. Doch ihre Mission endet mit der Verwirklichung des deutschen Volksstaates. Anstelle der Parteien schlägt auch der Verfasser, in Anlehnung an den „Reichsverfassungsentwurf" von Reinhold Oberlercher die verfassungsrechtliche Institutionalisierung von (sozialen) Interessensverbänden vor: nämlich Konservative (Grundeigentümer), Liberale (Arbeitgeber) und Sozialisten (Arbeitnehmer). Die absolute Parteigründungsfreiheit wäre somit also aufgehoben. Die sozialen Interessensverbände haben ausschließlich die Vertreter sozialer Interessen des Volkes zu sein. Über diesen Teilinteressen herrscht dann aber letztendlich der Interessenswahrer des Ganzen, nämlich das Staatsoberhaupt des deutschen Staates. [154] Diese Konzeption hat nichts mehr mit dem „Pluralismus"-Schwindel des untergehenden Parteienstaates alter Weimarer und Bonner Prägung zu tun, sondern bietet die staatliche Grundlage für die bereits erwähnte „völkische Vielfalt in staatlicher Homogenität".

Widerspruch ist hingegen gegenüber „pluralistischen" Überlegungen immer dann angesagt, wenn eine fremdgesteuerte politische Klasse glaubt, ihre liberaltotalitäre Diktatur hinter „pluralistischem" Geschwafel verbergen zu können, wobei dann die eigentlichen Lebensinteressen der Staatsbürger bewußt ignoriert werden. Das zeigt unter anderem die vom BRD-System tolerierte Masseneinwanderung von Millionen von Fremden. Von einer Berücksichtigung der sozialen und regionalen Interessensvielfalt des deutschen Volkes kann in der realexistierenden BRD natürlich überhaupt keine Rede sein. Der Verfasser schlägt deshalb vor, in einem künftigen deutschen Staat die Verwendung des Begriffes „Pluralismus", wie auch die Verwendung des Begriffes „Demokratie" unter Strafe zu stellen. Ihr ständiger Mißbrauch und ihre gezielte Instrumentalisierung durch Weimarer und Bonner Liberalextremisten hat diese Termini dermaßen historisch diskreditiert, daß dies alleine ein Anwendungsverbot derselben rechtfertigen würde. Den gegenwärtigen national denkenden Deutschen sei deshalb jetzt schon empfohlen, sich von dem bundesrepublikanischen „Demokratiebegriff" geistig zu lösen. Denn schon Thomas Mann meinte:

„Es bedeutet auch nichts für jemandes Wert und Rang, daß er Demokrat ist; jeder Dummkopf ist es heute". [155]

Hingegen erscheint die gegenwärtige Anwendung des „Demokratie"-Begriffs durch Nationalisten durchaus sinnvoll, um dem Bürger klar zu machen, daß nicht die herrschende politische Klasse auf diesen alleine pocht, daß vielmehr die deutschen Nationalisten die eigentlichen Vertreter wahrer deutscher Volksherrschaft sind. In diesem Zusammenhang ist immer wieder gebetsmühlenartig darauf hinzuweisen, daß „Nation" und „Demokratie" unzertrennbar sind und nur die zwei Seiten der einen Medaille darstellen.[156] Volksherrschaft, griechisch: „Demokratie", heißt schließlich nichts anderes, als daß das Volk (im Singular) herrscht und nicht, daß auf einem Staatsterritorium „Völker" (im Plural) herrschen. Die herrschenden Multikulti-Apostel, von Daniel Cohn-Bendit (Bündnis 90/Die Grünen) bis Heiner Geißler (CDU) mögen sich – propagandistisch motiviert – „die Gemeinschaft der Demokraten" nennen; doch tun sie dies völlig zu Unrecht, da sie die Herrschaft des deutschen Volkes in allen nur denkbaren Belangen abzuschaffen gewillt sind. Das fängt mit der Aufgabe des Restbestandes des Nationalstaates in der BRD an und endet bei der von langer Hand geplanten Einwanderungspolitik, der gezielt gesteuerten Landnahme durch ethnisch Fremde – mit dem Ziel, den Deutschen in Deutschland ihre Heimat wegzunehmen.

Besonders penetrant mutet die Propaganda vom bundesrepublikanischen Pluralismus dann an, wenn dieser in Bezug zur Rundfunkordnung der BRD gesetzt wird. Da ist dann in sämtlichen medienpolitischen Verlautbarungen immer die Rede vom hierzulande angeblich vorherrschenden „Innen- und Außenpluralismus", innerhalb des sowohl öffentlich-rechtlich als auch privatwirtschaftlich organisierten Rundfunksystems. Beide Spielarten des vermeintlichen Medienpluralismus', die sowohl in den Urteilen des Bundesverfassungsgerichtes aus den Jahren 1961 und 1981 als auch in den Rundfunk- bzw. Mediengesetzen der Bundesländer [157] garantiert sind, sollen dem Fernseh- und Hörfunkrezipienten eine – gemessen an dem gesamten Meinungsspektrum – „ausgewogene" und „vielfältige" Berichterstattung bieten. Die „Meinungsvielfalt" soll zunächst dadurch gewährleistet werden, daß in den Rundfunkräten der einzelnen öffentlich-rechtlichen Anstalten „alle gesellschaftlich relevanten" Gruppen vertreten sind („Innenpluralismus"). Im wesentlichen sind dies die Lizenzparteien und die ihnen nahestehenden gesellschaftlichen Interessensverbände (christliche Kirchen, jüdische Gemeinden, Gewerkschaften und Arbeitgeberverbände etc.). Das verfassungs- und rundfunkrechtliche Gebot der politischen „Ausgewogenheit" wird dann von den Herrschenden ohnegleichen pervertiert, was selbst Michael Kunczik in einer Publikation der Bundeszentrale für politische Bildung zur Kritik veranlaßt:

„In der Praxis hat sich im Umgang der Parteien untereinander das Proporzverfahren herausgebildet. Wenn beispielsweise ein SPD-Intendant gewählt werden soll und er auch Stimmen der CDU benötigt, werden Zugeständnisse gemacht. Die Folge des Parteienproporzes besteht darin, daß Personalpakete ausgehandelt werden, um die parteipolitische Ausgewogenheit zu sichern." [158]

Es geht der in der BRD herrschenden politischen Klasse also lediglich um die „parteipolitische Ausgewogenheit". Diese wird dann agitatorisch gleichgesetzt mit „Ausgewogenheit" an sich, was nahelegt, daß hiermit eine irgendwie geartete Ausgewogenheit der Interessen des Deutschen Volkes in seinen Stämmen und sozialen Schichten gemeint sei. Dieser Gedanke ist jedoch absolut irreführend, da nicht automatisch die Summe der durch das BRD-Lizenzsystem protegierten Teilinteressen (Parteien im Bundestag) das Ganze, beziehungsweise das Gesamtinteresse, das Allgemeinwohl des deutschen Volkes, ergibt.

Eine ähnliche lizenzparteiliche „Ausgewogenheit" – und das sei noch am Rande erwähnt – herrscht ebenso im kommunalpolitischen Bereich vor, wo unter anderem die „Qualifikation" eines Stadtwerke-Direktors oder eines Vorständlers der städtischen Sparkasse vom passenden Parteibuch abhängt. Die sogenannte Scheuch-Studie hat hierfür den empirischen Beweis erbracht. [159] Des weiteren soll die „Meinungsvielfalt" im BRD-Rundfunksystem noch durch das immense Angebot sämtlicher öffentlich-rechtlicher und vor allem privatrechtlicher Rundfunkanbieter sichergestellt werden („Außenpluralismus"). [160] Bei so viel „Pluralismus" und „Meinungsvielfalt" stellt sich für den Verfasser die Frage, wo er denn die seinige (nationalpolitische) Meinung im BRD-Rundfunksystem wiederfindet? Oder andersherum gefragt: Kann er sie dort eigentlich wiederfinden, wenn doch in sämtlichen Rundfunkräten (bei den öffentlich-rechtlichen) und Landesmedienanstalten (bei den privatwirtschaftlichen Anstalten) lediglich die „gesellschaftlich relevanten Gruppen" – also nicht die Nationalisten – repräsentiert sind?[161] Die Beantwortung dieser rhetorischen Frage erweist sich als überflüssig.

Der Pluralismusschwindel ist natürlich – wie auch der Schwindel von der Gewaltenteilung und der Meinungsfreiheit – nur e i n konstitutives Element im Legitimationssystem der BRD, das sich auf so viele Unwahrheiten gründet, daß dieser Stoff alleine ein mehrbändiges Buchprojekt rechtfertigen würde. Es sei hierbei nur auf die strafrechtliche Festschreibung der „Einzigartigkeit deutscher Verbrechen" verwiesen, auf die sich die Existenz der BRD natürlich ebenso – und in erster Linie – gründet. Erweist sich das Gerede vom Pluralismus bei näherer Betrachtungsweise als bloße Propaganda, so ist es doch äußerst amüsant festzustellen, wie kindlich-naiv sich unsere sogenannten Neuen Rechten an das liberalistische Gebot des Pluralismus festklammern und auf ihr vermeintliches Recht pochen, ihre konservativen, nationalliberalen und verfassungspatriotischen Standpunkte in das Phantom einer pluralistischen Gesellschaft einbringen zu können. So meinte bereits 1985 der „Vordenker" der französischen *Nouvelle Droite*, Alain de Benoist, daß sich Neue Rechte durchaus auf den gesellschaftlichen Pluralismus des liberalen Rechtsstaates berufen könnten, da dieser ja schließlich „auf dem Pluralismus begründet ist".[162] Bei so viel Realitätsverlust weiß der Verfasser allerdings keine Abhilfe mehr.

Doch mit der ausschließlichen Analyse der Legitimationsunwahrheiten – wie anhand der dargestellten Pluralismuspropaganda gezeigt – ist es natürlich bei weitem nicht getan. Denn wer das politische System Großwestdeutschlands delegitimieren will, der muß schon mehr leisten, als die machtpolitischen und gesellschaftlichen Zustände zwischen Rhein und Oder einer gründlichen – aber letztendlich nur deskriptiven – Analyse zu unterziehen. Diese kann nur die Ausgangsposition, ein erster wichtiger Schritt auf dem Weg sein, dem System die Legitimationsgrundlage zu entziehen. Denn wer sich in einer künftigen Systemkrise dem deutschen Volk als „Heilsbringer" empfehlen will, der muß sich – über die Gesellschaftsanalyse hinaus – schon heute in eine fundamentale Oppositionsrolle zum liberalistischen Feind positionieren und zudem den dialektischen Gegensatz zwischen dem Modell eines nationalen Volksstaates[163] und des realexistierenden Liberal-Kapitalismus auf deutschem Boden herausarbeiten. Dieser letztendlich unversöhnliche Gegensatz kann nur dadurch dem Volk vor Augen geführt werden, indem die Darstellung sämtlicher Unterscheidungsmerkmale der beiden Entwürfe bis aufs äußerste getrieben wird, damit die Machtsituation aus dialektischer Notwendigkeit umschlagen muß.

Schließlich muß schon deshalb alles aufs Äußerste getrieben werden, damit der dialektische Gegensatz für jeden gutwilligen und lernbereiten Deutschen unübersehbar wird. Denn nur dadurch entsteht die größte Spannung zwischen nationaler Volksherrschaft [164] und internationalistischer „Demokratie". [165] In der logischen Vereinfachung liegt dann auch die letzte Steigerung nicht nur des wirklichen nationalen Befreiungskampfes gegen den internationalistischen Völkermord, sondern auch des gedanklichen Gegensatzes zwischen den beiden Demokratiedefinitionen.

Diese dialektische Konstruktion steigender Bewußtheit zwingt den konstruierenden Denker, sich selbst mit seinem Denken als die Spitze der gedanklichen Entwicklung zu sehen. Das bedeutet für ihn gleichzeitig die Überwindung des von ihm restlos Erkannten, des als historische Vergangenheit – im Sinne der Ideengeschichte – hinter ihm liegenden Stadiums. [166] Die Überwindung der internationalistischen „Demokratie", die dem eigentlichen Wortsinn nach keine ist, keine sein kann und niemals eine sein wird, muß letztendlich darin gipfeln, daß infolge der Machtergreifung, der wiederum die Wortergreifung vorausgehen muß, das Fremdwort „Demokratie" wieder seinen ursprünglichen Sinn erhält.

Daß die Weltgeschichte (unter anderem, aber nicht in erster Linie) eine Geschichte von Klassenkämpfen ist, wußte man schon vor Marx. Darin liegt wirklich nicht das Neue des Kommunistischen Manifestes, da ja der Bourgeois im Jahre 1848 längst als hassenswerte Figur bekannt war. Und es gab damals kaum einen bedeutenden Literaten, der das Wort Bourgeois nicht als Schimpfwort gemeint hätte. Neu war am *„Kommunistischen Manifest"* etwas anderes: die systematische Konzentrierung des Klassenkampfes zu einem einzigen, letzten Kampf der Menschheitsgeschichte, zu dem dialektischen Höhepunkt der Spannung: Bourgeois und Proletariat. [168] In diesem Sinne kann die geistesgeschichtliche wie machtpolitische Frage nur lauten: nationale Volksherrschaft oder internationalistische „Demokratie"? Diese zugespitzte Fragestellung läßt dann aber keinen Spielraum mehr für Kompromisse!

Die dialektische Strategie muß dann derartig weiterentwickelt werden, daß das liberalkapitalistische System Großwestdeutschlands als das absolut volksfeindlichste Regime dargestellt wird, das man sich nur vorstellen kann. Diese Zuspitzung führt dann wiederum zur unmittelbaren Notwendigkeit, das Gute und absolut Volksfreundliche, nämlich die Segnungen einer nationalen Volksherrschaft auf deutschem Boden, herbeizusehnen, vor allem auch die Sehnsucht im Volk danach zu wecken und somit letztendlich auch diesen Zustand der nationalen Volksherrschaft auf deutschem Boden herbeizuführen, die sich – um es auf einen Nenner zu bringen – in nationaler Identität, nationaler Souveränität und nationaler Solidarität ausdrückt. [169]

Wo liegt nun aber der Hebel für die dialektische Zuspitzung in der Endzeit-BRD? Der Verfasser schlägt vor, für eine künftige Wortergreifung folgende Strategieskizze zu verwenden: Dem Volke muß die Korruptheit, Verlogenheit sowie der Volksverrat der herrschenden Klasse der hierzulande vorherrschenden Niederhaltung, Unterdrückung und Machtlosigkeit der nationalen Opposition öffentlichkeitswirksam gegenübergestellt werden. Und nur in der Umkehrung der skizzierten dialektischen Verhältnisse wird logischerweise das Volk, wenn sich die Lage für das System krisenhaft zuspitzt und die Möglichkeit der Wortergreifung infolge einer revolutionären Situation auf breiter Ebene besteht, die Erlösung von der wirtschaftlichen und sozialen Misere erblicken: Diese Misere ist gleichzusetzen mit der Internationalisierung in allen Lebensbereichen – mit der Abgabe der nationalen Souveränität an supranationale Organisationen (wie EU, NATO und UNO), was einhergeht mit der wirtschaftlichen Ausbeutung des deutschen Gemeinwesens.

Hinzu kommen die Auflösung der nationalen Solidarität infolge von US-Kulturimperialismus und Masseneinwanderung, wobei durch letztere zusätzlich – neben den anderen demographischen Faktoren – die ethnische Auslöschung des deutschen Volkes beschleunigt wird. Dieses Horrorszenario muß, sobald in einer Krisensituation das entsprechende mediale Forum zur Wortergreifung bereitsteht, immer wieder an die Wand gemalt werden, wobei die verhängnisvollen Auswüchse der internationalistisch gelenkten Bonner (neuerdings Berliner) Demokratie jetzt für immer mehr Bürger in ihrem Lebensumfeld (Arbeitsplatz und Arbeitsamt, Schulen, Wohngebiet) sichtbar werden. Es bedarf dann – von seiten nationalistischer Agitatoren – nur noch der dialektischen Zuspitzung!

Auch empfiehlt es sich, den Marx'schen Begriff des „Klassenkampfes" für befreiungsnationalistische Zwecke wiederzubeleben. Freilich nicht als Unterscheidung von (Welt-) Proletariat und Bourgeoisie, sondern in dem unversöhnlichen Klassengegensatz zwischen Nutznießern und Leidtragenden der Internationalisierung aller Lebensbereiche in Deutschland. Während sich die Leidtragenden vor allem aus der deutschen Arbeitnehmerschaft rekrutieren und dem Internationalismus – entgegen aller „Mein-Freund-ist-Ausländer"-Kampagnen – ablehnend gegenüberstehen und materiell unter dieser Situation zu leiden haben (Verdrängungswettbewerb am Arbeitsplatz usw.), profitiert eine Minderheit des deutschen Volkes von eben dieser Internationalisierung und kulturellen Überfremdung unserer Heimat: Pädagogen, die ihre Arbeitsplätze den durch die vielen Ausländerkinder bedingten Klassenstärken verdanken, „Sozialarbeiter" von Caritas und ähnlichen „wohltätigen" Organisationen, die sich ihren Lebensunterhalt durch die Betreuung von Asylanten „verdienen", und die sich – nicht zuletzt durch Eigeninteresse – ganz besonders dafür einsetzen, die Abschiebung von abgelehnten Armutsflüchtlingen rechtswidrig – wie durch das sogenannte „Kirchenasyl" – zu verhindern.

Hinzu kommen Kapitalherrn, deren Lohndrückerei und derzeitige Initiative zum Sozialabbau auf dem immensen Verdrängungswettbewerb am Arbeitsmarkt basiert, der wiederum eine Folge der von ihnen selbst mitzuverantwortenden Einwanderungspolitik ist. Auch die finanziellen Bezüge der DGB-Gewerkschaftsfunktionäre basieren letztendlich zu einem großen Teil auf der von ihnen ebenso mitzuverantwortenden Ausländerpolitik. Schließlich sind „Gastarbeiter" nicht selten zahlende Mitglieder der DGB-Einzelgewerkschaften. Kurzum, in der BRD lassen sich mittlerweile eine Reihe von Berufsgruppen dieser Nutznießer-Klasse internationalistischer Politik zuordnen – wobei natürlich individuelle Ausnahmen nur die Regel bestätigen. Diese Klasse ist es auch, die mit allen ihr zur Verfügung stehenden Mitteln die Entfremdung des deutschen Volkes von seinen eigenen kulturellen Wurzeln betreibt – vor allem durch die zunehmende Amerikanisierung der Alltagssprache und sämtlicher Lebensbereiche. In seinem Buch *„Die Geschichte macht Sprünge"* bezeichnet Henning Eichberg folgerichtig diese kulturelle Überfremdung durch den Kollaborateur der Fremdherrschaft im eigenen Land als „Inneren Kolonialismus". Ganz im Sinne des deutschen Kultursoziologen müssen Befreiungsnationalisten die Bedrohung durch den äußeren „Feind" (Einwanderer, Feindstaaten etc.) „als eine Form des Inneren Kolonialismus" erkennen „und sie als solche bekämpfen". [170] Die Feindansprache hat also zuallererst gegen die inländischen („inneren") Nutznießer internationalistischer Politik zu erfolgen und erst in zweiter Instanz gegen die Fremden selbst.

Dieser Typ des „Inneren Kolonialisten", des Nutznießers der Fremdherrschaft im eigenen Land, ist es wohl, den Ernst Niekisch bereits im Jahre 1933 im Auge hatte, als er abschätzig vom „Bürger" und „Bourgeois" sprach. Diesem Typ galt seine ganze Verachtung:

„Die deutsche bürgerliche Schicht hat, wenn sie sich erhalten will, nur den Ausweg, dieser Ausplünderung des deutschen Volkes ihren vermittelnden Beistand zu verleihen. Sie schafft die Beute für das Ausland herbei, sie 'mobilisiert die Tribute', liefert sie ab und wird mit Prozenten beteiligt." [171]

Bezog sich Niekisch zu seiner Zeit noch auf die Reparationszahlungen der Weimarer Bourgeoisie und ihrer Erfüllungspolitiker an die *Entente*-Mächte, so lassen sich seine Thesen heute nahtlos auf bundesrepublikanische Verhältnisse übertragen – Masseneinwanderung, globalistisch bedingte Deindustrialisierung sowie die immensen Beitragszahlungen an supranationale Organisationen wie NATO, EU und UNO. Dies sind heute die Methoden, Deutschland am Boden zu halten. Und die in unserem Land durch das alliierte Lizenzsystem an die politische Macht gekommene Herrschaftsklasse wird für ihre politischen Prostituiertendienstleistungen mit „Prozenten" beteiligt. Für sie fällt genug ab, ob in der Werbung für die multikulturelle Gesellschaft, in der Brüsseler EU-Bürokratie, die mit Subventionen ganze soziale Schichten politisch korrumpiert. Die politische Klasse mit ihren Diäten und Wirtschaftsbezügen nicht zu vergessen.

Ernst Niekisch ist heute aktueller denn je, wenn er meint: „(...) *der Typus Bürger wird hier selbst schlechthin 'Feind', Volksverräter, Staatsverderber*". [172] Diese Bewertung veranlaßte ihn zu der Schlußfolgerung: *„Der Sturz der Fremdherrschaft über Deutschland setzt voraus, daß der Gesamtkörper der bürgerlichen Gesellschaft überhaupt vernichtet wird."* [173]

Während also bei der nationalen Fundamentalopposition eine geistige Mobilmachung im Sinne eines sozialrevolutionären Nationalismus als Vorsorge für die Phase der Endzeit-BRD angesagt ist, versucht das System seinen unabwendbaren

Tod durch eine rigorose Repressionspolitik gegen die nationale Opposition und die tausendfache Wiederholung seiner abgedroschenen Legitimationsunwahrheiten – wie der vom BRD-Pluralismus – in sämtlichen Lizenzblättern und auf allen Sendern hinauszuzögern, was sich mit Don Quichottes Kampf gegen die Windmühlen vergleichen läßt. Es handelt sich hierbei also um ein sinnloses und letztendlich erfolgloses Unterfangen! Ihr Hochmut, der sich gegenwärtig in der medialen Verächtlichmachung der nationalen Opposition ausdrückt, wird sich schon bald in Katzenjammer wenden.

Während rechte „Realpolitiker" davon ausgehen, daß man auf den Zusammenbruch des BRD-Systems noch sehr lange warten müsse, der nach deren Auffassung eher ganz ausbleiben wird, scheint Helmut Schmidt dem großwestdeutschen Kollaborationssystem nur noch wenig Zeit zum Überleben zu geben. So meint doch der Altbundeskanzler, daß *„das drängendste Problem (...) die Reduzierung der Arbeitslosigkeit"* sei. *„Steigt sie weiterhin von derzeit vier auf sechs oder noch mehr Millionen an, dann wird diese Demokratie akut gefährdet."* Schmidt gelangt schließlich zu dem Fazit: *„Ich bin kein Prophet, doch wenn der Arbeitslosigkeit nicht Einhalt geboten wird, könnten Links- oder Rechtsextremisten bedrohlich werden, selbst anarchistische Erscheinungen könnte man dann nicht mehr ausschließen."*[174] Die Fähigkeit zur Krisenbewältigung scheint für ihn nicht gerade das Attribut der Bonner Politikerklasse auszumachen. Denn:

„Die Generation der heute 50jährigen aller Parteien hat stets nur Aufstieg und Mehrung des Wohlstands, auch des persönlichen, erlebt. Auf Krisen, Rückschläge ist sie nicht eingestellt."[175]

Daraus resultiert wiederum der strategische Vorteil der nationalen Opposition, der in der gegen sie gerichteten zunehmenden Unterdrückung durch das BRD-System liegt. [176] Dieser Vorteil wird noch um einen weiteren Pluspunkt zugunsten der nationalen Opposition ergänzt: Nämlich das Ausgegrenztsein nationaler Politiker aus sämtlichen Entscheidungsmechanismen des BRD-Systems – sei es auf parlamentarischer Ebene, in den Kommunen, Medien, Interessensverbänden und den sonstigen relevanten Institutionen des BRD-Systems. Denn in einer für das herrschende politische System[177] letztendlich aussichtslosen Situation kann es nur von derjenigen politischen Kraft beseitigt und ersetzt werden, die zuvor in einem dialektischen Gegensatz zu ihm gestanden hatte. Dieses Ziel sich zu stellen und beharrlich zu verfolgen, ist die Aufgabe des Neuen Nationalismus in Deutschland! Der alten wie der neuen Rechten fehlt hierzu die Fähigkeit – oder auch der Wille.

Rechte Parteipolitik – im Abseits?

Es liegt in der Natur der Sache, daß nicht nur die akademischen Denkzirkel der Neuen Rechten an dem Defizit leiden, sich nicht in fundamentale Gegnerschaft zur herrschenden politischen Klasse zu positionieren, auch den beim Bundeswahlleiter registrierten rechten Wahlparteien geht es – mehr oder weniger – ebenso. Aufgrund der Rücksichtnahme auf den „Verfassungsschutz" und das Parteiengesetz bewegt sich der parteipolitsch organisierte Nationalismus nach den Regeln der herrschenden politischen Klasse. Es findet kaum eine Eliteauswahl im eigentlichen Sinne statt, sondern es gilt die Vorgaben des Parteiengesetzes der BRD zu erfüllen, die eine „demokratische" Wahl von Funktionsträgern auf allen Ebenen vorsieht. Daß hierbei, wenn vor allem die etablierte Medienöffentlichkeit Druck auf diese verfemten Parteien ausübt, nicht immer die weltanschaulich, intellektuell und charakterlich Befähigten an die Spitzen von Bundes-, Landes-, Bezirks- und Kreisvorständen geraten, dürfte auf der Hand liegen. Oftmals zahlt sich Opportunismus, Profillosigkeit und kritiklose Unterwürfigkeit gegenüber übergeordneten Funktionsträgern aus.

Für Hans-Dietrich Sander liegt die politische Phantasielosigkeit der parteipolitischen Rechten, die sich vor allem in dem Fehlen eines ordnungspolitischen Gegenentwurfs ausdrückt, darin, daß der parteipolitische Nationalismus durch unentwegte Teilnahme am BRD-Wahltheater eine Affinität zu Bonn erwarb, wie sie die Bürgerrechtler zu Pankow hatten. [178] Die Phantasielosigkeit des parteipolitisch organisierten Nationalismus erklärt sich nicht zuletzt aus seinem Parteienstatus, auf den er so großen Wert legt. Denn wer seinen Parteienstatus unter allen erdenkbaren Umständen aufrechterhalten will, der muß sich zwangsläufig an das politische System anbiedern – auch wenn dafür von den Betroffenen durchaus nachvollziehbare taktische Gründe ins Feld geführt werden.

Nachvollziehbare Gründe, die tatsächlich für den Parteienstatus sprechen, bestehen vor allem darin, daß bestimmte Aktionsformen, die zur Herstellung einer nationalen Gegenöffentlichkeit dringend nötig sind, fast ausschließlich von Parteien umgesetzt werden können. Da wäre zunächst einmal die Beteiligung an Wahlen. Der Verfasser hält die Beteiligung an Wahlen jedoch für ein untergeordnetes, bestenfalls zweitrangiges Thema. Wer seine Legitimation als Nationalist über die Wahlteilnahme begründen will, der nennt sich entweder zu Unrecht „Nationalist", möchte vielleicht einfach nur an dem System teilhaben, das er vorgibt, bekämpfen zu wollen, oder er hat sich bereits geistig an das System so weit assimiliert, daß er den Widerspruch nicht erkennt, in dem er gefangen ist.

Der Widerspruch besteht dann darin, daß nicht erkannt wird, daß Nationalismus gegenwärtig auf deutschem Boden nur im Widerspruch zum BRD-System positioniert werden kann. Unter „System" ist kurz und prägnant die sowohl wirtschaftliche Ausformung des Liberal-Kapitalismus zu verstehen (sogenannte "freie Marktwirtschaft" und wirtschaftliche Globalisierung), sowie dessen politische und gesellschaftliche Ausformung (parlamentarische Demokratie, gesellschaftlicher Pluralismus).

Die Wahlteilnahme besitzt daher für den Nationalisten keinen Selbstzweck, der in der Illusion münden könnte, durch den Einzug einer nationalen Partei in die Parlamente und den späteren Ausbau der Sitzstärke der Fraktionen schrittweise die Macht übernehmen zu können, analog zu 1933. Die Aufstellung von nationalen Wahllisten besitzt für den Nationalisten nur einen rein propagandistischen Zweck, der darin besteht, auf dem parlamentarischen Parkett die Etablierten vorführen und den weltanschaulichen Widerspruch zu ihnen öffentlichkeitswirksam gegenüber den deutschen Bürgern formulieren zu können. Aus Sicht der etablierten Systemparteien wird daher zurecht der Vorwurf erhoben, daß die Nationalisten den Parlamentarismus „mißbrauchen" beziehungsweise „instrumentalisieren" wollen. Ebenso müssen sich natürlich alle anderen Parteien, die zum Beispiel im Bundestag vertreten sind, von den Nationalisten den Vorwurf gefallen lassen, daß auch sie – und das seit Jahrzehnten – die Fassade des Parlamentarismus für ihre Scheinlegitimation mißbrauchen, die mit wahrer „Demokratie", also Volksherrschaft im eigentlichen Sinne, nichts, aber auch wirklich überhaupt nicht gemeinsam hat. Darauf wird im weiteren Verlauf des Buches noch näher eingegangen.

Die Konzeptionslosigkeit gegenüber dem herrschenden System ist mehr oder weniger Bestandteil aller rechter Parteien. Vor allem trifft dieser Vorwurf in vollem Maße auf den *Bund Freier Bürger (BFB)*, die *Deutsche Volksunion (DVU)* sowie die *Republikaner (REP)* zu. Aber auch die Nationaldemokratische

Partei Deutschlands (NPD), die sich in letzter Zeit immer mehr zu einer fundamentaloppositionellen Partei entwickelt, ist nicht gänzlich vor Pragmatismus gegenüber dem System gefeit. Recht anschaulich dokumentiert dies ein Flugblatt, das einzelne Funktionsträger der *Jungen Nationaldemokraten (JN)* anläßlich der Rudolf-Hess-Aktionswochen 1996 herausgeben wollten, das jedoch kurz vor der Phase der Massenverbreitung von nicht-reformerischen Kräften in den JN gestoppt wurde.[179] Der ursprüngliche „reformerische" Textentwurf gipfelte schließlich in der Forderung: *„Die Bundesrepublik Deutschland braucht dringend Reformen! Eine politische Wende ist notwendig! Wir wollen Reformen! Wir wollen die Wende! Wir bekennen uns dabei zum Wettbewerb mit anderen politischen Kräften."* [180] Und bei der Mutterpartei, der NPD, meinte man gar: *„Es fehlt der Hecht im Karpfenteich – die NPD!"* [181]

Vermutlich sind solche Äußerungen einer nationaldemokratischen Minderheit – wie bereits erwähnt – eher unter taktischem Kalkül zu betrachten, das dem Irrglauben entspringt, so der von den etablierten Medien der NPD aufgezwungenen Verbotsdiskussion besser entgehen zu können. Es ist davon auszugehen, der Verfasser spricht da aus eigenen Erfahrungen, daß gerade den Funktionsträgern der JN durchaus eine Fundamentalopposition zur BRD vorschwebt. Das geht vor allem aus den Publikationen der Partei und den Äußerungen von NPD- und JN-Funktionsträgern der letzten drei Jahre hervor. Doch solche taktisch motivierten Äußerungen wie die soeben genannten: von „Reformen" zum Beispiel, die das BRD-System notwendig habe, verstellen natürlich leicht den Blick für das Notwendige, der Propagierung eines fundamentalen Gegenentwurfs. Denn alle Erfahrung zeigt, daß die herrschende Klasse nicht fähig und schon gar nicht willens ist, überhaupt die Propagierung nationaler Reformen im Rahmen ihres herrschenden Systems zuzulassen, ohne darauf mit allen Methoden der politischen Zensur zu reagieren, die bei der Sprachzensur anfängt und bei der Verabschiedung von Sondergesetzen durch Bundestag und Bundesrat (1994: „Volksverhetzungs"-Paragraph 130 StGB) endet.

Die NPD, und das sei ihr zugute gehalten, bemüht sich seit 1996, ein Gegenmodell zum *Status Quo* zu erarbeiten. Vordenker, auch außerhalb der Partei, werden vom Parteivorstand aufgefordert, Entwürfe in eine Programmkommission einzubringen, zu nennen ist hier unter anderem der Entwurf eines Wirtschaftsprogrammes des Hamburger Philosophen Reinhold Oberlercher. Diese Einbeziehung alternativer Staats-, Verfassungs- und Ordnungsmodelle stellt nun tatsächlich ein Novum innerhalb rechter und nationaler Parteien in der BRD dar. Entgegen der oben erwähnten „Reform"-Forderungen dominieren gerade bei den *Jungen Nationaldemokraten* in den letzten Jahren eher die revolutionären Aussagen. Die Parolen *„Gegen System und Kapital – unser Kampf ist national!"* finden sich auf Transparenten nahezu sämtlicher JN-Demonstrationen. Diese richtige Grundsatzparole gilt es jedoch für die Zukunft mit Inhalten zu füllen. Dazu sollen die vorliegenden Ausführungen einen Beitrag leisten.

Schließlich darf in diesem Zusammenhang auch nicht vergessen werden, daß der Parteienstatus zur Herstellung einer nationalen Gegenöffentlichkeit unverzichtbar geworden ist, da nur ein Parteiapparat, der über ausreichende eigene finanzielle Mittel und eine Rechtsabteilung verfügt, imstande ist, die regelmäßig verhängten Demonstrationsverbote durch Anwendung von Rechtsmitteln abzuwenden. Dies ist auch ein Grund, weshalb gerade in den letzten Jahren nur noch die NPD in der Lage ist, in regelmäßigen Abständen Demonstrationen zu den verschiedensten Themen durchzusetzen, während die sogenannten „freien Nationalisten" in zunehmendem Maße erkannt haben, daß sie sich kaum gegen Demonstrationsverbote durchsetzen können, weshalb ihre Kader in den letzten Jahren zunehmend die Beteiligung an Demonstrationen der NPD befürworten.

Ansonsten dominiert innerhalb der parteipolitischen Rechten in der BRD das Bekenntnis zur parlamentarischen Demokratie, die – entsprechend der etablierten Denkschablonen – als einzige Form von Volksherrschaft dargestellt wird. Im Rahmen solcher Denkschablonen bleibt natürlich kein Platz mehr für eine umfassende Fundamentalkritik an den herrschenden Zuständen. Gerne wird bei den Diskussionen um die rechten Parteien in der BRD und einer scheinbar wünschenswerten „Einheit" dieser "Rechten" der Anschein erweckt, als ob es sich hierbei um einen – sowohl was die Organisationsstruktur als auch die weltanschaulichen Grundlagen betrifft – einheitlichen Block handeln würde. Dem ist aber nicht so!

Die Scheinlösung – Sammlung aller „Rechten"

Das Gefährliche an der Dauerdiskussion um eine fiktiv anzustrebende „Einheit der Rechten" liegt nicht nur darin, daß man über organisationstechnische und weltanschauliche Unvereinbarkeiten hinwegsieht, sondern auch darin, daß von den Propagandisten einer rechten Einheit eine Heilserwartung geweckt wird, so, als ob die selbstgesteckten Ziele – vor allem der Einzug in die Parlamente – alleine durch eine solche Einheit erreichbar wären. Es werden dabei Hoffnungen und Erwartungshaltungen in diese Einheitsbestrebungen investiert, die sich schon bald als Illusionen herausstellen würden. Vor allem wird dabei eine Ungeduld geschürt, die wohl eher die Position der rechten Einheitsapologeten sichern soll, die jedoch zwangsweise – weil die Ziele in kürzester Zeit nicht zu erreichen sind – in bittere Enttäuschungen münden muß.

Wie viele vor allem junge Idealisten sind durch solche Einheitsbemühungen bereits in den letzten Jahren verheizt worden? Abspaltungen da, Abspaltungen dort, Vereine und Kleinparteien werden neu gegründet. „Ligen", „Aufbrüche" und „Bewegungen" schießen aus dem Boden, es werden an sie nicht nur von jungen Deutschen große, zu große Erfolgserwartungen geknüpft, die dann schnell in Resignation enden. Das Ergebnis solcher oftmals idealistischer Bemühungen, manchmal werden diese auch von interessierter Seite instruiert, besteht dann in einem organisatorischen Scherbenhaufen – umsonst die Zeit, umsonst das Geld, umsonst der Idealismus, der in die ganze Sache investiert wurde.

Nicht selten werden auch Parteien, Vereine und Zeitschriften gegründet, die es konzeptionell schon gibt. Noch eine rechtskonservative Partei, noch eine nationale Zeitschrift, die das gleiche Publikum erreicht, das bereits von anderen genauso gut bedient wird. Insbesondere die parteipolitische alte Rechte dreht sich hier völlig im Kreis. Das Ergebnis ist dann eine weitere Zersplitterung. Viele ziehen sich ins Privatleben zurück, manche fühlen sich von dem primitiven Treiben angewidert, wollen geistig anspruchsvoller sein und gründen „neurechte Denkzirkel", veranstalten Seminare, ziehen sich also in die Behaglichkeit des rechten Bildungsbürgers zurück. Anderen wiederum ist die ganze Sache zu angepaßt, zu sehr in den Bahnen des Systems; die gründen dann lose Zusammenhänge „freier Nationalisten". Das Gesamtergebnis besteht dann darin, daß „rechte" Parteien bei normaler politischer „Wetterlage" auf zusammengerechnet kaum mehr als fünf Prozent der gültig abgegebenen Stimmen kommen, wie bei der Bundestagswahl 1998. Die sogenannten „freien Nationalisten" sehen sich gezwungen, mangels eigener Masse, den Schulterschluß mit größeren Einheiten zu suchen, so daß diese dann doch wieder unter dem Dach der NPD bei Demonstrationen mitmarschieren müssen, um überregional nicht völlig bedeutungslos zu sein.

Die eigentliche Frage, was der ganze Zirkus denn sowohl quantitativ als auch qualitativ an Fortschritten für das gesamte nationale Lager bringen soll, wird dann allerdings nur selten gestellt. Und genau das wäre die Frage!

Die Frage nach der Qualität und der Quantität der politischen Mitstreiter sowie nach der organisatorischen Logistik, die zu stellen wäre, bevor es an das „Sammeln" und Hin- und Herverschieben von unzulänglichem personellen und organisatorischen Potential geht. Deshalb soll jetzt in den nachfolgenden Ausführungen gerade zu diesen zwei Punkten: Qualität und Quantität, hinsichtlich von Öffentlichkeit und Organisation, Stellung genommen werden, um einen mittel- und langfristigen Ausweg aus der Sackgasse aufzuzeigen. Kurzfristige Ziele sollten erst gar nicht gestellt werden, die zum Beispiel nur in erkauften Parlamentsfraktionen bestehen können, die sich aufgrund von Unfähigkeit nach wenigen Monaten auflösen und die gesamte nationale Opposition in der Öffentlichkeit blamieren.

Auf zwei Aussagen sollte künftig generell verzichtet werden: Eine einzelne Partei (REP, DVU, NPD, BFB) wird in naher Zukunft alleine den bundesweiten Durchbruch schaffen. Außerdem gilt: Eine Sammlung der Erfolglosen ist a) aus den bekannten Gründen nicht realistisch und b) auch nicht wünschenswert, da die Strategien zu widersprüchlich sind. Zudem fehlt eine derzeit unumstrittene „Führer"-Persönlichkeit, die auf das gesamte Lager integrierend wirken könnte. Das Hauptproblem, über das zu wenig gesprochen wird, ist die mangelnde bundesweite ORGANISATION. Und die ist zunächst einmal Hausaufgabe aller Parteien, Organisationen und Verlage. Jeder soll Mitglieder werben, junge Mitglieder schulen, Verbände aufbauen, Werbung machen, Abonnenten werben, an den Zeitungsständer gehen, neue Buchkunden gewinnen etc. Hierzu kann jeder einen Beitrag leisten! Das „Sammeln" von Gruppen und Kleinparteien führt am Thema vorbei. Das Thema ORGANISATION ist der Schlüssel, der aus der Misere führen kann, sofern er erkannt wird. Denn wie ist es sonst zu erklären, daß beispielsweise die NPD bei der Europawahl 1999 in bayerischen Regionen ganze 0,1 Prozent erhalten hat, bei der zeitgleichen Stadtratswahl im sächsischen Königstein fast 12 Prozent? Königstein ist überall, wo nationale Politik ein Gesicht hat!

Eine durchsetzungsfähige nationale Partei wird kommen. Allerdings nicht durch das „Sammeln" der derzeit Erfolglosen, sondern indem sich eine davon durchsetzen wird. Die Entscheidung darüber, welche dies sein wird, wird aber nicht morgen fallen, sondern vielleicht in drei bis fünf Jahren. So viel Geduld muß schon sein! Wer publizistisch Ungeduld übt, muß sich den Vorwurf gefallen lassen, Resignation und Enttäuschung zu provozieren – auf der Grundlage einer falschen Erwartungshaltung. Welche nationale Partei sich durchsetzen wird, darüber kann man freilich nur spekulieren. Erfolgsgarantien gibt es auch dann nicht, selbst wenn eine Parteiführung alles richtig machen sollte. Es hängt nicht nur von der Fähigkeit der Führungspersönlichkeiten ab, sondern auch vom Glück und vom Zufall, der für Erfolg sorgen kann, so wie zum Beispiel bei den „Republikanern" der sensationelle Wahlerfolg 1989 bei der Wahl zum Berliner Abgeordnetenhaus recht unerwartet eintrat (mit 7,5% der Stimmen). Um die Erfolgsaussichten aber besser einschätzen zu können, sollen nun die vier wesentlichen „rechten" Parteien in der BRD in aller Kürze und objektiver Sachlichkeit nach den Kriterien „Weltanschauung", „Organisation", „Verhältnis zum politischen System" und „Bündnisbereitschaft" analysiert werden.

Analyse der parteipolitischen Rechten in der BRD

Die Republikaner (REP)

Weltanschauung:
Es ist kaum eine vorhanden, es dominiert der Populismus, der freilich nicht mehr so intensiv wirkt wie noch in der Ära Schönhuber. Sofern von einer „Weltanschauung" überhaupt gesprochen werden kann, ist sie ein Konglomerat aus Verfassungspatriotismus, Konservativismus und Mittelstandsdenken.

Verhältnis zum System:
Die REP sind systemkonform. Das Denken ihrer Führung erschöpft sich *im Status Quo* der parlamentarischen Demokratie, zu der keine Alternative gedacht wird. Trotzdem wird die Partei in sämtlichen „Verfassungsschutzberichten" als „rechtsextremistisch" bezeichnet.

Bündnisfähigkeit:
Als Bündnispartner kommen lediglich rechte Parteien in Betracht, die ebenso treu dem politischen System ergeben sind, wie die REP-Führung. Ein potentieller Bündnispartner ist der *Bund Freier Bürger,* der jedoch zu den REP ein zwiespältiges Verhältnis hat, da man selbst nicht in den VS-Berichten erwähnt wird und die

Nähe zu Parteien wie den REP, die darin aufgeführt sind, bisher meidet. Umgekehrt würde eine Zusammenarbeit zwischen REP und BFB kaum eine „Bündelung" wesentlicher Kräfte bedeuten, da der BFB bei Wahlen regelmäßig deutlich unter der Ein-Prozent-Marke bleibt. Mit der DVU gibt es bisher lediglich „inoffizielle" Kontakte und Absprachen. Eine offene Zusammenarbeit wird jedoch mit Freys Partei gemieden, weil die DVU für die REP-Führung „eindeutig rechtsextremistisch" ist. Zur NPD, die von der REP-Führung als „neonazistisch" eingestuft wird, gibt es keine offiziellen Kontakte.

Organisation:
Die Notwendigkeit einer bundesweit flächendeckenden Organisation wird von der Parteiführung erkannt und angestrebt. Vorhanden ist sie schwerpunktmäßig in Süddeutschland, ansonsten eher lückenhaft.

Deutsche Volksunion (DVU)

Weltanschauung:
Ebenso wie bei den Republikanern ist kaum eine weltanschauliche Ausrichtung vorhanden. Der Schwerpunkt liegt hier eindeutig bei einem ausgeprägten Populismus. Die Grundlinie der politischen Positionierung kann als „Nationalkonservativismus für den Kleinbürger" bezeichnet werden.

Verhältnis zum System:
Die DVU ist systemkonform. Das Denken der Führung um Gerhard Frey erschöpft sich *im Status Quo* der parlamentarischen Demokratie, zu der keine Alternative gedacht wird. Trotzdem wird die Partei in sämtlichen „Verfassungsschutzberichten" als „rechtsextremistisch" bezeichnet.

Bündnisfähigkeit:
Die Bündnispolitik von Dr. Frey ist völlig unklar: heute Alleingang, dann mit der NPD, dann wieder Annäherungsversuch an die REP. Dann plötzlich eine Wahlempfehlung zugunsten der Unionsparteien. Die „Bündnispolitik" der DVU scheint dem Kalkül ihres Vorsitzenden zu folgen, eine Konkurrenz für die DVU– egal welcher Art – um jeden Preis zu verhindern. Motto: Besser kein „rechter" Erfolg, als der Erfolg einer anderen „rechten" Partei.

Organisation:
Die finanziellen Möglichkeiten zum Aufbau einer bundesweit flächendeckenden Organisationsstruktur wären vorhanden, es scheint aber hierzu der Wille bei Dr. Frey zu fehlen, der aus Gründen der Selbstkontrolle seines Münchner Medienimperiums an der Gründung selbständig arbeitender Landes-, Bezirks- und Kreisverbände nicht interessiert ist.

Nationaldemokratische Partei Deutschlands (NPD)

Weltanschauung
Die NPD ist weltanschaulich eindeutig in Richtung eines sozialrevolutionären Nationalismus ausgerichtet. Die NPD-Führung legt einen großen Wert auf die Bezeichnung „Weltanschauungspartei".

Verhältnis zum System:
Seit der Wahl von Udo Voigt zum Parteivorsitzenden unterliegt die NPD einer klaren Hinwendung in Richtung auf eine Fundamentalopposition. Die nationalistische NPD ist absolut legal in ihrem Verhalten – was Gesetze und BRD-Verfassung betrifft –, strebt jedoch eine neue politische Ordnung an. Das BRD-Parteiensystem sowie seine einseitige Parlamentszentrierung wird von den Nationaldemokraten abgelehnt. Statt dessen bemüht man sich, einen eigenen „Demokratie"-Begriff im Sinne einer organischen Volksherrschaft zu entwickeln.

Bündnisfähigkeit:
Es besteht eine grundsätzliche Bereitschaft zur punktuellen und projektbezogenen Zusammenarbeit mit anderen nationalen Parteien und Organisationen, selbst wenn diese von der NPD-Führung als „auch-national" kritisiert werden. Eine Zusammenarbeit scheitert jedoch in erster Linie an der nicht vorhandenen Bereitschaft der Konkurrenzparteien, mit der NPD zusammenzuarbeiten, weil diese von den Medien als „neonazistisch" stigmatisiert wird.

Organisation:
Eine bundesweit flächendeckende Organisationsstruktur befindet sich im Aufbau. Während die westdeutschen Landesverbände über viele ausgebildete Kader verfügen, verzeichnen die mitteldeutschen Landesverbände einen wesentlich größeren Mitgliederzuwachs. Für die NPD wird es in den nächsten Jahren darauf ankom-

men, dieses Ungleichgewicht von Kader- und Basisstruktur – bezogen auf West- und Mitteldeutschland – zu beheben.

Bund Freier Bürger (BFB)

Weltanschauung:
Der BFB besitzt eine eindeutige weltanschauliche Ausrichtung, die in einem Nationalliberalismus beziehungsweise in einem besitz- und bildungsbürgerlich geprägten Verfassungspatriotismus besteht. Überwiegt bei der NPD der proletarische Zuschnitt, so ist der BFB die typische Klassenpartei der nationalen „Bourgeosie".

Verhältnis zum System:
Der BFB ist in noch größerem Maße systemkonform fixiert als REP und DVU. Das Denken der Führung erschöpft sich ebenso im *Status Quo* der parlamentarischen Demokratie, zu der keine Alternative gedacht wird. Eine Nennung der Partei in den „Verfassungsschutzberichten" ist bisher erfolgreich vermieden worden, wofür jedoch eher die Erfolglosigkeit bei Wahlen ausschlaggebend ist.

Bündnisfähigkeit:
Eine Bündnisfähigkeit und vor allem Bereitschaft dazu ist kaum vorhanden. Um der Nennung in den VS-Berichten zu entgehen, werden offene Bündnisse mit allen anderen „rechten" Parteien vermieden, die darin aufgeführt sind. Mehr oder weniger offiziell gibt es jedoch eine Gesprächsbereitschaft mit den REP.

Organisation:
Flächendeckende Strukturen werden angestrebt, jedoch ist der BFB in allen Regionen des Bundesgebietes weit davon entfernt, dieses Ziel zu erreichen.

Zusammenfassung der Analyse

Weltanschauung:
Zwei Parteien weisen ein ausgeprägtes, aber entgegengesetztes weltanschauliches Profil auf: die NPD, die einen sozialrevolutionären und völkischen Nationalismus propagiert, und der BFB, der den klassischen Nationalliberalismus vertritt. Die zwei weiteren „rechten" Parteien zeigen kaum weltanschauliches Profil: REP und

DVU. Sie legen ihren Schwerpunkt vielmehr auf den Populismus.

Verhältnis zum System:
Drei Parteien dieser politischen „Rechten" geben sich mehr oder weniger systemkonform: REP, DVU und BFB. Die NPD ergreift offen das Wort "gegen System und Kapital".

Bündnisfähigkeit:
Die Entwicklung einer Gesamt-Bündnisstrategie auf der "Rechten" ist kaum vorstellbar. Keiner will mit der NPD offiziell zusammenarbeiten, die DVU nur mit der Kraft, die ihr hilft, den jeweils größten Konkurrenten zu verhindern. Am ehesten könnte es noch zwischen REP und BFB klappen. Diese Überlegung hat jedoch kaum eine Bedeutung, da die beiden Parteien zusammengenommen kaum mehr Schlagkraft entwickeln könnten, als die REP auf sich alleine gestellt.

Organisation:
Drei Parteien besitzen einen festen Willen zur flächendeckenden Verbandsarbeit: REP, NPD und BFB. Zwei davon haben sogar mehr oder weniger die Fähigkeit, sich flächendeckend zu organisieren: REP und NPD. Einer davon muß hingegen trotz aller Bemühungen die Fähigkeit hierfür abgesprochen werden: dem BFB. Hierfür ist die zu exklusive Auswahl der potentiellen Mitglieder ausschlaggebend. Die Partei besteht zu einem großen Teil aus Bildungs- und Besitzbürgern. Dann existiert noch eine „rechte" Partei mit der Fähigkeit, aber ohne den Willen zur flächendeckenden Verbandsarbeit: die DVU.

Bewertung der Analyse:

Wie soll unter diesen konfusen Voraussetzungen eine „Sammlung" möglich sein? Da braucht die „Rechte" schon einen „Übervater" wie Jean-Marie Le Pen in den 80er Jahren in Frankreich oder Jörg Haider seit 1986 in Österreich, der zusammenfügt, was nicht zusammengehört!

Zudem – und das ist das Entscheidende – hält die Dauerdiskussion über die angeblich zu wünschende „Einheit der Rechten" von den eigentlichen Problemen ab, die mittel- und langfristiger Lösungsstrategien bedürfen: die Schwachpunkte Organisation und Öffentlichkeit. Denn ohne eine ausreichende flächendeckende Gesamtorganisation besteht keine Möglichkeit, eine eigene nationale Gegenöffentlichkeit über eigene Medien herzustellen. Zudem besteht nur mittels organisatorischer „Masse" (und deren Mobilisierbarkeit) die Chance, durch Kampagnen öffentlichen Druck auf der Straße auszuüben – und sei es nur zur Durchsetzung von einzelnen nationalen Themen und Standpunkten. Diese Strategie hat die NPD beispielsweise mit dem Thema „Wehrmacht – eine anständige Truppe" seit den 90er Jahren vorbildlich umgesetzt. Eine dauerhafte parlamentarische Verankerung sollte zum einen von einer nationalistischen Partei nicht – in Verkennung der Tatsachen – zum alles entscheidenden Selbstzweck ausgerufen werden, zum anderen ist diese parlamentarische Etablierung auch nur möglich, wenn zuvor im Bereich der politischen Organisation auf allen Verbandsebenen sowie auch im (sub-) kulturellen Bereich gute Vorarbeit geleistet wurde. Deshalb ist künftig die nationale Opposition in noch stärkerem Maße aufgerufen, an der Werbung vor allem junger Mitstreiter zu arbeiten, die dauerhaft weltanschaulich und verbandspolitisch zu schulen und in verantwortungsvolle politische Arbeit zu integrieren sind. Dieser „Königsweg" erfordert jedoch die Bereitschaft, „dicke Bretter zu bohren". Und dafür bedarf es Geduld, die jedoch weder die alte noch die neue Rechte hat. Diese Aufgabe kann nur der *Neue Nationalismus* leisten!

Zudem besteht die Notwendigkeit, daß eine wirklich nationale Partei erkennen muß, daß sie ihren Sinn dann verfehlt haben würde, wenn sie sich lediglich als „rechte" Ergänzung des BRD-Parteienspektrums begreift. Dies würde nämlich bedeuten, daß diese Partei keine Gesamtstrategie über das herrschende System hinaus benötigen würde, da ja ihr einziges Streben darauf ausgerichtet wäre, bestimmte Themen, wie die Ausländer- und Asylfrage sowie die europäische Integration, in die öffentliche und parlamentarische Debatte einzubringen und sich damit eine genügend große Wählerklientel zu sichern, die ihr einen Einzug ins Parlament gewährleistet. Dies alles in der Illusion, im Rahmen des herrschenden politischen Systems ließen sich die genannten nationalen Probleme durch die Teilnahme einer „rechten" Partei lösen.

Wenn diese Partei noch ein bißchen mehr will, dann wird sie versuchen, koalitionsfähig zu werden und als Juniorpartner in eine Regierungskoalition einzutreten. Ist sie aber erst einmal so weit, dann wird der große bürgerliche Partner entweder die Themen der neuen Partei übernehmen oder die neue Partei selbst wird Kompromisse eingehen müssen. In beiden Fällen wird man den Unterschied zwischen den Parteien nicht mehr so klar erkennen können, was aller Voraussicht nach zum Verschwinden der neuen Rechtspartei führen wird.[182] Und genau auf diesem soeben beschriebenen Holzweg befinden sich alle „rechten" Parteien. Lediglich die Nationaldemokratische Partei Deutschlands (NPD) bildet hierbei seit 1996, seit der Übernahme des Parteivorsitzes durch Udo Voigt, eine Ausnahme. Ob dieser Versuch, eine nationale Fundamentaloppostion erfolgreich zu formieren – und zwar parlamentarisch wie außerparlamentarisch –, von Erfolg gekrönt sein wird, wird gerade davon abhängen, ob diese erneuerte und revolutionäre NPD in der Lage ist, der zunehmenden Anzahl politisch unzufriedener deutscher Bürger einen ordnungspolitischen Gegenentwurf zum *Status Quo* der BRD anzubieten. Das vorliegende Buch soll hierzu einen wesentlichen Beitrag leisten.

Eine nationalistische Partei, die sich zur Aufgabe setzt, die Probleme in unserem Land von Grund auf zu lösen, muß über die Thematisierung der politischen Detailprobleme hinausgehen und sich zu einer Partei mausern, die eine neue politische Ordnung von Volk, Staat und Verfassung propagiert. Diese Partei muß die verfassungsimmanenten Ursachen der sich abzeichnenden Staatskrise öffentlich anprangern; sie wird die Umwandlung des Staates in eine Präsidialdemokratie fordern; sie wird auf die geschichtliche und ideelle Überholtheit des parlamentarischen Systems, das im Widerspruch zur Demokratie steht, verweisen; sie wird auf die besonderen Umstände hinweisen, die 1949 nur eine parlamentarische Republik zuließen – als von den Westalliierten den Westdeutschen ein parlamentarisches System aufgezwungen wurde. Kurzum: Diese nationale Partei muß die Öffentlichkeit aufrütteln, auf die Unhaltbarkeit der gegenwärtigen Verfassungszustände deuten und ein eigenes Modell – nämlich das der Präsidialdemokratie – als Ausweg anbieten.[183] Die Regierungsform der Präsidialdemokratie läßt dabei Spielräume der Ausgestaltung im Detail offen.

Die Propagierung einer Präsidialdemokratie durch die deutsche Nationaldemokratie könnte auch von den etablierten Systemkräften nicht als „antidemokratisch" gebrandmarkt werden, da zumindest zwei der großen westalliierten Vorbilder der BRD Präsidialdemokratien darstellen – die USA und Frankreich. Und welcher Etablierte könnte schon etwas sagen gegen das große Vorbild jenseits des Großen Teiches? So würde auch der Vorwurf der „Verfassungsfeindlichkeit" absolut ins Leere greifen, da ja selbst das derzeit gültige Grundgesetz (GG) der BRD die Möglichkeit offen läßt, über Artikel 79 GG, der eine Zwei-Drittel-Mehrheit im Bundestag vorsieht, das Grundgesetz in Richtung einer Präsidialdemokratie zu verändern, indem dann zumindest die Regierungsbildung nicht über das Parlament und die Parteien verfassungsmäßig abläuft, sondern ein direkt vom Volk gewählter Präsident die Regierung selbst anführt (wie in den USA) oder einen serparaten Regierungschef ein- und absetzt (wie in Frankreich).

Barrikadenkämpfe in Berlin an der Breiten Straße in der Nacht vom 18. auf den 19. März 1848.

Befreiungsnationalismus heute: Wieder ist die deutsche Jugend auf der Straße.

Wird es Diplom-Politologe Udo Voigt gelingen, die NPD von der Alten Rechten zum Neuen Nationalismus zu führen?

Die kulturelle Hegemonie ist zweifellos wichtig, kann jedoch den politischen Nationalismus nicht ersetzen.
Die Abbildungen zeigen die nationalen Liedermacher Frank Rennicke (oben) und Jörg Hähnel.

Der Neue Nationalismus muß auf Kampagnenfähigkeit setzen und eine eigene Öffentlichkeit herstellen können.

„Demokratische" Öffentlichkeit findet vor allem im Parlament statt.
Nationalisten müssen den Schwindel von der „gläsernen Demokratie" ad absurdum führen.

Dem Nationalliberalismus in Deutschland und Österreich geht es in erster Linie um sein bürgerliches Klasseninteresse. Beispiele hierfür sind Jörg Haider (FPÖ) und Erich Mende (FDP und CDU). Doch nur über den Bürger führt der Weg zu Deutschlands Freiheit.

L. Paul Weber — Nur über den Bürger führt der Weg zu Deutschlands Freiheit

Der Neuen Rechten in Deutschland geht es um Partizipation am BRD-System. Ihre Vorbilder sind die BRD der Adenauer-Ära und die französische Neue Rechte unter ihrem Vordenker Alain de Benoist.
Die Junge Freiheit ist das Zentralorgan dieser Neuen Rechten.

III. Politische Zielbestimmung

„Heerscharen von Politologen und Soziologen haben uns einreden wollen, daß das Nationalgefühl im Absterben sei, daß einschlägige Erscheinungen nur Produkte unbewältigter Sozialkonflikte oder populistischer Agitatoren sind. Nichts falscher als das: Es gibt eine natürliche Sehnsucht der Menschen, sich zu einem Wir zusammenzufinden, sich von den anderen abgrenzen zu wollen. Wer das ignoriert, wer glaubt, daß man beschriebenen Phänomenen mit Worten wie Rassismus oder Chauvinismus einfach totschlagen kann, der macht eine falsche Politik, die sich bitter rächen wird."

Andreas Unterberger in *Die Presse*[184]

Aus den vorangegangenen beiden Kapiteln des Buches, die sich mit der politischen Lageanalyse und der Definition des politischen Handlungsbedarfs auseinandergesetzt haben, folgt unweigerlich die Frage nach den politischen Zielsetzungen, die eine organisierte nationale Opposition in einem Zustand der nationalen Selbstaufgabe zu formulieren hat. Bevor es jedoch daran geht, diese nationalen Ziele zu bestimmen, muß an dieser Stelle kurz auf den Begriff an sich, nämlich die "Nation", eingegangen werden.

Begriffsbestimmung − „Volk", „Nation", „Nationalismus"

Was ist hier gemeint, wenn im Untertitel des Buches die Rede ist von *„Grundlagen nationaler Politik"*? Ausgangspunkt allen nationalen Denkens ist das „Volk". Das Volk ist eine durch gleiche Abstammung, Sprache, Geschichte und Schicksal bestimmte menschliche Gemeinschaft, die „Nation" ist im wesentlichen ein zum „Volk" synonym zu verwendender Begriff, wobei die „Nation" sozusagen eine qualitative Steigerung des „Volkes" darstellt. Während das „Volk" alleine aufgrund seiner biologischen Existenz vorhanden ist, durch die Evolution zu dem geworden ist, was es heute ist, ist mit „Nation" das „Volk" zu bezeichnen, daß sich seiner völkischen Existenz bewußt ist, das sozusagen ein kollektives "Nationalbewußtsein" besitzt. Zur „Nation" gehört demnach nicht nur die bloße biologische Existenz, die alleine bereits das „Volk" ausmacht, sondern die geistige Dimension, das Bewußtsein der Zusammengehörigkeit. Der „Nationalismus" wiederum stellt hierzu eine weitere qualitative Steigerung dar. Mit ihm ist die politische Bewegung zu bezeichnen, deren Mitstreiter nicht nur ein passives geistiges

Nationalbewußtsein besitzen, sondern auf Grundlage dieses Bewußtseins aktiv werden im Sinne eines politischen nationalen Programmes. [185] Für dieses Publikum, das die Notwendigkeit erkannt hat, für die nationalen Interessen des deutschen Volkes aktiv werden zu müssen, beziehungsweise diejenigen, die bereits dahingehend aktiv geworden sind, ist dieses Buch geschrieben.

Wer nun der Frage nach den soeben erwähnten nationalen Interessen nachgeht, der stößt bei seiner Recherche auf die verschiedensten nationalen und oftmals parteipolitischen Programme. Viele dieser Schriften stellen sich dem Außenstehenden jedoch als eine willkürliche Ansammlung von politischen Forderungen dar. Die reichen von einem Zuzugsstopp für Ausländern, der Beibehaltung der D-Mark und des Nationalstaates, einem europäischen Staatenbund der europäischen Vaterländer anstatt eines zentral regierten europäischen Bundesstaates, in dem die Nationen und ihre Landschaften zu sogenannten „Euro-Regionen" herabsinken. Auch ist in nationalen Programmen die Rede von mehr Sicherheit vor Kriminalität und dem Schutz der deutschen Sprache sowie einem unverkrampfteren Umgang mit der deutschen Geschichte. Die Aufzählung ließe sich beliebig fortsetzen.

Drei deutsche Bausteine – die Grundlagen nationaler Politik

Es stellt sich jedoch die in dem Vorwort des Verfassers bereits aufgeworfene Frage, ob solche politischen Forderungen nationaler Politiker und Parteien wirklich eine zufällige und somit nicht gliederbare Ansammlung darstellen, oder ob diesen möglicherweise eine „innere Logik", ein oder mehrere gemeinsame Nenner zugrunde liegen? Gibt es sozusagen einen „inneren Kern", einen Wesensgehalt, von dem aus sich sämtliche einzelnen nationalen Inhalte ableiten lassen – wie von einer mathematischen Grundformel? Diese „Formel" gibt es! Der Verfasser hat diese in seinem mittlerweile ungefähr ein Jahrzehnt andauernden publizistischen Wirken herausgearbeitet. Das Wesen einer nationalen Politik läßt sich – als kleinster gemeinsamer Nenner – auf drei politische Grundelemente zurückführen: Nationale Identität, Nationale Souveränität und Nationale Solidarität. Anhand dieser drei Grundprinzipien läßt sich ein jedes authentisch nationales Programm erklären und nachvollziehen.

Nationale Identität

Das Grundanliegen schlechthin, das nationale Politik ausmacht, ist die Forderung nach Bewahrung und Weiterentwicklung von nationaler Identität. Mit „nationaler Identität" ist zunächst einmal nichts anderes gemeint, als daß sich der Nationalist, der sich vom Chauvinist unterscheiden muß, für einen Ethnopluralismus aussprechen muß, der sich wiederum darin ausdrückt, daß der Nationalist beziehungsweise der Ethnopluralist in der Vielfalt der Völker, Rassen und Kulturen dieser Welt einen Wert, eine Notwendigkeit an sich sieht. Wo der ausschließliche Ökologe einen Sinn in der Arterhaltung im Tier- und Pflanzenreich sieht, denkt der Nationalist weiter und bezieht diesen gedanklichen Grundansatz auf alle Lebewesen dieser Erde, also somit auch auf die Menschheit, die es als solches für ihn singulär nicht gibt, sondern immer nur pluralistisch in der Vielzahl der Völker, Rassen und Kulturen.

Wenn der ausschließliche Ökologe sagt: „Global denken – lokal handeln!", dann überträgt der Nationalist diese Weisheit nicht nur auf das Tier- und Pflanzenreich, sondern ebenso auf den Menschen. „Lokal handeln" heißt hierbei nichts anderes, als zunächst einmal bestrebt zu sein, den eigenen Stamm, das eigene Volk gegen Überfremdung zu schützen. Und dieses Anliegen ist – betrachtet man sich die demographische Entwicklung der Wohnbevölkerung in der BRD und in Österreich – aktueller und dringender denn je.

Völkisches Prinzip – Wesenskern nationaler Identität

Der Wesenskern der politischen Definition von nationaler Identität ist das völkische Prinzip, ohne das – und soviel muß feststehen – eine authentisch nationale Politik, die sich von reinem (Verfassungs-) Patriotismus zu unterscheiden hat, überhaupt nicht vorstellbar ist. Man kann sich vielleicht unter Nationalisten in Nuancen der Wirtschafts- und Sozialpolitik uneinig sein; hier bestehen, wie noch gezeigt wird, erheblich Spielräume für Diskussionen innerhalb des nationalen Lagers in Deutschland. Doch das völkische Denken ist ein unverzichtbarer Bestandteil nationaler Politik, wer dieses negiert, steht konsequenterweise im Widerspruch zum Nationalismus! Nicht nur in Deutschland, sondern weltweit. Denn die hier zu besprechenden Grundprinzipien einer nationalen Politik sind nicht nur für das deutsche, sondern für alle Völker gültig.

Die Ursprünge des völkischen Denkens sind nicht im Dritten Reich (1933-1945) und der Entstehungsgeschichte des historischen Nationalsozialismus (nach 1918) zu suchen, auch nicht in der Alldeutschen Bewegung um Persönlichkeiten wie den Ritter von Schönerer (Ende des 19. Jahrhunderts). Die theoretischen Fundamente des völkischen Denkens in Deutschland lassen sich bis Anfang des 19. Jahrhunderts zurückverfolgen. Zu einer Zeit also, als man den heute so viel geschmähten „Nationalsozialismus" noch gar nicht buchstabieren konnte. Der Meilenstein in der theoretischen Propagierung des völkischen Gedankens ist das Jahr 1815, mit dem die Gründung der Jenenser Urburschenschaft verbunden ist.

Die Jenenser Urburschenschaft von 1815 entstand nun eindeutig aus der Idee der „deutschen Einheit". Diese Idee einer „Einheit der Deutschen", die ihre Wurzeln in den napoleonischen Befreiungskriegen hatte, ist d i e geistige Grundlage burschenschaftlichen Daseins. Dieses damalige Streben der Jenenser Urbuschenschaft nach „deutscher Einheit" zehrte aus dem Ideenbestand vor allem dreier Männer, die als geistige Urväter der burschenschaftlichen Bewegung gelten können: Ernst Moritz Arndt, Johann Gottlieb Fichte und Friedrich Ludwig Jahn. Insbesondere Friedrich Ludwig Jahn nimmt in der burschenschaftlichen Ideengeschichte eine zentrale Stellung ein, wie dies auch die Historikerin Helma Brunck in ihrer Dissertation herausgestellt hat. Nämlich in der Weise, daß Jahn vermutlich als erster in schriftlicher Form im Jahre 1810 das – wie er es nannte – „Deutsches Volkstum" formulierte:

„Was Einzelheiten sammelt, sie zu Mengen häuft, diese zu Ganzem verknüpft, solche steigernd zu immer größerem verbindet, zu Sonnenreichen und Welten eint, bis alle sämtlich das große All bilden – diese Einigungskraft kann in der höchsten und größesten und umfassendsten Menschengesellschaft, im Volke, nichts anderes genannt werden als – Volkstum. Es ist das Gemeinsame des Volkes, sein innewohnendes Wesen, sein Regen und Leben, seine Wiedererzeugungskraft, seine Fortpflanzungsfähigkeit. Dadurch waltet in allen Volksgliedern ein volkstümliches Denken und Fühlen, Lieben und Hassen, Frohsein und Trauern, Leiden und Handeln, Entbehren und Genießen, Hoffen und Sehnen, Ahnen und Glauben." [186]

Jahn spricht nicht von der geographischen Einbindung in umgrenztes Terrain, sondern von einem inneren Wesensgehalt, einer mentalen Übereinstimmung, die ein Volk zusammenhält. Das macht sich, so auch Jahn in dieser Schrift, besonders bei der Bedrohung durch äußere Feinde (hier waren die Franzosen gemeint) bemerkbar. Man kann davon ausgehen, daß in Krisenzeiten das Zusammengehörigkeitsgefühl, wie in Familien, so auch im Volke selbst, natürlich gestärkt wird. Aber Jahn sah darüber hinaus den deutschen Volkscharakter in einer einigenden Kraft als Gegenpol zum bisher vorherrschenden Partikularismus. Damit schärfte Jahn den Blick für die Tatsache, daß entgegen der bisherigen Denkschemata der Aufklärung, nicht mehr der einzelne, das Individuum den zentralen Raum des damaligen Weltbildes einnahm, sondern das auf gemeinsamer Abstammung, Kultur, Geschichte, Mentalität sich gründende Volk. Das deutsche Volk begann sich auf eigene Traditionen zu besinnen, sich „wiederzuentdecken". Die zunehmende Bedrohung von außen sprach auch Ernst Moritz Arndt – bereits 1803 – in seiner Abhandlung „*Germanien und Europa*" an:

„Ruhe, oft Trägheit des Charakters, stille Arbeitsamkeit, Gutmütigkeit gepaart, sind Hauptzüge der Deutschen. Dies gibt Beharrlichkeit und Ordnungsliebe, daher wäre wohl keine Nation mehr für eine einfache und freie Verfassung geboren, als meine. Jetzt aber bei der Vielherrschaft, bei dem immer mehr sterbenden Rest des deutschen Sinnes durch diese sich immer häufiger raufende Vielherrschaft, bei dem Versinken des letzten festen Bodens, worauf Deutschland bisher stand, bei dem schon tyrannisch wachsenden Einfluß der Fremden: wer ahnet nicht zuletzt ein italienisches und polnisches Geschick des Vaterlandes? Die Nation wird sich verderben von Jahrzehnt zu Jahrzehnt, nichts Eigenes und Gemeines wird bleiben." [187]

Diesen Volkstumsbegriff, den Jahn, Arndt und auch Fichte definieren, ist nun genau das, was heutige Gutmenschen unter der Rubrik „Biologismus" ablegen wollen – nämlich ein biologisch-genetisch bestimmter Volkstumsbegriff. Man gehört eben von seiner Abstammung her zu diesem Volk dazu, oder eben nicht. So einfach ist das. Wie sonst könnte man die Jahnschen Termini wie "Wiedererzeugungskraft" oder „Fortpflanzungsfähigkeit" verstehen? Ein Verfassungspatriotismus, nach dem Motto, Deutscher ist, wer sich zu Verfassung, Armee und staatlicher Symbolik bekennt sowie die deutsche Sprache erlernt, kann damit jedenfalls nicht gemeint sein.

Dieser Jahnsche Begriff vom „Deutschen Volkstum" wurde in späterer Zeit auch völkisches Prinzip genannt, der Verband „Deutsche Burschenschaft" nennt dies heute, um nicht in die Nähe des Dritten Reiches gerückt zu werden, „Volkstumsbezogener Vaterlandsbegriff". Das ist nur eine andere Umschreibung für den gleichen Inhalt, und dies heißt nichts anderes, als daß Deutscher ist, wer deutscher Abstammung ist.

Diese Position sollte nun – bezieht man diese auf die Gegenwart – absolute Gültigkeit besitzen sowohl für die Aufnahme von Mitgliedern in nationale Organisationen, als auch was die Diskussion um die deutsche beziehungsweise deutsch-österreichische Staatsbürgerschaft betrifft. Es gilt hierbei klar zu unterscheiden zwischen Auslandsdeutschen und Fremden, die im Inland leben. Ein Mensch zum Beispiel, der deutsche Eltern hat, aber im Ausland (zum Beispiel in Chile oder Rußland) geboren wurde, gilt als Deutscher, ein Türke, der in Wien oder Frankfurt/Main geboren wurde jedoch nicht. Das gleiche Prinzip läßt sich auch auf die Staatsbürgerschaft übertragen. Auch hier muß der Nationalist eindeutig Farbe bekennen, nämlich zugunsten des – wie der Jurist sagt – „jus sanguinis" (Blutsrecht nach der Abstammung) und zuungunsten des „jus soli" (Staatsbürgerrecht nach dem Geburtsort).

Für das völkische Selbstverständnis bedeutet dies auch, daß für den Nationalisten, der sich dieses völkischen Prinzips bewußt ist, immer das deutsche Volk vor irgendeinem deutschen Staat Vorrang erhält. Die Solidarität gilt zuerst den Lebensinteressen des deutschen Volkes, der Wert eines Staates auf deutschem Boden bemißt sich für den Nationalisten alleine danach, was dieser in der Lage ist, für die Interessen des deutschen Volkes zu tun. Hierbei gilt es zu bedenken, daß die Prinzipienfestigkeit zugunsten des völkischen Prinzips durch den Verlauf der deutschen Geschichte auch belohnt wird. Ein gesellschaftlicher Großverband wie die „Deutsche Burschenschaft" (DB) verdankt nämlich seine Existenz über nahezu zwei Jahrhunderte der Tatsache, daß die Mehrheit seiner Mitglieder und Vertreter an diesem identitätsstiftenden völkischen Prinzip festgehalten haben. Mit diesem Festhalten der DB an dem völkischen Prinzip ist auch eine kritische Distanz zu den jeweils herrschenden Verhältnissen verbunden, die den prinzipientreuen Burschenschafter immer ausgezeichnet hat. Dies ist auch der Grund, weshalb die Burschenschaften sämtliche Staaten auf deutschem Boden überlebt haben: die K u. K.-Monarchie wie das kleindeutsche Zweite Kaiserreich, die Weimarer Republik wie den Austrofaschismus, das Dritte Reich wie auch die DDR. Der Verfasser wagt die Prognose, daß die Burschenschaften in den beiden deutschen Staaten, sollte sie diese kritische Distanz auch weiterhin bewahren, auch die BRD und die Republik Österreich unserer Tage überleben werden. Diese beiden Staaten sind ja gerade dabei sich selbst aufzulösen, um in einem europäischen Zentralstaat aufzugehen. Als Fazit aus dieser Betrachtung kann vorläufig gezogen werden, daß völkischer Nationalismus und Verfassungspatriotismus sich gegenseitig ausschließen – was nicht heißen soll, daß ein Nationalist nicht loyal zu Gesetz und Grundgesetz stehen kann.

Der Verlust des Völkischen in der BRD-Medienrealität

Soweit nun zu den geistesgeschichtlichen Grundlagen, die in Deutschland das völkische Denken herangebildet haben. Wie ist es nun aber um die Wirklichkeit bestellt? Welchen Stellenwert besitzt nun das soeben beschriebene völkische Prinzip und das völkische Denken in der gesellschaftlichen Wirklichkeit der BRD? Oberflächlich betrachtet mag man diese Fragestellung vielleicht als naiv bewerten. Man mag aus nationaler Sicht leicht einwenden, daß in der Nachkriegszeit des Bonner Rheinbundstaates und vor allem in der von antideutscher Selbstverleugnung geprägten Zweiten Republik Österreichs das völkische Denken keine Rolle gespielt hat und bis heute nicht spielt. Ja, es scheint das absolute Gegenteil zuzutreffen, daß nämlich von den heute politisch Herrschenden das Völkische an sich in der Öffentlichkeit nur noch negiert wird. Das ist jedoch nicht ganz zutreffend. Zumindest das Staatsbürgerrecht der BRD basierte bis Ende der 90er Jahre im wesentlichen immer noch auf dem völkischen Prinzip, wenn dies auch in der Öffentlichkeit nicht so beim Namen genannt wurde. Deutscher ist demzufolge im großen und ganzen der Personenkreis, der deutscher Abstammung ist, der also deutsche Eltern und Großeltern in seiner Ahnengalerie vorzuweisen hat. Ausnahmen, die erfahrungsgemäß nur die Regel bestätigen, werden natürlich von den BRD-Behörden gerne gemacht und auch eindeutig Volksfremde per Paßvergabe (scheinbar) zu „Deutschen" erklärt. Als ob das durch die Vergabe eines Dokumentes geschehen könne.

Dennoch basierte bis Ende der 90er Jahre dieses BRD-Staatsbürgerrecht im wesentlichen auf Grundlage des Abstammungsprinzips (*ius sanguinis*). Durch die Einführung der doppelten Staatsbürgerschaft – nicht als Ausnahme, sondern als Regel – durch die Schröder-Regierung erfolgte hierbei ein deutlicher Bruch. Der Restbestand des völkischen Prinzips, der in der BRD immerhin noch durch das tradierte Staatsbürgerrecht zum Ausdruck kam, wurde aufgehoben. „Deutsche", die völkisch durch ihre Abstammung so definiert sind, soll es seit dem nicht mehr geben. Das Ziel der „Neuen Mitte" von Rot-Grün besteht nun darin, eine multikulturelle Wohnbevölkerung aus „Deutschländern" zu konstruieren, die ethnisch nicht unbedingt Deutsche sein müssen, eben nur in dem historischen Deutschland dauerhaft leben und arbeiten müssen, um sich das Recht auf einen „deutschen" Paß erwerben zu können. Welchen Wert ein solcher Personalausweis hat, dokumentiert die Situation, die auf dem Balkan Anfang der 90er Jahre eintrat und bis heute anhält. Auch dort wurden Serben, Kroaten, Slowenen, Kosovo-Albaner und Makedonier zu „Jugoslawen" erklärt, indem sie mit einem jugoslawischen Paß ausgestattet wurden. Das Ergebnis der gewaltsamen Trennung dieser vermeintlich jugoslawischen Nation dürfte allseits bekannt sein. Jedoch tragen die eigentliche Schuld an den „ethnischen Säuberungen" und ähnlichen unschönen Maßnahmen, entgegen der BRD-Medienpropaganda nicht die Nationalisten, sondern diejenigen, die aus ihren universalistischen Wahnvorstellungen heraus solche multinationalen Staatengebilde konstruiert haben, die immer nur auf der völkischen Dominanz einer Volksgruppe – im Falle Jugoslawiens auf der der Serben – über die anderen Volksgruppen funktionieren.

Wenn auch das Abstammungsstaatsbürgerrecht in der BRD erst 1999 durch die Schröder-Regierung gekippt wurde, so wurde das völkische Bewußtsein in der BRD-Öffentlichkeit bereits viel früher demontiert. In den sechziger Jahren wurden auf Wunsch des Großkapitals Fremdarbeiter, zunächst aus Südeuropa, dann aus der Türkei, in die BRD geholt. Irgendwann im Verlaufe der siebziger Jahre wurden diese Fremdarbeiter dann sprachlich zu „Gastarbeitern", denen auch seit der Brandt-Regierung gestattet wurde, ihre Familien aus ihren Heimatländern nach Deutschland zu holen. Dieser Schritt hatte unwillkürlich, und von den Herrschenden wohl auch so beabsichtigt, zur Folge, daß den Fremden gestattet wurde, in Westdeutschland Wurzeln zu schlagen. Die Fremden wollten – was ihnen nicht vorzuwerfen ist – bei uns nicht nur arbeiten und spartanisch wohnen, sie wollten es sich – wie ihre deutschen „Kollegen" auch – gut gehen lassen. Sie wollten Wohneigentum erwerben, Unternehmen gründen, eigene religiöse Zentren einrichten, eigene Einkaufs- und Kultureinrichtungen und Sportvereine haben. Sie wollten in Berlin, Frankfurt und Hamburg so leben wie in Istanbul, Belgrad, Athen und Neapel.

In den 80er und 90er Jahren wurden dann aus den vormals Fremdarbeitern, die in den 70er Jahren mittels sprachlicher Manipulation zu „Gastarbeitern" mutierten, plötzlich „ausländische Mitbürger". Wenn es den alliierten Siegermächten und unseren mißgünstigen Nachbarn schon nicht gelungen war, die Teilvereinigung West- mit Mitteldeutschlands zu verhindern, dann sollte wenigstens den Deutschen das Ergebnis dieser Teilvereinigung, nämlich das wieder staatlich größer zusammenhängende Vaterland, ordentlich vermiest werden. Die Deutschen sollten im 2-plus-4-Vertrag auf die Ostgebiete verzichten, sie sollten die Reste ihres Nationalstaates in ein EU-Europa auflösen – vor allem die Liquidierung der D-Mark stellte ein wahres Herzensanliegen unserer vor allem französischen „Freunde" dar. Außerdem sollte das gesamtdeutsche Militärpotential, das nach der Vereinigung nahezu eine Million deutscher Soldaten betrug, deutlich verringert und unter fremdes Oberkommando gestellt werden. Wenn man die Deutschen schon nicht – analog zum Morgenthau-Plan – biologisch vertilgen konnte, dann sollten diese rund 80 Millionen BRD-Deutschen wenigstens militärisch, wirtschaftlich, politisch, finanzpolitisch und kulturell unter fremde Oberherrschaft gestellt werden. Zu dieser antideutschen Strategie gehört auch, die weitere Masseneinwanderung durch ethnisch Fremde zu fördern. Aus diesen Fremden wurden schließlich – wie bereits erwähnt – „ausländische Mitbürger". Der Historiker und Publizist Karlheinz Weißmann kommentiert die gesellschaftliche Bedeutung dieses Begriffs wie folgt:

„Der irritierende Einwand, ein 'Mitbürger' müsse doch wohl 'Bürger' sein, was ein 'Ausländer' qua definitionem nicht sein könne, wurde unter Hinweis auf den implizit ausländerfeindlichen Charakter dieses Arguments zurückgewiesen und in einer breiten Kampagne klargestellt, daß Artikel 3.3 des Grundgesetzes ('Niemand darf wegen seines Geschlechts, seiner Abstammung, seiner Rasse, seiner Sprache, seiner Heimat und Herkunft, seines Glaubens, seiner religiösen oder politischen Anschauungen benachteiligt oder bevorzugt werden') zu verstehen sei, als ein striktes Diskriminierungsverbot, da schließlich selbst die Erwähnung von äußeren Unterscheidungsmerkmalen im Rahmen der polizeilichen Fahndung politisch-moralisch verdächtig machte." [188]

Der innere Zusammenhang der Rede vom „ausländischen Mitbürger", der Propaganda für eine „multikulturelle Gesellschaft", den Versuchen, Nicht-Staatsbürger mit weitgehenden Rechten – etwa dem Wahlrecht – auszustatten und der Bekämpfung des bisher gültigen Staatsbürgerrechts als „völkisches" Relikt ist offensichtlich. Die Verschiebungen der Bedeutungsinhalte in den Begriffen, die seit den 70er Jahren in der BRD stattgefunden haben, gehen mit dem Wandel in dem ideologischen Überbau einher, der in den 60er Jahren eingeleitet wurde und dazu führte, daß bis dahin zentrale und konsensfähige Vorstellungen nicht nur in Deutschland, sondern in der ganzen westlichen Welt in Richtung auf eine Art Zivil-Religion, die bisher naturwissenschaftlich belegbare Selbstverständlichkeiten leugnet, verändert wurden. Statt dessen werden von den internationalistischen Gutmenschen nun folgende (Glaubens-) „Wahrheiten" ausgegeben:

1. **Es gibt keine Anthropologie.**
2. **„Volk", „Nation" und „Staat" haben nichts miteinander zu tun.**
3. **Das Eigene und das Fremde sind nur Fiktionen.**

Zum ersten Punkt läßt sich sagen, daß hier vor allem der Umerziehungssoziologe Jürgen Habermas dem in der traditionellen Anthropologie stehenden Arnold Gehlen vorwarf, in dessen „Katalog anthropologischer Konstanten" wissenschaftlich allzu „naiv" verfahren zu sein. Denn, so der Tenor von Habermas, anthropologische Konstanten gebe es nicht. Vielmehr sei es an dem Menschen, welchem Volk und welcher Rasse er auch immer angehöre, durch die allgemeine Entwicklung seiner Gesellschaftsform sich die Möglichkeit der menschlichen Selbstbestimmung zu eröffnen. In der Folge des Streits kritisierte Habermas auch die These Gehlens, der Mensch sei durch seine biologischen Wurzeln festgelegt. Von daher gebe es auch keine biologischen „Konstanten", so Habermas, auf die der Mensch festgelegt sei.

Was sich in dem Streit Gehlen-Habermas idealtypisch abzeichnete, war die Hauptkonfliktlinie, die seither zwischen „rechts" und „links" verläuft: hier die Behauptung von unveränderlichen anthropologischen Gegebenheiten, die Annahme einer fundamentalen Ungleichheit der Individuen, die Betonung der Schwäche des Einzelnen und der Notwendigkeit seiner Einbindung, dort die Vorstellung von einer fast unbegrenzten Wandelbarkeit des Menschen, Vertrauen in seine Perfektibilität, Unterstützung aller Egalitäts- und Emanzipationsforderungen. [189]

Die Auseinandersetzung verlagerte sich in die Biologie und Psychologie. Dabei ging es um Fragen wie der unterschiedlichen Intelligenzverteilung von menschlichen Individuen und Gruppen, über ererbte oder anerzogene Aggression, menschliche Territorialität, bis hin zu dem Streit um die Faktoren „Milieu" oder „Natur". Im Mittelpunkt des ideologischen Streits stand dann die Verhaltensforschung (Ethologie). Hierbei ist vor allem der Pionier Konrad Lorenz zu erwähnen, aber natürlich auch Irenäus Eibl-Eibesfeldt, der Pionier der menschlichen Verhaltensforschung.

Die naturwissenschaftliche Rechtfertigung völkischen Denkens

Diese soeben angesprochenen Disziplinen der modernen Naturwissenschaften eignen sich wie kaum ein anderes Wissenschaftsgebiet zur Rechtfertigung eines völkischen Denkens und des Strebens nach nationaler Identität. Insbesondere die Biologie, aber auch die Verhaltensforschung (Ethologie) können dem nationalen Politiker als Grundlage dienen, seinen nationalen Fundamentalismus, der die Ungleichheit der Menschen voraussetzt, wissenschaftlich zu untermauern. Schließlich ist der Nationalismus eine Weltanschauung im eigentlichen Sinne des Wortes, nämlich daß der Nationalist zuerst die gesetzmäßigen Abläufe in der „Welt" „anschaut" und danach sein politisches Handeln ausrichtet. Währenddessen handelt es sich bei den anderen geistigen Strömungen um reine Ideologien, die versuchen, ihr falsches Welt- und Menschenbild durch die blanke, moralisch motivierte Theorie zu rechtfertigen, die eben nicht auf empirischer Grundlage beruht.

Mancher Vordenker der nationalen Opposition versucht seit Jahren, die Legitimation des Nationalismus aus der Geschichte, vor allem aus der Ideengeschichte heraus zu begründen. Dieses Unternehmen ist zwar ehrenhaft, jedoch wird dabei oftmals außer acht gelassen, daß auf diese Weise zu Außenstehenden, die nicht in nationalen Parteien und Organisationen engagiert sind, nur schwer eine Brücke geschlagen werden kann. Dies liegt ganz einfach daran, daß die System-Politiker und die etablierten Medienleute und Historiker über das Definitionsmonopol vor allem der Zeitgeschichte verfügen. Einen leichteren Zugang zum Nationalismus bieten die Naturwissenschaften, allen voran die Biologie sowie die Verhaltensforschung, die wissenschaftliche Erkenntnisse zutage fördern, über deren Richtigkeit – entgegen vieler Gegenstände der Geisteswissenschaften – von politisch korrekter Seite kaum Einwände ins Feld geführt werden können, und die nicht selten den weltanschaulichen Nationalismus bestätigen. Im Mittelpunkt der menschlichen Verhaltensforschung steht dabei die Furcht vor dem Fremden (Xenophobie), die eben nicht auf „plumpen rassistischen Vorurteilen" basiert, wie es uns die multikulturellen Gutmenschen suggerieren wollen, sondern die Fremdenfurcht gründet sich – durch Studien belegt – auf der genetischen Veranlagung des Menschen. Bereits das Kleinkind unterscheidet zwischen fremden und ihm bekannten Erwachsenen. Die Distanz zum Fremden ist beim Kleinkind dann besonders ausgeprägt, wenn dieser ungewohnte Erwachsene einem fremden Kulturkreis angehört.

Der Verhaltensforscher Irenäus Eibl-Eibesfeldt würde die Behauptung, er sei Nationalist, weit von sich weisen. Doch seine wissenschaftlichen Erkenntnisse, die er unter anderem in seinem neuen Buch *„In der Falle des Kurzzeitdenkens"* zutage fördert, stellen eine Fundgrube für die Theoriebildung des Nationalismus dar. Weil Eibl-Eibesfeldt dies offensichtlich weiß, muß er auch gleich davor warnen, daß wer seine Warnungen nicht befolgt, dem „Rechtsradikalismus" Vorschub leiste. Der Autor warnt vor allem vor den Folgen einer multiethnischen Immigrationsgesellschaft, die – wie am Beispiel der westeuropäischen Staaten – nicht zur Assimilation von Einwanderern führe, sondern zur Bildung von Parallelgesellschaften, was unweigerlich zu bürgerkriegsähnlichen Konflikten führen müsse. Den permanenten Hinweis der Multikulti-Befürworter, Deutschland habe auch in der Vergangenheit unter anderen Polen und Hugenotten aufgenommen und diese assimiliert, läßt Eibl-Eibesfeldt nicht gelten, da es sich hierbei um europäische Einwanderer handelte, und dieses Beispiel nicht auf die gegenwärtigen Einwanderer – Türken, Albaner, Araber und Schwarz-Afrikaner – übertragbar sei. Das „Kurzzeitdenken", so der Verhaltensforscher, sei dem Menschen (leider) stammesgeschichtlich angeboren, und dieses drücke sich heute bei den Multikulti-Befürwortern in Humanitätsduselei bei der Aufnahme von Bürgerkriegs- und Armutsflüchtlingen aus aller Welt aus. Doch durch die Verlagerung des Bürgerkriegs und der Armut durch Menschentransfers aus fremden Kontinenten nach Europa werden die Probleme in der Fremde (kurzfristig) nicht gelöst, sondern (langfristig) multiethnischer Sprengstoff in der eigenen Heimat angesammelt.[190]

Für den Verhaltensforscher besteht der Antrieb des Menschen in erster Linie in dem Aggressionstrieb, dem Sexualtrieb sowie dem Territorialtrieb, ohne welche die menschliche Natur unvorstellbar wäre und die zu leugnen zwecklos ist. *„Wenngleich wir täglich mit der Irrationalität menschlichen Handelns konfrontiert sind, leugnen auch heute noch viele Ideologen die Existenz derartiger problematischer Vorprogrammierungen"*, konstatiert Eibl-Eibesfeldt.[191] Für diese Ideologen ist das alles ein Ergebnis falscher Erziehung und falschen Bewußtseins. Eine Irrlehre beherrschte nämlich dieses Jahrhundert und obgleich sie im Osten Europas nach 70jähriger Herrschaft gescheitert ist, hält sie sich zäh in zahlreichen Hirnen. Es handelt sich um jene Variante der Milieutheorie, die von der Annahme ausgeht, daß wir Menschen als völlig unbeschriebene Blätter zur Welt kämen und alles was wir zum Leben brauchen, erst erlernen würden. Der Standpunkt, so Eibl-Eibesfeldt, sei natürlich längst überholt. Denn wir wissen, daß unser Denken, Wahrnehmen und Handeln in ganz entscheidendem Ausmaße durch das Angeborene – stammesgeschichtlich Angepaßte – vorprogrammiert ist. Aber in der Praxis unseres gesellschaftspolitischen Alltags glauben wir, dies nicht zur Kenntnis nehmen zu müssen. Die Folgen sind unter anderem soziale Spannungen und Unruhen.

Die gegenwärtige Diskussion um die Immigrationsproblematik ist dafür ein gutes Beispiel. Wohlmeinende Menschenfreunde plädieren dafür, daß die traditionellen europäischen Nationalstaaten sich zu Immigrationsländern erklären und nicht nur politisch Verfolgte, sondern auch Notleidende aus aller Welt, also auch aus kulturfernen Bereichen der Dritten Welt, aufnehmen sollten. Die Einwanderer sollen nach den Vorstellungen mancher Politiker – Heiner Geißler gehört unter anderen dazu – ihre Kultur auch in dem Land ihrer Wahl behalten und pflegen – Tamilen, Türken und Nigerianer etwa könnte man ja, so Geißler, nicht zu Deutschen machen. Und ein Verfassungspatriotismus soll all diese verschiedenen Menschen in Harmonie verbinden. Das würde der gegenseitigen Anregung dienen und jeder würde das zuletzt als Bereicherung empfinden, das Zusammenleben würde freundschaftliche Bindungen schaffen. *„Soweit die Utopie"*, meint Eibl-Eibesfeld.[192]

Die häßliche Wirklichkeit sieht ganz anders aus: Mit dem zunehmenden Zustrom von kulturfernen Ausländern entwickelten sich in allen davon betroffenen Ländern Spannungen und Konflikte zwischen den autochthon Ansässigen und den Zugewanderten. In Schweden, Dänemark, Holland, England, Frankreich, Spanien und Italien ebenso wie hierzulande. Anstatt nun die Ursachen sorgfältig zu hinterfragen und das, was wir über die menschliche Natur immerhin wissen, zur Kenntnis zu nehmen, bequemen sich die Befürworter der Immigration mit der klischeehaft wiederholten Anschuldigung: Die Fremdenablehnung werde nur herbeigeredet, es fehle an Aufklärung, Agitatoren würden den Fremdenhaß schüren.

„Aber steckt nicht vielleicht doch mehr dahinter?", fragt Eibl-Eibesfeldt. Schließ-

lich geht es ja im Lande der unbegrenzten Möglichkeiten, dem traditionellen Einwanderungsland USA, auch nicht gerade friedlich zu. In dem ethnischen Mosaik der amerikanischen Großstädte beobachtet man zunehmend Grabenkämpfe unter den unterschiedlichen Ethnien, und Rußlands kommunistischer Verfassungspatriotismus und die gezielte antinationale Erziehung haben keineswegs verhindert, daß sich die unterdrückten Nationen sogleich erhoben, sobald sie die Möglichkeit zur Selbstbefreiung erkannten.[193]

Auch wenn der Verhaltensforscher Eibl-Eibesfeldt kein bekennender völkischer Nationalist ist, so trägt er dennoch maßgeblich zur Theoriebildung des völkischen Nationalismus bei.

Das „Volk" – Ausgangspunkt des völkischen Denkens

Weltanschaulicher Nationalismus kommt ohne das völkische Denken nicht aus. Vielmehr ist es so, daß das völkische Prinzip d i e weltanschauliche Grundlage des Nationalismus schlechthin darstellt. Die Anerkennung des völkischen Prinzips ist die Grundvoraussetzung einer nationalen Politik. Wer jedoch völkische Politik betreiben will, wer die Interessen des Volkes beziehungsweise der Nation vertreten will, der muß die dafür notwendigen Begriffe eindeutig bestimmen und unterscheiden können. Denn nur wer sich seiner Begriffe sicher ist, kann andere von seiner Weltanschauung glaubwürdig überzeugen.

Wer für sich völkische Politik beansprucht, muß vom Volksbegriff ausgehen, er muß wissen, wie ein Volk zu definieren ist. Ein Volk ist gekennzeichnet durch gemeinsame Sprache, Geschichte, Schicksal und Abstammung. Mit der Staatsangehörigkeit hat dies zunächst einmal nichts zu tun. Wer nun glaubt, daß dieser Grundsatz unter „nationalen Rechten" ohnehin Allgemeingut sei, der täuscht sich. Denn immer wieder wird von sogenannten „modernen Patrioten" der Versuch unternommen, den nationalen Gedanken vom völkischen Ansatz loszulösen. So wird Franz Schönhuber, der frühere Bundesvorsitzende der Republikaner, nicht müde, zu behaupten, daß ein Deutscher sei, wer die deutsche Staatsbürgerschaft besitze. Demnach müßte für solche „modernen Rechten" das Ausländerproblem in einem Ausweisproblem bestehen. Indem jeder Ausländer einen BRD-Personalausweis erhält, wäre dann also das Ausländerproblem gelöst, wenn ein Großteil der fremdethnischen „Ausländer" zu immer noch fremdethnischen „Inländern" mutierten. Rot-Grün läßt grüßen!

Die (Schrift-) Sprache

Ein wesentliches Kriterium für die Kennzeichnung eines Volkes ist die gemeinsame Sprache. Unter Sprache ist hierbei vor allem die gemeinsame Schriftsprache gemeint, welche die Angehörigen eines Volkes muttersprachlich verwenden. Demzufolge – man mag es bedauern – ist das niederländische Volk ein eigenständiges Volk, da es eine eigene Schriftsprache entwickelt hat, auch wenn diese der hochdeutschen Schriftsprache sehr ähnlich ist und die Niederdeutschen und Niederländer sich im Menschentyp kaum unterscheiden. Die Österreicher und Deutsch-Schweizer sind demzufolge kein eigenständiges Volk, da sie die gleiche Schriftsprache verwenden wie alle anderen Deutschen auch. Dies hat auch dann Gültigkeit, wenn sich die Mundarten zwischen Nordsee und Alpen und zwischen Vogesen und Memel zum Teil deutlich voneinander abweichen. Hierbei handelt es sich um die Stammesdialekte (Mundarten) eines gemeinsamen Volkes, die einer gemeinsamen (Volks-) Schriftsprache unterzuordnen sind. Beim Englischen, Niederländischen, Friesischen, Isländischen, Norwegischen, Dänischen und Schwedischen etc. handelt es sich allerdings um Sprachen, die der gleichen Sprachgruppe wie dem Deutschen angehören: nämlich den germanischen Sprachen. Diese wiederum gehören der indogermanischen Sprachenfamilie an.

Derzeit erlebt die deutsche Schriftsprache einen Anschlag auf ihre Einheitlichkeit ohnegleichen. Seit 1902 gibt es die einheitliche Schriftsprache des Deutschen. Zur damaligen Zeit wurden die sogenannten „Haus-Orthographien" der einzelnen Verlage im deutschsprachigen Raum zu einer einzigen Duden-Schreibweise vereinheitlicht. Mit der „Rechtschreibreform" von 1999 sind die Herrschenden in der BRD bemüht, diese Einheitlichkeit wieder zu zerstören. Weil die „Reform" in vielen Bereichen, vor allem der Groß-, Klein- und Getrenntschreibung germanistischen Fachleuten als unsinnig erscheint, gehen nun Verlage daran, die „Reform" hausintern einer „Reform" zu unterziehen, so daß dann Zeitungen wie *Die Zeit* oder *Der Spiegel* ihre ganz firmeninterne „Hausorthographie" eingeführt haben. Was als „Fortschrittlichkeit" in der Öffentlichkeit verkauft wird, entpuppt sich bei kritischer Betrachtungsweise tatsächlich als orthographischer Rückschritt ins 19. Jahrhundert, da durch eine dilettantische „Reform" die Einheitlichkeit der deutschen Schriftsprache zerstört wird. Außerdem – und das dürfte der eigentliche

Antrieb der „Reformer" sein – stellt diese ein großes Geschäft vor allem für die Wörter- und Schulbuchverlage dar. Den Gegnern dieser „Reform" gelang es in Schleswig-Holstein, per Volksentscheid die altbewährte Rechtschreibung beizubehalten.Dann jedoch kassierte 1999 der Kieler Landtag einstimmig den Volksentscheid und setzte die „Reform" durch. Zuvor hatten einflußreiche Verlage „Überzeugungs-" Druck auf die Landtagsabgeordneten ausgeübt. Demokratie?

Die Geschichte

Die Geschichte ist ebenso ein verbindendes Merkmal eines Volkes. Insbesondere die Deutschen des 20. Jahrhunderts haben alle Schrecken gemeinsam erlitten, die kurzzeitigen Siege, die verheerenden Niederlagen der beiden Weltkriege, Vertreibung und Flucht sowie Gebietsraub. Der Beleg für die These, daß die gemeinsame Geschichte ein wesentliches Bindeelement eines Volkes darstellt, ist die allgegenwärtige „Vergangenheitsbewältigung" der Zeit nach 1945. Von dieser kollektiven Gehirnwäsche, was unsere jüngere deutsche Geschichte betrifft, sind alle Deutschen betroffen: die Westdeutschlands ebenso wie die der ehemaligen DDR, die Österreichs wie diejenigen, die in den Ostgebieten zurückgeblieben sind. Sie alle sollen, wenn es um die Zeit zwischen 1933 und 1945 geht, der Kollektiv-Schuldgemeinschaft angehören. Selbst die neutralen Schweizer werden in die sogenannten Wiedergutmachungsforderungen einbezogen, weil ihre Banken auch dem Dritten Reich Kredite gewährten.

Schicksal und Abstammung

Schicksal und Abstammung hängen kausal zusammen. Die völkische Abstammung eines Menschen ist sein Schicksal, ebenso wie er zu einer bestimmten Familie gehört und sich seine Familie nicht aussuchen konnte. Genauso kann er sich sein Volk nicht aussuchen. Man mag seine Volkszugehörigkeit bedauern, sie leugnen (PC-Österreicher: *„Wir sind keine Deutschen!"*), über sie schimpfen (Antifa: *„Deutschland halts Maul!"*). Das alles ändert jedoch nichts an der Tatsache, daß natürlich auch PC-Österreicher und „Antifaschisten" Deutsche sind, sofern sie deutscher Abstammung sind. Und deutscher Abstammung ist nun einmal, wer deutsche Eltern beziehungsweise deutsche Großeltern usw. hat.

Gerade diejenigen, die voller Eifer ihr deutsches Wesen leugnen wollen, dokumentieren durch ihre Haltung bloß, daß sie 150prozentige Deutsche sind, da der Nationalmasochismus offensichtlich ein spezifisches Merkmal des deutschen Volkscharakters ist, der immer nach Niederlagen voll durchschlägt. Der missionarische Eifer, mit dem „Antifas" ihre Germanophobie betreiben, unterstreicht bloß ihr verkorkstes deutsches Wesen.

Die Schicksalhaftigkeit hinsichtlich der Abstammung drückt sich vor allem dadurch aus, daß der Angehörige eines bestimmten Volkes sich eben seine Volkszugehörigkeit von Geburt aus nicht aussuchen konnte und sein ganzes Leben lang auch nicht aussuchen kann. Man ist eben Deutscher aufgrund seiner Abstammung, oder man ist es aufgrund der nicht gegebenen deutschen Abstammung eben nicht. So einfach ist das! Diese Schicksalhaftigkeit ist die Voraussetzung für die Volksgemeinschaft, der im Normalfall nur diejenigen angehören, deren unabänderbares Schicksal es ist, Deutsche zu sein. Diese Volksgenossen haben keine Wahl in ihrer völkischen Zugehörigkeit. Kein Mensch dieser Welt hat das Recht, sich anzumaßen, darüber zu bestimmen, wer Deutscher ist und wer nicht – was im übrigen auch für die Zugehörigkeit zu anderen Völkern zutrifft. Zum Deutschen wird man nicht deshalb, weil eine BRD-Behörde einem einen „deutschen" Personalausweis oder Reisepaß ausstellt. Auch nationale Organisationen können nicht durch die Vergabe von Mitgliedsausweisen anhand „rassischer Kriterien" darüber bestimmen, wer Deutscher ist. Sie können natürlich darüber bestimmen, ob sie auch europäische Nicht-Deutsche in ihre Reihen aufnehmen wollen, und wie sie dabei die Zugangsbestimmungen festlegen wollen. Doch einen Menschen durch Menschen zum Deutschen erklären zu wollen, ist barer Unsinn! Dies kann nur Gott, die Götter oder die Naturgesetze – an welchen metaphysischen Zusammenhang man immer auch glauben mag.

Natürlich ist es im Geschichtsverlauf gang und gäbe, daß sich – vor allem benachbarte – Völker vermischen können. Es ist auch vom nationalen Standpunkt aus gesehen nichts dagegen einzuwenden, wenn in unserem Volk in Maßen Angehörige anderer europäischer Völker assimiliert werden. So finden sich unter den deutschen Namen, Familiennamen wie Dehoust, Meenen, Munier, Hupka, Swierczeck und Kuligowski. Angehörige unserer östlichen wie westlichen Nachbarn wurden über Generationen in unser Volk eingeschmolzen, sind in den Randgebieten des deutschen Siedlungsraumes Symbiosen mit den Deutschen eingegangen. Dies ist natürlich nicht gleichzusetzen mit dem Bestreben lebensfremder Politiker, Menschen mittels papierener Dokumente (Personalausweis, Reisepaß) zu Deutschen erklären zu wollen. Mann/Frau ist Deutscher beziehungsweise Deutsche aufgrund der deutschen Abstammung, nicht aufgrund der Auslegung multikulturell gestimmter Politiker.

Wer „Volk" und „Rasse" begrifflich synonym verwendet, erklärt nur, daß er von dem Wesen völkischer Politik keine Ahnung hat. Ein Norweger kann nicht deshalb zum „Deutschen" erklärt werden, weil er ein „nordisches" Erscheinungsbild abgibt. Da die Deutschen in der Mitte Europas laut F. K. Günther eine Mischung der europäiden Rassentypen sind (Nordisch, Westisch, Ostisch, Ostbaltisch, Dinarisch, Fälisch), kann natürlich die Zugehörigkeit zum Deutschen Volk nicht alleine über „nordische" Merkmale (wie Körpergröße, Haar- und Augenfarbe) bestimmt werden. Anders sieht es aus, wenn ein Mensch aufgrund seiner Körpermerkmale einem völlig anderen Rassen- und Kulturkreis angehört, die ihn als nicht zur deutschen Volksgemeinschaft zugehörig ausweisen. Demzufolge lassen sich beispielsweise negroide und asiatische Menschen nur schwerlich in das deutsche Volk assimilieren. Dies ist vom völkischen Standpunkt aus gesehen auch nicht erwünscht.

Die „Nation" – westliche sowie mittel- und osteuropäische Varianten

Während an dem Volksbegriff nur wenig herumzudeuteln ist, gibt es über den Nationsbegriff mindestens zwei Definitionen[194], die westeuropäische beziehungsweise amerikanische, sowie die mittel- und osteuropäische. Letzterer Nationsbegriff ist mit dem oben vorgestellten Volksbegriffs ziemlich identisch. Die „westliche Wertegemeinschaft" hingegen sieht in der „Nation" eine reine Willens-„Nation", bei welcher der alleinige Wille der Zugehörigkeit die Verbundenheit dieser „Nation" kennzeichnen soll. Man ist stolz auf die Fahne, die Leistungen der Armee und der Wirtschaft. Dem Mittel- und auch Osteuropäer ist dieses „Nations"verständnis völlig fremd. Der Deutsche, Serbe, Russe oder Pole definiert die Zugehörigkeit zu seiner Nation nicht über das Bekenntnis des Einzelnen zu ihr, sondern alleine über die Abstammung, die Volkszugehörigkeit. Hellmut Diwald meint hierzu:

„Der wichtigste Zug im Nationalismus des vergangenen Jahrhunderts ist die Exi-

stenz zweier verschiedener Nationsbegriffe, des französischen einerseits und des deutschen andererseits, der auch für die östlichen und südöstlichen Völker gegolten hat. Im Französischen bezeichnet spätestens seit 1789 Nation auch den Staat, nationalite´ ist die Staatsangehörigkeit. Im Deutschen dagegen meint Nationalität vor 1848 die Zugehörigkeit zu einer Sprach-, Volks-, Wesensgemeinschaft. Östlich des Rheins hat sich politische Nationalität unter dem Status quo nur gegen den Staat verwirklichen können. In Frankreich hat es diese Gegenstellung nicht gegeben. Gemeinsam war lediglich, daß der Sieg des nationalen Prinzips auch an die Etablierung eines besonderen Standes, an das Bürgertum gebunden war und deshalb eine neue Gesellschaftsordnung verlangt hat. Unter europäischen Aspekten hat das einen totalen Umbau der Staatsordnung bedeutet." [195]

Für den Mittel- und Osteuropäer sind also die Nation und das Volk weitestgehend synonym zu verwendende Begriffe. Für einen Deutschen, der sich seiner nationalen Rolle bewußt ist, ist es denkbar, einen chilenischen oder russischen Staatsbürger als Volksgenossen anzuerkennen, sofern er deutscher Abstammung ist. Somit wird deutlich, daß die Staatsbürgerschaft nicht das ausschlaggebende ist, wenn es für einen Mittel- und Osteuropäer darum geht, die Zugehörigkeit zu seiner Nation zu bestimmen. Demzufolge gehört beispielsweise ein in Deutschland geborener Türke nicht zum deutschen Volk, auch dann nicht, wenn er über einen BRD-Paß verfügt. Denn auch das Huhn wird nicht dann zur Gans, wenn man ihm das Schild „Ich bin eine Gans" umhängt.

Diese soeben vorgenommene Unterscheidung des Nationsbegriffs zwischen Amerikanern und Westeuropäern einerseits und den Mittel- und Osteuropäern andererseits basiert auf einer völlig unterschiedlichen geistesgeschichtlichen Tradition. Auf diese Tatsache hat unter anderem der Historiker Michael W. Weithmann in seiner „*Balkan Chronik*" [196] hingewiesen, in der er die unterschiedliche und dann entgegenlaufende geistesgeschichtliche Entwicklung des Nationsbegriffs in Europa beschreibt. Demzufolge wird das ganze 19. Jahrhundert, aber auch das 20., politisch beherrscht vom Nationalstaatsgedanken. Die Nation ist darin der bestimmende Geschichtsfaktor und die letzte Instanz geschichtlichen Handelns. Den Begriff der Nation (von lateinisch *natio*, gleiche Abstammung) freilich hat es früher schon gegeben; im Mittelalter bezog er sich ausschließlich auf die herrschende, politisch handelnde Schicht eines Staates oder Reichs, keinesfalls auf das ganze Volk! Eine extreme Ausformung dieses mittelalterlichen „Nations"-Begriffs, der diesen auf eine Klasse beschränkt, begegnet man zum Beispiel im Königreich Ungarn bereits im 16. Jahrhundert, wo der Begriff der „Nation", als streng normierter staatsrechtlicher Begriff, dort zu dieser Zeit nur vom Adel als der eigentlichen ungarischen „Nation" in Anspruch genommen werden durfte. Der Adel verkörpert – folgt man der Marxschen Produktionsfaktorenlehre – den Faktor „Boden". Es handelt sich also um die Bodenbesitzer, zu denen man auch die katholische Kirche hinzuzählen muß.

Um 1900 herum wurde dann der Versuch unternommen, unter anderem durch den Deutschen Friedrich Naumann oder die deutschen Kolonialvereine, die Interessen der deutschen Nation mit den Interessen des deutschen Adels (Boden) und des deutschen (Bildungs- und Besitz-) Bürgertums gleichzusetzen. Womit also auch hier der „Nations-"Begriff im Sinne einer oder mehrerer Klassen instrumentalisiert wurde. Nach dem Wiederaufbau Deutschlands nach 1945 finden wir dann den – letztendlich gescheiterten – Versuch vor, in Mitteldeutschland eine proletarische deutsche „DDR-Nation" zu schaffen, die auch wieder von einem ideologisch dominierten Klassendenken bestimmt war.

Dagegen verstehen wir im Gegensatz zu diesen Verbiegungen des „Nations"-Begriffs eigentlich seit dem 19. Jahrhundert unter Nation die Gesamtheit eines Volkes ohne Rücksicht auf Stände-, Konfessions- und Klassenzugehörigkeit, sofern es die gleiche Sprache spricht und sich durch geschichtliche Tradition und gemeinsamen geographischen Lebensraum auch ein politisches Zusammengehörigkeits- und Verantwortungsgefühl herausgebildet hat. Der stärkste Integrationsfaktor ist dabei die gemeinsame Sprache, denn von ihr leitet man eine eng verwandte Kultur- und Wertegemeinschaft ab. Die gemeinsame Sprache entwickelt sich zum Zeichen ethnischer und kultureller Identität. Man rechnet sich selbst Sprachgruppen und Gruppen mit verwandten Sprachen zu und formt daraus eine Abstammungsgemeinschaft, eine Nation.

Diese Begriffsentwicklung von der ständischen Nation zur homogenen Volksnation setzte im 18. Jahrhundert in Europa ein. Die Unterscheidung der Menschen nach Nationen – das Nationalitätenprinzip – ist ein Produkt der europäischen Aufklärung des 18. Jahrhunderts. Aufklärung, das bedeutet die „Rationalisierung" der Religion und die Herausdrängung ihrer mythischen Bestandteile aus dem gesellschaftlichen Bewußtsein. Dennis Diderot (1713-1784) und Gotthold Ephraim Lessing (1729-1781) formulierten die Hauptprinzipien der Aufklärung: Skepsis und Toleranz. Die im Mittelalter alle Lebensbereiche durchdringende Kirche verlor ihren Einfluß und bald auch ihre politische Macht (Säkularisation). Das „Zeitalter der Vernunft" gründet auf kritischer Wissenschaft und auf der Erfahrung (Empirie). Anfänglich ist es der deklassierte Adel, dann aber ganz überwiegend das Bürgertum, das den „Fortschritt der Menschheit" durch eigene Gestaltung des Lebens und der Gesellschaft nach rationalen Grundsätzen vertritt. Die breite bürgerliche Mittelschicht – früher der „Dritte Stand" nach Adel und Klerus, jetzt das Besitz- und Bildungsbürgertum – erklärt sich zum eigentlichen Träger des Nationalbewußtseins. Das nationale Gemeinschaftsbewußtsein bildet die Voraussetzung für den politisch bewußten Staatsbürger des 19. Jahrhunderts. Seine Ziele sind Volkssouveränität, Verfassungsstaat, Gleichheit, wirtschaftliche Freiheit (Liberalismus), und schließlich Demokratie und individuelle Freiheit – verwirklicht im Nationalstaat.

Der Nationalstaat umfaßt als politische Schicksalsgemeinschaft alle Gruppen und sozialen Schichten und erhebt sich zu einer Gemeinschaft höherer Art, für die es sich im Bewußtsein der Staatsbürger zu leben, zu arbeiten und – wenn gefordert – zu sterben lohnt. Der Nationalismus als mächtige Integrationskraft im gesellschaftlichen Bereich entwickelt sich auf diese Weise zum Strukturprinzip des modernen Europa. Die Entstehung des modernen Staates ist mit ihm untrennbar verbunden. Politisch zum Tragen kommt der neue Nationsbegriff in der Französischen Revolution von 1789, in welcher der Dritte Stand als Nation die Herrschaft in der Form der Republik übernimmt. „Republik", das heißt genau übersetzt „Volkssache". Die Führung des Staates ist nicht mehr die Angelegenheit von einem oder wenigen, sondern sie ist öffentlich „publik". Die sich anschließenden Napoleonischen Kriege von 1801-1815 waren Befreiungskriege im doppelten Sinne. Napoleon beabsichtigte, die Völker Europas von ihren antiquierten Monarchen und Ständeherrschaften zu befreien und ein von „rationalen" Gesichtspunkten geleitetes Imperium aufzubauen. Aber die damals beglückten Völker verstanden sich bereits selbst als Nationen im modernen Sinne und bekämpften Napoleon als den Vertreter einer französischen Vorherrschaft über Europa – hier ging also der Nationalstaatsgedanke schon über in den Nationalismus.

Der Nationalismus fordert nach innen die Volkssouveränität – die Herrschaftsteilnahme des ganzen Volkes –, um einen möglichst breiten Konsens herzustellen, und nach außen die Sicherung und Durchsetzung nationaler Eigeninteressen gegenüber anderen Nationen. Da diese verschiedenen nationalen Interessen sich zumeist (bei benachbarten Nationen) entgegenstehen, kommt im 19. Und 20. Jahrhundert eine ganz neue Kategorie von Kriegsgründen auf: Der Kampf um nationale Grenzen, um nationalen Lebensraum, um Absatzmärkte und Rohstoffgebiete für die eigene Nation. Und weil ein entscheidender Träger des Nationalstaats zu der Zeit der „nationalliberale", kapitalistisch wirtschaftende Bürger ist, tritt der wirtschaftliche Aspekt von da ab ganz massiv in den Vordergrund politischen Handelns.

Die Nationalismen der europäischen Nationen stellen dabei durchaus ambivalente Bewegungen dar. Der übergeordnete Nationsgedanke bewirkt ein Solidaritätsgefühl, ein „Wir-Bewußtsein" auch über gesellschaftliche Schranken hinweg, und fordert die gleiche allgemeine politische Teilnahme des ganzen Volkes an der politischen Willensbildung: also eine emanzipatorische Kraft! Der einheitliche europäische Nationalstaat des späten 19. Jahrhunderts, der trotz des Bestehenbleibens von sozialen Klüften und Einkommensunterschieden die Stände-, Konfessions- und Stammesunterschiede nivelliert, und der dadurch die Identifikation mit dem eigenen Land für alle ermöglicht, repräsentiert die Basis des modernen, ökonomisch starken innerlichen Rechts- und Sozialstaats. Für die alten feudalen Monarchien in Europa in der ersten Hälfte des 19. Jahrhunderts – vor allem Österreich-Ungarn, Preußen, Rußland – bedeutete der Nationalismus deshalb eine revolutionäre Bedrohung. Daher ist es auch verständlich, wenn die heutigen klerikalkonservativen geistigen Erben dieses feudalen „Alteuropa" auch auf die derzeitige Wiederbelebung des Nationalismus, vor allem wenn dieser sozialrevolutionär geprägt ist, abwehrend reagieren. Weil dieser Nationalismus natürlich von den Klerikalkonservativen völlig zurecht als ein Kind der Aufklärung erkannt wird, der wesentlich zur Auflösung ihres „Alteuropas" beigetragen hatte. Und gerade in der heutigen nationalen publizistischen Landschaft Österreichs bildet diese Frage den geistigen Sprengsatz zwischen konfessionsneutralen Deutschnationalen einerseits und katholisch geprägten Konservativen andererseits, die in Fragen eines konservativen Wertebewußtseins (Kinder, Familie, Tradition etc.) durchaus an einem Strang ziehen können, vor allem wenn es gegen das gemeinsame Feindbild der „Linken" geht. Doch im Nationsbegriff gibt es zwischen ihnen nicht zu leugnende geistige Unterschiede. Schließlich haben gerade die klerikalkonservativen Österreicher dem im 19. Jahrhundert aufkeimenden völkischen Nationalismus die

Zerstörung „ihrer" K. u. K.-Monarchie maßgeblich zu verdanken.

Bei keiner Nation ist das Staatsgebiet vollständig mit dem Siedlungsraum der eigenen Sprach- und Kulturnation deckungsgleich, wie es das Idealbild vorsieht; am ehesten noch bei den Westmächten England und Frankreich, wobei diese gewaltsam ethnische Minderheiten „geschluckt" haben (die Engländer die Schotten, Iren, Walliser; die Franzosen die Elsässer und Deutsch-Lothringer, Basken und Katalanen etc.). Aber viel verheerender mußte sich doch das Aufkommen des völkischen Nationalismus auf den Bestand supranationaler Reiche wie Österreich-Ungarn, dem Russischen Zarenreich oder dem Osmanischen Reich auswirken, deren Schicksal sich allesamt im multiethnischen Durcheinander des Balkans entzündete, und deren Ende dann mit den Schüssen von Sarajewo (1914) eingeläutet wurde. Diesen drei Imperien ist gemeinsam, daß sie allesamt Völker verschiedenster Sprache und Kultur in einem Herrschaftsgebiet unter der Führung eines Staatsvolkes zusammenschlossen (im Falle von Österreich-Ungarn von zwei Staatsvölkern). Die Legitimation der Herrschenden in St. Petersburg, Istanbul und Wien war zu der Zeit eindeutig dynastisch und/oder religiös geprägt, auf jeden Fall mittelalterlich und den damals auftrumpfenden Ideen der nationalen Selbstbestimmung kontrovers. Deshalb war ihr Zerfall auch vorprogrammiert, weil der Anspruch der einzelnen Nationen auf eigene Staatlichkeit diese Vielvölkerreiche und übernationalen Staatswesen zwangsläufig in nationale Einzelbestandteile auseinandersprengen mußte!

In England und Frankreich etablierte sich der Nationalgedanke in der klaren Form des Staatsnationalismus oder konstitutionellen Nationalismus. In Deutschland hat jedoch der Nationalgedanke – für den Geschmack des europäischen Westens – einen „Sonderweg" eingeschlagen. Der ökonomischen und machtpolitischen Fundierung des westeuropäischen Verständnis von Nationalismus wurde noch ein ideelles Moment beigefügt: Die deutsche Innerlichkeit und Gemüthaftigkeit, nämlich die geistesgeschichtlichen Ideen der deutschen Romantik. Das Erlebnis des „Völkischen", der dichtenden „Volksseele", und die Mythen der eigenen Vergangenheit, besonders des Mittelalters, färbten auf das deutsche Nationalgefühl ab. Die Nation wird in der deutschen Romantik als „Volk" definiert, das durch einen festen Bestandteil von ideellen Werten – Sprache, Religion, Lebensart, historische Erfahrung – im Volkstum zu einem individuellen Ganzen zusammengeschlossen ist. Das Volkstum wird wiederum von einem übergeordneten „Volksgeist" bestimmt. Der idealistische Volksgeist-Gedanke wurde von Johann Gottfried Herder (1744-1803) formuliert. Herder bejahte einen vielfältigen, organisch gewachsenen Formenreichtum von verschiedenen „Volksgeistern". Auf ihn geht das Bewußtsein volksmäßiger Eigenart zurück, hervorgerufen durch die ausdrückliche Pflege der Volkssprache, des Volkstümlichen sowie der Überlieferung von Abstammungsmythen und Sagen. Herder war auch mit seinen *"Ideen zur Philosophie der Geschichte der Menschheit"* (so der Titel seines Hauptwerkes, 1784-1791) nicht nur der Erwecker des völkischen Gedankens bei den Deutschen, sondern gerade auch die Bildungsschicht der slawischen Völker bezog ihren Nationalismus, ihr Streben nach nationaler Unabhängigkeit, aus Herders völkischen Ideen. Somit stehen sich auch, was den „Nations"-Begriff betrifft, die Mittel- und Osteuropäer in geistesgeschichtlicher Tradition näher – in deutlicher Trennung zu den Westeuropäern und Nordamerikanern.

Die Nation – was Konservative und was Nationalisten darunter verstehen

Viele Konservative und Nationalliberale sind in ihrer Haltung zur Nationszugehörigkeit und der Vergabe der Staatsbürgerschaft dem westlichen Verständnis viel näher, im Gegensatz zu den deutschen Nationalisten, da sie – die Konservativen und Nationalliberalen – nicht selten den Wusch äußern, man möge doch die ethnisch Fremden erst „integrieren" und ihnen erst nach der erfolgten Integration den BRD-Paß geben, wohingegen SPD und Grüne den umgekehrten Weg gehen wollen: erst die Vergabe des Passes an den Fremden, danach erst die „Integration" vollziehen. Letztere Variante ist diejenige, die sofort ins „multikulturelle" Chaos führen muß, die dem deutschen Volk aber noch – wenn auch nicht gewollt – die Chance zur Gegenwehr läßt; wohingegen die der Konservativen und Nationalliberalen, die vor allem in den Unionsparteien, der FDP, dem Bund Freier Bürger, den Republikanern und den Freiheitlichen in Österreich organisiert sind, zum langsamen Volkstod führt. Diese letztere Variante ist die für das deutsche Volk heimtückischere Endlösung seiner völkischen Existenz, da sie die Fremden in "verträglichem Maße" integrieren will.

Im Gegensatz zu den Konservativen und Nationalliberalen, deren Ziel es ist, daß die Integration der Fremden, wenn sie für sie schon nicht zu verhindern ist und von ihnen hingenommen wird, möglichst „harmonisch" vonstatten gehen soll, liegt dem Nationalismus eine gesellschaftlich völlig andere Sichtweise zugrunde. Während die Konservativen und Nationalliberalen das Problem mit den Fremden alleine unter dem Blickwinkel ihres Klasseninteresses betrachten (Besitzbürgerklasse/Boden und Kapital), geht es den Nationalisten um das Gesamtinteresse beziehungsweise das Allgemeinwohl des gesamten deutschen Volkes. Und dieses Allgemeinwohl des gesamten deutschen Volkes ist mit einer wie auch immer gearteten „Integration" von Fremden nicht in Einklang zu bringen.

Nun sind weder die Nationalkonservativen, Nationalliberalen noch die Nationalrevolutionäre die Gestalter der derzeitigen deutschen Politik. Sie alle – und das ist den drei Gruppen durchaus gemein – sind diesbezüglich lediglich Zuschauer und Kritiker der „multikulturellen" Anmaßung der in unserem Land politisch Herrschenden. Deshalb kann die Aufgabe der nationalen Opposition aufgrund ihrer gegenwärtigen Machtlosigkeit nur darin bestehen, eine Zukunftsvision zu entwerfen – als Antwort auf die Verausländerung Deutschlands durch das herrschende politische System. Die Voraussetzung um die Verausländerung Deutschlands durch eine Politik der Entausländerung aufzuheben, ist politische Macht, die in institutionalisierte politische Herrschaft münden muß. Ohne diese politische Macht und politische Herrschaft sind aber alle Forderungen und Absichtserklärungen, die in den Programmen nationaler Parteien enthalten sind, blanke Theorie. Darüber muß Klarheit herrschen.

Ohne politische Macht der nationalen Kräfte, wird auch der demographische *Status Quo* in unserem Land nicht zu halten sein, wie dies vor allem die Konservativen glauben, die bestenfalls einen Zuwanderungsstopp befürworten und die in unserem Land lebenden Fremden in „anständige" und "unanständige" (kriminelle) Ausländer trennen wollen, wobei die erstere Gruppe auch weiterhin in Deutschland bleiben soll. Diese „Ausländer-Selektion" der Konservativen und Nationalliberalen ist von den Nationalisten nicht zu befürworten. Die Fremden haben nicht alleine deshalb unsere Heimat zu verlassen, weil sie möglicherweise hier kriminelle Handlungen begehen oder bereits begangen haben, sondern weil sie in ihrer ungeheuren Anzahl unser deutsches Heimatgefühl zerstören. Nur deshalb! Denn durch die Ausbreitung ihrer Parallelgesellschaften und Parallelkulturen in unserem Land nehmen sie uns den Raum, der zum Bestand und zur Weiterentwicklung unserer deutschen Kultur dringend notwendig ist.

Bis es so weit ist, daß die nationalen Kräfte auf der Grundlage politischer Macht die anhaltende Verausländerung Deutschlands durch eine Entausländerung ablösen, muß das Entstehen von Parallelgesellschaften und Parallelkulturen von den nationalen Kräften hingenommen werden. Die Konservativen und Nationalliberalen erwecken nun den Eindruck, als ob sie die Ghettoisierung der Fremden, die vor allem in den Großstädten vonstatten geht, verhindern wollten. Zum einen, das sei aus nationalistischer Position unmißverständlich festgestellt, kann diese Ghettoisierung derzeit aufgrund der politischen Machtverhältnisse nicht verhindert werden, und es ist zum anderen aus nationalistischer Sicht auch nicht wünschenswert, daß die Ghettoisierung der Fremden gegenwärtig verhindert wird.

Dem deutschen Volk kann derzeit nichts besseres passieren, als daß sich die ethnisch Fremden, die nicht zu uns gehören, in eigenen Stadtteilen von uns absondern. Diese Position ist zwar dem „patriotischen" Spießer nicht vermittelbar, aber das soll die Nationalisten, die in langfristigen Lösungsansätzen denken, nicht stören. Die nationalistische Strategie ist nämlich nicht auf kurzfristige Stimmenmaximierung bei „demokratischen" Wahlen ausgerichtet, sondern auf die gesellschaftliche und staatliche Krise, die zur Problemlösung führt, und die auch ganz gewiß kommen wird.

Die Ghettoisierung der Fremden ist sowohl aus Gründen zu befürworten, welche die Gegenwart, als auch die Zukunft unseres Volkes betreffen. Fangen wir bei der Zukunft an: Der nationalistische Lösungsansatz für die Zukunft muß in der Entausländerung Deutschlands auf friedlichem Wege bestehen. Ob dieser naturgemäße Prozeß dann auch wirklich friedlich ablaufen wird, wird ganz wesentlich von dem Verhalten der Fremden selbst abhängen. Die Bereitschaft der Fremden auf Rückführung in ihre Heimatländer kann durch folgende Strategie erreicht werden: Es laufen nach einer gewissen Zeit, möglicherweise nach einem Jahr, nachdem eine nationale Regierung die Geschicke in unserem Land wieder in der Hand hat, die Arbeits- und Mietverträge aus. Es werden dann keine Verträge mehr verlängert und keine neuen mehr mit den Fremdbewohnern und Fremdarbeitern abgeschlossen. Die Grundlage der Verausländerung Deutschlands, die in den besseren Arbeits- und Wohnverhältnissen für die Fremden in Deutschland bestehen, wird somit zunichte gemacht. Die Fremden haben, angelockt vom „deutschen" Großkapital und der dieser untertänigen bourgeoisen politischen Klasse, den Weg in unser Land aus materiellen Gründen gefunden (Arbeitsplätze und

Wohnraum). Wird ihnen dieser entzogen, so wird bei ihnen auch die Bereitschaft rapide sinken, sich weiterhin als „Gäste" in unserem Land zu betrachten.

Die Maßnahmen zur Entausländerung lassen sich logischerweise auch leichter durchführen, wenn die Fremden ghettoisiert sind, als wenn sie „zerstreut" unter den Deutschen leben würden. Auf die Gegenwart bezogen, bedeutet dies, daß die Nationalisten – auch wenn das in den Ohren des „patriotischen" Spießers zynisch klingen mag – zu den eifrigsten Befürwortern der Ghettoisierung der Fremden werden müssen. Dabei sind „konstruktive" – und zugleich für das herrschende System destruktive – Vorschläge öffentlichkeitswirksam auszuarbeiten, die gerade auch von nationaldemokratischen Mandatsträgern in den Städten und Gemeinden zu propagieren sind. Nur ein paar Gedanken hierzu: Die Fremden sollen grundsätzlich ihre eigenen Stadtteile (Ghettos) erhalten dürfen, mit ihren eigenen Läden, Vereinen, Gebetseinrichtungen und allem was dazu gehört. Außerdem sollen die fremden Kinder in eigenen Schulen in ihren eigenen Unterrichtssprachen und von Lehrern ihrer Nationalität unterrichtet werden. Natürlich gehört hierzu auch, ihnen grundsätzlich den eigenen Religionsunterricht „großzügig" zu gestatten. Natürlich stellt es auch für einen deutschen Nationalisten kein Problem dar, wenn zum Beispiel türkische Frauen auf der Straße mit Kopftüchern herumlaufen, da sie sich somit als fremde Frauen deutlich sichtbar machen. Es ist aus nationalistischer Sicht gut, wenn sich die Fremden, die nicht zu uns gehören können und nicht zu uns gehören wollen, dies auch demonstrativ deutlich machen. Je klischeehafter Fremde vor den Augen der Deutschen in Deutschland auftreten, desto besser. Dann wird auch der dümmste Spießer erkennen müssen, was eigen und was fremd ist und dies nicht an dem Besitz des Personalausweises festmachen.

Das dumme Gerede über die Staatsbürgerschaft wird dann aufhören. Wenn sich Herr Özdemir von dem Herrn Müller nicht durch die Staatsbürgerschaft unterscheiden, weil beide einen BRD-Paß besitzen, dann werden automatisch – was die Befürworter der doppelten Staatsbürgerschaft so sicher nicht gewollt haben! – die eigentlichen (ethnischen) Unterscheidungsmerkmale zwischen Eigenen und Fremden in der deutschen Öffentlichkeit noch besser zutage treten. Die Begriffe „Volk" und „Rasse" werden wieder Eingang in den öffentlichen Diskurs der Deutschen finden. Das ist zwangsläufig und unvermeidbar. Und wird auch von den deutschen Nationalisten ausdrücklich begrüßt.

Nationale Souveränität

Ein wesentliches Prinzip nationaler Politik ist die Forderung nach nationaler Souveränität. Souverän bedeutet in diesem Zusammenhang, daß der Nationalist davon ausgeht, daß die souveränen Staaten auch weiterhin die Völkerrechtssubjekte der Weltpolitik sein sollen, und es verhindert werden muß, daß die nach Beendigung des Kalten Krieges einzig verbliebene Weltmacht, die Vereinigten Staaten von Amerika, sich unter dem propagandistischen Deckmantel der „Humanität" als Weltpolizist in der Weise betätigen, daß sie nach Gutdünken in die inneren Angelegenheiten eines jeden Staates dieser Erde eingreifen können.

Unter dem humanitären Vorwand werden dann die internen Probleme eines Staates oder auch Streitigkeiten von Staaten zum Anlaß genommen, um mittels einer Weltpolizeitruppe NATO eine sogenannte Neue Weltordnung zu errichten, derzufolge einflußreiche Kreise in Washington oder Tel Aviv bestimmen, welche Wirtschaftsordnung, welches Staats- und Regierungssystem und welche Politikerkaste in den entlegensten Winkeln dieser Erde vorzuherrschen haben. Für den Nationalisten, welcher Nation er auch immer zugehörig ist, muß diese *New Word Order* von Nordamerikas Gnaden die globale Hauptbedrohung darstellen. Diese muß mit allen zur Verfügung stehenden politischen Mitteln bekämpft werden. Es darf nicht sein, daß unter dem Deckmantel von supranationalen Tarnorganisationen wie der „NATO" oder auch der „UNO" ein Menschheitsfaschismus durchgesetzt wird, der von bestimmten Machtzentren der Welt aus sagt, was auf dem Globus als moralisch gut und was als moralisch schlecht zu gelten hat. Und das nach den Kriterien der „Westlichen Wertegemeinschaft".

Der Kosovo-Konflikt und der Angriffskrieg der NATO-Staaten gegen Jugoslawien haben deutlich gezeigt, wohin die Reise geht, wenn das Völkerrecht so umformuliert werden soll, daß nicht mehr die Souveränität der Staaten der Maßstab ist, sondern ein vager Menschenrechtstotalitarismus, der heute den Völkermord in Palästina und Kurdistan ignoriert und morgen unter diesem Vorwand aus geostrategischen Erwägungen den souveränen Staat Jugoslawien zerschlagen will, um den Hegemonialbereich Rußlands einzuschränken und den der NATO-Mitglieder Türkei und USA auszuweiten. Schließlich ist der Angriffskrieg gegen Jugoslawien bewußt von der NATO provoziert worden, indem deren (un-) verantwortliche Politiker dem souveränen Staat Bundesrepublik Jugoslawien eine

Kapitulationsurkunde zur Unterschrift vorlegten – den sogenannten „Vertrag von Rambouillet", der vorsah, das gesamte jugoslawische Staatsterritorium als NATO-Besatzungsgebiet auszuweisen.[197] Diese Bestimmungen konnten freilich selbstbewußte Politiker eines souveränen Staates nicht unterschreiben. Und so geschah es dann auch: wie von den NATO-Strategen der amerikanischen Weltherrschaft erwünscht, fand der Krieg auf dem Balkan statt – mit dem Ziel, im Kosovo ein von albanischen Terroristen dominiertes NATO-Protektorat, wie analog in Bosnien, einzurichten, das dann beliebig ausgeweitet werden kann. Wer immer noch Zweifel an den amerikanischen Kriegsplänen hat, dem sollen die Worte des Chefberaters der USA in Rambouillet, Morton Abramowitz, in den Ohren klingen:

„Unsere Taktik lief darauf hinaus, die UCK-Leute zur Akzeptanz des Planes zu bringen, um auf diese Weise Milosevic mit einem Ultimatum konfrontieren zu können (...). Das Ergebnis war, daß wir eigentlich nie zu wirklichen Verhandlungen kamen. Die Kontaktgruppe bat lediglich die UCK zu unterschreiben, damit wir Druck auf Milosevic ausüben konnten."[198]

Die USA wollten also den Krieg gegen Jugoslawien vom Zaun brechen, da man mit einer Annahme der Bestimmungen von Rambouillet durch den souveränen Staat Jugoslawien gar nicht rechnen konnte. Der nächste Schritt in der Strategie der NATO-Propaganda mußte nun daraufhin abzielen, den Krieg, den man beginnen wollte, als „guten" Krieg mit den Menschenrechten zu begründen, die man im Kosovo schützen müsse. Es fand nun der Präzendenzfall statt, über die veröffentlichte Meinung das bisher geltende Völkerrecht aufzuweichen, das die Souveränität der Staaten respektierte, um dieses durch ein von „Menschenrechten" geprägtes neues atomisiertes „Völkerrecht" zu ersetzen. Auf diese Tendenz des Westens, das geltende Völkerrecht für seine Interessen zu manipulieren, verweist unter anderem Hermann Weber vom Institut für Internationale Angelegenheiten der Universität Hamburg:

„Nach bisher geltender Rechtsauffassung wurde nur der UN-Sicherheitsrat als berechtigt angesehen, Zwangsmaßnahmen gegen einen Staat zu ergreifen, wenn nicht der Angegriffene von seinem Recht der individuellen oder kollektiven Selbstverteidigung Gebrauch machte. Weder hat Jugoslawien die Nato oder einen ihrer Mitgliedsstaaten angegriffen, noch hatte der UN-Sicherheitsrat der Nato ein Mandat für Zwangsmaßnahme gegen Jugoslawien erteilt. Damit lagen die Vorausset-

zungen für ein Eingreifen der Nato am 24. März (1999; J. Schw.) nicht vor. Jedes Abweichen von der Regel der UN-Charta stellt aber, wenn es nicht als Rechtsverstoß anerkannt wird, eine Neuinterpretation des geltenden Völkerrechts dar, die zu begründen ist. Zu Recht wird das Problem der Legitimation für die Nato-Luftangriffe im fehlenden Mandat des UN-Sicherheitsrats gesehen und die Lösung des Problems im Dreieck Souveränität-Gewaltverbot-Menschenrechte gesucht. Die Fürsprecher der Nato-Luftangriffe ordnen die Menschenrechte dem 'Frieden' (Gewaltverbot) zu, während nach geltender und durch die Staatenpraxis bestätigter Auffassung die Menschenrechte zu den 'inneren Angelegenheiten' eines Staates (Souveränität) gehören."[199]

Somit ist die Problematik der aktuellen Völkerrechtssituation hinreichend beschrieben. Es wird deutlich, daß das tradierte Völkerrecht, das aus der Sicht des Verfassers bisher völlig zurecht dem Erhalt der Souveränität der Staaten Priorität einräumte, aus politischer Zweckmäßigkeit heraus, die mit den Weltherrschaftsplänen der USA zusammenhängen, ausgehebelt werden soll, zugunsten eines „Völkerrechtes", das weniger mit Völkerrecht, also dem Recht von unabhängigen Staaten und freien Völkern etwas zu tun haben soll, als ein pauschales „Menschenrecht" darstellt, welches je nach politischem Bedarf instrumentalisiert werden kann.

Doch welcher Staat dieser Erde wäre völlig frei zu sprechen von Verstößen gegen die Menschenrechte? Da müßte selbst der BRD-Zensurstaat passen. Und wo fangen die „schweren" Verstöße an? Fangen diese erst an, wenn die Serben die Albaner aus dem Kosovo vertreiben wollen, oder auch schon dann, wenn durch die zurückliegenden Jahrhunderte, die Albaner schon seit der Türkenherrschaft als zumeist privilegierte Moslems von Albanien aus in den damals vorwiegend serbisch bevölkerten Kosovo „einsickern", wo sie sich aufgrund ihrer hohen Geburtenrate von ihrer Volksstärke her gegen die Serben durchsetzen, diese letztendlich durch Landnahme und Heimatraub aus deren angestammter Heimat verdrängen? Wo fängt also nun tatsächlich die „ethnische Säuberung" an?

Für den deutschen Nationalisten ist die Sache klar: Erst wird unter dem Vorwand der „Menschenrechte" und „friedensstiftender Maßnahmen" die Souveränität des Iraks gebrochen, dann die von Jugoslawien, dann möglicherweise die von Rußland, wenn dort die Nationalisten an die Macht gekommen sind, und schließlich werden vielleicht mitteldeutsche Städte wie Magdeburg und Frankfurt/Oder als

NATO-Bombenziele auserkoren, um die dortigen „ausländischen Mitbürgern" vor „rechtsradikalen" Glatzen zu schützen. Im amerikanischen *Time Magazine* wurden die besagten mitteldeutschen Städte schon einmal als Krisenherde für NATO-Truppen markiert.

Bei der innenpolitischen Auseinandersetzung um den Balkan-Konflikt ist deutlich geworden, daß eine Freund-Feind-Unterscheidung nach dem „Links-Rechts"-Schema – zumindest was das Thema anbetrifft – absolut unsinnig ist. Der Verfasser ist zwar kein Freund solcher Schubladenbegriffe, die gerne von diversen „Verfassungsschutzämtern" gepflegt werden, um die eigentlichen ideologischen Frontverläufe zu verwischen. Doch vorausgesetzt man würde die etablierte Sprachregelung akzeptieren, dann stellt sich der innenpolitische Frontverlauf im Balkan-Konflikt dergestalt dar, daß die „radikale Linke" (u.a. die PDS) den Angriffskrieg gegen Jugoslawien ebenso ablehnt wie die „radikale Rechte" (u.a. die NPD), während die „gemäßigte Linke" (Mehrheiten von SPD und Grünen) sowie die „gemäßigte Rechte" (Union, FDP, Mehrheit der Konservativen) den NATO-Angriffskrieg befürworten.

Natürlich darf nicht übersehen werden, daß sich der Antiamerikanismus der „radikalen Linken" aus einer anderen ideologischen Quelle speist als derjenige der „radikalen Rechten". Die Linke tut dies aus ihrem pazifistischen Antrieb heraus, oder auch aus ihrer internationalen Solidarität zu „sozialistischen" Politikern wie Slobodan Milosevic; die Nationalisten lehnen die NATO-Aggression ab, weil sie in dem Angriff gegen Jugoslawien einen Präzedenzfall für die willkürliche Ausschaltung staatlicher Souveränität weltweit sehen.

Die Befürworter der NATO-Aggression unter den „gemäßigten Linken" verstehen ihren Pazifismus so, daß im Falle Milosevic ein Ausnahme gemacht werden, und ein letzter Krieg zur Erreichung des ewigen Weltfriedens durch Beseitigung des absoluten Bösen geführt werden müsse. Natürlich wird sich nach Beseitigung Milosevic wieder ein neues „absolut Böses" finden lassen, gegen das dann wieder der „letzte Krieg" – als Ausnahme sozusagen – geführt werden muß.

Bei den bürgerlichen Kreisen ist schlichtweg die Amerikahörigkeit für die Kriegsbegeisterung verantwortlich, die sich bereits seit Konrad Adenauer nachvollziehen läßt. Man fühlt sich sowohl innenpolitisch (politische „Mitte") als auch außenpolitisch („westliche Wertegemeinschaft") einem bürgerlichen Lager zugehörig; bei den Konservativen, vor allem bei den „Nationalkonservativen" ist es eher die Lust auf Revanche, die deren Verfechter zu NATO-Anhänger mutieren läßt. Schließlich ging es darum, eine „alte Rechnung" zu begleichen, die seit der Ausmordung und Vertreibung der Jugoslawiendeutschen von 1944/45 besteht. Sinngemäß lautete die Losung der Konservativen: *„Wir sind wieder wer als Deutsche – dürfen gemeinsam mit der NATO die dreckigen Serben niederbomben!"* Auf dieses primitive Niveau neuer „deutscher Größe" wollen die deutschen Nationalisten jedoch gerne verzichten!

Nicht nur anhand dieses Themas zeigt sich der weltanschaulich tiefe Graben, der sich zwischen Nationalisten und Konservativen auftut. Hierbei ist von Seiten der Nationalisten künftig mehr für Klarheit und inhaltliche Distanz zu sorgen. Nationalisten sollten das „Distanzieren" nicht den Konservativen überlassen, die gerne auf Unvereinbarkeiten mit den Nationalisten hinweisen, die tatsächlich bestehen, stattdessen sollten die Nationalisten künftig mehr Profil in der öffentlichen politischen Auseinandersetzung zeigen, auch und gerade gegenüber Konservativen. Gerade der Balkan-Konflikt machte die völlig unterschiedliche politische Positionierung, was die Außenpolitik angeht, deutlich. Die Konservativen stehen mit ihrer Haltung im Balkan-Konflikt in einer Reihe mit dem herrschenden Liberalismus in diesem Lande, der von Joschka Fischer bis Edmund Stoiber reicht. Währenddessen sprechen sich die „radikale Linke" und die "radikale Rechte" gegen den Krieg aus – natürlich aus unterschiedlichen Motiven, worauf bereits eingegangen wurde.

Ein Zauberwort, mittels dessen die herrschende Klasse der Weltpolitik die Souveränität irgendwelcher Staaten aufzuheben bestrebt ist, ist der Begriff der „Diktatur". Das wurde wieder einmal während der Aggression gegen Jugoslawien deutlich, als vor allem führende BRD-Politiker in Bundespressekonferenzen den jugoslawischen Staatspräsidenten Slobodan Milosevic permanent als „Diktator" beschimpften. Dies entspringt wohl dem Umstand, daß Schröder, Scharping und Fischer, wie so viele Zeitgeistlinge, die Begriffe „Demokratie" und „Diktatur" dichotomisch verwenden. Doch was meint Scharping eigentlich damit, wenn er Milosevic als „Diktator" beschimpft? Schließlich wurde doch Milosevic, mag er noch so viele Menschheitsverbrechen begangen haben, vom Volk demokratisch gewählt. Carl Schmitt meint hierzu:

„Diktatur ist infolgedessen (...) nicht ein Gegensatz zur Demokratie, sondern wesentlich Aufhebung der Teilung der Gewalten, d.h. Aufhebung der Verfassung, d.h. Aufhebung der Unterscheidung von Legislative und Exekutive". [200]

Nur wo funktioniert heute schon in der BRD die Gewaltenteilung, wenn die Mehrheit im Parlament (Legislative) die Regierung (Exekutive) stellt? Oder wenn die Legislative (Bundestag und Bundesrat) verfassungswidrige Sondergesetze verabschiedet (u.a. den Paragraphen 130 StGB)? Oder wenn die vermeintlich parteipolitisch unabhängige Justiz politische Urteile fällt (Fälle Günter Deckert, Germar Rudolf, H.-D. Sander und viele mehr)? Die Gewaltenteilung ist – bei näherer Betrachtung – eine politologische Chimäre, die BRD wäre jedoch demnach – vorausgesetzt sie wäre der Maßstab für eine Demokratie – eine Diktatur; und Scharping wäre der Kriegsminister – pardon: Verteidigungsminister („Minister für friedensstiftende Maßnahmen") – einer solchen Diktatur.

Was unterscheidet nun wirklich die Staaten BRD und Jugoslawien, wenn es sich in beiden Fällen bloß um Diktaturen handeln sollte? Sie unterscheiden sich tatsächlich in der Frage der staatlichen Souveränität: Jugoslawien war nämlich 1999 ein (noch) souveräner Staat, die BRD nicht! *„Souverän ist, wer über den Ausnahmezustand entscheidet"*, meint Carl Schmitt [201] Mit Ausnahmezustand ist bei Schmitt der (externe) Krieg beziehungsweise auch der (interne) Bürgerkrieg gemeint. Zum Aspekt Bürgerkrieg meint Schmitt: *„Die politische Kraft einer Demokratie zeigt sich darin, daß sie das Fremde und Ungleiche, die Homogenität Bedrohende zu beseitigen oder fernzuhalten weiß".* [202]

Wenn man sich dann noch – entsprechend Schmitts „Begriff des Politischen" – vergegenwärtigt, daß souverän ist, wer sich die Freiheit nehmen kann, seinen Feind, mit dem er potentiell Krieg führen kann, selbst zu bestimmen, dann muß man – bezogen auf die gegenwärtige politische Situation – zu dem Ergebnis gelangen, daß Slobodan Milosevic 1999 als souveränes Staatsoberhaupt gelten kann, da er sich immerhin die Freiheit nimmt, den inneren (Albaner) sowie den äußeren Feind (u.a. die NATO-Staaten) selbstherrlich zu bestimmen. Die Herren Schröder, Fischer und Scharping hingegen können – folgt man Carl Schmitt – nur schwerlich als souveräne Staatsmänner bezeichnet werden, da sie selbst nicht in der Lage sind, den inneren wie den äußeren völkischen Feind des deutschen Volkes zu bestimmen. Man denke hier nur an die Vertreibungsverbrechen und den Gebietsraub, welche die Siegermächte und unsere östlichen Nachbarvölker 1945 den Ost- und Sudentendeutschen angetan haben, oder an die bis in die Gegenwart andauernde Landnahme durch „Gastarbeiter" und „Asylanten". Von den alliierten Besatzungstruppen ganz zu schweigen.

Folgt man 1999 dem veröffentlichten Diskurs in den BRD-Medien, dann erhält man den Eindruck, daß das deutsche Volk überhaupt keine Feinde habe. Mit Ausnahme natürlich von Slobodan Milosevic. Wie ist das nun aber zu erklären? Ganz einfach durch den Verlust des Politischen im westalliierten Besatzungsgebiet BRD, das keine deutschen nationalen Interessen mehr kennt. Statt dessen vertritt dieses Vasallensystem die nationalen Interessen von USA und Israel. Aber *„dadurch, daß ein Volk nicht mehr die Kraft oder den Willen hat, sich in der Sphäre des Politischen zu halten, verschwindet das Politische nicht aus der Welt. Es verschwindet nur ein schwaches Volk".* [203]

Die Frage, die sich aus dem Balkan-Konflikt ergibt, ist die nach Krieg und Frieden. Wie ist es denn nun möglich, daß friedensliebende Pazifisten wie Bundesaußenminister Joseph Fischer urplötzlich zu kriegsgeilen Bellizisten mutieren? Um dies erklären zu können, ist ein Rückblick in die Geschichte lehrreich. Ein prominenter Pazifist, der den Krieg letztendlich befürwortete, obwohl er ihn aus der Welt schaffen wollte, war der amerikanische Präsident Wilson, der sein Land, die Vereinigten Staaten von Amerika, im Jahr 1917 in den Ersten Weltkrieg gegen die Mittelmächte führte. Auch Wilson war bekennender Pazifist, wie heute Joschka Fischer und Rudolf Scharping, auch er wollte, wie es alle eifrigen Pazifisten tun, den Krieg aus der Welt schaffen. Doch wer tatsächlich den Krieg aus der Welt schaffen will, den Kriegern das Kriegshandwerk legen will, wie 1917 dem Kaiser Wilhelm, 1941 dem Adolf Hitler, 1990/91 dem Saddam Hussein und 1999 dem Slobodan Milosevic, der muß ganz einfach Krieg führen. Den letzten Krieg, versteht sich. Den allerletzten, natürlich. Und dann wundern sich unsere Pazifisten – ob sie nun Wilson oder Fischer heißen –, wenn es nach Beendigung dieses „letzten Krieges" wieder Krieg gibt, das Böse nicht aus der Welt zu bringen ist, immer wieder neu auftaucht – in immer neuen Erscheinungen und Gestalten. Daß der Geschichtsverlauf sich jedoch immer als eine Abfolge von Krieg u n d Frieden darstellt, auf diese Erkenntnis sind unsere Pazifisten noch nicht gestoßen. Vielleicht ist ja der Pazifismus nur die Kehrseite des ebenso lebensfremden Bellizismus. Wer den Krieg (vermeintlich) abschaffen will, der muß folgerichtig die gesamte

Erdkugel in eine Sphäre der Weltinnenpolitik verwandeln, so daß dann nur noch – unter dem Mantel von UNO und/oder NATO – Polizeimaßnahmen in Form von Hausdurchsuchungen gegen Verbrecher und Kriminelle möglich sind. Souveräne Staaten, die Krieg führen, gibt es dann nicht mehr.

Wenn die internationale Politik zur Weltinnenpolitik gerät, dann ist noch ein Phänomen festzustellen: Das Wort Krieg verschwindet aus dem üblichen Sprachgebrauch, es wird ersetzt durch „friedensstiftende Maßnahmen" und ähnliche Euphemismen. Am Ende der Entwicklung steht dann ein Menschheitsfaschismus, der uns genau sagt, was moralisch ist und was nicht. Die Verbrechen und Vertreibungen der Serben, die vermutlich in einem gewissen Ausmaß tatsächlich stattfanden, werden hoch- und die der Albaner heruntergespielt. Während NATO-Militärs und Politiker von der großserbischen Gefahr warnten, schaffen sie unter ihrem Protektorat tatsächlich ein Großalbanien (als potentiellen Verbündeten der imperialistischen Türkei), in dem dann die Serben unterdrückt, vertrieben und ermordet werden. Unter der mehrere Jahrhunderte andauernden Türkenherrschaft haben die Moslems (Albaner und Bosniaken) die Serben massakriert, unter der Besetzung der deutschen Wehrmacht Kroaten und Bosniaken wiederum die Serben, nach Vorstoß der Roten Armee und gleichzeitigem Rückzug und Niederlage der Wehrmacht dann die Serben, vor allem die Tito-Partisanen, Kroaten, Moslems und Jugoslawiendeutschen ermordet und vertrieben.

Alle haben also „Dreck am Stecken". Den klinisch-sauberen Krieg, wie uns dies heute die Fernsehprogramme der „westlichen Wertegemeinschaft" verkaufen wollen, hat es nie gegeben. Und auf dem Balkan schon gar nicht. Es trieft schon vor Zynismus, wenn westliche Politiker der Öffentlichkeit erklären wollen, daß NATO-Waffen „nur" serbische Stellungen treffen wollten und keinesfalls serbische Soldaten und Zivilisten. Wie das eine ohne das andere möglich sein soll, bleibt freilich das Geheimnis der militärischen Zensur und der Propagandaabteilungen der NATO-Streitkräfte. Diese Propaganda funktioniert auch immer nach der Schwarz-Weiß-Malerei in Gut und Böse.

Selektive Wahrnehmung nennt der Kommunikationswissenschaftler eine solche Verhaltensweise. Auch für Goebbels stellte in seinen Propagandareden die Sowjetunion d i e Bedrohung schlechthin dar, für die sowjetische Propaganda hingegen stellte nur das Großdeutsche Reich eine Bedrohung für die „friedliebende"

Sowjetunion dar. Daß beides der Wahrheit entsprach, daß also sowohl die Sowjetunion für das Reich als auch das Reich für die Sowjetunion eine reale Bedrohung darstellte, entzog sich wohl der Perspektive des damaligen Zeitgenossen – ob er nun in Berlin oder in Moskau lebte. Die Vorgänge in der Welt erklären sich eben nicht nach dem „entweder oder"-Prinzip, sondern nach dem „sowohl als auch". Deutsche sind imstande, Verbrechen zu begehen, genauso wie auch Russen, Serben, Albaner und NATO-Militärs und Politiker. Schließlich haben sich auch Schröder, Fischer und Scharping über UNO-Charta und BRD-Verfassung hinweggesetzt und die Bundeswehr in einen verbrecherischen Angriffskrieg geführt.

Zu welchen perversen Vorstellungen die Humanitätsduselei der Verfechter der „Westlichen Wertegemeinschaft" führen kann, wurde deutlich, als der Geschichtsprofessor an der Münchner Bundeswehruniversität, Michael Wolffsohn, im Magazin *Focus* [204] seinen Lösungsansatz für den Balkankrieg vorstellte. Wolffsohn vertrat schlichtweg die Auffassung, der „Tyrannenmord" (gegen Slobodan Milosevic) könne das Heilmittel sein, mit dem der Kosovo-Konflikt zu beenden sei. Denn schließlich sei doch Milosevic das Grundübel der Misere auf dem Balkan. Ist er physisch beseitigt, dann stünde einer Befriedung des ethnischen Problems nichts mehr im Wege. Wo bereits das Alte Testament das Niedermetzeln feindlicher Herrscher (und oftmals im gleichen Aufwasch der ihnen unterstellten Völker) zur gottgefälligen Tat erklärt, kann für einen Michael Wolffsohn auch heute nur gelten: Serben = Amalekiter (vergleiche Altes Testament).

Was ist übriggeblieben von der diplomatischen Immuniät eines demokratisch gewählten Staatsoberhauptes, wenn dieses physisch zugunsten einer Neuen Weltordnung „moralisch" geopfert werden soll? Was ist mit den anerkannten Mindeststandards des Völkerrechts? Hätten sich die westlich-demokratischen Menschheitsbeglücker jemals mit solcherlei Kinkerlitzchen aufgehalten, sei es beim Friedensflug von Rudolf Heß nach England, sei es bei der „Befreiung" Dresdens oder bei der „erzwungenen Wanderschaft" von Millionen Deutscher nach dem Zweiten Krieg. Und wer Tyrann ist, bestimmen Wolffsohn und Konsorten. Noch Fragen?

Von Anfang an war zu erwarten, daß nach dem Krieg gegen Jugoslawien die NATO neue Anstrengungen in *Public Relations* unternehmen würde, um ihre verbrecherischen Luftangriffe zu rechtfertigen. Immerhin hatten Zigtausende von NATO-Bomben fast 2 000 jugoslawische Zivilisten getötet und die Lebensgrundlage eines ganzen Volkes zerstört. So etwas ist mit angeblicher Notwehr dem Wähler – zu Hause in den NATO-Staaten – nicht so einfach zu erklären. Dies bewegt Rainer Rupp zu der zynisch zugespitzten Kommentierung:

„*Für die Rechtfertigung der NATO ist es ausgesprochen wichtig, daß die Jugoslawen, besonders aber die Serben, ausgesprochene Monster sind.*"[205]

Dies war ja schon während des Krieges der Grundtenor der politischen Führung der NATO gewesen. Wobei man sich zu der Zeit noch auf die serbische Führung und die Streitkräfte beschränkte. Gegen das serbische Volk, das zwar durch die Bomben der westlichen Gutmenschen terrorisiert wurde, führte man schließlich keinen Krieg. Dies mußte nach Beendigung der kriegerischen Handlungen anders werden. Jetzt ging es darum, nicht nur die jugoslawische Führung als „Schurken" und die Bundesrepublik Jugoslawien als „Schurkenstaat" zu brandmarken, es galt nun auch Haß zu schüren gegen das serbische Volk an sich, das ja durch seine demokratische Wahl das „Regime", den „Diktator" in Belgrad stützte. Von diesem bösartig veranlagten serbischen Volk waren natürlich diejenigen politischen willigen Helfer des Westens ausgenommen, die sich nun als „Oppositionelle" bemühten, durch das Instruieren von „Massendemonstrationen" in serbischen Städten Pluspunkte in den westlichen Medien zu sammeln, um nach einem Sturz von Milosevic dessen machtpolitisches Erbe anzutreten.

Plötzlich tauchten in den Medien Bilder und Berichte über Vertreibungsmaßnahmen an den Kosovo-Serben durch Albaner, vor allem durch die UCK, auf. Das paßt nicht ins gutmenschliche Bild. PR-Agenturen des Westens mußten nun Abhilfe schaffen, indem sie „Massengräber" ohne Ende präsentierten. „Massengräber", in denen zwar oftmals die Leichen fehlten, die aber ganz gewiß von den Serben für albanische Leichen angelegt worden waren. Die Leichen wiederum seien von den serbischen Mördern vor ihrem Abzug aus dem Kosovo wieder ausgegraben und mitgenommen und woanders verscharrt worden, um Beweise der serbischen "Greueltaten" zu vernichten. Natürlich ist davon auszugehen, daß es Morde und Verbrechen von serbischer Seite gab. Die gibt es nahezu in jedem Krieg, der Haß und Emotionen bei allen Kriegsparteien schürt und in Verbrechen mündet.

Doch den NATO-Propagandabteilungen ging es nur vordergründig um die „Massengräber". Das eigentliche Interesse bestand darin, die Vertreibung serbischer

Zivilisten durch albanische Terroristen mit „Rache" zu rechtfertigen. Deshalb die medienwirksame Präsentation der „Massengräber" zu der Zeit, als tatsächlich die Serben vertrieben wurden. Der westlichen Propaganda ging es nun darum, die Serben insgesamt – analog zu den Deutschen nach 1945 – als Tätervolk abzustempeln. So meinte auch ganz in diesem Sinne Jim Hoagland in der *Washington Post*:

„Die Serben sind mitschuldig an den Handlungen ihrer Führer. (...) Die Serben, die jetzt aus der Provinz (Kosovo) fliehen, sind nicht Opfer einer umgedrehten ethnischen Säuberung oder der Auferlegung einer Kollektivschuld. Sie sind vielmehr Opfer ihrer eigenen Unterstützung für Milosevics Krieg. Die Serben dürfen nicht weiterhin den von ihnen angerichteten Schrecken im Kosovo ignorieren."[206]

Deshalb empfiehlt Hoagland, den Serben eine "moralische und psychologische" Lektion zu erteilen:

"Die NATO und die UNO, die nun gemeinsam das Kosovo als internationales Protektorat leiten, dürfen den Serben nicht dabei helfen, den Folgen der Taten zu entkommen, die sie ihren Führern erlaubt haben, in ihrem Namen zu begehen."[207]

Der moralisch gute Westen schreckt bei seiner Menschenrechtspropaganda selbst nicht vor billiger Lüge zurück. Ganz im Vertrauen auf das schlechte Gedächtnis der meisten Menschen machte sich die NATO nicht einmal mehr die Mühe, ihre täglich neuen Geschichten über serbische Greuel im Kosovo aufeinander abzustimmen. Während des Krieges wurde die aus der Luft gegriffene Behauptung bis zur Ermüdung wiederholt, zwischen 100 000 und 225 000 Kosovo-albanische Männer seien vermißt und wahrscheinlich ermordet worden. Nach dem Einmarsch der NATO-Truppen in den Kosovo spricht dann das britische Außenministerium von etwa 10 000 Kosovo-Albanern, die in etwa 130 Massakern ermordet worden seien. Zahlen, die ebenfalls aus der Luft gegriffen sind. Die Massaker an den Kosovo-Serben durch die Albaner werden dann nicht so freimütig beziffert und statt dessen mit „Rache" gerechtfertigt. Somit hat sich ein Großteil der westlichen „freien" Medien als willige Helfer des verbrecherischen NATO-Angriffskrieges gegen Jugoslawien ausgewiesen.

Nicht nur an diesem Beispiel wird deutlich, daß es sich bei der „Moral" des Westens, der vorgibt, die Humanität weltweit durchsetzen zu müssen, lediglich um eine Pseudo-Moral handelt; die Bilder von Flüchtlingen und Massengräbern dann instrumentalisiert, wenn er seine Interessensssphäre ausweiten will, im anderen Fall jedoch über Völkermord hinwegsieht, wie im Fall des Völkermords des NATO-Mitglieds Türkei an den Kurden. Während man dem „Schurken" Milosevic jedes Verbrechen persönlich zutraute, versuchte man von den eigenen Verbrechen abzulenken. Bei der Bombardierung der chinesischen Botschaft nämlich handelte es sich um ein Versehen. Die Piloten hätten alte Stadtpläne von Belgrad gehabt. Beim Bombardieren von Omnibussen und Personenzügen, von Wohngebieten und Bauernhöfen habe man Militärstellungen der Serben treffen wollen, die jedoch – welch' Schurkerei! – die albanischen Flüchtlinge oder die eigenen serbischen Zivilisten als „menschliche Schutzschilde" mißbraucht hätten. Noch Fragen?

Der Vorwand, man müsse weltweit „Diktaturen" bekämpfen, ist zumeist argumentativ an die „Menschenrechte" gekoppelt, die es gelte weltweit durchzusetzen und „Diktatoren", wie Milosevic und Hussein, für ihre Verstöße gegen die Menschenrechte zu bestrafen. Kaum jemand wird leugnen wollen, daß die beiden genannten und viele „Diktatoren" mehr Verbrechen gegen die „Menschlichkeit" begangen haben, doch von genau dem Vorwurf sind auch nachweisbar selbsternannte „Demokraten" nicht freizusprechen. Von der Ausrottung der Indianer, dem Abwurf der Atombombe auf Hiroshima über die westalliierte Einwilligung in die von Sowjets, Polen, Tschechen und Jugoslawen durchgeführte Vertreibung und Ausmordung der Deutschen im Osten und Südosten Mitteleuropas bis hin zur bewußten Bombardierung von zivilen Zielen in Bagdad und Belgrad zieht sich eine grausame und unmenschliche Blutspur durch die Geschichte der westlichen „Demokratien".

Die Moral können sich diese „demokratischen" Moralapostel wirklich schenken. Diese ist bestenfalls in die Kategorie „Propaganda" einzuordnen. Nicht daß etwa Propaganda – gerade für Nationalisten – etwas unanständiges darstellen würde; nein: Propaganda zu betreiben ist legitim. Nur diese nicht so zu benennen, ist allerdings unanständig. Propaganda bleibt nun einmal Propaganda, ob man diese so wörtlich beim Namen nennt, oder „Aufklärung" oder „Public Relations" genannt wird, spielt absolut keine Rolle. Bei dieser „Menschenrechts"-Propaganda geht es vor allem darum, wer die öffentliche Definitionsgewalt über das hat, was als „schwere Mißachtung der Menschenrechte" gilt. Diese liegt offenbar bei den NATO-Staaten. Diese bestimmen entsprechend der politischen Opportunität, wer

Menschenrechtsverletzter ist und wer nicht. Die Türkei zum Beispiel verletzt angeblich keine Menschenrechte. Deshalb bekommt sie von anderen NATO-Staaten, so auch von der BRD, jede Menge Waffen geliefert, mit denen sie dann den Völkermord am kurdischen Volk bis in das irakische Staatsgebiet hinein betreiben kann. Somit macht sich die BRD-Politikerklasse zum willigen Helfer an diesen Verbrechen und sollte zu späterer Zeit auch dafür zur Rechenschaft gezogen werden. Das gleiche gilt für die indonesische Regierung, die im annektierten Ost-Timor einen eindeutigen Staatsterrorismus gegen die dortige Bevölkerungsmehrheit ausübte.[208] Auch hier greift der Westen nur zögerlich ein, bricht nicht einmal die diplomatischen Beziehungen ab – Pseudomoral pur!

Es ist keinesfalls bloß der Fall, daß die „Demokraten" durchaus in der Lage sind, zur Durchsetzung ihrer „demokratischen" Interessen Verbrechen gegen die Menschlichkeit zu begehen. Nein, Demokraten schauen auch zu, wenn „Diktatoren" Verbrechen begehen, die in das Kalkül „demokratischer" Staaten passen. Die „westliche Wertegemeinschaft" hat zum Beispiel tatenlos zugeschaut, als im afrikanischen Ruanda rund 800 000 Tutsi [209] von den politisch herrschenden Hutu „ethnisch gesäubert" wurden. Und das ganze innerhalb von nur vier Monaten. Diese „Leistung" wird bisher nur von den Türken übertroffen, die 1916 rund eine Million Armenier in nur einer Woche ermordeten.

Mit dem Mord an 800 000 Tutsi wurde die 1994 etwa 15 Prozent der Gesamtbevölkerung Ruandas zählende Minderheit zu über einem Drittel ausgerottet. Das hat den Westen zunächst einmal überhaupt nicht interessiert. Erst als dem Spießer via TV die Leichenberge und die vielen traurigen Negerkinderaugen präsentiert wurden, zeigte man sich gerührt von dem großen Elend im fernen Afrika. Erst danach begann der Westen einzugreifen. Als der Völkermord bereits perfekt war. Bis es so weit war, schaute man weg. Man schaute bewußt weg, denn nicht nur die zu der Zeit in Ruanda stationierten 2 500 UN-Soldaten, nein auch die dortigen westlichen Korrespondenten schauten dem Völkermord zu, als dieser anlief, da zu der Zeit Ruanda eher ein untergeordnetes Thema in den westlichen Nachrichten war. Keine Betroffenheit, keine NATO-Aktion, keine Propaganda in den Medien. Keine tägliche Kriegsberichterstattung wie bei der wenige Jahre später einsetzenden wochenlangen Bombardierung jugoslawischer Städte.

Denn es handelte sich ja nicht um Europäer, Nordamerikaner oder andere „zivilisierte Menschen", zu denen man im Westen allenfalls noch Chinesen und Japaner hinzuzählen kann, sondern nur um Neger. Die natürlich von den „antirassistischen" Gutmenschen nicht so benannt werden dürfen. Doch der tatsächliche Rassismus des „antirassistischen" Spießers zeigt sich sehr deutlich an der Ignoranz, die Völkermorden wie denen in Ruanda entgegengebracht wird. Während der deutsche Nationalist den Neger einfach Neger nennt und dafür den Rassismusvorwurf erntet, zeichnet sich der Rassismus des deutschen „Antirassisten" durch Nichtbeachtung aus. Im Zweifelsfalle kann man ja sein Gewissen noch dadurch entlasten, indem man sich während einer Gala-Show im Fernsehen zu einer Geldspende entschließt oder nach dem Kirchgang Kaffee kauft, was den Negerlein einen höheren Verdienst bescheren soll. Kurzum, der Fall „Ruanda" hat den Westen entlarvt. Der Lack ist ab – unter der Fassade der „Humanität" lauert kaltes Machtkalkül. Wo die geostrategischen Interessen des Westens, vor allem die der USA, berührt sind, wird aus „Menschlichkeit" mit „friedensstiftenden Maßnahmen" eingegriffen, wo diese Interessen nicht berührt sind, wird weggeschaut, fleißig gespendet und dann „Entwicklungshilfe" geleistet.

Es stellt sich dann doch die Frage, worin der präzise Zweck der NATO besteht, ob es so etwas wie Grundkonstanten dieses westlichen Militärbündnisses gibt? Die geostrategischen Ziele formulierte der frühere NATO-Generalsekretärs Lord Ismay: *„Die Amerikaner in Europa zu halten, die Russen aus Europa herauszuhalten und die Deutschen niederzuhalten."*[210] Und weil das nach wie vor die aktuellen Ziele der NATO sind, meinte der ehemalige US-Außenminister Henry Kissinger, daß es aus amerikanischer Sicht die Aufgabe der NATO und der EG sei, Deutschland zu beschränken und völlig unter Kontrolle zu halten. Eine Annäherung zwischen Deutschland und Rußland, so Kissinger, müßten jedenfalls die USA unter allen Umständen, und sei es mit Gewalt, zu verhindern suchen.[211]

Großraumordnung statt Universalismus

Es stellt sich aus der vorangegangenen Analyse nun die Frage nach einem alternativen Entwurf für die deutsche Außenpolitik, ja gar für die Weltpolitik an sich. Welchen Entwurf könnten deutsche Nationalisten der herrschenden Politik der Globalisierung, des Diktats der *„Einen Welt"* entgegensetzen?

Auch hier hat der Nationalist aus der Natürlichkeit seiner Gedankenwelt heraus von der Vielfalt in der Natur auszugehen. Wenn er als das Maß der Dinge die Vielfalt der Individuen, Familien, Stämme und Völker setzt, dann muß er diese Identitätskette bei Begriffen wie Rassen und Kulturkreise fortsetzen – im Widerspruch zu einer fiktiven „Menschheit", die es nur in den Gehirnen der Weltvereinheitlicher gibt. Ein Volk ist demzufolge in dem Zusammenhang der größeren Einheit zu sehen, die es umgibt. Das wäre die Rasse, im Falle des deutschen Volkes die weiße Rasse – mitsamt ihrer „Unterrassen". Diese weiße beziehungsweise europäide Rasse, die in Europa und Nordamerika (noch) die Bevölkerungsmehrheit stellt, differenziert der Rassenkundler Professor Günther in die Untertypen „Nordisch", „Westisch", „Fälisch", „Ostisch", „Ostbaltisch" und „Dinarisch". Dieser Threorie zufolge stellen die europäischen Völker Mischungsverhältnisse dieser insgesamt sieben Typen dar. Das konkrete Mischungsverhältnis ist dann für den typischen Volkscharakter eines europäischen Volkes verantwortlich. So sind die Völker Süd- und Westeuropas eher von dem „westischen" Typ geprägt (Franzosen, Italiener, Portugiesen, Spanier etc.), die skandinavischen Völker eher vom „nordischen" Typ, die slawischen Völker sind eher vom „ostischen" beziehungsweise „ostbaltischen" Typ geprägt (Russen, Ukrainer, Polen, Tschechen etc.), die Völker des Balkans eher vom „dinarischen" Typen. Das deutsche Volk stellt aufgrund seiner Mittellage in Europa auch eine „Mittellage" dieser europäiden Rassentypen dar.

Diese Mittellage ist auch dafür verantwortlich, daß Deutschland in den zurückliegenden Jahrhunderten oftmals Austragungsort kriegerischer Auseinandersetzungen dieser erwähnten europäiden Rassentypen beziehungsweise deren Völker war. Um das Miteinander und nicht das Gegeneinander dieser europäischen Völker in Zukunft zu stärken, ist das geopolitische Konzept eines Großraumes Europas zu verwirklichen. Dieser Großraum muß jedoch von zwei historischen und geographischen Voraussetzungen her gedacht werden: Zum einen sind die Völker Europas historisch gewachsen und sollen deshalb nicht in einem Einheitsstaat, auch nicht in einem sogenannten „Bundesstaat", vereinigt werden. Die Eigenstaatlichkeit der europäischen Völker soll also – soweit diese möglich ist – gewahrt beziehungsweise wiederhergestellt werden.

Zum anderen gibt es einen „Kontinent Europa" nicht, vielmehr stellt die so benannte geographische Einheit lediglich ein Anhängsel des eurasischen Kontinents dar. Man muß immer in diesem Maßstab denken, auch wenn auf dieser gewaltigen

Landmasse eine Vielzahl nichteuropäischer Völker ihre angestammte Heimat haben. Von daher ist aus nationalistischer Sicht, wenn es um die Gestaltung des eurasischen Großraumes geht, von einer rein „großgermanischen" Lösung Abstand zu nehmen. Für viele Völker dieses Raumes, gerade für die Völker slawischer Zunge, weckt eine solche Bezeichnung bloß schlechte Erinnerungen und würde diese nur all zu leicht in die Arme einer antideutschen Propaganda treiben. Zumal die Losung eines „großgermanischen" Reiches leicht aus den Augen verlieren läßt, daß – sieht man von den Deutschen ab – die wichtigsten „Figuren" auf dem eurasischen Schachbrett Völker nicht-germanischer Zunge darstellen: die Russen und Chinesen vor allem. Mit einer auf „Großgermanien" fußenden Propaganda würde man diese Völker kaum gewinnen, allenfalls abstoßen können.[212]

Aus deutscher Perspektive kommt bei einer notwendigen Raumordnung des nordwestlichen Bereichs des eurasischen Kontinents zwei Völkern eine zentrale Bedeutung zu: den Deutschen und den Russen. Die Stärke Europas innerhalb des Machtgefüges der Welt war und ist auch immer davon abhängig, wie diese beiden Schlüsselvölker zueinander stehen – in Freundschaft oder in Feindschaft. In der Jalta-Nachkriegsordnung stellen nun das deutsche (seit 1945) wie auch das russische Volk (seit 1989) die zwei Verlierer dieses nordwestlichen Teils des eurasischen Kontinents dar.[213] Infolge dessen müssen die Nationalisten beider Völker aus dem gegenseitigen Vernichtungs- und Unterwerfungswillen der 30er und 40er Jahre – durch den NS- wie auch den Sowjetimperialismus – ihre Lehren ziehen. Der damals gegeneinander gerichtete Imperialismus (Lebensraum im Osten/Proletarische Weltrevolution) ist durch eine neue gemeinsame Gestaltung des eurasischen Kontinents zu ersetzen.

Rußland benötigt dringend wirtschaftliche, finanzielle und technische Hilfe, um wieder auf die Beine zu kommen, Deutschland benötigt einen sicheren Rückhalt im Osten, der militärische Bedrohung ausschließt und dem deutschen Volk ein Höchstmaß an wirtschaftlicher Autarkie (gegenüber dem Westen) bietet. Für Deutschland ist Rußland deshalb unverzichtbar, für Rußland Deutschland in umgekehrter Weise. Dieser Grundsatz für eine künftige Befriedung des eurasischen Raumes ist auch den gemeinsamen Feinden des russischen wie des deutschen Volkes bewußt. Nicht zuletzt diente wohl deshalb der Angriffskrieg der NATO-Staaten gegen Jugoslawien auch dem Zweck, eine Versöhnung und fruchtbare Kooperation zwischen Deutschland einerseits und den slawischen Völkern – vor allem

Rußland – andererseits zu verhindern.

Auch deshalb wohl wurde die BRD, die nach außen hin vorgibt „Deutschland" zu verkörpern, in den Krieg gegen das russische Brudervolk Serbien gezogen. Diese Strategie der Feinde Europas darf jedoch dauerhaft nicht aufgehen! Es mag der Frau Albright und dem Herrn Cohen egal sein, ob russische Mittelstreckenraketen auf Deutschland gerichtet werden. Diese Herrschaften mögen es auch befürworten, daß über das Sprungbrett Deutschland eine neue Angriffsbasis gegen Rußland in Mittel-Osteuropa geschaffen wird (NATO-Osterweiterung!). Dem deutschen wie dem russischen Volk darf dies nicht egal sein! Deshalb muß ein neu zu schaffendes Großraumkonzept von dem Grundsatz ausgehen, daß dieses sowohl den Russen wie den Deutschen nutzen wird. Bereits in der Endphase des Zweiten Weltkrieges hatte Ernst Jünger Visionäres zu diesem Konzept in *„Der Friede"* geschrieben:

„Der Sieg ist daran zu erkennen, daß durch ihn das Vaterland größer und mächtiger wird. Wenn alle Vaterländer nun aus der Asche dieses Krieges größer und mächtiger auferstehen sollen, so leuchtet ein, daß das nicht auf der Ebene, auf der der Kampf entbrannte, möglich ist. Der Raum- und Machtgewinn der einen darf nicht durch Verminderung der anderen geschehen. Die Vaterländer dürfen also nicht auf fremde Kosten sich neue Räume schaffen; ihr Zuwachs muß vielmehr im Einverständnis und mit Hilfe aller Beteiligten entstehen. Das heißt, die alten Grenzen müssen fallen durch neue Bünde, und neue, größere Reiche müssen Völker einigen. Das ist der einzige Weg, auf dem der Bruderzwist gerecht und mit Gewinn für jeden beendet werden kann." [214]

Es soll an dieser Stelle nicht dafür plädiert werden, den Gedankengängen Jüngers in jederlei Hinsicht politisch zu folgen. Daß die Grenzen in Europa prinzipiell fallen sollen, kann von einer nationalistischen Position aus nicht befürwortet werden. Jedoch kann der Jüngersche Gedankenansatz helfen, das deutsch-russische Verhältnis neu zu ordnen. Die Deutschen sollen wirtschaftlich vom russischen weiten Raum profitieren, ohne das russische Volk versklaven zu wollen, das russische Volk benötigt die Leistungen deutscher Ingenieure und Unternehmer sowie ein Tor zum „Westen" Europas, ohne das deutsche Volk unterjochen zu wollen.

Aus der deutschen Geschichte zu lernen, heißt für den deutschen Nationalisten auch, Irrwege des deutschen Nationalismus in der Geschichte zu erkennen und nicht wiederholen zu wollen. Nur ein Beispiel für eine aus nationaler Sicht verhängnisvollen Ostpolitik geht aus einer Aussage hervor, die Adolf Hitler am 11. August 1939 auf dem Obersalzberg gegenüber dem Völkerbundkommissar von sich gab:

„Alles, was ich unternehme, ist gegen Rußland gerichtet; wenn der Westen zu dumm und zu blind ist, um dies zu begreifen, werde ich gezwungen sein, mich mit den Russen zu verständigen, den Westen zu schlagen, und dann nach seiner Niederlage mich mit meinen versammelten Kräften gegen die Sowjetunion zu wenden. Ich brauche die Ukraine, damit man uns nicht wieder wie im letzten Krieg aushungern kann." [215]

Ähnliche, gegen Rußland gerichtete imperialistische Zielsetzungen finden sich auch in Hitlers Autobiographie *„Mein Kampf"* wieder, auf die hier nicht im einzelnen eingegangen werden muß. Freilich muß darauf hingewiesen werden, daß die imperialistische Aggression damals auf beide Seiten zutraf – auf die deutsche wie die sowjetische Außenpolitik. Schon aus diesem Grunde erschien Ende der 30er Jahre beziehungsweise Anfang der 40er Jahre ein Krieg zwischen NS-Deutschland und der Sowjetunion unvermeidbar. Den Angriffskrieg, so dokumentieren es die neuen Ergebnisse der Zeitgeschichtsforschung, haben beide Staaten geplant, der eine ist nur dem anderen in dessen Angriffsplänen zuvorgekommen.

Doch dieses Denken soll aus nationaler Sicht der Vergangenheit angehören. Ein nationales Rußland und ein nationales Deutschland, die es beide derzeit in der Staatenwelt nicht gibt, könnten viele politische, kulturelle, wirtschaftliche und militärstrategische Gemeinsamkeiten entdecken und dann auch gemeinsam fortentwickeln. Partnerschaft ist deshalb angesagt – nicht Unterwerfung! Hierzu ist der Bereich, den die Geopolitik „Zwischeneuropa" nennt, also der Landstreifen zwischen Deutschland und Rußland in Hegemonialsphären aufzuteilen. Auf diese Weise, gemeinsam mit den Russen, lassen sich auch die völkerrechtlich legitimierten Ansprüche der Deutschen auf ihre Ostgebiete lösen. Polen und Tschechen werden die Wahl haben, ob sie dem russischen oder dem deutschen Einflußbereich zugehören wollen. Die Wirtschaft, Geographie und Geschichte werden den Polen und Tschechen die Zugehörigkeit zu einer „deutschen Reichsgenossenschaft" nahelegen. In den deutschen Ostgebieten müssen dann die Interessen der alten deutschen Eigentümer und deutschen Neusiedler sowie der mittlerweile dort lebenden Bevölkerung gemeinsam festgelegt werden.

Eine friedliche Lösung der deutschen Frage – was Ostdeutschland betrifft – wird von Deutschen und Russen gemeinsam zu erreichen sein. Dies wird deutlich an der gegenwärtigen politischen Verfaßtheit der polnischen und tschechischen Außenpolitik. Solange man in Warschau und Prag der Illusion unterliegt, man könne die territorialen Ergebnisse des Gebietsraubs von 1945 auf Grundlage einer Schwächung Deutschlands und Rußlands (durch den Westen) festigen, solange wird die tschechische wie die polnische Politik nicht zur Einsicht gelangen. Diesen beiden Staaten muß eines schönen Tages von Berlin und Moskau aus wieder deutlich gemacht werden, daß deren Eigenstaatlichkeit, die in gerechten Grenzen durchaus erwünscht ist, nur von Berlin und Moskau und eben nicht von Paris, London und Washington gewährt werden kann.

Die Europakonzeption des deutschen Nationalismus geht davon aus, daß zunächst einmal der politische, wirtschaftliche, ethnische, kulturelle und militärische Einfluß raumfremder Mächte, vor allem derjenige der USA, aus Europa hinausgefegt werden muß. An dieser Erkenntnis mangelt es den deutschen wie den russischen Nationalisten nicht, jedoch durchaus den „Patrioten" der westeuropäischen Staaten, vor allem denen in Frankreich und Großbritannien. Ob sich dort die neuen Nationalisten, die sich eher als Gegner Amerikas sehen, gegen die Verfassungspatrioten durchsetzen werden, die sich eher als Vertreter der Gegenküste Nordamerikas betrachten, bleibt freilich abzuwarten. Es erscheint durchaus möglich, daß, wenn Deutsche und Russen gemeinsame Sache im Osten Europas machen, nationale Franzosen und nationale Briten gemeinsame Sache mit dem großen Bruder jenseits des Großen Teichs machen würden.

Carl Schmitt, der große deutsche Staats- und Völkerrechtler, hat das Problem bereits im Jahre 1939 erkannt, als er sich kritisch mit der amerikanischen *Monroedoktrin* befaßte, einer politstrategischen Theorie, mit der zunächst amerikanische Interventionen im direkten Einflußbereich der USA (vor allem Mittel- und Südamerika) gerechtfertigt wurden, was einer Großraumordnung durchaus noch entsprach, diese dann allerdings von den US-Imperialisten auch auf andere Kontinente, vor allem Asien, ausgeweitet wurde. Schmitt entgegnete dieser amerikanischen Anmaßung mit seiner legendären Schrift „*Großraum gegen Universalismus*"[216], in der er der amerikanischen Anmaßung eines Weltherrschaftsanspruches widerspricht und statt dessen eine weltweite Großraumordnung fordert, die sich mehrere kontinentale Großmächte teilen sollten – anstatt des universalen Anspruches einer einzigen Weltmacht. Carl Schmitt führt aus:

„Ein Blick auf den seit über zwei Jahrzehnten geführten Kampf um den völkerrechtlichen Sinn der Monroedoktrin zeigt, daß es hier nicht um leere und beliebig austauschbare Schlagworte geht, sondern um die elementarste Frage eines völkerrechtlichen Zusammenlebens der Völker und Staaten, nämlich um den Gegensatz einer klaren, auf dem Grundsatz der Nichtintervention raumfremder Mächte beruhenden Raumordnung gegen eine universalistische Ideologie, die die ganze Erde in das Schlachtfeld ihrer Interventionen verwandelt und sich jedem natürlichen Wachstum lebendiger Völker in den Weg stellt. Wir ahmen also nicht einfach ein amerikanisches Vorbild nach, wenn wir uns auf die Monroedoktrin beziehen; wir legen nur den gesunden Kern eines völkerrechtlichen Großraumprinzips frei und bringen ihn für unseren europäischen Großraum zu sinngemäßer Entfaltung."[217]

Die Reichsidee

Wenn hier von Großräumen und Hegemonialbereichen die Rede ist, so liegt auf der Hand, daß diese geopolitische Konzeption in Anknüpfung an die Reichsidee zu sehen ist. Nun gibt es jedoch nicht eine Reichsidee, sondern mehrere und zum Teil voneinander abweichende Vorstellungen davon. So existieren christlich inspirierte Reichsideen, die sich in die katholische und die protestantische Richtung teilen, zudem gibt es eher völkisch-nationalistisch bestimmte Vorstellungen davon, was man unter „Reich" zu verstehen habe. Der Verfasser zählt sich zu der letzteren Gruppe. Zwar erscheint es ihm richtig, analog der staufisch-mittelalterlichen Reichsidee die transzendentale Bedeutung dieses Begriffes nicht zu verkennen, doch hierzu ist weder ein Papst noch eine bestimmte Kirche erforderlich. So ist Gerhard Krüger uneingeschränkt zuzustimmen, der meint:

„Das Verhältnis der deutschen Kaiser-Könige zum Göttlichen duldet keine Mittlerstellung der Kirche oder deren Oberhauptes. Unter dem Jubel des Volkes lehnte dann auch Heinrich I., der heute als der Begründer des Deutschen Reiches im eigentlichen Sinne gilt, die Salbung durch Erzbischof Heriger von Mainz mit den Worten ab: 'Mir genügt es, über die Würde meiner Vorfahren hinaus, durch Got-

tes Huld und eure Treue König zu heißen.' Erst später hat die kirchliche Weihe die völkische äußerlich überschattet. Es ist hier ähnlich wie bei den Reichsinsignien, die in ihren wichtigsten Stücken uralte germanische Herrscherzeichen sind, deren wirkliche Herkunft durch die christliche Gewandung verdeckt und in den meisten Darstellungen einfach übersehen wurde."[218]

Natürlich kann das „Reich" niemals nur ein nationalstaatliches deutsches Reich sein, da es sich sonst um einen bloßen Nationalstaat handeln würde, das „Reich" muß über den nationalstaatlichen Anspruch hinaus einen supranationalen Ordnungsanspruch haben. Das deutsche Volk liegt, wie andere Völker auch, in einem geographisch und geopolitisch bestimmten Raum. Dieser Raum ist Mitteleuropa. Der bayerische SPD-Politiker Peter Glotz sagte einmal – sinngemäß –, wenn die „deutsche Rechte" Mitteleuropa sage, dann meine sie das „Reich". Dieses Urteil eines politischen Gegners trifft nun absolut zu. Wenn Glotz die „deutsche Rechte" sagt, dann meint er die Personengruppe, die der Verfasser als die „deutschen Nationalisten" bezeichnet. Diese müssen sich nun tatsächlich zur Reichsidee bekennen.

Wer dies nun negiert, der muß zur Kenntnis nehmen, daß er somit, durch das deutsche Machtvakuum in der Mitte Europas, anderen Reichsideen und Imperialismen Vorschub leistet, die in das durch die Reichsvergessenheit der Deutschen hinterlassene geopolitische Vakuum vorstoßen und dieses konsequent besetzen. Hierfür nur ein paar Beispiele: Weil die Deutschen heute den ostmitteleuropäischen Raum selbst nicht kulturell beeinflussen wollen, müssen sie zur Kenntnis nehmen, daß Amerikaner, Briten und Franzosen ihre Sprachen massiv in Prag, Budapest und Warschau fördern. Weil die Deutschen politisch, wirtschaftlich und militärisch diesen Raum heute nicht mehr selbst dominieren wollen, müssen sie zur Kenntnis nehmen, daß der Westen in Form von NATO- und EU-Osterweiterung diese Staaten in seine Strategie einbindet. Doch um welchen „mitteleuropäischen" Raum handelt es sich, auf den die deutsche Reichsidee zu übertragen ist? Darauf antwortet uns Wilhelm Schüßler:

„Was ist nun Mitteleuropa im besonderen? Immer wieder haben die Vertreter der Länder- und Volkskunde, der Geschichte und der Naturwissenschaft seine Grenzen zu bestimmen gesucht; und alle haben ein verschiedenes Bild entworfen. Zweifellos ist geographisch gesehen Mitteleuropa das System des Rheins, der Elbe, der Weichsel, der Düna und des Dnjestr. Aber wir Deutschen, vom Stand-

punkt unseres Volkstums aus, können es doch wohl einfach und klar sagen: Mitteleuropa ist für uns geschichtlich und völkisch jener Raum, wo Deutsche geschlossen oder als Volksgruppen inmitten anderer Völker lebten und leben. Es ist also das Gebiet, welches das Großdeutsche Reich mit dem Protektorat Böhmen und Mähren und die Slowakei umfaßt, dazu Estland, Lettland, Litauen, Polen, Ungarn, Rumänien und Südslawien. Zu ihm gehört nicht der Balkan, nicht Albanien, Bulgarien und Griechenland. Mitteleuropa ist also der einzige geschichtliche Raum, wo sich gesamtdeutsches Schicksal abgespielt hat und abspielt. Und so ist Mitteleuropa deutsche, und zwar gesamtdeutsche Wirklichkeit. Denn entscheidend ist: dieser Raum empfängt seine schicksalsmäßige Einheit nur durch die Deutschen! Die Tschechen, Südslawen, Ungarn, Polen, Rumänen, usw. können für sich mit diesem Raum nichts anfangen. Erst die Deutschen machen ihn zu einer Einheit: durch die Deutschen werden alle Völker dieses Raums zusammengefaßt: denn die Deutschen sind in diesem Raum allgegenwärtig!"[219]

Nationale Solidarität

Nachdem der Volks- und Souveränitätsbegriff hinsichtlich nationaler Identität und nationaler Souveränität gefaßt wurde, fehlt noch in dem Dreiklang der Grundlagen einer jeden nationalen Politik der soziale Zusammenhalt, ohne den auch ein homogenes und nach außen hin freies Volk nicht auskommen kann. Hierbei geht es um das Bedürfnis von sozialem Frieden und sozialer Gerechtigkeit. Gerechtigkeit, wohlverstanden als die Gerechtigkeit in den gleichen Chancen aller Volksgenossen und nicht in einer fiktiven Gleichheit von charakterstarken und charakterschwachen Individuen, Fleißigen und Faulen, Intelligenten und Dummen, Fähigen und Unfähigen. Man könnte die Begriffspaare, die freilich nur Vereinfachungen darstellen, da das Leben sich nicht in Schwarz und Weiß scheidet, noch weiter fortführen. Das oberste Primat dieser Chancengleichheit besteht für den Nationalisten darin, daß in einem völkischen Gemeinwesen allen Deutschen das Recht zugestanden werden muß auf Bildung und Ausbildung, auf einen Arbeitsplatz sowie soziale Fürsorge im Notfall.

Das Volk ist hierbei solidarisch als Gesamtheit zu sehen – gerade von Nationalisten, auch wenn es für sie schwer fallen sollte. Zum deutschen Volk gehören Frauen und Männer, Junge und Alte, West-, Mittel- und Ostdeutsche wie Österreicher und noch ein paar andere mehr, Arbeitnehmer und Arbeitgeber wie auch

Freiberufler. Auch die politische Gesinnung beziehungsweise Gesinnungslosigkeit ist für die Frage, ob jemand Deutscher ist, völlig belanglos. Ein „Antifaschist" der mich aus dem „schwarzen Block" heraus als „Nazi-Schwein" beschimpft und sich die Parole „Nie wieder Deutschland" oder „Deutschland halts Maul" zur Lebensphilosphie macht, ist eben auch ein Deutscher, sofern er deutsche Eltern hat. Das ist vielleicht ein unangenehmer Gedanke, doch das Deutschsein besteht nicht in einem exklusiven Recht, demzufolge zur Nationalität die „richtige" nationale Gesinnung gehört, sondern schlichtweg in dem Schicksal, dieser Volksgemeinschaft durch bloße Abstammung angehören zu dürfen/zu müssen – je nachdem wie man sein Deutschsein bewertet.

Eine nationale Regierung muß deshalb im Falle eines Machtergriffs diese Grundüberlegung von wahrer Volksgemeinschaft, die diesen Namen auch verdient, sich zu eigen machen. Alles andere endet in pseudovölkischen Sackgassen – Gesinnungssystem, Parteidiktatur, Bürgerkrieg. Daran würden dann allerdings die inneren wie die äußeren Feinde des deutschen Volkes ihre Freunde haben. Und die wollen wir ihnen nicht gönnen!

Das Konzept einer Volksgemeinschaft muß davon ausgehen, daß diese nicht alleine durch eine politische Machtergreifung zu schaffen, sondern ebenso politisch zu organisieren ist – also organisch wachsen muß. Es ist deshalb von der naiven Vorstellung Abstand zu nehmen, das deutsche Volk, wie andere Völker auch, bestehe nur aus völkischer Homogenität. Dies ist nur ein Teil der Wahrheit, der andere besteht in der Inhomogenität eines Volkes durch Geschlechtern, soziale Schichten und Stämme und ein paar Unterscheidungsmerkmalen mehr. Das ist zur Kenntnis zu nehmen und dem ist bei der Konzeption eines deutschen Volksstaates auch Rechnung zu tragen. Auf diese Notwendigkeit wurde bereits im Abschnitt „Deutscher Fundamentalismus – nationale Fundamentalkritik" ausführlich eingegangen.

Kapitalismuskritik als Grundvoraussetzung

Soweit nun zur Vorstellung einer Volksgemeinschaft. Das Ziel ihrer Durchsetzung muß von einer klaren gesellschaftspolitischen Lageanalyse ausgehen. Der Gegenstand einer solchen Lageanalyse ist das in Deutschland gegenwärtig herrschende System des Liberalkapitalismus. Die Träger dieser lebensfeindlichen Ideologie in der BRD sind mehr oder weniger sämtliche Lizenzparteien und die "gesellschaftlich relevanten" Verbände wie Gewerkschaften, Arbeitgeberverbände und auch die Kirchen. Viele Antikapitalisten, vor allem jene, die sich "links" positionieren wollen, litten lange an der Illusion, daß wenigstens die BRD-Linke ein Korrektiv zu Liberalisierung und Globalisierung darstellen würde. Diese Vorstellung ist nun spätestens im Jahre 1999 zunichte gemacht worden – mit der Regierungsübernahme von Rot-Grün unter der Kanzlerschaft von Gerhard Schröder. Der mitteldeutsche Philosoph und Sozialwissenschaftler Michael Nier kommentiert diese Zäsur wie folgt:

„Das Jahr 1999 ist zum Jahr der Entzauberung der SPD und der Grünen geworden. Die dienende Funktion gegenüber der 'Wirtschaft' und den Weltherrschaftsplänen der USA ist offensichtlich. (...) In der PDS, die sich mehr und mehr als linksbürgerlicher Reformflügel an die Seite der SPD stellen möchte, spielt sich ein Richtungskampf ab. Noch ist die Parteigewalt jedoch in den Händen derer, die unbeirrt vom Wählerwillen und dem Willen der Altmitglieder, in der politischen Klasse der EU-BRD aufgenommen werden wollen. Auch die PDS ist in der Phase der Entzauberung." [220]

Von daher stellt sich die Frage, wer denn nun die weitestgehend freigewordende Position des Antikapitalismus, sollte sich bei der PDS der „Reformflügel" durchsetzen, einnehmen kann. Für Nier ist die Sache klar: die nationale Opposition soll diese Rolle stärker als bisher übernehmen. Diese soll nun, so der Sozialwissenschaftler, die politischen Intentionen der traditionellen proletarischen Linken und der sozialen Bewegungen aufnehmen. Logischerweise gehe sie somit auf potentielle Partner im Felde der nationalen oder wieder national werdenden Linken zu. Die „rechte Reaktion" gehört für Nier nicht zum Erbe des weltanschaulichen Nationalismus.

Die derzeitige gesellschaftliche Entwicklung sei davon geprägt, daß die moderne Industriegesellschaft zur Verbreitung von Konsumgütern und Dienstleistungsangeboten und damit zu einer davon geprägten Lebensweise geführt hat, ohne daß in aller Welt gleichzeitig ähnlich flächendeckend die Entwicklungspotentiale für diesen Zivilisationstyp entstanden wären und eine Teilnahme an einer solchen Lebensweise für alle Interessierten praktisch möglich wäre. Die Konsumwünsche sind nun aber global geworden, nicht aber die Konsummöglichkeiten. Die „Idee des westlich-guten Lebens" hat die Massen ergriffen. Sie wird nun zur materiellen Gewalt. Die Konsumwünsche der Massen lassen diese auf den Weg in die Mekkas des Konsums aufbrechen. Die Märchenfilme des *American way of life* und die Werbung haben Scheinwelten errichtet, welche die Massen für erreichbare Realitäten halten. Der Westen lockt den Konsumwillen der Bürger in seine Metropolen und wird mit ihnen nicht fertig werden. Armut, die Wohlstand will, kann zur Urgewalt wachsen. Nier kommentiert dies wie folgt: *„Treffen gegensätzliche Kulturkreise bei der Gelegenheit aufeinander, so kann es bestialisch werden."*[221]

Die Entwicklungsfundamente für die kapitalistische Konsum- und Wohlstandsgesellschaft sind nach wie vor regional konzentriert und werden monopolistisch immer stärker abgesichert. Je umfangreicher der Aufwand für wissenschaftlich-technische Fortschrittsleistungen ist, um so mehr wird schwächeren Partnern die Chance genommen, gleichzuziehen. Damit verengt sich auch der Kreis derer, die über den Typ des Fortschritts und der Güter entscheiden. Die Monopolisierung auf der einen Seite bringt Chancenlosigkeit auf der anderen Seite. Die Welt ist auf Gedeih und Verderb in dieser Abhängigkeit. Nier meint hierzu:

„Der globale Freihandel ist die Sicherung, ja sogar zeitweilige Zementierung, dieser ungleichmäßigen Entwicklung der Welt. Mit seiner Hilfe halten die Starken die Schwachen nieder. Die Verbindung von wissenschaftlich-technischen Innovationspotentialen, medialer Gewalt mit kultureller Prägekraft, finanzpolitischer Dominanz und globaler militärischer Einsatzfähigkeit hat die Welt in eine Sackgasse der Existenz geführt. Gegenwärtig erleben wir immer mehr die Konzentration dieser Potentiale auf US-amerikanische Machtzentren und die Ausdehnung der konkreten Einflüsse in netzartiger Weise auf die ganze Welt. Die Ideologie und Praxis des Neoliberalismus, die sogar den Politiker selbst als einkaufbares Element im globalen Marktgeschehen verstehen, wecken Gegentendenzen: Nationalismus, Fundamentalismus und Terrorismus in verschiedenster Gestalt. Die Büchse der Pandora ist längst geöffnet. Da die gegenwärtige politische Entwicklung in Deutschland und Europa gegen die Interessen des deutschen Volkes und aller europäischen Völker gerichtet ist, ist deren Scheitern nur eine Frage der Zeit."[222]

Währenddessen gibt sich das liberalkapitalistische System in völliger Verkennung der Tatsachen siegesbewußt:

„Eine Sache, die wir heute 'globalen Kapitalismus' nennen, wurde entfesselt, und es gibt keinen Weg, ihn aufzuhalten. Das ist der singuläre Punkt, den ich hier heute klarmachen will – es gibt einfach keinen Weg, den Kapitalismus aufzuhalten! (...) Die Schwachen müssen sich verändern, oder sie werden sterben."[223]

Soweit zu den Anmaßungen des Raubtierkapitalismus, der in diesem Zitat des Vorstandsvorsitzenden von DaimlerChrysler, Robert J. Eaton, seine unverkennbare menschenverachtende Fratze zeigt. Doch was folgt nach dem unabwendbaren Scheitern des liberalkapitalistischen Systems auf deutschem Boden? Nicht nur die Kritik an den herrschenden Zuständen darf demzufolge im Mittelpunkt einer Abhandlung wie der vorliegenden stehen, sondern ein Gegenentwurf gesellschafts- und wirtschaftspolitischer Art ist dringend erforderlich. Dabei kann es nicht darum gehen, volkswirtschaftlich das „Rad neu zu erfinden", sondern es müssen sämtliche positiven und negativen Erfahrungswerte vor allem aus der deutschen Wirtschaftsgeschichte in die Überlegung einbezogen und die positiven Erfahrungen sozusagen in einer neuen Synthese vereinigt werden.

Auf diesem Erfahrungshorizont ist dann ein zumindest politiktheoretisches Wirtschaftskonzept den herrschenden Zuständen entgegenzusetzen. Denn wer heute den Kapitalismus kritisiert, der muß sich auch der Tatsache im klaren sein, daß durch die Globalisierung ein sozialpolitischer Einschnitt bevorsteht, der bisher in der deutschen Geschichte vergeblich sein Beispiel sucht. Das Bismarck'sche Sozialversicherungssystem, das die Pflichtversicherung des Faktors Arbeit sowohl durch Arbeitnehmer als auch Arbeitgeber vorsieht, über welche der Staat wacht, soll nun im Zuge der Globalisierung (EU, *One World*) auf dem Altar des internationalistischen Finanzkapitals geopfert werden. Und die angeblich sozial motivierten DGB-Gewerkschaften und die mit ihnen verbundene Sozialdemokratie (SPD) schauen diesem gespenstischen Treiben zu. Michael Nier bringt diese Situation wie folgt auf den Punkt:

„Heute sollen 150 Jahre Aufbau einer deutschen Leistungs- und Solidargemeinschaft zu Ende gehen. Ihr Abbau und ihre Zerstörung werden als modern und effizient dargestellt. Nach dem Übergang in eine multiethnische Gesellschaft soll eine neue Weltsklaverei durch das Finanzkapital errichtet werden. Dies ist die Tendenz des Kapitalismus."[224]

Eine neue Wirtschafts- und Gesellschaftsordnung

Die Wirtschaft stellt für den Nationalisten kein Selbstzweck dar, sondern sollte das Mittel sein, das die materiellen Güter und Dienste bereitstellt, die nötig sind für ein kulturvolles und gebildetes Leben jedes Deutschen, jeder deutschen Familie und des deutschen Volkes als Gesamtheit. Ebenso stellt der Markt keinen Selbstzweck dar, sondern nur Mittel der Volkswirtschaft. In diesem Zusammenhang fällt dem Staat das wirtschaftspolitische Strategiemonopol und den Unternehmen die wirtschaftliche Taktikfreiheit zu.[225] Der Begriff „Volkswirtschaft" ist demzufolge nicht losgelöst von den anderen Lebensbereichen des Volkes, wie Politik und Kultur, zu sehen, sondern als wesentlicher Bestandteil einer funktionierenden Volksgemeinschaft. Für Reinhold Oberlercher sollte das deutsche Volk *„für alle Deutschen die höchste, auf Erden nur sich selbst verantwortliche Gemeinschaft (sein), also der Souverän, der sich politisch als reeller Nationalstaat, ökonomisch als wirkliche Volkswirtschaft und psychologisch als gediegenes Nationalbewußtsein selbst organisiert. Führungsorgan von Politik und Wirtschaft des deutschen Volkes ist sein eigener, nach dem Grundsatz Ein-Volk-ein-Staat gebildeter Nationalstaat, wodurch seine Wirtschaft zur raumorientierten Nationalökonomie wird, also wohlbegründet auf eigenem Grund und Boden – in Deutschland und allen seinen Landschaften und für die Deutschen in allen ihren Stämmen – wirtschaftet, anstatt in der Exportabhängigkeit zwischen Euphorie und Depression hin und her zu schwanken und dadurch Volk und Land immer weiter zu schwächen und herunterzubringen. Die Exportabhängigkeit führt selbst im Wohlstand zur Strukturverarmung und Verwahrlosung der Volkswirtschaft, sie ist ihr ökonomisches Rauschgift."*[226]

Die Verallgemeinerung der fremdwirtschaftlichen Abhängigkeit, die diktatorische Durchsetzung der Freihandelsdoktrin durch das antinationale Finanzkapital, die Zerstörung aller gewachsenen und steuerbaren Volkswirtschaften und damit des Weltmarktes und der Weltwirtschaft durch Erzwingung des globalen Einheitsmarktes heißt heute Globalisierung. Für Oberlercher ist die Globalwirtschaft nur die zerstörte Weltwirtschaft, die auf zersetzten Volkswirtschaften und auf entmachteten Nationalstaaten beruht. Die raumorientierte Volkswirtschaft ist demnach der Ausweg aus der Globalisierungsfalle, den die deutschen Nationaldemokraten dem deutschen Volk weisen.[227]

Soweit zur volkswirtschaftlichen und weltökonomischen Ausgangslage und zur Zukunftsvision einer raumorientierten Volkswirtschaft – als Ausweg aus der Misere, der nur beschritten werden kann, wenn die derzeit verhängnisvolle Entwicklung, die der Raubtierkapitalismus betreibt, in ein heilsames Chaos mündet. Revolutionäre Nationalisten würden sich nun in der Tat selbst ein geistiges Armutszeugnis ausstellen, wenn sie den Eindruck erwecken würden, es gehe ihnen nur um die Erreichung der politischen Macht und nicht auch um eine neue Wirtschafts- und Gesellschaftsordnung. Dies muß hier klar betont werden. Wer die Meinung vertritt, er lehne zwar den politischen Kapitalismus ab, wolle jedoch am wirtschaftlichen Kapitalismus nichts ändern, wenn er etwas daran ändern könnte, der muß sich die Frage gefallen lassen, womit er seinen „Nationalismus" eigentlich rechtfertigen will? Die Idee der Nation zielt doch darauf ab, alle Glieder des Volkes möglichst gleichwertig zu behandeln – ökonomisch betrachtet sind dies im wesentlichen Arbeiter, Unternehmer und Bodenbesitzer.[228]

Doch wie ist es derzeit um die Loyalität dieser „Klassen" gegenüber der Nation bestellt? Der Kapitalismus ist nun einmal die „Diktatur des Kapitals". Diese gilt es von nationalistischer Seite abzuschaffen und andere Klassendiktaturen – die des Proletariats und die der Bodenbesitzer – mit dem gleichen Eifer zu verhindern. Da nun aber zur Zeit mit dem politischen und wirtschaftlichen Liberal-Kapitalismus in der BRD eine lupenreine Klassendiktatur, nämlich die der internationalistischen Finanzbourgeoisie, auf deutschem Boden besteht, muß diese auch konsequent bekämpft werden. Und dieser Kampf kann nur – im großen und ganzen – von den Teilen des deutschen Volkes geführt werden, die ökonomisch („materialistisch") gesehen, zu den „Modernisierungsverlierern" des kapitalistischen Systems und seiner Ausbeutungspolitik zählen.

Der Arbeiter hat ja auch im Gegensatz zum Kapitalherrn keine Wahlmöglichkeit. Denn während der Eigentümer von Produktionsmitteln diese durchaus vom Standort A an den Standort B verlegen kann, der möglicherweise gar im lohnkostengünstigeren Ausland liegt, ist es für den Arbeiter nicht so einfach, seine Heimat zu verlassen und – im Stile eines modernen Nomaden – den *Jobs* mitsamt seiner Familie hinterherzuziehen. Aber genau das wird ja von den Aposteln der „Flexibilisierung" propagiert. Wir können an dieser Stelle als Zwischenergebnis festhalten: Der Faktor Arbeit ist weitestgehend an den Faktor Boden gebunden, mit ihm verwurzelt, für den Faktor Kapital trifft das nicht unbedingt zu. Deshalb muß der

Staat dafür Sorge tragen, daß der Faktor Kapital an die beiden anderen Faktoren, den Boden und die Arbeit, angebunden, auf diese beiden verpflichtet wird. Man könnte hierbei auch von der Notwendigkeit einer „Verwurzelung" des Faktors Kapitals im Rahmen des deutschen Volksstaates sprechen.

Die klassenmäßigen Träger des Nationalbewußtseins können über die Epochen hinweg wechseln. Im Mittelalter – darauf wurde bereits im Abschnitt „Nationale Identität" eingegangen – wurde „Nation" nicht selten mit dem Adel und der hohen Geistlichkeit, also den Bodenbesitzern (Konservative), gleichgesetzt. Ab 1870 setzte sich das deutsche Besitz- und Bildungsbürgertum (Liberale) an die Spitze des deutschen Nationalbewußtseins. „Proletarische" Systeme, wie das der DDR, hängen dem Irrglauben an, es gebe so etwas wie eine „proletarische Nation". Von allen diesen Irrlehren ist Abstand zu nehmen. Und dennoch dürfte heute klar sein, daß diejenige Klasse, die derzeit am meisten unter der Globalisierung zu leiden hat, vor allem vom Arbeitsplatzabbau in und vom Fremdarbeiterzustrom nach Deutschland, der Großteil des deutschen Volkes ist, der außer seiner geistigen und körperlichen Arbeitskraft nichts auf dem „Markt" anzubieten hat, also keinen Boden zum Spekulieren (z.B. Immobilien) und keine Produktionsmittel (Fabriken, Werkstätten etc.) besitzt. Diese Lohn- und Gehaltsempfänger beziehungsweise Arbeitslosen sind deshalb – schon aus ökonomischem Sachverstand heraus – vom deutschen Nationalismus als d i e Zielgruppe anzusprechen, da ihre ökonomischen Interessen unmittelbar mit dem Schicksal der deutschen Nation zusammenhängen.

Das Tabu mit dem Eigentum

„Bei der Herüberziehung des Eigentums auf die Seite des Kapitals und Abstoßung der Menschen zur Masse ist es verständlich, wenn bei der erwachenden Organisation der Masse die Frage des Eigentums eine entscheidende Rolle spielt. Der scharfen Thesis des Kapitals: 'Eigentum ist heilig' entsprach die ebenso scharfe Antithesis der Masse: 'Eigentum ist Diebstahl' – während das Gefühl für die Synthesis, das juste milieu zwischen beiden Extremen mit dem dahinschwindenden Mittelstand immer mehr verlorenging und heute höchstens noch andeutungsweise in dem Satz der deutschen Reichsverfassung 'Eigentum verpflichtet' ein papiernes, blutleeres und wirklichkeitsfernes Dasein fristet – wie ja auch so manche andere Gedanken der Reichsverfassung."[229]   Ferdinand Fried, 1931

Um der Arbeiterschaft ein wirkliches wirtschaftspolitisches Angebot vorzulegen, das diese Bezeichnung auch verdient, müssen vom Nationalismus „rechte" Tabus beiseite geräumt werden. Eines dieser Tabus ist das des Privateigentums, dessen Verabsolutierung ja gerade den Liberal-Kapitalismus auszeichnet. Wer den Liberalismus in Frage stellen will, muß notgedrungen auch die Verabsolutierung und alleinige Vergötzung des Privateigentums in Frage stellen, ohne – und so viel muß klar sein! – die Berechtigung des privaten Eigentums insgesamt in Frage zu stellen. Es geht hier lediglich um die berechtigte Frage, welche Eigentumsform für welchen ökonomischen Gegenstand die geeignetste ist. Um nicht mehr, aber auch um nicht weniger geht es. Wie die gewünschte Vielfalt des Wirtschaftslebens aussehen könnte, erläutert unter anderem Alexander Ruzkoi, der in seinem Buch *Vom Reich* bereits in der Einleitung einen Vorgeschmack vom ökonomischen Wesen eines sozialrevolutionären Nationalismus gibt:

„Staatliche Reglementierung und private Initiativen sollten sich ergänzen. Ziel ist die Bildung und der Schutz aller Formen von privatem, genossenschaftlichem und staatlichem Eigentum."[230]

Der weltanschauliche Nationalismus muß gerade auch im Bereich der Wirtschafts- und Sozialpolitik auf durchgreifende Änderungen abzielen. Zum einen ist der weltweiten wirtschaftlichen Globalisierung der Kampf anzusagen. Multinationale Konzerne wie General Motors-Opel und DaimlerCrysler müssen nach einem nationalistischen Machtergriff der Vergangenheit angehören, wie auch innerwirtschaftlich diverse Formen von Kapitalgesellschaften, die eher Verantwortungsverweigerungsgesellschaften gleichen. Ebenso müssen Privatisierungvorgänge, die in der jüngsten Vergangenheit stattgefunden haben, wieder in ihr Gegenteil verkehrt werden. Natürlich wird der Nationalismus darauf drängen, daß Post und Bahn, wie auch Rüstungsindustrie, Banken und Versicherungen aufgrund ihrer immensen Bedeutung für das Allgemeinwohl des Volkes, wieder in staatliches Eigentum zurückkehren, oder wie im Falle der Banken, zumindest einer strengen staatlichen Kontrolle zu unterwerfen sind.

Wer solche Positionen vertritt, ist bereits in einem bescheidenen Sinne „Sozialist". Denn Sozialismus ist ebensowenig wie Nationalismus ein absoluter Begriff; da gibt es nämlich Abstufungen. Es muß eben darum gehen, jeweils das richtige Maß zu finden und nicht etwa das Kinde mit dem Bade auszuschütten. Das soll heißen: Kommunismus mit einer völligen Verstaatlichung an den Produktionsmitteln und einem durchgreifenden Wirtschaftsplan ist vom Neuen Nationalismus nicht erwünscht! Aber ebenso wenig die alternativlose Akzeptanz der reinen Privateigentumsphilosophie. Wie Reinhold Oberlercher in seinem Entwurf eines Wirtschaftsprogramms richtig bemerkt, ist:

„Die Eigentumsordnung (...) so zu gestalten, daß die Proletarisierung großer Teile des deutschen Volkes und erst recht die Verelendung seiner Hilfsbedürftigen vom Grundsatz her ausgeschlossen ist und damit der Kapitalismus, die Proletarisierung des Geldes, unmöglich wird. Die wirtschaftspolitische Programmatik der deutschen Nationaldemokratie enthält somit die wahre Sozialdemokratie."[231]

Das Ziel der raumorientierten Wirtschaftsordnung, so Oberlercher weiter, ist nicht die Maximierung der Wirtschaftsleistung und damit des Ausstoßes an Gütern und Diensten, sondern das gute Leben des Volkes in seinem Raum. Daraus folgt, daß kurzfristige Maximierung wie auch längerfristige Optimierung des Profits auf eingesetztes Kapital niemals das Ziel einer Volkswirtschaft sein kann, die diesen Namen verdient, und schon gar nicht der Zweck der raumgemäßen Volkswirtschaft deutscher Nationaldemokraten.[232] Ganz im Gegensatz hierzu stellen für den herrschenden Liberal-Kapitalismus Profitmaximierung und Wirtschaftswachstum „Werte" an sich dar. So meint der Vorstandsvorsitzende von DaimlerChrysler, Robert J. Eaton:

„Ökonomisches Wachstum – das Schaffen eines neuen Reichtums – ist die einzige Lösung. Kollektivismus und Umverteilung werden nicht funktionieren. Sie wurden ausprobiert. Sie haben versagt. Die Mauer fiel. Ende der Geschichte."[233]

So einfach ist das also! Da wird „Kollektivismus" und „Umverteilung" mit dem Sowjetsystem gleichgesetzt, das – nachdem die Mauer fiel – am Ende der Geschichte angekommen war. Doch die sozialistische Idee wird sich durch solche kapitalisitsche Polemik nicht unterkriegen lassen.

Was ist „Sozialismus"?

In diesem Zusammenhang ist auch immer wieder festzustellen, daß alleine der Begriff des „Sozialismus" bei der Diskussion in nationalen Zeitschriften Verwirrung stiftet. Weil dabei die verschiedenen Publizisten diesen zumeist unterschiedlich verwenden, entsteht dann oftmals die Situation, daß die Diskutanten zwar im großen und ganzen, was wirtschafts- und sozialpolitische Fragen angeht, ähnliche, wenn nicht deckungsgleiche Positionen vertreten, jedoch der Eindruck von einer nicht vorhandenen Übereinstimmung deshalb entsteht, weil gerade der Begriff des „Sozialismus" unterschiedlich verwendet wird.

Der Verfasser hält es heute für sinnvoll, sich den „Sozialismus"-Begriff von Reinhold Oberlercher zu eigen zu machen. Dieser stellt in dem Konzept des Hamburger Sozialwissenschaftlers [234] ganz einfach das Klasseninteresse der Arbeiter (Sozialisten) dar. Genauso wie es eben auch die Klasseninteressen der Liberalen, den Eigentümern von Produktionsmitteln, und der konservativen Bodenbesitzer gibt.[235] Es ist in diesem Zusammenhang auch von der Vorstellung Abstand zu nehmen, als seien die Klassen alleine einem Klassendenken entsprungen und eben nicht doch realer Natur. Für den fortschrittlichen Nationalismus geht es nun darum, die Klasseninteressen anzuerkennen, wie es ja auch den Lokalpatriotismus auf kommunaler und das Stammesbewußtsein auf regionaler Ebene gibt, und diese Grundeinstellungen eben auch nicht einem „Denken" von Lokalpatrioten und Regionalisten entsprungen sein können. In gleicher Weise setzt sich ein Familienvater und eine Mutter zunächst einmal für die eigene Familie ein und nicht für andere. Zudem ist das „Klassen"-Bewußtsein gerade in Teilen der heutigen deutschen Arbeiterjugend fest verwurzelt. So meint die Thüringer Rechtsrock-Gruppe „Saalefront" in einem ihrer Lieder: *„Schwarze Stiefel in der Masse – wir sind die Kämpfer der Arbeiterklasse."*[236] Daher gibt es auch keinen Grund für nationalrevolutionäre Publizisten, um den „Klassen"-Begriff einen weiten Bogen zu machen.

Dementsprechend geht es für den Nationalismus nur darum, die Gegensätze der Klassen in einem deutschen Volksstaat miteinander zu versöhnen und allen sozialen Gruppen des deutschen Volkes Mitwirkungsmöglichkeiten zu bieten. Der „Sozialismus" stellt hierbei also nur ein Teil von insgesamt drei gesellschaftlichen Teilen innerhalb des staatlichen Ganzen dar. Das maßgebliche Ziel der Arbeiterklasse, also derjenigen, die auf dem Markt ihre bloße Arbeitskraft anbieten können, ist das Recht auf Arbeit. Dieses Ziel sollte sich der sozialrevolutionäre Nationalismus auf jeden Fall zu eigen machen. Damit verbunden ist allerdings – und so viel muß aber auch klar sein – die Pflicht zur Arbeit. Und sei es, daß der Einzelne im Rahmen eines staatlich organisierten Beschäftigungsprogramms Arbeit findet. Sollte etwa der Markt nicht allen deutschen Bürgern auf Anhieb Arbeitsplätze im privatwirtschaftlichen Bereich ermöglichen. Der Vorwurf, diese Idee komme einer Wiederauflage des „Reichsarbeitsdienstes" sehr nahe, wäre völlig zutreffend ist, jedoch für den heutigen unbefangenen Nationalisten völlig belanglos.

Im wesentlichen gibt es bei der ganzen Diskussion in der nationalen Publizistik zwei Sozialismusbegriffe: Der Sozialismusbegriff rechter Sozialisten bewegt sich zumeist im allgemeinen metaphysischen, gefühlsbetonten Bereich, der sich „antimaterialistisch" versteht. Ernst Jüngers *„Arbeiter"* – als neuer Menschentyp –, Oswald Spenglers *„Preußentum und Sozialismus"* – als Gemeinschaftsethos – sind dafür die passenden Textbeispiele. Den Beleg dafür, daß es sich beim Nationalsozialismus (der Mehrheitsfraktion der NSDAP) um keinen Sozialismus im „materialistischen" Sinne handelt, lieferte ausgerechnet der revolutionäre Konservative Edgar-Julius Jung, der wegen seiner zu offenherzigen Analysen am 30. Juni 1934 ermordet wurde. Jung meinte zur NS-Ideologie seiner Zeit:

„Da ist der mehr gefühlsmäßige Sozialismus des nationalsozialistischen Führers zu erwähnen, der am nächsten der Spenglerschen These kommt: Sozialismus ist keine Wirtschaftsform, sondern ein soziales Ethos. Die Formel: 'Gemeinnutz vor Eigennutz' und der 'unlösbare Bund der Arbeiter der Stirn und der Faust' weisen darauf hin, daß die nationalsozialistische Partei in ihrem Gründungsstadium von Gedankengängen in der Richtung sozialistischer Wirtschaftsform frei war. Dieser Flügel bildete sich erst später unter dem Einflusse der der Partei zuströmenden Theoretiker."[237]

Mit diesen „Theoretikern" meinte Jung vermutlich die Fraktion um die Gebrüder Strasser. Rechte „Sozialisten" meinen durchweg den autoritären Staat, wenn sie „Sozialismus" sagen, der mit „Materialismus" nichts zu tun habe. Dies wiederum unterscheide den rechten „Sozialismus" von dem linken marxistischen Sozialismus. „Sozialismus" steht bei den Rechten vielmehr für eine gewisse Gleichschaltung. Interessenvielfalt (regional, sozialer Art) innerhalb einer Volksgemeinschaft wird dann zumeist abgelehnt. Der Führer steht hier im Mittelpunkt, der losgelöst sein soll von irgendwelchen verfassungsmäßigen und gesetzlichen Beschränkungen, der sein persönliches Schicksal mit dem der Nation verknüpft. An die Stelle von Verfassung und allgemeinen Gesetzen treten Maßnahmen, Weisungen von „oben". In einem solchen Klima jedoch gedeiht das Spießertum, das sich durch seine bloße Gefolgschaft, Unterwürfigkeit und Dauerbekenntnis auszeichnet. Kritisch-konstruktive Geister, die auf Mißstände hinweisen wollen, haben in diesem Modell keinen Platz. Es besteht die Gefahr, daß diese – wie anno 1933 Edgar Julius Jung – „selektiert" werden. Somit jedoch findet eine Negativauslese in der Führungsauswahl statt.

Daher vertreten diese rechten Sozialisten aber auch einen Pseudo-Sozialismus, was die Linken auch immer gut erkannt haben, und deswegen den rechten Sozialisten vorwerfen den Sozialismus-Begriff nur zu instrumentalisieren[238] Ernst Niekisch umschrieb diese Taktik einmal so: Die sozialistisch orientierten Wähler seien bloß „einzufangen", nachdem zuvor bei ihnen den „antibürgerlichen Instinkten die Leine" gelockert wurde.[239] Nach dieser Lesart würden sozialistische Wähler bloß als Mehrheitsbeschaffer, sozusagen als Stimmvieh für bürgerliche Zwecke dienen. Dies kann natürlich nicht im Sinne eines wahrhaftigen weltanschaulichen Nationalismus sein, für den der Sozialismusbegriff eben keine propagandistische Leerformel ist. Das Scheinargument sogenannter rechter „Sozialisten", völkischer Sozialismus habe mit „Materialismus" nichts zu tun, soll offensichtlich nur dazu dienen, die materielle Substanzlosigkeit ihres „Sozialismus" zu kaschieren. Doch mit der alleinigen Propagierung der Volksgemeinschaft ist es bei weitem nicht getan. Den Lohn- und Gehaltsempfängern sowie den Arbeitslosen muß schon gesagt werden, wie sich der völkische Sozialismus konkret auf ihre Lebensverhältnisse auswirken soll. Damit sind zum Beispiel Fragen verbunden, wie die nach der Mitbestimmung und der Beteiligung am Unternehmensgewinn durch die Arbeiterschaft eines Unternehmens. Ein Frage, die gerade von den Gewerkschaften und der Sozialdemokratie immer wieder gestellt wurde, jedoch aus reinem Macht- und Pfründeerhalt innerhalb des bürgerlichen BRD-Systems nie mit politischem Nachdruck vertreten wurde. Nationalisten müssen die Frage nach Mitbestimmung mit politischem Nachdruck erneut aufwerfen. Zumindest hat dies seine Berechtigung für den Fall, daß ein Unternehmer aus „betriebswirtschaftlichen" Gründen seinen Betrieb schließen oder an einen anderen Standort verlegen will, wodurch der Bestand der Arbeitsplätze gefährdet wird.

Eine Unterscheidung in „linken" und „rechten" Sozialismus macht für den konstruktiven Nationalisten also keinen Sinn. Es geht vielmehr darum, einen substanzhaltigen einem substanzlosen Sozialismusbegriff vorzuziehen, der sich nicht nur auf das Emotionale beschränkt, sondern in der Wirtschafts- und Sozialpolitik, dort wo es auch „materiell" wird, klare inhaltliche Akzente setzt. Und bei der

Kritik des Kapitalismus spielt es auch keine Rolle, ob sich der nationale Kapitalismuskritiker auf „rechte" oder auf „linke" Philosophen bezieht. Dabei kann auch die marxistische Gesellschaftsanalyse kein Tabu sein, wie es bereits in diesem Buch angesprochen wurde. Unvereinbar ist diesbezüglich für den weltanschaulichen Nationalismus lediglich die Propagierung eines marxistischen Programms. Forderungen, wie die nach der „Diktatur des Proletariats", die über den „Klassenkampf" zu erreichen und dann zu einer „proletarischen Weltrevolution" auszuweiten sei, sind ganz gewiß mit den Grundlagen nationaler Politik – wie sie der Verfasser versteht – unvereinbar. Auch hat sich die These, der Proletarier besitze kein Vaterland, spätestens in den Schützengräben von 1914-1918 als großer Irrtum erwiesen. Diese Tatsachen sollten gerade auch sogenannte „Nationalmarxisten" deutlicher machen als bisher. Denn durch das Etikett „Nationalmarxist" entsteht ja leicht die irreführende Vorstellung, ein selbsternannter „Nationalmarxist" Reinhold Oberlercher würde ein marxistisches Programm propagieren, was ja tatsächlich absolut nicht der Fall ist:

„Ich habe Marx seit den späten sechziger Jahren die theoretische Treue gehalten. Der globale Triumph der kapitalistischen Weltrevolution von 1989 hat den Ökonomen Marx glanzvoll bestätigt. Zwar verwerfe ich den Programmatiker Marx und mit ihm die ganze kommunistische Konterrevolution des 20. Jahrhunderts, muß aber dafür, daß Marx auch als politischer Prophet Recht behalten hat, (...) in Erinnerung rufen: (...) Der Sieg des Nationalsozialismus im Deutschen Reich war eine antikapitalistische Revolution, die Errichtung einer Diktatur des Proletariats unter Mithilfe des gegen die kapitalistische Zinsfalle opponierenden Mittelstandes und der durch die Siegermächte vom Weltmarkt verdrängten Schwerindustrie."[240, 241]

„Nationalbolschewismus" als Ablenkungsmanöver

In diesem Zusammenhang muß in aller Kürze auf die immer wiederkehrende Debatte um den Vorwurf des „Nationalbolschewismus" eingegangen werden, dem sich auch der Verfasser dieser Zeilen hin und wieder ausgesetzt sieht. Dabei ist immer wieder festzustellen, daß diejenigen, die mit diesem Schlagwort ins Feld ziehen, sich in der Regel außerstande sehen, den Begriff des „Nationalbolschewismus" exakt zu definieren. Hätten sie sich zumindest die Mühe der Begriffsdefinition gemacht, wäre ihnen nicht entgangen, daß der „Nationalbolschewismus" für ein kunterbuntes Konglomerat links-rechter Grenzgänger der 20er Jahre steht, das so heterogen war in den innen- wie außenpolitischen Zielsetzungen, so daß man diesen Begriff kaum als wissenschaftlich bezeichnen kann; er vielmehr einen immer wiederkehrenden Kampfbegriff für rechte wie linke Reaktionäre darstellt, die in ihren ideologischen Bürgerkriegsgräben verharren wollen und sich von national-sozialen Diskussionen, die naturgemäß über die Links-Rechts-Verortung hinausreichen, irritiert sehen. [242]

Dem Begriffssinn nach müßte es sich nämlich bei einem „Nationalbolschewisten" um einen national gesinnten „Bolschewisten" halten, also um einen Kommunisten, der sich in wirtschaftspolitischer Hinsicht für eine vollständige Abschaffung des Privateigentums an den Produktionsmitteln ausspricht („Eigentum ist Diebstahl!"). Doch davon ist bei den gegenwärtigen sogenannten „Nationalbolschewisten" nirgends die Rede. Selbst erklärte „Nationalmarxisten" wie Michael Nier (Sachsen) und Reinhold Oberlercher (Hamburg) entsprechen nicht dem Horrorszenario einer Eigentumsfeindlichkeit. Denn beide wollen – man lese es in ihren Schriften nach – dem Privateigentum breiten Raum lassen, dieses jedoch um auch staatliches, genossenschaftliches und kommunales Eigentum ergänzen. Nämlich dort, wo andere Eigentumsformen auch einen Sinn machen. Denn weshalb soll aus nationalrevolutionärer Sicht die Bahn oder die Post „privatisiert" sein, um mehr Gewinnmöglichkeiten für Aktionäre und Vorstandsmitglieder zu bieten? Eine Bahn unter staatlicher Aufsicht würde sich jedenfalls für eine Grundversorgung im Streckennetz einsetzen.

Ein Musterbeispiel für Fehlplanungen aus rein „betriebswirtschaftlichen" Erwägungen stellt die Verweigerungshaltung der rot-grünen Bundesregierung gegenüber dem Neubau der Bahnstrecke Nürnberg-Erfurt dar. Volkswirtschaftlich hätte diese Strecke ihren Sinn, sie würde die Franken- und die Thüringermetropole auf eine Stunde Fahrtzeit näherrücken, anstatt der bisher zweieinhalb Stunden Fahrtzeit. Beiden Regionen im Schatten der ehemaligen Zonengrenze würden durch eine Integration ins deutsche wie europäische Schienennetz ungeahnte wirtschaftliche Entwicklungsmöglichkeiten geboten werden. Doch aus „betriebswirtschaftlichen", also rein kapitalistischen Gründen wird das ursprünglich geplante Projekt storniert.

Die nationale Opposition ist aufgerufen, gerade in der Wirtschafts- und Sozialpolitik klare Standpunkte zu beziehen. Auch auf die Gefahr hin, nicht jedem nach dem sprichwörtlichen Munde reden zu können. Beispiel: 630-Mark-Gesetz. Die Regelung bis 1999 sah vor, diese „Geringbeschäftigungen" nicht gesetzlich zu versichern, wodurch hinterrücks zunehmend das Bismarck'sche Sozialversicherungssystem aufgeweicht wurde. Unternehmen, vor allem im Dienstleistungsbereich, gingen aus Kostenerwägungen dazu über, komplette Arbeitsplätze, die der Sozialversicherungspflicht unterliegen, in mehrere 630-Mark-„Jobs" aufzuteilen und sich somit den Arbeitgeberanteil an der Sozialversicherung zu sparen. Daß die davon betroffenen Arbeitnehmer eines Tages kaum eine ausreichende Rente beziehen können und schon während ihres Arbeitslebens unzureichend kranken- und arbeitslosenversichert sind, spielt bei solchen rein „betriebswirtschaftlichen" Überlegungen natürlich keine Rolle. Das ist aus dem Klassendenken des Bürgertums auch nur zu verständlich. Wenig verständlich ist es jedoch, wenn der Staat, also die verantwortlichen Politiker, einer solchen unsozialen „Mac-Job"-Politik Vorschub leisten und sich zu Lobbyisten einer solchen Politik herabwürdigen lassen.

Natürlich stellt das von Rot-Grün 1999 verabschiedete neue 630-Mark-Gesetz nicht die Ideallösung dar, da nun auch die klassischen Dienstleister, wie Zeitungsausträger und Kellner, die sich damit oft nur einen Nebenverdienst erschließen wollen, in die Sozialversicherungspflicht gezwungen werden, womit für den Arbeitgeber die Wirtschaftlichkeit solcher Beschäftigungen in Frage steht. Und dennoch ist die Richtung der rot-grünen Initiative zukunftsweisend, nämlich möglichst viele Beschäftigungsverhältnisse in die Sozialversicherungspflicht zu nehmen, also den bisherigen amerikanisierenden Trend der „Mac-Jobs" zu stoppen.

Was ist „links" und was ist „rechts"?

„Daß man in Deutschland, wenn man teilnehmen will, nur links oder rechts untergebracht werden kann, finde ich erbärmlich. Das empfinde ich inzwischen als eine deutsche Krankheit. Wir sind ja das Religionskriegsvolk."[243]   Martin Walser

Die vom Verfasser vorgenommene Argumentationslinie zeigt deutlich, daß die noch oft anzutreffende Verwendung der Begriffe „links" und „rechts" kaum mehr eine Bedeutung hat, und sie im veröffentlichten großwestdeutschen Diskurs völlig durcheinandergeraten ist. Die Begriffe geben kaum mehr ideologische Positionen an, sondern stiften nur noch Schlagwortverwirrung. Dies gilt insbesondere nach der Zeitenwende von 1989/90. *Focus*-Redakteur Michael Klonovsky hat dies richtig erkannt, wenn er feststellt:

"In der deutschen Linken hat in den letzten Jahren eine Art Feindbildwechsel stattgefunden: Heute muß nicht mehr der Kapitalismus, sondern der Nationalstaat bekämpft werden. Der Ex-Klassenfeind scheint dabei inzwischen sogar als Partner erwünscht?"[244]

Das Fragezeichen hätte sich Klonovsky getrost sparen können. Ein Großteil derjenigen, die sich heute in der BRD als „links" verorten, tun dies zu Unrecht, da sie ihre eigentliche Prämisse, nämlich die soziale Gerechtigkeit, durch ihr Paktieren mit dem kapitalistischen Klassenfeind geopfert haben – zugunsten des gemeinsamen Kampfes gegen den Nationalismus. Viele der sogenannten BRD-„Linken" haben somit ihr Linkssein aus opportunistischen und machtpartizipatorischen Gründen inhaltlich entleert. Die sozialistische Position ist nun aber von den internationalistischen Linken freigegeben worden, die nicht imstande oder willens sind, gegen eine Globalisierung anzukämpfen, die den Verlust der Arbeitnehmerinteressen – vor allem im Rahmen der EU-Harmonisierung – bedeuten wird. Daraus ergibt sich die Chance für den deutschen Nationalismus, das Thema nahezu monopolistisch vereinnahmen zu können und wieder mit Inhalt zu füllen. Um dies jedoch auch konsequent umzusetzen, müssen inhaltliche Tabus wie die von „rechts" und „links", oder das des Eigentums geopfert werden, damit völkischer Sozialismus nicht zur hohlen Phrase verkommt! Mit einer klassisch „rechten", also ausschließlich unternehmerfreundlichen Wirtschaftspolitik ist es jedenfalls nicht getan. Die Lücke, die sich seit einiger Zeit hier auftut, sieht auch Thor von Waldstein, wenn er schreibt:

„Die Kapitalismuskritik in Deutschland ist heute intellektuell verwaist. Die Gretchen-Frage für die politische Rechte in diesem Lande wird sein, ob es ihr gelingt, die Position des Antikapitalismus aus den Traditionsbeständen der beamteten Apo-Opas herauszubrechen, um sie mit nationalen Inhalten aufzuladen. Entweder es kommen die 'linken Leute von rechts' oder es kommen überhaupt keine Leute von rechts."[245]

Die alleinige Fixierung auf ein rechtes Lagerdenken führt also in die ideologische Sackgasse. Das sollten auch gerade diejenigen bedenken, die ihre „wahre Lehre" auf Adolf Hitler beziehen wollen, denn dieser sagte:

„Die politische Arbeit unserer beiden Gruppen links oder rechts ist für das deutsche Volk in der Gesamtheit solange bedeutungslos, solange diese Arbeit nur eine Gruppenarbeit umfaßt, und solange sie nicht eine Arbeit wird zur Überwindung dieser Gruppen."[246]

Gerade das Beispiel Adolf Hitler macht deutlich, zwischen welchen extremen Polen sich die Wirtschafts- und Gesellschaftsphilosophie des sozialrevolutionären Nationalismus bewegt. Folgt man dem Historiker Rainer Zitelmann, dann pendelte das Denken Hitlers zwischen dem rechts zu verortenden Sozialdarwinismus, der vorsieht, daß der Stärkere sich durchsetzt, und der Forderung nach sozialer Chancengleichheit (zum Beispiel im Bildungssystem), die eher links anzusiedeln ist.[247] Zwischen diesen beiden Polen schwanken naturgemäß die wirtschaftlichen und gesellschaftspolitischen Vorstellungen des weltanschaulichen Nationalismus.

Der reine (rechte) „Sozialdarwinist" strebt eher zu einer nationalliberalen Lösung, bei der sich auf dem Markt der Stärkere durchsetzt, der (linke) „Gleichmacher" strebt die soziale Gerechtigkeit an, die ohne Umverteilungsmaßnahmen nicht vorstellbar ist. Zwischen diesen beiden Polen muß also der sozialrevolutionäre Nationalismus einen sinnvollen Ausgleich anstreben.

Deutsche Visionen – alternative Ordnungsentwürfe zum *Status Quo*

Eine politische revolutionäre Bewegung muß wissen, woher sie kommt und wohin sie gehen will. Ohne dieses Wissen herrscht bei allen politischen Bestrebungen Ziel- und Orientierungslosigkeit vor. Es geht für den politischen Akteur zunächst darum, zu wissen, unter welchen geschichtlichen Voraussetzungen er Politik betreibt. Haben die geschichtlichen Voraussetzungen zu einer für Volk und Staat niederdrückenden Gegenwart geführt, dann muß der nationalrevolutionäre Politiker daraus politische Ziele für eine bessere völkische und staatliche Zukunft der Deutschen ableiten. Das heißt, der nationalrevolutionäre Politiker darf sich nicht alleine darin gefallen, „gegen System und Kapital" zu polemisieren, er muß dem „System", das er bekämpft und dessen Ende er sich wünscht, eine Ordnungsalternative entgegensetzen. In dieser Reihenfolge ist zu verfahren.

Geschichtsverständnis und Revisionismus

Wer nicht weiß, wo seine geschichtlichen und vor allem ideengeschichtlichen Wurzeln liegen, der überläßt anderen politischen Kräften das Definitionsmonopol über die eigene Geschichte. Genau in dieser Situation befindet sich auch die nationale Opposition in Deutschland. Sie ist fixiert auf die Zeit zwischen 1933 und 1945. Das ist zum Teil selbstverschuldet, liegt aber vor allem auch an den Umständen. Denn alles, was in Deutschland seit 1945 unter einem „nationalen" Anspruch daherkommt, wird genau in diese Zeit der deutschen Geschichte verwiesen. *"Das hatten wir schon einmal"*, lautet der inquisitorische Vorwurf, um ein Gespräch um die besseren Argumente für eine bessere deutsche Zukunft gleich im voraus kaputt zu machen. Da spielt es auch kaum eine Rolle, welchen Themenbereich ein nationaler Bürger anspricht, ob es sich um die Ausländerfrage handelt, um die Aufgabe des Nationalstaates zugunsten einer EU-Diktatur, ob es sich um die Kunst oder sonst ein Thema handelt. Nicht alles, aber vieles wird von den Gutmenschen der BRD-Gesellschaft mit „Auschwitz" oder dem „Holocaust" niedergeknüppelt. Es ist deshalb unabdingbar, den historischen Revisionismus auf die Tagesordnung zu stellen. Nicht durch eine Partei, die sich und ihre Mitglieder somit nur der Repression der Strafrechtszensur aussetzt. Auch nicht durch Laien, sondern durch ausgebildete Historiker.

Nun ist es sicher verfehlt zu glauben, die freie Zeitgeschichtsforschung könne irgendwelche gesellschaftlichen oder politischen Probleme lösen. Es ist aber ein leichtes zu zeigen, daß wir keines der heutigen großen Probleme lösen können, wenn es dieses zeitgeschichtliche Tabu gibt. Nur ein paar Beispiele: Bei der gegenwärtigen Bevölkerungsentwicklung wird das deutsche Volk im Jahre 2100 im wesentlichen ausgestorben sein, und mit anderen europäischen Völkern sieht es nicht viel anders aus. Eine an die Wurzel des Problems gehende Politik ist aber ganz einfach mit folgendem Spruch zu verhindern: *„Schenk dem Führer ein Kind"*, oder noch radikaler: *„Mädchen, mach' die Beine breit, der Führer braucht Soldaten."* Wohlgemerkt, das ist das Niveau unserer heutigen offiziellen Geschichtsschreibung und Mediendarstellung. Oder zum Problem der Masseneinwanderung aus der Dritten Welt und den Schwellenländern: *„Wollt Ihr mit den Türken das machen, was Hitler mit den Juden gemacht hat?"* Dies fragte ein Berliner Journalist anno 1989 einen „Republikaner".

Oder mit dem Problem der Abflachung des Bildungsniveaus: *"Die These, die Menschen hätten genetisch bedingt unterschiedliche Talente und Veranlagungen, ist genau jener Sozialdarwinismus, der uns in die Gaskammern von Auschwitz geführt hat."* Dies sagte ein Landtagsmitglied der „Grünen" im Hessischen Landtag. Das soll reichen. Über kein wirklich wichtiges Problem läßt sich heute sachlich diskutieren, weil der „Holocaust" eine unüberwindliche Tabu-Wand aufbaut. Die „Auschwitz"- oder „Faschismus"-Keule ist eine Wunderwaffe, mit der alles vernichtet wird, was der politischen Linken und gewissen Minderheiten nicht ins Konzept paßt. Die Erfahrung der letzten 50 Jahre zeigt: Jeder Versuch zur Stärkung des Selbstbestimmungsrechtes der Völker im allgemeinen wird mit der „Auschwitz-Keule" erschlagen. Wenn man diesen Mechanismus erkannt hat und zudem begreift, daß in der Geschichtsschreibung einiges im Argen liegt, dann gibt es nur einen moralischen Imperativ, und der heißt: freie Zeitgeschichtsforschung. Daß auch die Gegenseite dies begriffen hat, wird schon dadurch deutlich, daß niemand härter und rücksichtsloser verfolgt wird, als die freien Zeitgeschichtsforscher. Beide Seiten wissen nämlich, was auf dem Spiel steht: *"Das moralische Fundament."*[248]

Die Deutschen als „Tätervolk"

Infolge der Niederlage und der Niederhaltung des Deutschen Reiches ab dem 8. Mai 1945 gelten die Deutschen als ein Tätervolk. Von dem Altbundeskanzler der BRD, Helmut Schmidt, ist die Aussage überliefert, es sei in der Nachkriegszeit gelungen, die deutsche Geschichte so darzustellen, als ob es sich bei ihr um ein einziges „Verbrecheralbum" handeln würde. Den Vertretern der These vom „Tätervolk" scheint dabei nicht bewußt zu sein, daß ihre Argumentation zwar eine antivölkische Stoßrichtung hat, jedoch durch und durch von völkischem Denken inspiriert ist – unter negativen Vorzeichen, versteht sich! Dies hat auch der Berliner Historiker Arnulf Baring erkannt, der in der *"Phrase vom 'Volk der Täter'"* eine *"immanente Totalität"* erblickt, „insofern sie eine völkische Abstempelung vollzieht." Baring weiter: *"Statt rationaler Differenzierung betreibt sie eine summarische Fixierung, deren Bestreitung dann sofort, mit wiederum totalitärer Schablone, als Schlußstrich-Mentalität, Verdrängungstendenz und anderes Böse abgestempelt wird."*[249]

Die Antivölkischen argumentieren also, wenn es um die deutsche Schuld geht, durch und durch „völkisch-kollektivistisch". Vordergründig heißt es von ihnen, man dürfe nicht „pauschalieren". Es gebe nicht „die Türken", „die Russen", „die Franzosen" usw. Doch natürlich gebe es statt dessen „die Deutschen", wenn es um ein einig Volk von Tätern gehe. Neuerdings hört man in den gleichgeschalteten Medien der BRD auch wieder von „den Serben", die alleine auf dem Balkan für Krieg und Vertreibung verantwortlich seien.

Verfolgt man die einschlägigen Medienberichte, dann erhält man den Eindruck, daß die Nachwelt ohne Adolf Hitler nicht auskomme. Auch 54 Jahre nach dem Tod des Führers ist Freund und Feind von ihm fasziniert wie von keinem Zweiten. So ließ 1999 das amerikanische Magazin *Time* den „Mann des Jahrhunderts" wählen. Stimmberechtigt waren alle Menschen weltweit, die über Briefmarken und Computer ihren Wahlvorschlag an die Redaktion einsenden konnten. Mit dem tatsächlichen Wahlergebnis war dann aber wohl die *Time*-Redaktion nicht so glücklich. Denn, wie eine Überschrift im Aschaffenburger *Main Echo* [250] lautete*: „Hitler bei der Wahl zu 'Mann des Jahrhunderts' ganz vorne"*. Der Skandal war perfekt. Es hagelte wütende Proteste gegen das „demokratisch" zustande gekommene Ergebnis, vor allem von jüdischen Organisationen. Daraufhin wurde Hitler auf den zweiten Platz verwiesen. Vor ihm liegt nun auf Platz 1 – wen wundert's? – der frühere israelische Staatspräsident Itzchak Rabin.

Vor allem bei der nationalen Rechten dreht sich vieles um das Dritte Reich und Adolf Hitler. Das Übel der Auseinandersetzung besteht dann zumeist darin, daß nicht differenziert wird. Entweder man ist für ihn, oder man ist gegen ihn und sieht sich dazu genötigt, seine Person und sein Handeln zu verdammen. Beides führt natürlich in die Sackgasse, da in beiden Fällen die deutsche Geschichte auf ganze zwölf Jahre verkürzt wird. Zum anderen wird dadurch, sowohl durch die Verherrlichung als auch durch die Verdamnis, im Sinne des BRD-Systems das verhindert, was eigentlich in nationalem deutschen Interesse läge: die Historisierung des Dritten Reiches durch Fachhistoriker und historisch interessierte Laien. Das Dritte Reich sollte eines Tages für Deutsche einen Stellenwert haben, wie Napoleon Bonaparte einen wichtigen, aber nicht alles entscheidenden Stellenwert für die heutigen Franzosen hat. Zu einer guten und für die weitere Diskussion um Adolf Hitler fruchtbaren Einschätzung gelangt Hans-Dietrich Sander:

„Der dritte Hauptgrund lag in der Person des Führers. Adolf Hitler verstand die deutsche Geschichte nach dem antäischen Gleichnis. Er war indessen nicht der Übermensch oder das Tier aus der Tiefe – wie Freund und Feind ihn sahen. Er war halbgenial. Er teilte dieses Schicksal mit Cromwell und Napoleon. Er löste viele Aufgaben vorbildlich. Ihrer Fülle war er nicht gewachsen. Er hätte den inneren Frieden herstellen müssen, wie das Cavour nach der Einigung Italiens tat, und im Krieg nicht als Unterdrücker auftreten dürfen, was den Sieg im Osten kostete. Cromwell, Napoleon und Hitler hätten aus der römischen Geschichte lernen können, wie man sich mit Besiegten verbündet. Aber es lag wohl nicht in ihrer Natur." [251]

Letztendlich bleibt festzuhalten, daß es bei dem berechtigten Anliegen des historischen Revisionismus nicht darum geht, die einseitige Verleumdung der deutschen Geschichte, durch die inneren und äußeren Feinde des deutschen Volkes, in sein Gegenteil, in die Rechtfertigung von allem, was im Dritten Reich gemacht wurde, zu verkehren. Wodurch der falsche Eindruck entsteht, das nationale Deutschland heute sei sozusagen der Rechtsanwalt des Dritten Reiches, der alles zu rechtfertigen habe, was zwischen 1933 und 1945 in Deutschland politisch zu verantworten war. Nein, es geht ausschließlich um die historische Wahrheit – um nicht mehr, aber auch nicht um weniger. Ob diese historische Wahrheit die Deutschen, die zwischen 1933 und 1945 gewirkt haben, insgesamt oder in Teilen von Verleumdungen und Vorwürfen freispricht oder auch nicht, ist sekundär. Es geht ganz einfach für einen ehrenhaften Deutschen um die Wahrheit, in diesem Falle um die historische Wahrheit!

Bis es so weit ist, müssen diejenigen mit allen zur Verfügung stehenden legalen Mitteln bekämpft werden, die wie Günter Grass meinen, wegen Auschwitz hätten wir keine Wiedervereinigung haben dürfen. [252] Oder wenn die Grünen-Politikerin Christine Scheel erklärt: *„Maastricht ist die Antwort auf den Holocaust."* [253] Und wenn der „Grünen"-Politiker und spätere Bundesaußenminister Joschka Fischer in der *FAZ* schrieb: *„Weil es Auschwitz gab und weil dieses Faktum von härtester politische Realität für das vereinigte Deutschland bleibt, kommen wir daran nicht vorbei. Dazu gehört auch die besondere Beziehung und die ganz besondere Verantwortung gegenüber Israel."* [254] Es ist doch so, wie George Orwell einmal schrieb: *„Wer die Vergangenheit kontrolliert, kontrolliert die Zukunft".* [255] Demzufolge sollen wir Deutschen scheinbar keine eigene Zukunft mehr haben. Diesem Ansinnen einer nationsvergessenen politischen Klasse in der BRD muß jedoch ein jeder selbstbewußter Deutscher seinen politischen Widerstand entgegensetzen.

Die Deutschen dürfen es nicht zulassen, daß ihre gesamte Geschichte kriminalisiert wird, denn es geht ja längst nicht mehr darum, nur die zwölf Jahre Nationalsozialismus einseitig zu verunglimpfen, sondern von 1933-1945 aus auch Rückschlüsse auf den „perversen" Nationalcharakter der Deutschen zu ziehen. Denn wenn diese 1933-1945 in der Lage gewesen sein sollen, „einzigartig" schlimme Verbrechen zu begehen, dann müssen die Deutschen ja auch – in Anlehnung an den jüdisch-amerikanischen Politologen Daniel Goldhagen – diese ihre vermeintliche Fähigkeit zu „einzigartigen" Verbrechen in ihren Genen haben.

Die Frage nach Verbrechen und Schuld der Deutschen beantwortet sich zudem auch nicht in monokausaler Weise. Denn die Formel von der „bedingungslosen Kapitulation", welche im Jahre 1942 nur auf den Begriff brachte, was schon lange vorher angloss̈achsische Kriegspolitik war, ließ den Deutschen – ob sie nun für oder gegen Hitler waren – ja keine andere Wahl, als den von ihnen – im Unterschied zur öffentlichen Meinung in England – nicht bejubelten Krieg zu unterstützen, weil diese Formel eine völlige Rechtlosigkeit für Deutsche in Aussicht stellte, im Extremfall das „progressive" Konzept einer Befreiung der Menschheit von den Deutschen mittels Sterilisationsmesser eingeschlossen. Das unterwürfige Befreiungsgerede verkennt diese tragische Situation der Deutschen und verunglimpft das Gedenken der deutschen Soldaten.

Hätten nämlich die Angelsachsen, wie ihnen heute BRD-ideologisch entgegen ihren erklärten Absichten zugute gehalten wird, lediglich die Befreiung der Deutschen vom NS-Regime gewollt, dann wäre wesentliche Voraussetzung gewesen, daß diese entsprechend dem klassischen Völkerrecht das grundlegende Recht des besetzten Deutschland respektiert hätten. Wäre es den Alliierten wirklich um Demokratie gegangen, hätten sie nur den deutschen Stellen beistehen müssen, dem 1945 nach wie vor gültigen deutschen Verfassungsrecht wieder die volle Wirksamkeit zu verschaffen. Dieses Recht bestand in der Verfassung des Deutschen Reiches vom 11. August 1919, der sogenannten Weimarer Reichsverfassung, die bekanntlich nie aufgehoben, sondern in wesentlichen Teilen durch das sogenannten Ermächtigungsgesetz vom 24. März 1933 „vorübergehend" suspendiert worden war.[256]

Bei dem gesamten Vergangenheitsbewältigungsrummel unserer Tage geht es ja streng genommen auch nicht vordergründig um die Vergangenheit, schon gar nicht um eine auf Wahrhaftigkeit beruhenden Aufarbeitung derselben, sondern um die Verhinderung einer deutschen Gegenwart und Zukunft. Die Deutschen sollen vielmehr in ihrem anhaltenden nationalen Minderwertigkeitskomplex als „Tätervolk" verharren, davon abgehalten werden, ihre deutsche Zukunft selbst in die Hand zu nehmen, anstatt die deutsche und europäische Zukunft amerikanisch gestalten zu lassen und hierzu ihren Vasallen-„Beitrag" zu leisten. Eine geistige Neuorientierung der Deutschen würde auch zu der Frage hinführen, welchen Staat sich dieses Volk denn überhaupt wünscht, welche Verfassung und welche politische Ordnung? Darüber wurde nämlich das gesamte deutsche Volk nach 1945 nie gefragt. Und genau um diese Fragestellung soll es in den abschließenden Ausführungen des Buches gehen – um die Frage der staatlichen Zukunft des deutschen Volkes.

Staat, Volksherrschaft – Volksstaat

„Die Deutschen halten es für selbstverständlich, daß eine ihrer hervorstechenden nationalen Eigenheiten die übermäßige Staatsbezogenheit sei. Ihr lasten sie das Abgleiten in den Totalitarismus an und meinen, ihm gegenüber nur dann den nötigen Abstand zu wahren, wenn sie ihren Staat möglichst klein halten. Und so nahe gegenwärtig der Gedanke auch liegt, dem Staat die Aufgabe zuzuweisen, für die er geschaffen ist – die Weichen so zu stellen, daß die wirtschaftlich-sozialen Abläufe nicht entgleisen –, so regt dieser Gedanke doch eine Angst, die noch größer ist, als die Angst vor der Entgleisung: die Angst vor dem Leviathan, dem verschlingenden Ungeheuer der gebündelten Staatsmacht." Sibylle Tönnies[257]

Wer die Forderung nach einem starken Staat der Deutschen stellt, sieht sich heute sofort mit der Faschismuskeule konfrontiert. Diese gedankliche Parallele ist jedoch völlig irreführend, denn sowohl der eigentliche historische Faschismus italienischer Prägung als auch der fälschlicherweise von selbsternannten „Antifaschisten" als „Faschismus" etikettierte historische Nationalsozialismus verkörperten eben nicht den starken Staat in seiner eigentlichen Bedeutung. Im Mittelpunkt der Propaganda beider Systeme standen Partei und Bewegung und natürlich das Volk an sich. „Typisch deutsch" ist nämlich die Vernachlässigung der Staatsidee und nicht dessen Überbetonung.

Der alte Gedanke, daß die Staatsidee undeutsch sei, verband nach dem Ersten Weltkrieg die Fraktionen im Reichstag. Der Nationalsozialismus wie auch der Faschismus profitierten, so seltsam dies klingen mag, von der Reserviertheit des deutschen wie des italienischen Volkes gegenüber der Staatsidee, die als westlich galt. In diesem Sinne vereinigten sich im Nationalsozialismus und im Faschismus die linken wie rechten Ströme, die einer Übermacht des Staates, dem Leviathan, trotzten und statt dessen in der Bewegung der Massen ihre Erfüllung fanden. Die Vorstellung, daß es sich bei der Staatsidee um etwas Undeutsches handeln müsse, war zu der Zeit weit verbreitet. Im Jahre 1921 meinte auch Ricarda Huch:

"Diese der menschlichen, insbesondere der germanischen Natur nicht entsprechende Lebensform hat in Deutschland eine leidenschaftliche Sehnsucht nach organischer Gemeinsamkeit, die unverhofft zu einer überraschenden Gestaltung geführt hat, in den sogenannten Räten."[258]

Und auch der konservative Revolutionär Edgar Julius Jung meinte, daß der geistige Ursprung des Etatismus im „Westen" zu suchen sei. Das „westliche Staatsdenken", so Jung, entstamme vielmehr dem „romanischen" Denken.[259] Auch der Verfasser spürt in sich diesen „typisch deutschen" Drang, die Dinge zunächst nicht vom Ganzen, also vom Staat her zu denken, sondern von seinen Teilen. Die Teile sind, wie bereits im vorangegangenen Abschnitt ausgeführt, die verschiedenen Stämme des deutschen Volkes, die Berufsgruppen, die sozialen Schichten (Klassen), aber auch Frauen und Männer, Junge und Alte und andere Differenzierungen mehr. Dieser gedankliche Ansatz kann als „typisch deutsch" gelten. Typisch deutsch ist dann aber auch die Einsicht, daß diese Teile in einem großen Ganzen, dem Staat, zusammengeführt werden müssen, ohne das Eigenleben der Teile zu ersticken. Aber andererseits dürfen auch nicht die Teile durch ein zu starkes Eigenleben in die Lage versetzt werden, durch Kämpfe untereinander das Ganze, den deutschen Staat, zu zerstören. Dieser Zwiespalt, der zunächst einmal vorhanden ist, führt zu der völkischen Vorstellung einer „organischen Gemeinschaft", eines „organisch aufgebauten Staates", der zu schaffen sei.

Die Vorstellung, daß ein Volk und sein Staat nicht nur homogen erscheinen, sondern auch Differenzierungen aufweisen, die in einem organischen Staat zu berücksichtigen seien, ist keinesfalls neu, sondern taucht in vielen Staatskonzeptionen der Neuzeit auf. Unter anderem im *„Wahren Staat"* – so ein Buchtitel von Othmar

Spann. Während Spanns Modell in viele Berufsgruppen zerfällt, hat der Hamburger Philosoph Reinhold Oberlercher in seinem Modell die sozialen Interessengruppen in Anlehnung an die Produktionsfaktorenlehre von Karl Marx auf ganze drei verknappt: Arbeiter, Grundbesitzer und Unternehmer. Von diesem Entwurf Oberlerchers wird noch ausführlich die Rede sein.

Bei der Frage nach dem deutschen Volksstaat muß zunächst einmal geklärt werden, welche Funktion überhaupt der Staat für den deutschen Nationalisten einnimmt. Dabei ist zuerst deutlich herauszuarbeiten, welchen Stellenwert der Staat für den Nationalisten und welchen er für den Internationalisten einnimmt. Der philosophische Ansatz ist dabei grundsätzlich verschieden, was vor allem das Verhältnis des Staates zu der Gesellschaft betrifft.

Für den Nationalisten, so viel läßt sich vorausschicken, stellt der Staat an sich keinen Selbstzweck dar. Das Volk geht in seiner Bedeutung hierbei dem Stellenwert des Staates eindeutig voraus. Der Wert eines spezifischen Staates sowie des politischen Systems, das ihn trägt, mißt sich für den Nationalisten alleine an dem Kriterium, was dieser Staat, beziehungsweise die Herrschenden in diesem Staat, bereit, oder auch fähig sind, für das Staatsvolk zu tun, das wiederum für den Nationalisten alleine durch die Abstammung zu bestimmen ist. Staats- beziehungsweise Reichsbürger kann im Regelfall nur das Individuum sein, das deutsche Eltern und Großeltern nachweisen kann. So weit zum Idealfall. Im Ausnahmefall kann Deutscher im Sinne einer nationalistisch definierten Staatsbürgerschaft auch derjenige (bzw. diejenige) sein, dessen Eltern bzw. auch Großeltern bis zu einem 50 Prozent-Anteil eine nichtdeutsche Volkszugehörigkeit aufweisen.

Diese Volkszugehörigkeiten müssen jedoch eindeutig dem europäischen Kulturkreis – unabhängig des Geburtsortes – zugehörig sein. Ein Mensch, dessen völkische Herkunft zu über 50 Prozent seiner Vorfahren nicht deutsch ist, kann kein Deutscher im Sinne einer nationalistischen Auffassung von Staatsbürgerschaft sein. Dies gilt insbesondere dann, wenn eine nichteuropäische Herkunft, auch nur zum Teil nachweisbar ist. Das sagt über den Wert des Menschen rein gar nichts aus, ob er ein „guter" oder ein „schlechter" Mensch ist, sondern nur darüber, ob er ein Deutscher oder ein Nicht-Deutscher ist. Ebenso erkennen es die deutschen Nationalisten an, wenn andere Völker – zum Beispiel die Juden, die dieses völkische Prinzip musterhaft umsetzen – nach der gleichen Weise verfahren.

Welche Aufgabe besitzt der Staat?

"Der Staat ist die Wirklichkeit der sittlichen Idee. (...) Wenn der Staat mit der bürgerlichen Gesellschaft verwechselt und seine Bestimmung in die Sicherheit und den Schutz des Eigentums und der persönlichen Freiheit gesetzt wird, so ist das Interesse der Einzelnen als solcher der letzte Zweck, zu welchem sie vereinigt sind, und es folgt hieraus ebenso, daß es etwas Beliebiges ist, Mitglied des Staates zu sein. (...) Der Staat an und für sich ist das sittliche Ganze, die Verwirklichung der Freiheit (...)."[260]   Georg Wilhelm Friedrich Hegel

Nachdem festgestellt wurde, daß das deutsche Volk der politisch oberste Wert des deutschen Nationalisten darstellt, wobei sich in diesen Wert die untergeordnete Identitätskette „Person-Familie-Stamm" einfügt, dürfte klar sein, daß der Staat, der im Idealfall als Volksstaat zu bezeichnen ist, immer nur der zweite politische Stellenwert in der Wertehierarchie des Nationalisten darstellte, der einzig und alleine nach seiner Leistungsfähigkeit im Dienste des deutschen Volkes zu bemessen ist. Und der Wert, den ein Staat für das deutsche Volk nach Auffassung des Nationalisten besitzt, bemißt sich danach, ob die Vertreter dieses Staates in der Lage beziehungsweise willens sind, die drei Bausteine nationaler Politik zu verwirklichen: Nationale Identität, nationale Souveränität und nationale Solidarität.

Nun ist diese relative Wertschätzung für den Staat, die den Nationalisten deutlich von obrigkeitsfixierten autoritären Konservativen unterscheidet, nicht das Typische für den Nationalisten. Denn auch der Vertreter des Liberalismus mißt dem Staat lediglich einen relativen Wert zu. Doch während im Falle des Nationalisten die Gesamtheit des Volkes und das Wohlergehen möglichst aller Volksgenossen im Mittelpunkt des politischen Interesses steht, konzentriert sich der Liberalist, beziehungsweise der Liberal-Kapitalist, auf das Individuum und die Gesellschaft, die nach seiner Vorstellung aus einer Ansammlung atomisierter Individuen besteht. Streng genommen favorisiert der Liberalist nicht ausschließlich Individuum und Gesellschaft, sondern sein bürgerliches Klasseninteresse, das er in der bürgerlichen Gesellschaft verwirklichen will. Er will als freies, von staatlichen Zwängen freies Individuum seinem Privatinteresse nachgehen, vor allem seinem privaten Wirtschaftsinteresse. Darin will er sich von niemanden gestört sehen.

Das aus dem französischen und amerikanischen Aufklärungsideal stammende Staatsverständnis propagiert den liberalen „Nachtwächterstaat" (Adam Smith). Aufgabe des Staates sei es demnach, lediglich die grundlegenden gesellschaftlichen Spielregeln zu garantieren; das heißt er beschränkt sich darauf, Ausgangspunkt für das materialistische Streben des Einzelnen zu sein. Der Staat sei nach der liberalen Vorstellung lediglich Fundament einer Gesellschaft, die eine bloße Anhäufung von Individuen in atomisierter Vereinzelung darstellt, welche sich mittels dieses Staates zum gegenseitigen Nutzen auf einige „Umgangsregeln" geeinigt haben. Darin, also im Bereitstellen „negativer Freiheit" (Freiheit von etwas), ist dann für den Liberalismus die Aufgabe des Staates auch schon erfüllt.

Das Ziel des rein individuellen Glücks kennzeichnet auch die nichtliberalistischen Materialismen, wie zum Beispiel den Marxismus, der auch in dem Glück des Einzelnen das Ziel sieht. Während jedoch der Liberalismus bei der Umsetzung dieses Ziels glaubt, Partei für das bürgerliche Klasseninteresse ergreifen zu müssen, will der Marxismus/Kommunismus dieses Ziel über die Klassendiktatur des Proletariats erreichen. Beide stellen nun für den Nationalisten absolute Irrwege dar, weil für ihn der Einzelne sein „Glück" nur in der Gemeinschaft aller Volksgenossen finden kann. Das Ganze des Volkes ist für ihn die Voraussetzung für ein erfülltes Leben des einzelnen Volksgenossen.

Der nationale deutsche Ansatz, der aus dem deutschen Idealismus resultiert und wie er seit Fichte und Hegel faßbar wird, sieht den Staat nicht als Ausgangspunkt zur Verwirklichung der individuellen Freiheit, sondern als den hierzu notwendigen Prozeß. Der Einzelne hat dabei im Staatsverband die Pflicht, nach Kultur, Freiheit und Moral sowie nach Sittlichkeit zu streben und sich in deren Sinne zu bilden. Dabei sollen beide, also das Ganze – der Staat als „Wirklichkeit der sittlichen Idee" (Hegel) – und das Besondere – das Individuum – sich wechselseitig im Sinne fortschreitender „positiver" Freiheit vervollkommnen.

Nicht die Gewährleistung des Strebens Einiger nach materiellen Vorteilen, wobei diese durch den Staat nicht gestört sein wollen, sondern eben diese sittliche Erhebung des Menschen und der Gemeinschaft zugleich zu immer höherer Freiheit des Geistes, ist das Ziel, das dem deutschen Idealismus vorschwebt. „Freiheit" ist dabei kein Zustand – etwa im Sinne von Freiheit gegenüber äußeren Zwängen –, sondern ein Vorgang, ein Vollzug, der nur im gemeinschaftlichen Handeln der Individuen existiert. Entscheidend ist nun, daß sich ein solcher Vorgang – zu einer höheren sittlichen Gemeinschaft – nur auf Grundlage der ethnisch-kulturell definierten Nation vollziehen kann. Diesen Gedanken konsequent fortgeführt, sollen sich Gesellschaft und Staat organisch zu einer Einheit verbinden. In dieser Gemeinschaft erfüllt sich dann auch das wahre Wesen des Menschen, nur dort findet er zu seinem wahren Ich. Dieses Ich ist nur im Rahmen der höheren Gemeinschaft, der Nation, denkbar und verwirklichbar.

Das Ich besitzt somit auch einen angemessenen Stellenwert. Falsch verstandener völkischer Sozialismus, der sich zum Beispiel in der Losung „Du bist nichts – Dein Volk ist alles!" ausdrückt, wird somit ebenso überwunden wie liberalistischer Hedonismus. Die Entfremdungszusammenhänge, wie sie derzeit in allen westlichen Gesellschaften anzutreffen sind, werden durch diese Staatskonzeption konsequent aufgelöst. Der Zerissenheit zwischen atomisierten Individuen, gesellschaftlichen Gruppeninteressen und den Restbeständen des Staates, wie dies für die Endzeit-BRD so typisch ist, wird somit ein Ende gemacht.[261]

Dem Vorwurf, den der Verfasser jetzt schon von seinen politischen Gegnern hören kann, dies sei doch „Nationalsozialismus", tritt er gelassen entgegen. Die Erkenntnis, daß Nationalismus und Sozialismus zusammengehören, ist nicht deshalb falsch, weil sie auch ein Adolf Hitler propagandistisch und politisch vertreten hat. Da spielt es auch keine Rolle, wie man zu seinem politischen Schaffen im Einzelnen stehen mag. Im übrigen sei darauf hingewiesen, daß diese Erkenntnis, „national" und "sozial" zu einem einheitlichen Ganzen zusammenzuführen, nicht eine Erfindung des Nationalismus des 20. Jahrhunderts darstellt und keinesfalls die des Adolf Hitler ist, sondern bereits in der Fichte'schen Philosophie angelegt ist; und der hat seine Gedanken bekanntlicherweise im 19. Jahrhundert formuliert. Die einzige Möglichkeit, den nationalen Sozialismus zu diskreditieren, besteht nun darin, eine geistige Linie von Fichte zu Hitler zu konstruieren, oder besser noch von Luther zu Hitler, oder besser noch von Armin dem Cherusker zu Hitler. Das wird die deutschen Nationalisten jedoch nicht davon abhalten, ihren deutschen Volksstaatsgedanken auch weiterhin und in noch viel stärkerem Maße zu propagieren.

Wichtig bei all diesen Überlegungen ist die Vorstellung von einem Volksstaat. Was soll es denn nun mit dieser Idee auf sich haben? Zum einen geht es darum, daß die Staatsbürger dieses Staates in ihrer großen Mehrheit weitestgehend ethnisch homogen sein sollen, um den inneren Zusammenhalt dieses Staates und die Solidarität der Staatsbürger untereinander gewährleisten zu können, wozu ein „melting pot" niemals dauerhaft imstande ist. Das soll aber nicht heißen, daß dieser deutsche Volksstaat nicht auch ethnische Minderheiten als gleichberechtigte Bürger beherbergen kann und soll, sofern diese seit Jahrhunderten hier ihre angestammte Heimat haben, wie die Dänen in Schleswig-Holstein, die Sorben in der Lausitz sowie die Friesen an der Nordsee. Wichtig dabei ist nur, daß es unter diesen Minderheiten nicht Tendenzen gibt, welche die Integrität des Staatsgebietes in Frage stellen. Die gleichen Minderheitenrechte sind den „Neubürgern" des Deutschen Reiches tschechischer und polnischer Volkszugehörigkeit in den wiederzugewinnenden Sudeten- und Ostgebieten zu garantieren.

Zum anderen jedoch bezieht sich der Volksstaatscharakter auch auf den Volksbegriff an sich. Dieser umfaßt alle deutschen Stämme, sozialen Schichten, Klassen, Männer und Frauen sowie Generationen. Dies klingt zwar selbstverständlich, war jedoch in der deutschen Geschichte nicht immer gegeben. Immer wieder wurde versucht, die Herrschaftsgrundlage durch Ausgrenzung wesentlicher Volksteile zu sichern – ob in einer Klassendiktatur wie in der DDR, einer Parteidiktatur wie in der DDR und im Drittem Reich, oder auch in dem Plan einer Parteien- und Verbändediktatur in der BRD.

Die politische Elite eines zu schaffenden Volksstaates wird den durch die BRD-Bourgeoisie ausgelösten Bürgerkrieg so schnell wie nur möglich beenden und ein Angebot zur Versöhnung an alle Volksteile machen müssen – auch an erklärte „Antifaschisten", sofern sie bereit sind, von Landesverrat und Gesetzesbruch Abstand zu nehmen. Das Volksstaatskonzept soll auch Abstand nehmen von einer allzu primitiven Eliten-Massen-Theorie, die gerne von autoritär-konservativen Kreisen gepflegt wird. Als ob die Dummheit und Manipulierbarkeit eine Frage des sozialen Status, des „oben" und „unten" sei. Die Eliten müssen vielmehr gegenüber dem Volk durchlässig sein, was heißen soll, daß die soziale Mobilität verstärkt zu fördern ist. Es sollen diejenigen Jugendlichen eine besonders gute Ausbildung erhalten, die dazu aufgrund ihrer Begabung geeignet sind, nicht diejenigen, die aus dem „besseren" Milieu stammen. In dieser Hinsicht – was die soziale Durchlässigkeit und die Offenheit des Ausbildungssystems betrifft – stellt nun das Dritte Reich wahrlich ein unerreichtes Vorbild in der deutschen Geschichte dar.[262]

Alternativen einer neuen Ordnung

„Das Reich der Deutschen kann erst wieder Gestalt annehmen, wenn nach dem kommunistischen Osten auch der kapitalistische Westen zusammengebrochen ist. Aus dieser Möglichkeit wird aber nur dann Wirklichkeit werden, wenn die staatliche Gestalt des Reiches zugleich einem neuen geschichtlichen Gehalt entspricht, wenn die Gestalt und ihr Gehalt sich sowohl wiederherstellen als auch erneuern. Im germanischen Raum ist die Idee des Reiches uralt und wahrscheinlich schon in der Bronzezeit verwirklicht gewesen, was in den Mythen vom Goldenen Zeitalter überliefert ist. Seit jenen fernen Zeiten, die ein lebendiger Mythos vergegenwärtigen kann, ist die Reichsidee der Gestaltgeber eines konkreten Ordnungsdenkens in Europa. Uralte Gestalten können sich immer wieder verjüngen, wenn ihr Gehalt weiterhin sich erfüllt.[263]*"*   Reinhold Oberlercher

Das Reich ist die Vergangenheit und die Zukunft der Deutschen. Oder die Deutschen werden auf Dauer keine Zukunft mehr haben. Hält die bevölkerungspolitische Entwicklung auch weiterhin an, dann werden die Deutschen auf dem Territorium der BRD im Jahr 2125 mit den Türken einen „Gleichstand" erreicht haben. Beide Volksgruppen werden dann in Deutschland rund 40 Millionen an Volkszahl stellen. Die Orientierungslosigkeit der Gegenwartsdeutschen, die sich vor allem in Konsumfetischismus und Geburtenverweigerung ausdrückt, ist ein Ausfluß des Verlustes ihres kollektiven Bewußtseins als Reichsvolk in der Mitte Europas. Die Mehrheit der Gegenwartsdeutschen definiert sich als atomisierte Individuen, deren Wert sich in der Anhäufung von Belanglosigkeiten mißt. Welchen Wert es hat, Deutscher zu sein und welche Sendung möglicherweise damit verbunden ist, stellt für die dumpfe Masse kein Thema mehr dar. Deutsch sein wird schlimmstenfalls als identitäre Belastung empfunden.

Wie bereits angesprochen, speist sich im Normalfall das Selbstbewußtsein des Volkes aus zwei Quellen: der Vergangenheit und der Zukunft – erste bedeutet einer selbstbewußten Nation Auftrag und zweite Sendung. Auf den Mißbrauch der Geschichte, der dazu dient, ein Volk in geistige Knechtschaft zu zwingen, wurde bereits ausführlich eingegangen. Dieser ist maßgeblich für die geistige Orientierungslosigkeit der Deutschen verantwortlich und muß deshalb durch Revision der für das deutsche Volk verleumderischen etablierten Geschichtsschreibung überwunden werden. In den folgenden Ausführungen soll es nun darum gehen, eine staatliche Zukunft der Deutschen zu entwerfen – als Gegenentwurf zum *Status Quo* des BRD-Vasallensystems auf deutschem Boden.

Eine nationale Fundamentaloppostion muß sich darüber im klaren sein, welche staatliche Ordnung ihr als Alternative zur deutschen Gegenwart vorschwebt. Das soll nicht heißen, daß der Entwurf eines einzelnen Denkers in orthodoxer Verkennung der Möglichkeiten zum alleinseeligmachenden Heilmittel auserkoren werden soll, sondern es soll vielmehr innerhalb der nationalen Opposition ein geistiger Wettbewerb über die beste staatliche Ordnung stattfinden. Und hierzu sind möglichst viele Ordnungsmodelle von freien Denkern einzubringen und dem nationalen Publikum zur Diskussion zu stellen.

Nun soll keiner behaupten, die nationale Opposition in Deutschland habe keine alternative Vorstellung von der staatlichen Zukunft der Deutschen. Wer dies behauptet, lügt, oder hat keine Ahnung davon, über was er redet. Im wesentlichen gibt es vier alternative Ordnungsentwürfe in der nationalen Nachkriegspublizistik, die ernsthafte Versuche darzustellen, auf historischer und juristischer Argumentationsgrundlage einen staatswissenschaftlichen Ausweg aus der gegenwärtigen Misere aufzuzeigen. Alle diese vier Entwürfe, von denen gleich die Rede sein wird, sind Anfang der 90er Jahre in einer einzigen Zeitschrift veröffentlicht worden, deren Name schon nahelegt, was das Hauptanliegen ihres Herausgebers ist: *Staatsbriefe* heißt der vielversprechende Titel der Publikation, die von Hans-Dietrich Sander in München herausgegeben wird. Mit der Zeitschrift, die seit 1990 erscheint, ist der Zweck verbunden, die mißlungene staatliche Teilvereinigung Deutschlands seit 1989 publizistisch in kritischer Weise zu begleiten und dem ungenügenden Zustand alternative Ideenansätze entgegenzustellen.

Hans-Dietrich Sander, der Herausgeber der *Staatsbriefe*, wurde 1928 in Mecklenburg geboren, studierte in West-Berlin Theologie, Theaterwissenschaft, Germanistik und Philosophie. 1952 wechselte er in den Ostteil der Stadt, schrieb dort Kritiken für die Theaterzeitschrift *Theater der Zeit* und war Hospitant bei Brecht. 1957 flüchtete er in die Bundesrepublik. Es folgten einige Jahre als Journalist bei der *Welt*, 1969 die Promotion bei Hans-Joachim Schoeps mit einer Arbeit über *Marxistische Ideologie und Allgemeine Kunsttheorie*, 1975/76 ein Lehrauftrag an der TU Hannover. 1978/79 eine Gastdozentur an der FU Berlin, zwischenzeitlich und danach Tätigkeiten als freier Journalist.

Sander gefällt sich innerhalb der nationalen Publizistik als der große Intellektuelle, der über den Dingen steht. Er lehnt es vor allem ab, Partei zu sein, plädiert für das Ganze, für Volk und Staat. Das Etikett „Nationalist" würde er schroff zurückweisen. Dennoch wird er von Freund und Feind dem deutschen Nationalismus in der Rolle eines Vordenkers zugeordnet. Das sieht auch der Historiker Hans-Georg Meier-Stein so, wenn er schreibt:

„Sander wird nachgesagt, er sei von einer inakzeptablen Radikalität und in der Tat ist sein 1980 erschienenes Buch Der nationale Imperativ das hierzulande seltene Dokument eines kämpferischen Befreiungsnationalismus."[264]

Wie dem auch sei, Sander ist maßgeblich dafür verantwortlich, daß „Staat" und „Reich" als Zukunftsperspektiven unter nationalen Intellektuellen und selbst unter reinen politischen Aktivisten dieses politischen Spektrums wieder diskussionswürdig geworden sind. Im Mittelpunkt der ordnungspolitischen Diskussion, die seit 1990 in den *Staatsbriefen* stattfindet, stehen die besagten vier Entwürfe, die nun im weiteren Verlauf in aller Kürze vorgestellt und bewertet werden sollen.

Das Hauptproblem in diesem Zusammenhang ist, daß die Herrschenden den Eindruck erwecken, als ob es zu ihrem System der parlamentarischen Demokratie keine Alternative gäbe. Dieser falsche Eindruck wird freilich durch die geistige Lethargie, die im nationalen Lager mehr oder weniger seit Kriegsende herrscht, gestärkt. Es sind sich zwar so ziemlich alle Nationalisten, selbst die Nationalkonservativen und Nationalliberalen mitgezählt, darin einig, wo die Probleme für unser Volk liegen. Kurz und prägnant in der Überfremdung. Ob sich diese nun durch die ethnisch Fremden, die sprachliche Überfremdung, die Vereinnahmung unserer Wirtschaftskraft durch supranationale Konzerne oder das Aufgehen der nationalstaatlichen Restbestände des BRD-Staates in die Brüsseler EU-Diktatur ausdrückt. Das Problem liegt in der Überfremdung Deutschlands, des deutschen Volkes, des deutschen Staates, der deutschen Wirtschaft, des deutschen Kulturlebens – also in allen Lebensbereichen.

Und die Verausländerung Deutschlands in allen Lebensbereichen kann auch nur durch eine konsequente Entausländerung Deutschlands in allen Lebensbereichen aufgehoben werden. Dies sind jedoch nur die Symptome eines schwerkranken Volkskörpers, nicht die Krankheitsursachen. Eine wegweisende Einschätzung der

Lage liefert uns Thomas Finke in den *Staatsbriefen*:

"Mit einer Verfassung, die eine Krise des Parteiwesens zu einer Staatskrise geraten läßt, stimmt generell etwas nicht. Nicht die Parteien bedürfen hier einer Reform, sondern die Verfassung selbst! Je früher und grundlegender die theoretischen Vorarbeiten für eine Verfassungsreform geleistet werden, desto besser für die praktische politische Arbeit."[265]

Und weiterhin meint Finke, daß wenn ein Vertreter des parteipolitisch organisierten „Nationalismus" sage, mit einer Ergänzung des Parteiensystems am rechten Flügel sei es im wesentlichen getan, er damit nur beweise, daß er den Ernst der Krise verkenne. Bezeichnend für das Niveau dieser Vertreter und vieler systemfixierter Zeitgenossen sei, daß sie eine grundsätzliche Beschäftigung mit staatlichen Herrschaftsstrukturen ablehnen und vor der Inangriffnahme von Änderungen im Staatsaufbau resignierend zurückschrecken. Solche Leute entschuldigten ihre Inkompetenz dann oft mit Aussagen wie:

"Es gibt keine Möglichkeit der praktischen Umsetzung von Verfassungsreformen!"

Finke gibt diesem Personenkreis zur Antwort, daß damit nur gesagt sei:

"Wir sind zu faul oder zu feige, darüber nachzudenken!"

Und wenn sich diese Leute fürs Denken zu schade seien, so Finke, dann müsse man ihnen das Denken eben abnehmen. Dieses Klientel laufe aber Gefahr, als die *"letzten Bolzen zu gelten, die die parlamentarische Republik verschoß, bevor sie die weiße Flagge hißte."*[266]

Finke widerspricht dem alten Vorwurf so mancher systemfixierter Konservativer und Nationalliberaler, es würden zwar eine Fülle von Ideen und Lösungen alternativ zum System angeboten, aber es fehlten die Aussagen zu ihrer Durchsetzung:

"Man sollte sich nämlich auch in der politischen Arbeit eine gewisse Systematik angewöhnen und nicht den dritten und vierten Schritt vor dem ersten tun! An der ersten Stelle steht zunächst einmal die Erkenntnis, daß etwas im Staate nicht stimmt, daß eine Krise überhaupt vorhanden ist."[267]

Diese Erkenntnis sei offensichtlich und werde nicht einmal von Vertretern der politischen Klasse bestritten. Denn:

"Nicht die ungehemmte Ausländerzuwanderung und die an die staatliche Substanz gehenden Hoheitsrechtsübertragungen auf die Europäische Union sind das zentrale Problem, sondern es ist die Tatsache, daß diese Entwicklungen überhaupt möglich waren."[268]

Finke führt diese Überlegungen zu dem Fazit:

"Hat man die Krise jedoch erkannt, dann muß man ihre Ursachen auch aufdecken. Diesen Schritt haben jedoch die Parteienkritiker größtenteils noch nicht vollzogen; vom Parteienestablishment ist der Schritt auch nicht zu erwarten, da diese bekanntlich von den Mißständen profitieren."[269]

Wenn man nun erkannt hat, daß die Ursachen der Krise systemimmanent sind, sollte im nächsten Schritt die Beschäftigung mit denkbaren und praktikablen Alternativen folgen. Bereits das Vorhandensein solcher alternativer Ordnungsentwürfe und die Diskussion darüber im nationalen Lager hat auch einen ganz simplen Zweck: Die Fülle der Gedanken und Ideen, die in den letzten Jahren veröffentlicht wurden, zerstören das von den in der BRD Herrschenden gepflegte Tabu, es gebe zu ihrem System keine Alternative. Dem ist jedoch offensichtlich nicht so. Die Behauptung, es gebe zum *Status Quo* keine denkbare Alternative läßt sich nämlich durch den Verweis auf die vier in den *Staatsbriefen* veröffentlichten Ordnungsentwürfe leicht widerlegen. Deshalb soll an dieser Stelle auf die Diskussion Anfang der 90er Jahre in den *Staatsbriefen* Bezug genommen werden.

Geistige Grundlagen

Die vier alternativen Ordnungsentwürfe sollen dabei nicht in allen Einzelheiten vorgestellt werden, da jeder Entwurf eine Bandbreite politischer und staatswissenschaftlicher Fragen aufwirft und thematisiert. Dabei gilt es Wesentliches von Unwesentlichem zu unterscheiden. Die Entwürfe sollen vielmehr parallel anhand zentraler Ordnungskriterien vorgestellt werden, um den Vergleich zu ermöglichen. Am Ende der Untersuchung soll geklärt sein, wo das Gemeinsame liegt, das alle vier Entwürfe verbindet und wo das Trennende. Ebenso sind die konzeptionellen Vor- und Nachteile herauszustellen. Der Leser soll sich letztendlich selbst ein Bild machen können, welchen der vier Entwürfe er für den geeignetsten hält.

Thomas Finke – Fortschreibung des Grundgesetzes

Der Verfassungsentwurf von Thomas Finke stellt der Versuch dar, auf Grundlage des Bonner Grundgesetzes (GG), das den Westdeutschen 1949 von den westalliierten Siegermächten „geschenkt" wurde, eine erneuerte Verfassung der Deutschen fortzuschreiben. Finke hat erkannt, daß es sich beim Bonner Grundgesetz um eine parlamentszentrierte Verfassung handelt, in welcher der ausufernde Parteienstaat angelegt ist. Weil der Autor glaubt, man könne eine Verfassungsdebatte nur an den „realen Verhältnissen" orientieren und nicht an „verfassungsutopischen Theorien"[270], will er das Grundgesetz auf Grundlage des Artikels 79 per Zwei-Drittel-Mehrheit des Bundestages zu einer präsidialdemokratischen Verfassung dergestalt ändern, daß am Ende der Entwicklung der Reichspräsident und nicht mehr das Parlament und die Parteien den deutschen Staat dominieren. Finkes Entwurf kann auch als der pragmatische Ansatz gesehen werden, der die Situation vom *Status Quo*, also vom Grundgesetz her, denkt.[271]

Josef Schüsslburner – Wiedereinsetzung der Weimarer Reichsverfassung

Währenddessen handelt es sich bei Josef Schüsslburners Ordnungsmodell um die Absicht, die Weimarer Reichsverfassung (WRV), die seiner Darstellung nach die völkerrechtlich nach wie vor gültige Verfassung der Deutschen ist, wieder inkraftzusetzen. Im Dritten Reich existierte die WRV im wesentlichen fort, wurde jedenfalls nie in seiner Gesamtheit aufgehoben. Danach erhielten die Westdeutschen von den Westalliierten das demokratisch nie legitimierte Grundgesetz. Deshalb versucht nun der Autor „legalistisch" das Staatsproblem der Deutschen mittels der WRV zu lösen.[272]

Allerdings würde durch die Wiedereinsetzung der WRV – lediglich unter anderen Vorzeichen – analog zum Grundgesetz ein parlamentarisches System den Vorzug vor einem Präsidialsystem erhalten. Wieder würden die Parteien mehrheitlich über die Regierungsbildung bestimmen. Dennoch verweist Schüsslburner auf die Möglichkeit, die Weimarer Reichsverfassung durch Streichung des Artikel 54 WRV zu einer Präsidialdemokratie umzuwandeln, bei der dann der Präsident alleine über die Regierungsbildung entscheidet. Denn schließlich, so Schüsslburner, stelle die ursprüngliche WRV „keine Idealverfassung" dar.[273] Ideal sei diese nach Auffassung Schüsslburners auch deshalb nicht, weil diese auf ausländischen Druck zustande kam, nämlich durch die Begleitumstände des Versailler Diktats, die den Sturz der Monarchie im Deutschen Reich bewirkten.[274]

Hans-Dietrich Sander – die absolute Republik

Hans-Dietrichs Sanders Konzept zeichnet sich dadurch aus, daß ihm eine Verfassung fehlt. Verfassungen würden seiner Auffassung nach ohnehin nur Gewaltenteilungen vorgaukeln, wo diese nicht bestünden. Zudem könnten sich Herrscher ohnehin über Verfassungen hinwegsetzen. Wichtiger als die Verfassungsfrage sei die nach der politischen Ordnung. Und diese wünscht sich der Autor dergestalt, daß sein Konzept – im Gegensatz zu den drei anderen Entwürfen – weder Parlament noch Parteien kennt. Sanders Vorstellungen kreisen um das historische Vorbild des für ihn vorbildlichen staufischen Verwaltungsstaates, den er von der Bürokratie der parlamentarischen Demokratie unterscheidet. Dieser geschichtliche Ansatz sieht vor:

„In einer absoluten Republik würde der Präsident ohne einen Kanzler wie ein absoluter Monarch mit einem Kabinett aus Fachministern regieren. Seine Regierungszeit sollte mehrere Kabinettsperioden umfassen. Die Minister wären vom Präsidenten zu ernennen und zu entlassen. Hinter den Ministern stünden beratende, das jeweilige Sachgebiet umspannende Kammern, die von den zu Berufsständen neu zu organisierenden Verbänden in einem Mischverfahren von Nomination und Wahl zu beschicken wären. Hier würden die anstehenden Fragen unter sachlichen Gesichtspunkten behandelt, ohne daß ein Parteiinteresse sie bräche. Das allgemeine Wahlrecht ist auf die untere, die kommunale Ebene beschränkt, wo es allein sinnvoll und sinnstiftend ist, wo es als Selbstverwaltungsprinzip im Deutschen Reich alte, tief reichende Wurzeln hat. (...) Da der Wähler heute in der Regel für überfragt gilt, kann ihm die Entscheidung über die Person des Staatspräsidenten schwerlich zustehen. Statt einer Volkswahl empfiehlt sich, das antike Institut des Adoptivkaisertums zu modifizieren."[275]

Das Chaos wird dieses Staatsoberhaupt an die Macht spülen, von wo aus das Volk es nicht mehr wegbekommt. Sander scheint an einen guten „König" zu glauben, dessen Regierungsgeschäfte in vollem Einklang mit dem Wohle des deutschen Volkes steht, das wiederum seiner Macht auf Gedeih und Verderb ausgeliefert ist. Eine demokratische Kontrolle durch eine regelmäßige Wiederwahl dieses Staatsoberhauptes sieht der Entwurf Sanders nicht vor. Es ist unklar, wie der Präsident an die Macht gelangt und wie er abgelöst wird. Das überläßt Sander mehr oder weniger dem Zufall.[276]

Reinhold Oberlercher – der idealistische Reichsverfassungsentwurf

Reinhold Oberlerchers Ausarbeitung stellt ebenso einen geschichtlichen, im größeren Maße aber einen idealistischen Ansatz dar. Die Besonderheit liegt darin, daß der Autor einen völlig neuen Entwurf geschrieben hat, der eine Fülle von deutschen Reichs- und Staatstraditionen aufgreift und der in seiner Detailgenauigkeit dermaßen ausufernd ist, daß dieser Entwurf weit über einen eigentlichen „Reichsverfassungsentwurf" hinaus geht, statt dessen vielmehr in idealistischer Weise ein grundsätzliches staatspolitisches Programm mitliefert. Dies alles in seiner Gesamtheit hier darzustellen, würde bedeuten, den Rahmen des Buches zu sprengen. Es sollen deshalb an dieser Stelle nur die grundsätzlichen Wesenszüge des Oberlercherschen Entwurfs vorgestellt werden, die mit den drei übrigen Konzepten vergleichbar sind.

Das Modell zeichnet sich vor allem dadurch aus, daß es eine Direktwahl des Reichsoberhauptes durch das Volk ebenso vorsieht wie Volksentscheide – und die auf allen Ebenen. Beide Varianten stellen für Oberlercher die beiden Möglichkeiten dar, Volkssouveränität direkt auszuüben, beziehungsweise diese an das Staatsoberhaupt zu übertragen. Genauso bemerkenswert ist die Vorstellung, analog zur Marx'schen Klassendefinition (Arbeit, Boden, Kapital) drei Interessenvertreterparteien für das Parlament vorzuschreiben (Sozialisten, Konservative, Liberale). Dies ist Oberlerchers Antwort auf das gegenwärtige Parteienunwesen in der BRD, bei dem der Eindruck differierender inhaltlicher Positionen zwischen den Parteien entsteht. Jedoch bei genauerem Hinsehen entpuppen sich die BRD-Parteien CDU/CSU-SPD-Bündnis 90/Die Grünen-FDP und neuerdings die PDS als eine große liberale Einheitspartei mit unterschiedlichen Schwerpunkten (bürgerlichliberal, sozialliberal, ökoliberal etc.). Thomas Finke kommentierte dies wie folgt:

„Diesen Zustand könnte man durchaus als Herrschaft einer einzigen Partei beschreiben, die aus Gründen der politischen Taktik den Wählern gegenüber unter mehreren Namen auftritt: Teile und herrsche!"[277]

Durch Oberlerchers Entwurf wären drei Parteien in der politischen Praxis vorgeschrieben: Eine Arbeiter-, eine Grundeigentümer- und eine Unternehmerpartei. Durch diese Handhabung wäre zumindest erreicht, daß die Parteien mit ihrem Namen für klare Interessensprofile stehen und das Parlament nicht durch eine liberale Einheitspartei dominiert wird, die sich in mehrere Fraktionen gliedert.[278]

Überwindung von Parlamentarismus und Parteienstaat

Allen vier Entwürfen ist die Grunderkenntnis gemeinsam, daß das Grundübel der derzeitigen politischen Misere das politische System der BRD an sich ist. Der Systemmechanismus, der eine Lösung aller völkischen Fragen bereits präventiv verhindern würde und tatsächlich verhindert, besteht in der Dominanz des Parlaments sowie der Parteien im BRD-System. Dieses Grundproblem haben nicht nur Sander, Oberlercher, Finke und Schüsslburner gemeinsam erkannt, auch aus dem politischen Establishment hört man gleichlautende Töne. Vor allem dann, wenn sich die ehemaligen Parteipolitiker zur Ruhe gesetzt haben. So schreibt der frühere Bundesfinanz- und Bundesverteidigungsminister Hans Apel (SPD):

„Der Bundestag besteht nicht aus Individuen, die ihr Mandat aufgrund der Entscheidung ihrer Wähler aus eigenem Recht ausüben. Sie sind die gewählten Vertreter ihrer Parteien. (...) Die Parteien entscheiden, wer für sie in den Deutschen Bundestag einzieht."[279]

Also nicht das deutsche Wahlvolk entscheidet in erster Instanz über die Aufstellung der Kandidaten zur Bundestagswahl, sondern zunächst einmal alleine die Parteien. Der aktive Teil der Mitglieder der etablierten Parteien, die ungefähr drei Prozent der BRD-Bevölkerung ausmachen, stellen zur Bundestagswahl Landeslisten auf, wodurch sozusagen eine Vorauswahl getroffen wird, wer überhaupt über die Zweitstimme, die entscheidende Stimme bei der Stimmabgabe, zur Bundestagswahl chancenreich aufgestellt wird. Dies kommt dem Modell einer klassischen Oligarchie gleich, in der drei Prozent des Volkes über die Vorauswahl der Zusammensetzung der politischen Elite bestimmen. Die 1999 für das Amt des

Bundespräsidenten angetretene parteilose Kandidatin Dagmar Schipanski verdankte ihre Möglichkeit zur Kandidatur eben auch dem Wohlwollen zweier Parteien – nämlich der CDU/CSU.

Bezeichnend für die Herrschaft von Parlament und Parteien ist in der BRD die Tatsache, daß in der Regel zu Wahlen nur Parteilisten antreten dürfen, die beim Bundeswahlleiter und den Wahlleitern der Bundesländer auch als Parteien anerkannt werden. So wurden zum Beispiel zwei Wahlvorschläge zur Berliner Abgeordnetenhauswahl am 10. Oktober 1999 mit der Begründung abgelehnt, diese hätten nur „Ein-Punkt-Programme" vorzuweisen und würden deshalb nicht unter die Kategorie „Partei" fallen, weshalb ihnen – der „Europa Partei Deutschlands" und der „Berliner Partei für deutsche Rechtschreibung und Sprachpflege" – die Wahlteilnahme vom Landeswahlausschuß Berlin verweigert wurde. Während im Grundgesetz-Artikel 21 steht: *„Die Parteien wirken bei der politischen Willensbildung des Volkes mit (...)"*[280], so sieht die Verfassungswirklichkeit anders aus. Die etablierten Parteien wirken in der BRD nicht mehr mit, sie haben sich vielmehr alles denkbare, was den Staat betrifft, als Beute angeeignet: Sie stellen mehrheitlich die Regierung, den Bundespräsidenten über die sogenannte „Bundesversammlung", die Landesregierungen, den „Verfassungsschutz", Aufsichtsräte und Vorständler in der Wirtschaft, Funktionäre in Sportverbänden, gesellschaftlichen Organisationen, Gewerkschaften und Arbeitgeberverbänden, Sparkassendirektoren usw. usf.

Diese Parteienherrschaft und die sie überwölbende parlamentarische Demokratie gilt es abzulösen – und da gehen alle vier nationalen Denker konform. Bei der Frage, welche Rolle das Parlament und die Parteien überhaupt noch spielen sollen, gehen dann allerdings die Standpunkte der Autoren zum Teil weit auseinander. Die markanteste Vorstellung hat dabei Sander entwickelt, dessen absolute Republik weder Parlament noch Parteien kennt. Oberlerchers Reichsverfassungsentwurf kennt beides: Parlament und Parteien. Den Zweck der Parteien legt er ebenso fest wie deren Anzahl: es soll sich dabei – wie bereits vorgestellt – um die drei Interessenvertreter dreier Klassen handeln. Die Entwürfe von Finke und Schüsslburner sehen sowohl Parlament als auch Parteien vor. Letztere sind analog zum Grundgesetz und zur Weimarer Reichsverfassung bezüglich ihrer Anzahl und Interessensausrichtung nicht vorgeschrieben.

Den zuletzt genannten drei Konzepten (Oberlercher, Finke, Schüsslburner) ist gemeinsam, daß sie zwar Parlament und Parteien kennen, deren verfassungsrechtliche Befugnisse jedoch – im Vergleich zum derzeit gültigen Grundgesetz – stark beschneiden. Die Regierungsbildung geht bei Finkes Fortschreibung des Grundgesetzes vom Staatsoberhaupt aus, das direkt vom Volk gewählt wird. Schüsslburner läßt die Regierung durch das Parlament – analog zur Weimarer Reichsverfassung – wählen. Oberlercher läßt den Regierungschef durch das Reichsoberhaupt bestimmen, der wiederum die Minister einsetzt. Das Parlament ist bei Oberlercher, Finke und Schüsslburner im wesentlichen für die Legislative (Gesetzgebung) zuständig. Eine Gewaltenteilung ist diesen drei Entwürfen im Gegensatz zu Sanders absoluter Republik gemeinsam. Sanders Konzept sieht eine Verschmelzung von Staatsoberhaupt und Regierungschef vor. Volksentscheide sind in den Konzepten von Oberlercher, Finke und Schüsslburner grundsätzlich vorgesehen oder zumindest auf Grundlage eines zu schaffenden Gesetzes möglich. Sanders Konzept sieht keine Volksentscheide vor. Demokratische Wahlen sehen wiederum gemeinsam sowohl Oberlercher, Finke und Schüsslburner vor, Sanders Entwurf nur auf kommunaler Ebene.

Welchem Entwurf ist Vorrang zu geben?

Aus der vorangegangenen Analyse der vier Entwürfe stellt sich die Frage, welcher Entwurf aus nationaldemokratischer Sicht der geeignetste ist, um ihn als Gegenentwurf – solange es keinen besseren gibt – in den nationalen Diskurs und dann in die öffentliche Diskussion einzubringen. Natürlich ist eine diesbezügliche Bewertung immer subjektiv aus der Sicht des jeweiligen Betrachters. Es ist auch davon Abstand zu nehmen, daß einer der vier vorgestellten Entwürfe der geniale sei, die anderen drei demzufolge zu verwerfen seien. Es ist vielmehr vorauszusetzen, daß es sich bei allen vier Entwürfen um richtungsweisende Ansätze handelt, die ja – was die vorangegangene Untersuchung gezeigt hat – in ihrer Grundintention nicht so verschieden sind.

Aus nationaldemokratischer Sicht sollten dabei folgende Kriterien im Mittelpunkt stehen: Die „Nation" als Gesamtheit zur Geltung zu bringen und demokratische Mitbestimmung zu ermöglichen. Um dieses „nationaldemokratische" Spannungsverhältnis geht es – in diesem Rahmen ist ein vernünftiger Ausgleich zu schaffen. Die Nation als Ganzes läßt sich nur in einem starken, autoritär geführten deutschen Staat verwirklichen. Wahre Volksherrschaft (Nationaldemokratie) läßt sich nur durch die Respektierung der Volkssouveränität erreichen. Dies sind die zwei Grundsätze eines nationaldemokratischen Staatsaufbaus!

Der starke, autoritär geführte deutsche Staat ist nur auf Grundlage eines dominierenden Staatsoberhauptes zu verwirklichen, dem die außenpolitische Richtlinienkompetenz zusteht und der den Regierungschef einsetzt, der wiederum seine Minister nach fachlichen Kritierien und nicht nach deren Parteizugehörigkeit in die Regierung beruft. Dieser Grundsatz ist mehr oder weniger in drei der vier Entwürfen angelegt. Bei Sander tritt das Staatsoberhaupt und der Regierungschef in Personalunion auf. Lediglich Schüsslburners Bezug auf die Weimarer Reichsverfassung, sofern diese bei ihm unverändert bleibt, bildet dabei eine Ausnahme, bei der die Regierung aus der Parlamentsmehrheit resultiert. Deshalb mag das Ansinnen Schüsslburners zwar ehrenhaft sein, der völkerrechtlichen Legalität durch die Wiedereinsetzung der Weimarer Reichsverfassung wieder zum Durchbruch zu verhelfen, doch unter pragmatischen Gesichtspunkten wird freilich das Problem der Parlaments- und Parteienfixierung gerade durch diesen Ansatz nicht gelöst, weshalb Schüsslburners Ansatz bestenfalls legalistisch als Übergangslösung geeignet erscheint, jedoch als dauerhafte Lösung aus nationalistischer Sicht abzulehnen ist. Deshalb soll die weitere Betrachtung auf die übrigen drei Modelle beschränkt werden (auf die Modelle von Finke, Sander und Oberlercher).

Sanders Ansatz ist, was die Verwirklichung der Nation als Ganzes betrifft, der radikalste Entwurf, der diesem Anspruch absolut gerecht wird. Parteien und Parlament sind darin grundsätzlich verworfen. Die Frage ist nur, wie mit diesem Ansatz, der zwar das nationale Ganze wie kaum ein anderer unterstreicht, der Volkssouveränität Genüge getan werden kann. Es mag sein, daß Sanders Vorstellungen aus autoritär-konservativer Sicht der beste Entwurf darstellt, doch Nationaldemokraten müssen auch der Volkssouveränität breiten Raum zur Verwirklichung einräumen. Und wie soll das ohne freie Wahlen, ohne soziale Interessenvertretung (in Parteien und ähnlichen Organisationen) denn funktionieren? Eine sinnvolle Machtkontrolle ließe sich durch Sanders Konzept wohl schwerlich erreichen. Zumal bei seinem Konzept die Befürchtung im Raum steht, daß bei einem Nichtvorhandensein einer Verfassung, das auch als Regelwerk für einen personellen Wechsel an der Staatsspitze dienen sollte, im Falle eines plötzlichen Ablebens des Staatsoberhauptes Diadochenkämpfe um die Nachfolge den Bestand des Staates gefährden könnten.

Doch Sanders Vorstellungen sollen hier nicht im Bausch und Bogen verworfen werden. Situationsbedingt könnten sich diese, wenn nicht als idealtypisch, so doch als der realistischste Entwurf herausstellen. Denn sollte das „große Chaos" ausbrechen, die BRD auf dem totalen Scherbenhaufen landen, die staatliche Unordnung zu offensichtlich sein, so wäre es schwer vorstellbar, daß dann aus einer breiten demokratischen Diskussion heraus verschiedene Verfassungsentwürfe und Ordnungsmodelle vorgestellt und erörtert werden und sich davon dann einer schließlich durchsetzt. Ein totales Chaos, das mit einer totalen Gesetzlosigkeit verbunden wäre, könnte sicherlich nur durch eine nationale Diktatur beantwortet werden. „Diktatur" in dem Sinne, daß eine Gewaltenteilung im Sinne von Montesqieu von vorneherein nicht stattfindet. Da wäre dann Sanders Konzept gefragt.

Wer diese Variante für „unmoralisch" hält, dem sei gesagt, daß Demokratie und Diktatur keinen Widerspruch darstellen, daß vielmehr beide eine Symbiose eingehen können. Denn weder in der demokratisch legitimierten „Diktatur" BRD ist die Gewaltenteilung gewährleistet, noch im Rahmen der gegenwärtigen Konstellation im weißrussischen Staat unter Lukaschenko. Der weißrussische Präsident hat schlichtweg – zum Entsetzen der westlichen Journaille – das Staatsvolk darüber direkt-demokratisch entscheiden lassen, daß – zumindest auf absehbare Zeit – keine Präsidentenwahlen mehr stattfinden sollen. Insbesondere den in der BRD Herrschenden steht es nicht gut an, nun den Herrn Lukaschenko einen „Diktator" zu schimpfen, da in der BRD verfassungsbedingt eine direkte Volkswahl des Bundespräsidenten ausgeschlossen ist. Statt dessen wird dieser von einer ominösen parteipolitisch bestimmten „Bundesversammlung" gewählt, zu der auch politisch korrekte Showmaster, Schauspieler und Profifußballspieler gehören.

Finkes Vorstellung, auf Grundlage des Bonner Grundgesetzes eine Präsidialverfassung zu schaffen, kommt dem nationaldemokratischen Ansinnen da schon wesentlich näher. Doch die Vorstellung, eine nationale Regierung würde nach der Machtergreifung nachträglich das völkerrechtswidrig zustandegekommene Grundgesetz absegnen, erscheint doch etwas unwahrscheinlich.

Oberlerchers Reichsverfassungsentwurf ist der absolut visionärste und idealistischste Entwurf von allen vieren. Die Extravaganz der Detailausführungen spricht jedoch eindeutig dagegen, daß sich dieser konsensual – sozusagen auf Grundlage eines breiten gesellschaftlichen Diskurses – durchsetzen könnte. Da wäre vieles umstritten. Dennoch gibt es Elemente, die diesen Entwurf aus nationaldemokratischer Position – zumindest vom Grundansatz her – als Diskussionsgrundlage geeignet erscheinen lassen: Die Volkssouveränität findet in diesem seine Verwirklichung wie in keinem der anderen drei Konzepte, nämlich durch die periodische Übertragung der Volkssouveränität auf das von allen Reichsbürgern zu wählende Staatsoberhaupt sowie durch die Verankerung des Volksentscheids, der bei Oberlercher selbst imstande wäre, Regierungserlasse zu brechen.

Auch die Definition der sozialen Interessen in Sozialisten, Konservative und Liberale – analog zu den drei Produktionsfaktoren Arbeit, Boden, Kapital – erscheint sinnvoll. Die grundsätzliche Idee, daß in einer Staatskonzeption die sozialen Schichtungen des Volkes repräsentiert sein sollen, ist so neu nicht. Man denke unter anderem nur an Othmar Spanns *„Der wahre Staat"*, der jedoch das Volk in eine unübersichtliche Anzahl von Berufsständen gliedern würde, wobei natürlich die Berufe und Berufsbilder wandelbar sind. Einen Computergraphiker gab es zu Zeiten Spanns noch nicht, der Hufschmied hingegen war zu seiner Zeit gerade am „Aussterben". Die Gliederung in die Interessenssphären Arbeit, Boden, Kapital, wie sie Oberlercher vornimmt, erscheint da schon zeitloser und näher an den Realitäten. Nationalisten sollten sich dabei auch nicht daran stören, daß dieser Ansatz der Produktionsfaktoren vom „Juden" und „Kommunisten" Karl Marx propagiert wurde. Schließlich ist auch die „Jeans" nicht deshalb schlecht, weil sie vom „Juden" Levy Strauß erfunden wurde. Der programmatische Reichsverfassungsentwurf Oberlerchers hat jedoch – und so viel muß klar sein – mit einem marxistischen Programm nicht im Entferntesten etwas zu tun.

Horst Mahler: „Nichts geht mehr!"

Um was es bei der gesamten ordnungspolitischen Diskussion geht, ist die Notwendigkeit zur Einsicht, daß das BRD-System seine Chance zur Erneuerung, die ihm die Wende von 1989/90 und der staatliche und bevölkerungsmäßige Zugewinn durch Mitteldeutschland bot, nicht genutzt hat. Deshalb ist die BRD mit ihrem Latein am Ende, ihre Entwicklungsmöglichkeiten sind abgeschlossen. Das System ist verkrustet, zur umfassenden Reform unfähig. Das einzige was den Herrschenden noch übrig geblieben ist, ist die Flucht vor der Verantwortung nach „Europa". Weil man – aufgrund des eigenen Internationalismus` – mit dem Nationalstaatsprojekt gescheitert ist, sucht man den sinnlosen Ausweg in der größeren Einheit – wie ein marodes Wirtschaftsunternehmen, das eine „feindliche Übernahme", sonst unerwünscht, urplötzlich anstrebt.

„Nichts geht mehr!" Dies sagt auch der Berliner Rechtsanwalt Horst Mahler. Gegenüber der *Deutschen Stimme* macht auch er deutlich, daß es höchste Zeit ist, innerhalb der nationalen Opposition über alternative Ordnungsentwürfe nachzudenken. Er selbst hat zwar noch keinen eigenen parat, doch einen Ideenansatz hat auch Mahler schon in der Tasche, der in seinen Grundzügen, was die Problemerkennung sowie die Abhilfe betrifft, in groben Zügen mit Oberlercher, Sander, Finke und Schüsslburner konform geht. Mahler sagt in dem Gespräch mit der *Deutschen Stimme*:

„Nichts geht mehr. Der Parteienstaat ist jetzt schon am Ende. Er war nie das, was er vorgab zu sein. Mit diesem System sind die existentiellen Probleme unseres Volkes nicht zu lösen. Sicherlich hat Helmut Schmidt recht, wenn er feststellt, daß, wenn die Parteien das Problem der Überfremdung angehen würden, wir alle zwei Jahre eine andere Regierung hätten und damit die politische Stabilität dahin wäre. Er sieht aber auch, daß die Stabilität futsch ist, wenn man das Problem nicht angeht. Dieses System zu überwinden, ist also eine Überlebensfrage für das deutsche Volk. Es gibt eine ganze Reihe diskutabler Vorschläge für eine freiheitliche und zugleich stabile Verfassung der Deutschen. Ein mir einleuchtendes Verfassungsmodell ist in seinen Grundzügen das folgende: Wirkliche politische Freiheit beginnt mit gesetzgebenden Versammlungen, die – ohne Mitwirkung von Parteien – in einem von Macht- und Gruppeninteressen freien Auswahlverfahren so gebildet werden, daß sich darin alle Deutschen – auch in ihrer landsmannschaftlichen Gliederung – repräsentiert fühlen können. Die Gesetzgeber sind erstmals nur ihrem Gewissen verantwortlich, auf 15 Jahre gewählt. Alle fünf Jahre scheidet ein Drittel der Gesetzgeber aus dem Dienst aus und es wird ein neues Drittel hinzugewählt. Dadurch wird sichergestellt, daß die sich mit der Zeit im Volke wandelnden Auffassungen in angemessenem Takt auch in die Überlegungen der Gesetzgeber eingehen. Das korrumpierende Interesse, wiedergewählt zu werden, entfällt. In Urwahl aus einer in einem bestimmten Verfahren ermittelten Vorschlagsliste wählt das deutsche Volk einen siebenköpfigen Reichsrat als oberstes Organ des

Reiches. Dieses bestimmt aus seiner Mitte einen Monarchen auf Lebenszeit (bis zur Erreichung der Altersgrenze), der nur mit qualifizierter Mehrheit vom Gesetzgeber abberufen werden kann. Der Monarch ernennt und entläßt den Reichskanzler, der die Minister beruft und entläßt. Der Kanzler regiert durch Erlasse, die der Gegenzeichnung durch den Ausschuß der gesetzgebenden Versammlung bedürfen. Die Regierung wird von einer Versammlung beraten und kontrolliert, die aus allgemeinen Wahlen hervorgeht. Politische Parteien, Verbände, Bürgerinitiativen und dergleichen können Kandidatenlisten aufstellen. Zum Thema einer alternativen Ordnung müßte man natürlich noch weiter ausholen (...)."[281]

Zusammenfassung – was ist zu tun?

Aus der vorangegangenen Analyse der vier (beziehungsweise der fünf) alternativen Ordnungsentwürfe kann als Handlungsmaxime gelten: *„Demokratie statt Parlamentarismus."*[282] Der Parlamentarismus, der besagt, daß die Regierungsbildung aus der Mehrheit des Parlaments resultiert, ist Bestandteil des politischen Liberalismus. Schon deswegen sind die Begriffe Parlamentarismus und Liberalismus im Sinne von Carl Schmitt als zusammengehörig zu erkennen[283] und aus nationaler Position gemeinsam zu verwerfen. Der Ausweg hingegen kann nur gefunden werden, indem der Parlamentarismus und die aus ihm resultierende Parteienherrschaft von der nationalen Intelligenz als das Grundübel erkannt und von der nationalen Publizistik und Propaganda dementsprechend angesprochen werden.

In diesem Sinne ist dann auch bei zunehmender Systemkrise darauf hinzuarbeiten, die Festung Parlamentarismus auf legalem Wege zu belagern und zu schleifen. Der nationale Revolutionär muß demzufolge seine politische Arbeit auf die Errichtung einer nichtparlamentarischen Republik konzentrieren. Und hierzu eignen sich als Ideenansätze die Entwürfe von Reinhold Oberlercher, Thomas Finke und Hans-Dietrich Sander. Letzterer stellt dabei wohl die „Roßkur" dar, die nicht nur Parlament und Parteien vollständig entmachten, sondern auch weitestgehend dem Volk die Ausübung seiner Volkssouveränität verweigern würde, indem ihm der Volksentscheid sowie die Wahl des Staatsoberhauptes verwehrt würden. Der Entwurf von Josef Schüsslburner stellt nur bedingt einen geeigneten Lösungsansatz zur Beseitigung von Parlamentarismus und Parteienherrschaft dar, da die Wiedereinsetzung der Weimarer Reichsverfassung zunächst einmal auch die Wiedereinsetzung einer parlamentarischen Regierungsbildung bedeuten würde. Denn in diesem Punkt unterscheiden sich das Grundgesetz sowie die Weimarer Reichsverfassung nicht wesentlich.

Den von den Herrschenden dümmlich erhobenen Vorwurf der „Verfassungsfeindlichkeit" kann die nationale Opposition leicht dadurch widerlegen, indem sie auf den Artikel 146 des Grundgesetzes verweist, der seit Inkrafttreten im Jahre 1949 auf die Vorläufigkeit eben dieser Übergangsverfassung verweist, der auch klar besagt, daß die Gültigkeit des Grundgesetzes, das unseren Vätern und Müttern von den westalliierten Siegern „geschenkt" wurde, an dem Tage verliert, an dem das deutsche Volk sich eine neue und diesmal demokratisch legitimierte Verfassung gibt:

„Dieses Grundgesetz verliert seine Gültigkeit an dem Tage, an dem eine Verfassung in Kraft tritt, die von dem deutschen Volke in freier Entscheidung beschlossen worden ist."[284]

Ein solcher Akt setzt voraus, daß das deutsche Volk zunächst einmal idealtypisch eine verfassungsgebende Nationalversammlung wählt – möglicherweise über die derzeit bestehenden Bundestagswahlkreise (je einen Abgeordneten). Diese Nationalversammlung hat dann einen oder mehrere Entwürfe dem deutschen Volk zur Abstimmung vorzulegen, das dann mit absoluter Mehrheit darüber entscheidet. Soweit zur idealtypischen nationaldemokratischen Vorstellung des Verfassers. Inwieweit sich diese Vorstellung in einer revolutionären Situation, die wiederum aus dem Chaos entsteht, verwirklichen läßt, ist möglicherweise eine völlig andere Sache.

Bei der gesamten Argumentation ist von großer Bedeutung, daß die nationale Fundamentaloppostion nicht vom „Kampf gegen den Staat", oder vom „Kampf gegen die Verfassung" spricht, da ja der deutsche Nationalstaat zu erhalten, beziehungsweise nach dem Scheitern der EU-Diktatur wiederherzustellen ist und die derzeitige Übergangsverfassung, das Bonner Grundgesetz, auf legalem Wege durch eine nationaldemokratische Alternative zu ersetzen ist. Der politische Kampf des Nationalisten gilt also alleine dem politischen und wirtschaftlichen System, das mit Kapitalismus, Liberalismus, Parlamentarismus und Parteienherrschaft zu bezeichnen ist. Dieses BRD-System selbst ist wiederum als staats- und verfassungsfeindlich zu bezeichnen, da die es tragenden Parteien selbst den BRD-Staat und die BRD-

Verfassung beseitigen – spätestens mit Vollendung der "Europäischen Union". Den „wahren deutschen Staat" muß hingegen die deutsche Nationaldemokratie vertreten. Zur Frage nach dem Staat meint Hans-Dietrich Sander:

„(...) Sprechen wir lieber von Systemkrise als von Staatskrise, weil eine politische Einheit mit beschränkter Souveränität keinen Staat herausbilden konnte (...)."[285]

Insgesamt sollen die dargestellten vier beziehungsweise fünf Alternativentwürfe nur dazu anregen, die Diskussion im nationalen Lager über die Möglichkeit einer neuen Ordnung im Widerspruch zum BRD-*Status Quo* in Gang zu bringen, und die zum Teil anzutreffende Systemfixiertheit innerhalb des nationalen Lagers zu überwinden. Der Verfasser animiert die nationale Opposition, sich in der Öffentlichkeit für eine „Präsidialdemokratie" auszusprechen, um die Herrschaft von Parlament und Parteien und somit die Zerissenheit und Ohnmacht des gesamten deutschen Volkes zu überwinden.[286] Welchem der vorgestellten Entwürfe nun der Vorrang zu geben ist, soll an dieser Stelle dem mündigen Leser überlassen werden. Vielleicht plädiert der eine oder der andere – wie im übrigen auch der Verfasser – für eine Synthese aus verschiedenen Kriterien der vier Entwürfe Oberlerchers, Sanders, Finkes und Schüsslburners. Das Beispiel Horst Mahlers zeigt, daß intelligente Deutsche auch in der Lage sein können, weitere kreative Ideenansätze und Ordnungsentwürfe in die Diskussion zu bringen. Das alles kann nur von großem Nutzen sein. Es sei deshalb Nachahmung empfohlen!

Abschließend sei noch darauf eingegangen, auf welche Holzwege sich die deutschen Nationalisten nicht begeben sollten. Zum einen sei von dem Wahngebilde sowie der Utopie eines „Führerstaates" Abstand zu halten. Dieser Ansatz bietet weder eine sinnvolle Alternative, da wir nicht die Zeit haben, auf den großen, weil sendungsbewußten „Führer" zu warten und statt dessen lieber ein autoritäres politisches System in Form einer Präsidialdemokratie propagieren sollten. Zum anderen ist auch die Vorstellung einer Ein-Parteien-Diktatur zu verwerfen, die nur die Fortsetzung des Bürgerkrieges unter anderen Machtverhältnissen bewirken würde. Eine Parteiherrschaft, die nur einen Teil des Volkes (d. h. die Parteimitglieder) repräsentieren würde, wäre mit dem völkischen Anspruch einer Volksherrschaft, die ja das gesamte Volk mit einbeziehen will, absolut nicht vereinbar. Zum anderen stellt eine Ein-Parteien-Herrschaft nur die konsequente Pervertierung des liberalen Parteienstaates dar. An diesem Kriterium gemessen ist weder das Dritte Reich noch die

DDR als das „bessere Deutschland" anzusehen, was in anderer Hinsicht anders aussehen mag, weshalb sowohl die Dritte Reichs- als auch die DDR-Biographien vor tendenzieller Verunglimpfung zu schützen sind.

Aber dennoch gilt: Weder der Parteienstaat hat aus der Sicht des Nationalisten eine Daseinsberechtigung, da dieser die Summe der (Parteien-) Teile zum (Staats-) Ganzen erklärt und alle politisch nicht korrekten Parteien aus diesem „Ganzen" ausgeschlossen bleiben; noch ist es zulässig, eine einzige Partei an die Stelle des Ganzen zu setzen. Eine solche politische Ordnung ließe sich nur mit Terror gegen andere parteiliche Bestrebungen aufrechterhalten. Die Diktatur einer „Partei" im übertragen Sinne, also im Sinne der Diktatur eines Teils des Volkes über das Ganze, wäre demzufolge gegeben, sollte das gesamte deutsche Volk von einer Klasse, von einer Religion beziehungsweise von einer Konfession[287] und dergleichen dominiert und die Nichtangehörigen dieser Teile somit diskriminiert werden.

Im übrigen muß sich auch die BRD die Frage gefallen lassen, ob sie nicht die „Diktatur des Kapitals" (der Besitzbürger und der Hochfinanz) darstellt, in der dann – sozusagen zur „pluralistischen" Tarnung – mehrere liberale Parteien im Bundestag vertreten sind, von denen dann einige wenige das „soziale Gewissen" für sich beanspruchen. Gemeint sind hiermit Bündnis 90/Die Grünen, die PDS, aber in erster Linie die SPD und die mit ihr personell eng verbundenen sozialdemokratischen Einheitsgewerkschaften des „Deutschen Gewerkschaftsbundes (DGB)". Während man also in der DDR propagandistisch bemüht war, unter dem Mantel der proletarischen Klassendiktatur ein bürgerliches Wahlangebot in einer sogenannten „Nationalen Front" vorzutäuschen (CDU, LDPD, NDPD etc.), bemüht man sich in der BRD offenbar, die faktische Diktatur des Kapitals „sozial" zu kaschieren.

Und noch ein Grundsatz: Nationalismus und Demokratie gehören zusammen! Nationalisten dürfen dem BRD-System nicht vorwerfen, daß es eine Demokratie sei, die es abzulehnen gelte, sondern dem westalliierten Besatzungsstaat ein jegliches Recht fehlt, sich „demokratisch" im Sinne von Volksherrschaft nennen zu dürfen. Auf den Punkt bringt dies Hans Herbert von Arnim: *„Das Grundübel unserer Demokratie liegt darin, daß sie keine ist."*[288] Deshalb müssen Nationaldemokraten den sogenannten „Demokraten" diesen Begriff streitig machen, ihnen die demokratische Maske vom Gesicht reißen, damit die Fratze der Diktatur des Liberalkapitalismus zum Vorschein kommt. Die Behauptung „autoritärer" Konservativer, die Mehrheitswahl des Staatsoberhauptes sowie der Volksentscheid seien deshalb rundheraus abzulehnen, weil sich ja – wie derzeit sichtbar – die Mehrheit des Wahlvolkes irren könne (wobei sich ja ein Großteil des Wahlvolkes der Stimme enthält), ist in das Reich der reaktionären Legenden zu verweisen. Denn das Wahlrecht und der Volksentscheid sind nicht dadurch legitimiert, weil die Mehrheit recht haben muß, sondern weil der Gesamtheit des Volkes, und nicht einer undefinierbaren „Elite", die Volkssouveränität zusteht. Das Volk soll durch die periodische Direktwahl des Staatsoberhauptes und Volksentscheide bei Grundsatzfragen zu seinem Souveränitätsrecht kommen.

Alles andere wird die Zukunft weisen. Der Zusammenbruch des BRD-Systems ist naturgesetzlich vorauszusehen. Denn die Globalisierung, die nichts anderes als die kapitalistische Weltrevolution darstellt, wird Bedürfnisse in weiten Teilen der immer größer werdenden Weltbevölkerung wecken, die sie – wie die Geister von Goethes Zauberlehrling – nicht mehr stoppen kann, nachdem sie einmal von ihr geweckt wurden. Wenn die Globalisierung in ein großes Chaos münden wird, muß die notwendige Katharsis in einer Renationalisierung der dann wieder entstehenden Volkswirtschaften bestehen. Parallel zu dieser Entwicklung werden dann im Vollzug des „Kampfes der Kulturen" (Huntington) diese erneuerten Volkswirtschaften in den Kontext von Großräumen eingebunden.

Diese Entwicklung kann schon morgen angestoßen werden oder noch länger auf sich warten lassen. Warum sich darüber Gedanken machen? Weil sich durch die von ihr in Gang gesetzte Globalisierung die sogenannte „Westliche Wertgemeinschaft" selbst zugrunde richten wird, wird dann auch die BRD ebenso der Geschichte angehören, wenn der „West-Block" an seinem Ende angelangt sein wird, so wie auch die DDR den Niedergang des „Ost-Blocks" nicht überlebte. Für Horst Mahler sind es drei „Mega-Blasen", die den ständig wuchernden Globalismus noch eine Weile am Leben halten: die Staatsschuld, der Konsumentenkredit sowie die Spekulationsfonds, „die ein System kommunizierender Röhren darstellen." Dies hat nach Mahlers Einschätzung zur Folge: *„Eine systemkonforme Einschrumpfung dieser Blasen ist nicht denkbar. Ihr Platzen ist unvermeidbar."* Metaphorisch gesprochen, bestehe mit diesem Platzen die Chance für die Völker der Welt, die globalistische „Krake" zu töten.[289]

Bis dahin gilt es für die nationale Opposition in Deutschland an der Vision von Volk, Staat und Reich zu arbeiten. In diesem Sinne ist auch der Begriff „Radikalität" im nationalen Lager neu zu definieren. Wer meint, er sei „radikal", weil er sich alleine durch äußere Formen (Kleidung, Symbolik, Redestil) „radikal" gebärdet, befindet sich auf dem weltanschaulichen Holzweg, weil nationale Radikalität nur in dem Sinne vorstellbar ist, daß der deutsche Nationalismus das politische System der BRD radikal, also von der geistigen Wurzel her, kritisiert und demgegenüber dem deutschen Volk eine in radikaler geistiger Umkehrung fundamentale Systemalternative anbietet. Denn nationale Radikalität kann sich nur in der Fundiertheit der nationalen Systemkritik und dem nationalen Gegenentwurf ausdrücken. Alles andere bleibt harmlos.

Bei dieser notwendigen Systemalternative kann es auch nicht darum gehen, diese „realitätsnah" zu entwickeln, denn wer seine politischen Ideen an den innen- wie außenpolitischen „Realitäten" orientiert, der würde sich als unfähig erweisen, eine Systemalternative anbieten zu können. Die Orientierung an den Wirklichkeiten sollen die deutschen Nationalisten deshalb den BRD-Konservativen überlassen, die sich „wirklichkeitsnah" für die Konservierung der systempolitischen Strukturen der BRD einsetzen und lediglich im Rahmen dieser Strukturen gesellschaftlich teilnehmen wollen. Der weltanschauliche Nationalismus hingegen bietet nicht Strukturkonservatismus, sondern eine Utopie für Volk und Staat. Und an dieser gilt es konsequent zu arbeiten.

Zur Erreichung dieses Zieles „deutscher Volksstaat" ist in der gegenwärtigen revolutionären Phase ein sozialrevolutionärer Nationalismus im Sinne eines „deutschen Sozialismus" zu propagieren. Dabei gilt es jedoch einerseits zu unterscheiden zwischen der gegenwärtigen Notwendigkeit, den „deutschen Sozialismus" im Sinne der Interessensvertretung deutscher Arbeitnehmer auf die eigenen nationalistischen Fahnen zu schreiben, da die Lohn- und Gehaltsempfänger sowie das Millionenheer der Arbeitslosen mit Abstand am meisten unter dem zunehmenden Kapitalismus und Globalismus zu leiden haben; und andererseits dem nationalistischen Ziel „deutscher Volksstaat", in dem dann alle drei sozialen Interessengruppen („Klassen") ihren Stellenwert haben müssen – nämlich Arbeiter (Sozialisten), Unternehmer (Liberale) und Grundbesitzer (Konservative). Somit sind dann auch die Grundzüge des deutschen Volksstaates als Gemeinschaftsordnung aller rechtschaffener Deutscher beschrieben.

Die Rebellion des deutschen Volkes gegen die westliche Überfremdung muß fortgesetzt werden. Paul Thumann, Luther verbrennt die Bannandrohungsbulle des Papstes.

Hugenotten in Potsdam: Vorbild für die Integration verwandter Völker, nicht für die Einwanderung von Fremden.

Johann Gottfried Herder

„Turnvater" Friedrich Ludwig Jahn

Konrad Lorenz

Hans Jürgen Eysenek

Irenäus Eibl-Eibesfeldt

Oben: Johann Gottfried Herder und „Turnvater" Friedrich Ludwig Jahn – Vordenker völkischer Weltanschauung.
Unten: Die Verhaltensforscher Konrad Lorenz und dessen Schüler Irenäus Eibl-Eibesfeldt sowie der Anthropologe Hans Jürgen Eysenek – liefern die naturwissenschaftlichen Grundlagen völkischer Politik heute.

Nationale Propaganda (oben) und Multikulti-Propaganda (unten).

Multikulti-Propaganda in den gleichgeschalteten BRD-Medien. Die Landesregierung von Mecklenburg-Vorpommern versucht ihre Bürger – mittels Steuergelder – auf Rassenvermischung einzuschwören (links).
Aber immerhin kommen dem *Spiegel* Zweifel an der Einwanderung von Fremden.

Predigt auch in Deutschland den islamischen Gottesstaat: Metin Kaplan.

„Deutscher Alltag": Eine Koranschule im Ruhrgebiet.

1999: So etwas gab es in der jahrzehntelangen Geschichte des europäischen Sängerwettstreits noch nie. Für Deutschland geht, ganz nach Multi-Kulti-Art, erstmals eine türkische Musikgruppe ins Rennen.

Die Schlange der Asylanten wird länger und länger.

Die Gegenwehr zur Überfremdung in Deutschland ist notwendig.

Die Gefahr für die nationale Identität droht dem deutschen Volk vor allem von der herrschenden politischen Klasse. In Schleswig-Holstein setzte sich der Landtag über den Volksentscheid gegen die sogenannte „Rechtschreibreform" hinweg.

Auch „Antifaschisten" (unten) sind Deutsche – sofern sie deutscher Abstammung sind. Die „Antifa" steht für die Tradition, daß Deutsche ein gestörtes Verhältnis zu ihrer nationalen Identität haben.

Symbol nationaler deutscher Souveränität: das Brandenburger Tor in Berlin.

Versailles – A. Paul Weber.

Der Kampf um die nationale Souveränität zieht sich wie ein roter Faden durch die deutsche Geschichte: Von Herrmann dem Cherusker über den Widerstand gegen das Versailler Diktat bis in unsere heutige Zeit.

Was macht die europäische Idee aus? Etikettenschwindel betreibt die „Europäische Union" mit ihrer Brüsseler EU-Diktatur, gegen die Nationalisten Widerstand leisten.

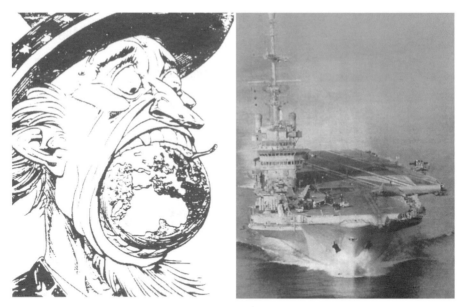

Unstillbar ist Amerikas Hunger nach Weltherrschaft. Flugzeugträger sind ein fester Bestandteil der US-Hegemonie.

Abhängigkeit: Die deutsche Bundeswehr ist fester Bestandteil der US-Weltherrschaftspläne.

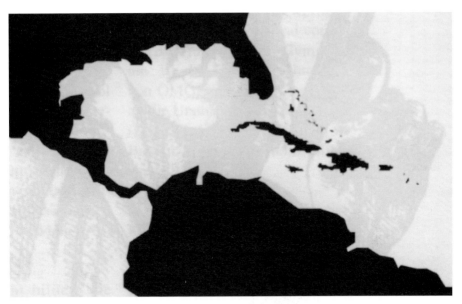

Die US-Monroe-Doktrin galt ursprünglich für den „Hinterhof" der USA – Mittel-und Südamerika. Heute erstreckt sie sich auf die ganze Welt.

Deutsche Kfor-Truppen als Steigbügelhalter amerikanischer Weltherrschaft. Das Bild zeigt Bundeswehrpanzer im Kosovo.

Vordenker für eine neue europäische Ordnung:

Carl Schmitt (links), der die Reichsidee als Bestandteil des Völkerrechts betrachtete, und Ernst Jünger, der in seiner Schrift „Der Friede" Europas Völker zur Versöhnung aufrief.

Der deutsche Nationalismus will das Recht auf Arbeit und die Pflicht zur Arbeit in der Verfassung festschreiben.

Immer weniger Lehrlinge erhalten in den Ausbildungsstätten eine Chance.

Da die politische Klasse der BRD an der Globalisierungspolitik festhält, werden Arbeitsämter sicher nicht arbeitslos.

Der globalistische Kapitalismus kennt kein Vaterland. Das gilt im Besonderen für die Automobilindustrie.

Ruhrarbeiter, Gemälde von K. Alexander Wilke. Im Ruhrkampf (1923) bewährte sich nationalsozialer Widerstand gegen die Besatzungsmacht.

Sozialrevolutionäre Nationalisten einst und heute:
(von links) Gregor Strasser, Otto Strasser, Michael Nier, Reinhold Oberlercher.

Otto Griebel, Die Internationale, 1928.

Kommunismus und bürgerlicher Anti-Bolschewismus sind die zwei Seiten der einen antinationalen Medaille.

Der Wahnsinn hat Methode: Modell des Holocaust-Mahnmals für Berlin. Ein Irrgarten zur Abwicklung der deutschen Nation.

Diskussion und Abstimmung: Die Prinzipien moderner Demokratie. Der BRD-Bundestag stimmte mit großer Mehrheit dem Holocaust-Mahnmal zu. Das deutsche Volk wurde nicht gefragt.

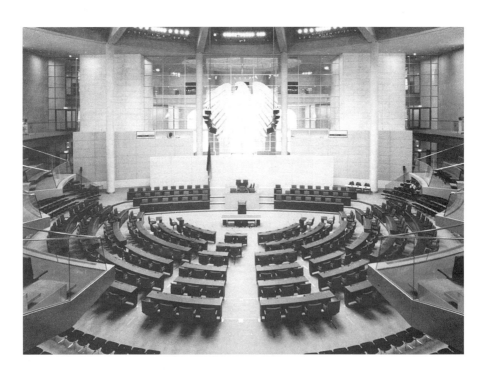

Staatsdenker einst und heute:

Jean-Jacques Rousseau (1712-1778)

Charles de Montesquieu (1689-1755)

Georg Wilhelm Friedrich Hegel (1770-1831)

Thomas Hobbes (1588-1679)

H.-D. Sander, geb. 1928 in Mecklenburg, Herausgeber der *Staatsbriefe*.

Anmerkungen:

[1] Auf die problematische Position eines rein nationalistischen Anti-Materialismus wird noch näher eingegangen.

[2] Carl Schmitt: Der Begriff des Politischen, 3. Auflage der Ausgabe von 1963. S. 54.

[3] Eingedenk der Tatsache, daß es sich bei dem Versailler Diktat von 1919 um reine Erpressung handelte, müssen auch die Gebietsabtretungen des Reichsgebietes von 1914 ebenso als völkerrechtswidrig angesehen werden wie das Anschlußverbot mit Deutsch-Österreich.

[4] Vgl. Schrenck-Notzing, Caspar von: Charakterwäsche. Die Politik der amerikanischen Umerziehung in Deutschland. Verlag Ullstein. Frankfurt/Main-Berlin 1993.

[5] Zitiert nach: Brzezinski, Zbigniew: Die einzige Weltmacht. Amerikas Strategie der Vorherrschaft. Fischer Taschenbuch Verlag. Frankfurt/Main 1999. S. 101.

[6] ebda, S. 79.

[7] Eibicht, Rolf-Josef in *Deutsche Stimme* 8/99 und 9/99.

[8] Zitiert nach ebda.

[9] Zitiert nach ebda.

[10] Zitiert nach ebda.

[11] Zitiert nach ebda.

[12] ebda.

[13] Zitiert nach *Junge Freiheit*, Ausgabe vom 23.7.1999.

[14] Zitiert nach *Sonntagsblitz,* Nürnberg, 27.6.1999.

[15] *Süddeutsche Zeitung*, Ausgabe vom 1.5./2.5.1999. Daniel Goldhagen schreibt unter der Überschrift „Eine deutsche Lösung für den Balkan!"

[16] ebda.

[17] ebda.

[18] ebda.

[19] ebda.

[20] *Junge Welt*, Ausgabe vom 8.7.1999.

[21] Zitiert nach: Brzezinski, Zbigniew: Die einzige Weltmacht. S. 54.

[22] Mann, Thomas: Betrachtungen eines Unpolitischen. Fischer Taschenbuch Verlag. Frankfurt/Main 1995.

[23] Niekisch, Ernst: Der sterbende Osten. Das Gift der Zivilisation. In: Widerstand. Edition d. Bd. 3. Uwe Sauermann (Hg.) Sinus-Verlag. Krefeld 1982. S. 39.

[24] Srbik, Heinrich Ritter von: Frankreich und Mitteleuropa. In: Das Reich, 9.6.1940. S. 8-9.

[25] *Le Figaro*, Ausgabe vom 18.9.1992.

[26] Schmitt, Carl: Großraum gegen Universalismus (1939). In: Positionen und Begriffe im Kampf mit Weimar-Genf-Versailles 1923-1939. Duncker & Humblot. Dritte Auflage. Berlin 1994.

[27] Uwe Soukup in *Junge Welt*, Ausgabe vom 10./11.7.1999.
[28] Zitiert nach: Frankfurter Allgemeine Zeitung, Ausgabe vom 28.6.99.
[29] Freiherr Jordis von Lohausen, Heinrich: Mut zur Macht. Vowinckel Verlag. Berg am See. 2. Auflage 1981. S. 11.
[30] Als „Zwischeneuropa" bezeichnet die Geopolitik den Raum „zwischen" den Staatsgrenzen von Deutschland und Rußland – je nachdem wie weit diese Grenzen jeweils vorgeschoben sind.
[31] Sander, Hans-Dietrich: Die Auflösung aller Dinge. Zur geschichtlichen Lage des Judentums in den Matamorphosen der Moderne. Castel del Monte. München 1988. S. 171-172.
[32] ebda, S. 173-174.
[33] Vgl. Weithmann, Michael W.: Balkan Chronik. 2000 Jahre Geschichte zwischen Orient und Okzident. F. Pustet/Styria. Graz/Wien/Köln, 2. Auflage 1997.
[34] Broder, Henryk M. in seinem Buch: Erbarmen mit den Deutschen. Zitiert nach: *Junge Freiheit* vom 2.7.1999.
[35] „Pankraz" in: *Junge Freiheit*, Ausgabe vom 10.4.1998.
[36] Zitiert nach: *Vierteljahreshefte für freie Geschichtsforschung* 2/1999. S. 236. Darin wird der Informationsdienst PHI als Quelle genannt.
[37] Taubenberger, Hermann: Grundgesetz für die Bundesrepublik Deutschland. In: Bayerische Verfassung. Grundgesetz für die Bundesrepublik Deutschland. München 1982. S. 69.
[38] Schwab, Jürgen: Die Meinungsdiktatur. Wie „demokratische" Zensoren die Freiheit beschneiden. Nation und Europa Verlag. Coburg 1997.
[39] Wulf, Joseph: Presse und Funk im Dritten Reich. Eine Dokumentation. Reihe: Zeitgeschichte. Ullstein Buch Nr. 33028. Verlag Ullstein. Frankfurt/Main/Berlin/Wien 1983. S. 64-65.
[40] Pannen, Stefan: Die Weiterleiter. Funktionen und Selbstverständnis ostdeutscher Journalisten. Ilse Spittmann und Gisela Helwig (Hg.). Edition Deutschland Archiv im Verlag Wissenschaft und Politik Claus-Peter von Nottbeck. Köln 1992. S. 25. Pannen zitiert: Reinhold Andert und Wolfgang Herzberg: Der Sturz. Berlin/Weimar 1990. S. 325.
[41] Vgl. Eibicht, Rolf-Josef: Wenn der Revisionismus am konformen Geschichtsbild kratzt. In: *Deutsche Stimme*, September 1996, S. 6.
[42] *Frankfurter Allgemeine Zeitung*, Ausgabe vom 15.8.1994.
[43] *Frankfurter Allgemeine Zeitung*, Nr. 96/96.
[44] Fischer Lexikon Publizistik, Massenkommunikation. 1993. S. 267.
[45] Oswald Spengler: Der Untergang des Abendlandes. Deutscher Taschenbuchverlag. Bd. 2. S. 1061.
[46] ebda. S. 1119.
[47] Hundseder, Franziska: Rechte machen Kasse. Gelder und Finanziers der braunen Szene. Droemersche Verlagsanstalt Th. Knaur Nachf. München 1995.
[48] Schreiben der Anwaltskanzlei des Vermieters an die Eheleute Germar und Andrea Scheerer. Abgedruckt in *Sleipnir – Zeitschrift für Kultur, Geschichte und Politik*. Heft 4. Juli/August 1995. S. 53.
[49] Kienzle, Michael: Logophobie. Zensur und Selbstzensur in der BRD. Ein geschichtlicher Abriß.

In: Zensur in der Bundesrepublik Deutschland. Michael Kienzle und Dirk Mende (Hg.). S. 43.

[50] Aus einem Bericht des *Straubinger Tagblatts* vom 9.7.1996 über die Bevorzugung ausländischen Marmors bei deutschen Bauvorhaben.

[51] Noelle-Neumann, Elisabeth: Öffentliche Meinung. Die Entdeckung der Schweigespirale. Ullstein Verlag Berlin. Erweiterte Ausgabe von 1991. S. 23.

[52] ebda, S. 91.

[53] Tocqueville, Alexis de: Das alte Staatswesen und die Revolution. Leipzig 1857.

[53a] *Frankfurter Allgemeine Zeitung,* Ausgabe vom 12.10.1998.

[54] *Neue Juristische Wochenschrift.* 1996. S. 487.

[55] *Neue Juristische Wochenschrift* 15/1995.

[56] *Staatsbriefe,* Reihe Consiliarien: Heft 1 – Der Rechtsverfall.

[57] Vgl. hierzu Schüsslburners Aufsatz in den Staatsbriefen 12/1994. S. 12-23.

[58] Schmitz, Robert: Vom Legalitätsschwund zum Rechtsbruch. In: Staatsbriefe 8/1996. S. 38-40.

[59] Die BRD-Strafrechtszensoren gehen mittlerweile so weit, daß sie demokratische Staaten zur Auslieferung von in der BRD verfolgten revisionistischen Publizisten auffordern.

[60] Robert Schmitz in den *Staatsbriefen* 8/1996. S. 38-40.

[61] ebda.

[62] Quelle: *Reuter* 051801 apr 95.

[63] ebda.

[64] *Staatsbriefe* 2-3/1995, S. 2.

[65] Robert Schmitz in den *Staatsbriefen* 8/1996. S. 38-40.

[66] ebda.

[67] Schwab, Jürgen: Die Meinungsdiktatur. Wie „demokratische" Zensoren die Freiheit beschneiden. Nation und Europa Verlag. Coburg 1997.

[68] Taubenberger, Hermann: Grundgesetz für die Bundesrepublik Deutschland. In: Bayerische Verfassung. Grundgesetz für die Bundesrepublik Deutschland. München 1982. S. 69.

[69] Taubenberger, Hermann: Grundgesetz für die Bundesrepublik Deutschland. In Bayerische Verfassung. Grundgesetz für die Bundesrepublik Deutschland. München 1982. S. 69.

[70] Roman Herzog in Maunz-Dürig: Grundgesetzkommentar, Rdz. 298 zu Art. 5 GG.

[71] *Main-Post,* Würzburg, 25.8.1995.

[72] ebda.

[73] Vgl. zu diesem Fall das Vorwort von Dietmar Munier in dem Buchprospekt „Lesen und Schenken". Arndt-Buchdienst. Kiel 1996. S. 2.

[74] Schreiben vom 30.6.1999 von Oberkreisdirektor Barrmeyer (Kreis Herford) an Udo Walendy, mit dem gegen diesen ein „Gewerbeuntersagungsverfahren" eingeleitet wird.

[75] Grimm, Jakob: Über seine Entlassung. Basel 1838. Zitiert nach Walther, Karl Kraus: Buchhandel, Leihbibliotheken und Zensur in Coburg zwischen 1790-1840. In Bibliothek und Wissenschaft. Bd. 25. Wiesbaden 1991. S. 282-283.

[76] Schmitt, Carl: Der Begriff des Politischen. Text von 1932 mit einem Vorwort und drei

Corollarien. 3. Auflage der Ausgabe von 1963. Duncker & Humblot. Berlin 1991. S. 26. Carl Schmitt verweist ausdrücklich darauf, daß diese „Begriffsbestimmung lediglich im Sinne eines Kriteriums, nicht als erschöpfende Definition oder Inhaltsangabe" dienen soll. Natürlich gibt es Denker, die den Begriff des Politischen völlig anders definieren. Der Hamburger Philosoph Reinhold Oberlercher sieht das Wesentliche des Politischen in dem Begriff des Rechts.

[77] *Junge Freiheit*, Ausgabe vom 12.2.1999.

[78] *Junge Freiheit*, Ausgabe vom 8.1.1999.

[79] Schmitt, Carl: Positionen und Begriffe im Kampf mit Weimar-Genf-Versailles 1923-1939. Duncker & Humblott. Dritte Auflage. Berlin 1994. S. 303 ff.

[80] *Junge Freiheit* vom 28.5.1999.

[81] Vgl. Habsburg, Otto von: Die Paneuropäische Idee. Eine Vision wird Wirklichkeit. Amalthea in der F. A. Herbig Verlagsbuchhandlung. Wien/München 1999.

[82] Meier-Stein, Hans-Georg: Die Reichsidee 1918-1945. Das mittelalterliche Reich als Idee nationaler Erneuerung. San Casciano Verlag/Brienna. Aschau 1998. S. 491.

[83] Vgl. auch Haidn, Carl: Volk und Kirche. Eine Abrechnung mit dem christlichen Europawahn. Jomsburg-Verlag. Uelzen 1998.

[84] Zitiert nach *Frankfurter Allgemeine Zeitung*, Ausgabe vom 12.10.1998.

[85] Zitiert nach Dehoust, Peter: So nicht, Herr Bubis. Eine deutsche Antwort. Nation Europa Verlag. Coburg 1999. S. 26.

[86] ebda. S. 28.

[87] ebda. S. 26.

[88] Walser, Martin: Unser Auschwitz. Erstdruck in der *Frankfurter Abendpost*. 13.3.1963. Zitiert aus: Martin Walser: Versuch, ein Gefühl zu verstehen, und andere Versuche. Reclam Verlag. Stuttgart 1982. S. 46.

[89] Walser, Martin: Auschwitz und kein Ende. In: Über Deutschland reden. Edition Suhrkamp. Frankfurt/Main 1989. S. 30.

[90] Walser, Martin: Heilige Brocken. Aufsätze. Prosa. Gedichte. Suhrkamp Taschenbuch Verlag.Frankfurt/Main 1988. S. 102.

[91] *Nürnberger Nachrichten*, Ausgabe vom 24.8.1999.

[92] Walser, Martin: Heilige Brocken. S. 105.

[93] ebda. S. 107-108.

[94] Walser, Martin: Finks Krieg. Suhrkamp Taschenbuch. Frankfurt/Main 1998. S. 293-295.

[95] *Junge Freiheit*, Ausgabe vom 2.10.1998.

[96] Walser, Martin: Ein springender Brunnen. Suhrkamp Verlag. Frankfurt/Main 1998. S. 282-283.

[97] Zitiert nach *Die Welt*, Ausgabe vom 24.7.1999.

[98] Niekisch, Ernst: Deutsche Daseinsverfehlung. Aufbau-Verlag. Berlin 1946.

[99] *Frankfurter Allgemeine Zeitung*, Ausgabe vom 3.7.1999.

[100] Das Zitat sowie die folgenden Zitate sind Horst Mahlers Internet-Seite entnommen. Das betreffende Dokument trägt den Titel: „Flugblatt an die Deutschen, die es noch sein wollen".

[101] ebda, Mahler zitiert: *Neue Juristische Wochenschrift*, 1998, S. 880 (Heft 13).

[102] ebda, Mahler nennt als weiterführende Literatur den Zwischenbericht der Enquête-Kommission Demographischer Wandel, 1994; Studienbericht der Enquête-Kommission Schutz der Erdatmosphäre, Bd. 3, Teilband 2, 1995.

[103] ebda, Mahler zitiert: Goldhagen, Hitlers willige Vollstrecker, S. 533.

[104] ebda, Mahler zitiert: Goldhagen a.a.O. S. 678 Fn. 54.

[105] ebda, Mahler zitiert: Schrenck-Notzing, Charakterwäsche, Berlin 1996, S. 188 ff.

[106] ebda, Mahler verweist auf Finkelstein/Birn: Eine Nation auf dem Prüfstand. Hildesheim 1998.

[107] ebda, Mahler zitiert: Habermas, Die Einbeziehung des Anderen, 2. Aufl., 1997, S. 154.

[108] ebda, Mahler zitiert: Schrenck-Notzing, a. a. O. S. 140.

[109] ebda, Mahler führt an den Artikel von Wilhelm Schmidt, Die Wiederkehr der Wirklichkeit, *Tagesspiegel* vom 6.11.98.

[110] Zitiert nach Horst Mahlers Flugschrift.

[111] ebda, Mahler zitiert: Neusüss, Niklas Luhmann oder die dritte Gründung der Gesellschaftstheorie, in P. Massing, Gesellschaft neu verstehen, S. 16.

[112] Stöss, Richard in einem Gespräch mit Bernd Rabehl: *Tagesspiegel*, Berlin, Ausgabe vom 23.6.1999.

[113] *Focus*, Ausgabe vom 6.11.1995.

[114] Die modernen Gesellschaftswissenschaften gehen davon aus, daß Max Horkheimer erstmals in einen Vortrag Anfang der siebziger Jahre in Zürich auf diese beiden begrifflichen Pole „Freiheit" (rechts) und „Gleichheit" (links) hingewiesen haben soll.

[115] Zitelmann, Rainer: Hitler. Selbstverständnis eines Revolutionärs. Herbig Verlag. München 1998.

[116] Auf die Irrwege rechter Parteipolitik wird noch näher im Abschnitt „Rechte Parteipolitik – im Abseits?" eingegangen.

[117] Vgl. Herrmann, Wolfgang: Der neue Nationalismus und seine Literatur. Ein besprechendes Auswahlverzeichnis. 1. Auflage. Stettin 1933. Neu herausgegeben von Markus Josef Klein im San Casciano Verlag. Limburg a.d. Lahn 1994.

[118] Mohler, Armin: Die Konservative Revolution in Deutschland. 1918-1932. Ein Handbuch. Wissenschaftliche Buchgesellschaft. Darmstadt 1989.

[119] Je nach konfessioneller Ausrichtung.

[120] Manche dieser Alten Rechten bekennen sich offen zu ihrem Vorbild Drittes Reich, manche, die sich bürgerlicher geben, nur hinter vorgehaltener Hand.

[121] Was noch im Abschnitt „Nationale Solidarität" ausführlich nachgeholt wird.

[122] Marx, Karl und Friedrich Engels: Das kommunistische Manifest (1848) in Marx-Engels-Gesamtausgabe. Zitiert nach: Manifest der Kommunistischen Partei. Dietz Verlag. Berlin 1986. S. 48-49.

[123] Zitelmann, Rainer: Position und Begriff. Über eine neue demokratische Rechte. In: Die Selbstbewußte Nation. Heimo Schwilk und Ulrich Schacht (Hg.). Ullstein Verlag. Frankfurt/Main und Berlin 1994. S. 171.

[124] Die für den Verfasser nur in Anknüpfung an die jahrtausendealte Reichsidee denkbar ist. Dieses Thema braucht an dieser Stelle nicht weiter ausgeführt zu werden. Verwiesen sei dabei nur auf die ständige Erörterung der Reichsidee in den *Staatsbriefen*. So wurden bereits vier alternative Verfassungsentwürfe zum Bonner Grundgesetz vorgestellt.

[125] Vgl. hierzu Armin Mohler: Die Konservative Revolution in Deutschland. 1918-1932. Ein Handbuch. Wissenschaftliche Buchgesellschaft. Darmstadt 1989.

[126] Lediglich in den Reihen der Jungkonservativen wurde der Begriff der „Konservativen Revolution" geprägt. Vgl. etwa Edgar Julius Jung (Hg.): Deutsche über Deutschland. Die Stimme des unbekannten Politikers. Mit einem zusammenfassenden Nachwort: "Deutschland und die konservative Revolution". München 1932. S. 380.

[127] Wolfschlag, Claus-M.: Zum Begriff des Völkischen. In: Zeitenwende. Deutsche Bausteine. Nr. 3/ September 1991. S. 23.

[128] So war in der Weimarer Zeit die Bezeichnung „Neuer Nationalismus" als begrifflich-intellektueller Fokus geläufig – entgegen der Mohler'schen Verwendung der „Konservativen Revolution", die als Begriff zwar damals schon existent war, jedoch nicht in Form einer begrifflichen Spanne für das von Mohler beschriebene Spektrum von den Jungkonservativen bis zu den Nationalrevolutionären. Vgl. hierzu Wolfgang Herrmann: Der neue Nationalismus und seine Literatur. Ein besprechendes Auswahlverzeichnis. 1. Auflage. Stettin 1933. Neu herausgegeben von Markus Josef Klein im San Casciano Verlag. Limburg a.d. Lahn 1994. S. 7. Auch Stefan Breuer verwirft den Begriff der „Konservativen Revolution" und bezieht sich ebenso wie Wolfgang Herrmann auf die historisch authentische Bezeichnung eines „Neuen Nationalismus".

[129] Vgl. hierzu den Aufsatz von Reinhold Oberlercher in *Junges Franken* 1/1995. S. 15-17 („Die Schulung der nationalen Intelligenz") sowie die Schulungsmappe („Einführungskurs: Reichsbürgerkunde") des Deutschen Kollegs. S. 6.

[130] Schmitt, Carl: Die geistesgeschichtliche Lage des heutigen Parlamentarismus. 7. Auflage. Dunker & Humblott, Berlin 1991. S.13.

[131] ebda, S. 41.

[132] ebda, S. 28-29.

[133] ebda, S. 29.

[134] ebda, S. 42.

[135] Zur Entartung der Demokratie durch die Parteiendemokratie vgl. auch Robert Michels: Zur Soziologie des Parteiwesens in der modernen Demokratie. 1. Auflage 1910. Neu erschienen im Alfred Kröner Verlag. Stuttgart 1989 (4. Auflage). Der Autor geht darin (S. 11-13) auf die Schwierigkeit ein, das Wesen der Demokratie erkennen zu können.

[136] Unter einem „vornehmlich parlamentarischen System" ist ein politisches System zu verstehen, in dem lediglich das Parlament seine Legitimation aus Wahlen durch das Volk bezieht. Ein Musterbeispiel hierfür stellt die BRD dar, in der sich (auf Bundesebene) lediglich der Bundestag (Legislative) auf direkte Wahlergebnisse berufen kann. Dagegen stützt sich die Exekutive (Bundesregierung) alleine auf die direkt gewählten Mehrheitsfraktionen des Bundestages. Und das

Amt des Bundespräsidenten hat nur eine repräsentative Funktion und entbehrt einer jeglichen Legitimation durch das Volk.

[137] Vgl. hierzu Fraenkel, Ernst: Deutschland und die westlichen Demokratien. Neu hrsg. von Alexander von Brünneck im Suhrkamp Taschenbuch Verlag. Frankfurt/Main 1991. S. 23-31.

[138] Finke, Thomas: Demokratie statt Parlamentarismus. In: *Staatsbriefe* 3/1992. S. ?

[139] Oberlercher, Reinhold: Das ABC der politischen Begriffe. In: *Staatsbriefe* 6/1994. S. 28-35.

[140] Eine Einführung in die Typologie westlicher Demokratiemodelle bieten Lehner, Franz und Ulrich Widmaier: Vergleichende Regierungslehre. Leske und Budrich. Opladen 1995.

[141] Montesquieu, Charles de: Vom Geist der Gesetze. XI. Buch. 6. Kapitel.

[142] Grundgesetz für die Bundesrepublik Deutschland. Artikel 63 Absatz 1 und Artikel 77 Absatz 1 Satz 1.

[143] Fraenkel, Ernst: Deutschland und die westlichen Demokratien. S. 273-274. Auf Fraenkels unzulässige Gegenüberstellung von Pluralismus und Totalitarismus hat Thor von Waldstein auf S. 16 seiner 1989 vorgelegten Inaugural-Dissertation zum Thema: „Die Pluralismuskritik in der Staatslehre von Carl Schmitt" hingewiesen.

[144] ebda, S. 274.

[145] Lippmann, Walter: Die Gesellschaft freier Menschen. Verlag A. Francke. Bern 1945. S. 103-104.

[146] Waldstein, Thor von: Die Pluralismuskritik in der Staatslehre von Carl Schmitt. S. 14-15. Von Waldstein zitiert hier Carl Schmitt: Der Hüter der Verfassung (1931). 3. Auflage. Duncker & Humblot. Berlin 1985. S. 71.

[147] ebda, S. 15-16. Von Waldstein zitiert hier Carl Schmitt: Der Begriff des Politischen. Zuerst in: Archiv für Sozialwissenschaft und Sozialpolitik. Bd. 58. (1972). S. 12.

[148] Knörzer, Winfried: Drachen fauchen, Kröten quaken. In: *Staatsbriefe* 7/1996. S. 38.

[149] Eichberg, Henning: Die Geschichte macht Sprünge. Fragen und Fragmente. Verlag Siegfried Bublies. Koblenz 1996. S. 151.

[150] ebda, S. 164.

[151] Vgl. hierzu Oberlercher, Reinhold: ABC der politischen Begriffe. Erstveröffentlichung in den *Staatsbriefen* 6/1994. Zitiert nach: Schulungsmappe des Deutschen Kollegs (Zusatzkurs „Kleines ABC"), S. 4.

[152] Eichberg, Henning: Die Geschichte macht Sprünge. S. 164.

[153] Sander, Hans-Dietrich: Die Auflösung aller Dinge. Zur Moderne. Castel del Monte. München 1989. S. 165.

[154] Oberlercher, Reinhold: Reichsverfassungsentwurf. In: *Staatsbriefe* 1/1992. Zitiert nach Schulungsmappe des Deutschen Kollegs (Einführungskurs: Reichsbürgerkunde).

[155] Mann, Thomas: Betrachtungen eines Unpolitischen. Fischer Taschenbuch Verlag. Frankfurt/Main 1995. S. 247.

[156] Vgl. Wolfgang Venor im Gespräch mit *Junge Freiheit*, Ausgabe vom 24.6.1999.

[157] Zum Beispiel in § 14 Abs. 2,4 des Bremischen Landesmediengesetzes.

[158] Kunczik, Michael: Massenmedien und Gesellschaft. In: Privatkommerzieller Rundfunk in Deutschland. Bundeszentrale für politische Bildung (Hg.). Bonn 1992. S. 24-25.

[159] Scheuch, Erwin K. u. Ute Scheuch: Cliquen, Klüngel und Karrieren. Rowohlt Taschenbuch Verlag. Reinbek bei Hamburg 1992. Es sei hierbei insbesondere auf die S. 72-108 verwiesen, in denen die Autoren ihre These des „Parteienstaates" am Beispiel von Köln belegen.

[160] Vgl. hierzu: Schuster, Detlev: Meinungsvielfalt in der dualen Rundfunkordnung. Duncker & Humblot. Berlin 1990. S. 142 u. S. 184.

[161] Zur Organisation des Rundfunks in der BRD sei auf das „Fischer-Lexikon Publizistik und Massenkommunikation" hingewiesen, S. 349-352; hrsg. in Frankfurt/Main von Elisabeth Noelle-Neumann, Winfried Schulz u. Jürgen Wilke im Fischer Taschenbuch Verlag.

[162] Benoist, Alain de: Kulturrevolution von rechts. Gramsci und die Nouvelle Droite. Edition d. Bd. 6. Sinus-Verlag. Krefeld 1985. S. 50.

[163] Auf dieses Modell soll noch näher im Abschnitt „Deutsche Visionen ..." eingegangen werden.

[164] Als nationale Volksherrschaft definiert der Verfasser – ganz im Sinne von Carl Schmitt („Die geistesgeschichtliche Lage des heutigen Parlamentarismus", S. 20) – den Versuch, mittels einer Gesetzgebungs- und Regierungspolitik das Ideal einer „Identität von Regierenden und Regierten" anzustreben, wobei natürlich der Idealzustand unerreichbar sein wird. Aber schon der Versuch und der Wille, die wesentlichen Existenzfragen eines Volkes zu dessen Wohle zu lösen – wie den Erhalt und die Schaffung von Arbeitsplätzen und Wohnraum für deutsche Staatsbürger sowie die Abwendung ethnischer und kultureller Überfremdung und die Abwendung der Auflösung staatlicher Ordnung –, wäre als ein immenser Fortschritt angesichts der deutschen Gegenwart anzusehen. Denn den BRD-Systemlingen mangelt es ja schon an dem Willen (und den Fähigkeiten obendrein), die Identität von Regierenden und Regierten herzustellen. Die Umfrageergebnisse zu den aus nationaler Sicht wichtigsten Themen wie „Einwanderungsgesellschaft" und „EU-Währungsunion" belegen vielmehr eine bundesrepublikanische Diskrepanz zwischen dem Willen der in Berlin Regierenden und der von ihnen Regierten.

[165] Die Begriffsverbindung "internationalistisch" und "Demokratie" stellt freilich einen Widerspruch in sich dar, da sich eine Volksherrschaft bzw. eine Demokratie (Demos = das Volk) nur auf e i n Volk beziehen kann und niemals auf eine multiethnische (Welt-) Bevölkerung.

[166] Vgl. hierzu Schmitt, Carl: Die geistesgeschichtliche Lage des heutigen Parlamentarismus. S. 72-73. Schmitt bezieht sich im Kapitel II („Die Diktatur im marxistischen Denken") auf die Marx-Hegel'sche Dialektik. Der Verfasser hat nun lediglich die von Marx heraufbeschworene Spannung zwischen Proletariat und Bourgeoisie durch den Gegensatz von nationalem und internationalem Demokratiebegriff ausgetauscht. Die Methode bleibt natürlich die gleiche!

[167] Vgl. den Reichsverfassungsentwurf, Artikel 14 (2), von Reinhold Oberlercher. Veröffentlicht in: Schulungsmappe des Deutschen Kollegs ("Einführungskurs: Reichsbürgerkunde"). S. 18.

[168] Schmitt, Carl: Die geistesgeschichtliche Lage des heutigen Parlamentarismus. S. 71.

[169] Auf diese drei Grundprinzipien einer nationalen Politik wird noch im weiteren Verlauf der Arbeit eingegangen.

[170] Eichberg, Henning: Die Geschichte macht Sprünge. Fragen und Fragmente. Verlag Siegfried Bublies. Koblenz 1996. S. 40.
[171] Niekisch, Ernst: Das Zeitalter der Klassenkriege. In: Widerstand. Ausgewählte Aufsätze aus seinen „Blättern für sozialistische und nationalrevolutionäre Politik". Neu hrsg. von Uwe Sauermann in der Sinus-Reihe edition d. Bd. 3. Krefeld 1982. S. 174.
[172] ebda, S. 179.
[173] ebda, S. 174.
[174] *Bild am Sonntag*, Ausgabe vom 14.4.1996. S. 2.
[175] ebda, S. 3.
[176] Sander, Hans-Dietrich in *Staatsbriefe* 12/1995. S. 1 („Thesen über die Vorteile zunehmender Unterdrückung").
[177] Es gilt hier deutlich zu unterscheiden zwischen politischem System und den Begriffen „Staat", „Verfassung" und „Demokratie", die nicht identisch sind! Auf dieses Problem wird noch näher eingegangen unter dem Abschnitt „Deutsche Visionen ...". Das politische System der BRD, so viel sei vorweggenommen, läßt sich auch auf legalem Weg über Artikel 79 des Grundgesetzes beseitigen.
[178] Sander, Hans-Dietrich in den *Staatsbriefen* 11/1995, S. 2. Vgl. hierzu auch die „Thesen zur Konterrevolution" von Hans-Dietrich Sander, *Staatsbriefe* 5-6/1996, S. 1-2.
[179] Statt dessen wurde dann ein wesentlich radikaleres Flugblatt bei der Aktion verteilt, in dem die Losung enthalten war: „*Wir brauchen keine 'Reformen' – Wir brauchen revolutionäre Veränderungen.*"
[180] Flugblatt der *Jungen Nationaldemokraten (JN)*. Titel: „Versammlungsfreiheit statt Verbote!" Herausgegeben anläßlich der Rudolf-Hess-Aktionswochen im August 1996.
[181] *Deutsche Stimme* 2/1996. S. 1.
[182] Finke, Thomas: Verfassungsreform und parlamentarische Arbeit. In: *Staatsbriefe* 6-7/1992.
[183] ebda.
[184] Andreas Unterberger in: *Die Presse*. Zitiert nach *Kommentare zum Zeitgeschehen*, Folge 352, Wien im Juni 1999.
[185] Vgl. hierzu Meier-Stein, Hans-Georg: Die Reichsidee 1918-1945. Das mittelalterliche Reich als Idee nationaler Erneuerung. San Casciano Verlag. Brienna Verlag. Aschau 1998. S. 86.
[186] Zitiert nach Brunck, Helma: Die deutsche Burschenschaft in der Weimarer Republik und im Nationalsozialismus. Universitas Verlag. München 1999. S. 175.
[187] Zitiert nach ebda, S. 176.
[188] Karlheinz Weißmann: Volk, Nation und Staat. *Criticon*. Nr. 161. München März 1999. S. 36.
[189] Vgl. zu dem zuletzt ausgeführten: ebda, S. 36-37.
[190] Eibl-Eibesfeldt, Irenäus: In der Falle des Kurzzeitdenkens. Piper Verlag. München/Zürich 1999.
[191] Eibl-Eibesfeldt, Irenäus: Ist der Mensch paradiesfähig? In: *Aula – Das freiheitliche Magazin*. Ausgaben 2/1999 und 3/1999 S. 33.
[192] ebda. S. 34.
[193] ebda. S. 34.

[194] In *Meyers Großes Taschenlexikon* in 24 Bänden, herausgegeben von der Lexikonredaktion des Bibliographischen Instituts, Mannheim/Wien/Zürich, 1983, ist zu lesen: „Nation [zu lat. *Natio* „das Geborenwerden, das Geschlecht, der Stamm" (von *nasci* „geboren werden, entstehen")], eine soziale Großgruppe, die durch die Gemeinsamkeit von Abstammung, Wohngebiet, Sprache, Religion, Welt- und Gesellschaftsvorstellungen, Rechts- und Staatsordnung, Kultur und Geschichte sowie durch die Intensität der Kommunikation bestimmt wird. Nicht immer sind alle Merkmale vorhanden; entscheidend ist, daß die Angehörigen einer Nation von deren Anders- und Besonderssein im Vergleich zu allen anderen Nationen überzeugt sind. Nationen sind Ergebnis geschichtlicher Prozesse, eine für alle Nationen geltende Definition ist daher nicht möglich, sondern nur die Zusammenstellung von deskriptiv erfaßten Eigentümlichkeiten (...)."

[195] Diwald, Hellmut: Die Anerkennung. Bericht zur Klage der Nation. 1970. S. 35.

[196] Weithmann, Michael W.: Balkan Chronik. 2000 Jahre Geschichte zwischen Orient und Okzident. F. Pustet/Styria. Graz/Wien/Köln, 2. Auflage 1997. S. 204-208.

[197] Vgl. insbesondere den *„Anhang B: Status des multinationalen Militärs"*, der die vor Anmaßung strotzenden Detailbestimmungen des gewünschten NATO-Besatzungsstatuts enthält.

[198] Zitiert nach *Deutsche Stimme* 8/1999.

[199] Hermann Weber in *Frankfurter Allgemeine Zeitung*, Ausgabe vom 9.7.1999.

[200] Schmitt, Carl: Die geistesgeschichtliche Lage des heutigen Parlamentarismus. Dunker & Humblot, Berlin. 7. Auflage von 1991. S. 52.

[201] Schmitt, Carl: Politische Theologie. Dunker & Humblott, Berlin. 6. Auflage von 1993, S.13.

[202] Schmitt Carl: Die geistesgeschichtliche Lage des heutigen Parlamentarismus. Dunker & Humblot, Berlin. 7. Auflage von 1991, S. 14.

[203] Schmitt, Carl: Der Begriff des Politischen. Dunker & Humblot, Berlin. 3. Auflage der Ausgabe von 1963, S. 54.

[204] *Focus*, Ausgabe vom 17.5.1999.

[205] *Junge Welt*, Ausgabe vom 6.7.1999.

[206] *Washington Post*, Ausgabe vom 30.6.1999. Zitiert nach ebda.

[207] Zitiert nach ebda.

[208] *Junge Welt*, Ausgabe vom 16.7.1999.

[209] Die ruandische Regierung spricht von über einer Million Opfer, UN-Quellen sprechen von 500 000. Die Wahrheit wird vermutlich irgendwo in der Mitte liegen. Zitiert nach: *Jungle World* vom 30.6.1999.

[210] Zitiert nach Horst Mahler in *Staatsbriefe* 6-7/1999.

[211] Henry Kissinger in einer Kolumne in *Welt am Sonntag*, Ausgabe vom 1.3.1992.

[212] Die „großgermanische" Propaganda läßt auch gerne außer acht, daß es Völker gibt, wie die Deutschen und skandinavischen Nationen, die sowohl ethnisch als auch sprachlich von den historischen Germanen geprägt sind, andere Völker wie die Engländer zum Teil nur von germanischen Völkern abstammen und nur eine zum Teil germanische Sprache sprechen. Andere

Völker wiederum sprechen nicht-germanische Sprachen wie die Völker romanischer und slawischer Zungen, stammen jedoch zum Teil von historischen germanischen Völkern ab (von den Franken die Franzosen, von den Schwaben die Portugiesen, von den Langobarden die Norditaliener, von den Westgoten die Spanier, von den skandinavischen Warägern die Russen usw.) Welches Volk Europas wäre demnach als „germanisch" oder eindeutig „nicht-germanisch" zu definieren?

[213] Im Osten des eurasischen Kontinents heißt der Hauptverlierer des Zweiten Weltkrieges und Vasall Amerikas Japan.

[214] Ernst Jünger: Der Friede. Manuskript von 1944. Herausgebracht von Stiftung F.V.S. zum 90. Geburtstag Ernst Jüngers. Hamburg 1985. S. 23.

[215] Zitiert nach *Frankfurter Allgemeine Zeitung* vom 2.6.1999. FAZ bezieht sich auf: Carl J. Burckhardt: „Meine Danziger Mission". Der Schweizer Diplomat Burckhardt war zu der Zeit Völkerbundkommissar.

[216] Schmitt, Carl: Großraum gegen Universalismus (1939). In: Positionen und Begriffe im Kampf mit Weimar-Genf-Versailles 1923-1939. Duncker & Humblot. Dritte Auflage. Berlin 1994.

[217] ebda. S.343. Die *Monroe-Doktrin* der USA ist 1823 von dem gleichnamigen amerikanischen Präsidenten formuliert worden. Damals war darunter noch zu verstehen, daß sich vor allem europäische Staaten nicht in gesamtamerikanische Angelegenheiten einzumischen hätten und umgekehrt Amerika nicht in europäische. Daraus entwickelte sich in einem zweiten Schritt der Hegemonialanspruch der USA über das gesamte Nord-, Mittel- und Südamerika. Heute ist damit die alleinige Weltherrschaft gemeint.

[218] Krüger, Gerhard: Um den Reichsgedanken. In *Historische Zeitschrift*. Bd. 165 (1942). S. 459.

[219] Schüßler, Wilhelm: Mitteleuropa als Wirklichkeit und Schicksal. Köln 1939. S. 8-11.

[220] Nier, Michael: Was kommt nach Rot-Grün? In: *Opposition* 3/1999.

[221] ebda.

[222] ebda.

[223] Eaton, Robert J.: Rede vor der Alfred Herrhausen Gesellschaft für internationalen Dialog (AHG). Das 7. Jahreskolloquium fand am 02./03.07.1999 in Berlin statt. Zitiert nach *Junge Welt*, Ausgabe vom 8.7.1999.

[224] *Deutsche Stimme*, Ausgabe 8/1999.

[225] Oberlercher, Reinhold: Wege zur raumorientierten Volkswirtschaft. In: *Deutsche Stimme* 9-10/1998.

[226] ebda.

[227] ebda.

[228] Zumindest in dieser Hinsicht folgt der Verfasser der Lehre von Karl Marx: die Produktionsfaktoren „Boden", „Arbeit", „Kapital". Diese entsprechen in gleicher Reihenfolge den politischen Richtungen: Konservative, Sozialisten und Liberale. Wer sich an dem „Klassen"-Begriff stört, der mag dafür „soziale Schicht" setzen; dies ändert jedoch nichts an dem Prinzip, daß es diese gibt.

[229] Fried, Ferdinand: Das Ende des Kapitalismus. Tat Schriften. Eugen Diederichs Verlag. Jena 1931. S. 112.

[230] Ruzkoi, Alexander: *Vom Reich*. Aus dem Russischen von Günther Döring. Verlag der Freunde. Berlin 1996. S. 3.

[231] Oberlercher, Reinhold: Wege zur raumorientierten Volkswirtschaft. In: *Deutsche Stimme* 9-10/1998.

[232] ebda.

[233] Eaton, Robert J.: Rede vor der Alfred Herrhausen Gesellschaft für internationalen Dialog (AHG). Das 7. Jahreskolloquium fand am 2./3.7.1999 in Berlin statt. Zitiert nach *Junge Welt*, Ausgabe vom 8.7.1999.

[234] Oberlercher, Reinhold: Reichsverfassungsentwurf. In: *Staatsbriefe* 1/1992. Zitiert nach Schulungsmappe des Deutschen Kollegs (Einführungskurs: Reichsbürgerkunde).

[235] Hans-Dietrich Sander spricht sich grundsätzlich gegen die Verwendung des „Sozialismus"-Begriffes aus, weil er diesen nur im Staatskapitalismus verwirklicht sieht, also in der völligen Verstaatlichung der Produktionsmittel. Dieser Begriff ist irreführend. Sozialismus stellt hingegen nur ein Teilinteresse des Volksganzen dar, das in dieses zu integrieren ist. Reinhold Oberlercher will hingegen das Proletariat dadurch abschaffen, indem er die Arbeiterschaft zu Bodenbesitzern macht („Entproletarisierung").

[236] Zitiert nach *Berliner Morgenpost*, Ausgabe vom 2.8.1999.

[237] Jung, Edgar-J.: *Sinndeutung der deutschen Revolution*. Gerhard Stalling. Oldenburg 1933. S. 17.

[238] Wie im Gegenzug die Rechten den Linken vorwerfen, hin und wieder den „Nationsbegriff" im leninschen Sinne zu instrumentalisieren. An beiden Vorwürfen ist etwas wahrens dran!

[239] Niekisch, Ernst: Widerstand. Ausgewählte Aufsätze aus seinen „Blättern für sozialistische und nationalrevolutionäre Politik". Uwe Sauermann (Hg.). Bd. 3. Sinus Verlag. Krefeld. S. 104.

[240] *Sleipnir – Zeitschrift für Kultur, Geschichte und Politik.* 2/1999.

[241] Zur ideengeschichtlichen Entwicklung des nationalen Sozialismus vgl. Weißmann, Karlheinz: Der Nationale Sozialismus. Ideologie und Bewegung 1890-1933. Herbig Verlag. München 1998.

[242] Vgl. hierzu Dupeux, Louis: Nationalbolschewismus in Deutschland. 1919-1933. Kommunistische Strategie und konservative Dynamik. Deutsche Ausgabe: Büchergilde Gutenberg. C. H. Beck'sche Verlagsbuchhandlung. München 1985.

[243] Walser, Martin im Gespräch mit den *Welt am Sonntag*-Redakteuren Ulrich Schacht und Heimo Schwilk. *WamS*, Ausgabe vom 23.3.1997.

[244] *Focus* 11/1997.

[245] Waldstein, Thor von: *Thesen zum Kapitalismus*. In *Staatsbriefe* 5/1998.

[246] Hitler, Adolf in einer Rede am 6.8.1927. Zitiert nach Rainer Zitelmann: *Hitler. Selbstverständnis eines Revolutionärs*. Herbig Verlag. München 1998. S. 454-455.

[247] ebda.

[248] Vgl. Rudolf, Germar in *Deutsche Stimme* 9/1999.

[249] Arnulf Baring in der *Frankfurter Allgemeine Zeitung*, Ausgabe vom 6.7.1999.
[250] *Main Echo* vom 8.6.1999.
[251] Sander, Hans-Dietrich: Die Auflösung aller Dinge. Castel del Monte. München 1988. S. 165-166.
[252] Günter Grass im *Bayerischen Fernsehen* am 2.11.1997.
[253] Scheel, Christine im *Bayerischen Fernsehen* am 2.11.1997.
[254] Fischer, Joschka in *Frankfurter Allgemeine Zeitung*, Ausgabe vom 10.8.1998.
[255] Zitiert nach dem Leserbrief von Georg Wiesholler in *Deutsche Stimme* 7/1999.
[256] Schüsslburner, Josef: Verfassungspolitische Gedanken zur Überwindung der Niederlage Deutschlands. In: *Staatsbriefe* 7/1995.
[257] *Frankfurter Allgemeine Zeitung*, Ausgabe vom 6.8.1998.
[258] Zitiert nach ebda.
[259] Jung, Edgar Julius: Die Herrschaft der Minderwertigen. Ihr Zerfall und ihre Auflösung durch ein Neues Reich. Berlin 1930. S. 114-115.
[260] Hegel, Georg Wilhelm Friedrich: Grundlinien der Philosophie des Rechts. Zitiert nach: Recht, Staat, Geschichte. Friedrich Bülow (Hg.). Alfred Kröner Verlag. Stuttgart 7. Auflage 1981. S. 338-341.
[261] Vgl. u. a.: Friedrich Meinecke: Weltbürgertum und Nationalstaat (1907, zuletzt 1969) sowie: Die Idee der Staatsräson in der neueren Geschichte (1924); Ferdinand Tönnies: Gesellschaft und Gemeinschaft (1987); Werner Conze: Nation und Gesellschaft. Zwei Grundbegriffe der revolutionären Epoche. In: Historische Zeitschrift Bd. 202 (1966); Hans Mommsen: Nation und Nationalismus in sozialgeschichtlicher Perspektive. In: Sozialgeschichte in Deutschland. Wolfgang Schieder (Hg.). u.a Bd. 2 – Handlungsräume des Menschen in der Geschichte; Benedict R. Anderson: Die Erfindung der Nation. Zur Karriere eines erfolgreichen Konzepts (1988); Norbert Elias: Studien über die Deutschen (1989); Krzysztof Pomian: Europa und seine Nationen (1990); Reinhold Zippelius: Geschichte der Staatsideen (1985).
[262] Vgl. hierzu u.a. Axmann, Artur: Das kann doch nicht das Ende sein. Hitlers letzter Reichsjugendführer erinnert sich. Verlag S. Bublies. Koblenz 1995.
[263] Oberlercher, Reinhold: Kommentar zum Reichsverfassungsentwurf. In: *Staatsbriefe* 6-7/92.
[264] Meier-Stein, Hans-Georg: Die Reichsidee 1918-1945. Das mittelalterliche Reich als Idee nationaler Erneuerung. San Casciano Verlag/Brienna. Aschau 1998. S. 495. Vgl. auch das Standard-Werk von Hans-Dietrich Sander: Der nationale Imperativ. Ideengänge und Werkstücke zur Wiederherstellung Deutschlands. Heitz & Höffkes. Essen 2. Auflage 1990.
[265] Finke, Thomas: Verfassungsreform und parlamentarische Arbeit. In: *Staatsbriefe* 6-7/1992.
[266] ebda.
[267] ebda.
[268] ebda.
[269] ebda.
[270] Finke, Thomas: Demokratie statt Parlamentarismus. *Staatsbriefe* 3/1992.

[271] ebda sowie Finke, Thomas: Verfassungsreform und parlamentarische Arbeit. In: *Staatsbriefe* 6-7/1992.

[272] Schüsslburner, Josef: Verfassungspolitische Gedanken zur Überwindung der Niederlage Deutschlands. *Staatsbriefe* 7/1995.

[273] ebda.

[274] ebda.

[275] Sander, Hans-Dietrich: Was kommt nach dem Parteienstaat? Etatistische Überlegungen für die Stunde X. *Die Aula* 6/1987.

[276] ebda.

Vgl. auch Sander, Hans-Dietrich: Einwurf der Absoluten Republik in die Barschel-Krise. *Staatsbriefe* 3/1992.

[277] Finke, Thomas: Demokratie statt Parlamentarismus. *Staatsbriefe* 3/1992.

[278] Oberlercher, Reinhold: Reichsverfassungsentwurf. In: *Staatsbriefe* 1/1992.

[279] Apel, Hans: Die deformierte Demokratie – Parteienherrschaft in Deutschland. Stuttgart 1991. S. 185.

[280] Grundgesetz für die Bundesrepublik Deutschland u.a.. Schriftenreihe Innere Führung. Hrsg. vom Bundesministerium der Verteidigung. Führungsstab 13. Bonn 1987. S. 13.

[281] Mahler, Horst: „Plädoyer für eine breite deutsche Nationalbewegung – Gemeinschaftssinn ist Elementar. Gespräch mit der *Deutschen Stimme* 4/1999.

[282] Vgl. die Überschrift des Aufsatzes von Finke, Thomas: Demokratie statt Parlamentarismus. *Staatsbriefe* 3/1992.

[283] Vgl. Schmitt Carl: Die geistesgeschichtliche Lage des heutigen Parlamentarismus. Dunker & Humblott, Berlin. 7. Auflage von 1991.

[284] Grundgesetz für die Bundesrepublik Deutschland u.a. Schriftenreihe Innere Führung. Hrsg. vom Bundesministerium der Verteidigung. Führungsstab 13. Bonn 1987. S. 68.

[285] Sander, Hans-Dietrich: Was kommt nach dem Parteienstaat. Etatistische Überlegungen für die Stunde X. *Die Aula* 6/1987.

[286] Die NPD ist auf dem besten Wege, die Forderung nach einer Präsidialdemokratie zu formulieren. Denn immerhin fordern die Nationaldemokraten heute schon die Direktwahl des Staatsoberhauptes. Vgl. hierzu das aktuelle Parteiprogramm der NPD: „Der Präsident muß als Staatsoberhaupt über den Parteien und dem politischen Tageskampf stehen. Daher soll er nicht durch die Parteien, sondern unmittelbar durch das Volk gewählt werden." Von der Direktwahl des Präsidenten ist es dann zur verfassungsmäßigen präsidialen Regierungsbildung nur ein weiterer Schritt. Also die Regierungsbildung über den direktgewählten Präsidenten vorzunehmen, im Gegensatz zu dem Modus des BRD-Systems, die Regierungsbildung dem Parlament zu überlassen. Es sei darauf verwiesen, daß auch Herbert Schweiger in seinem Buch „*Evolution und Wissen – Neuordnung der Politik*" die Einführung der Präsidialdemokratie fordert: „Die Einführung der Präsidialdemokratie, in der sich Wahl- und Verantwortungsprinzip vereinen. Die Lebensinteressen des Volkes stehen über den Parteien und Ständen." (S. 436) Und: „Die Forderung, eine verfassungsrechtlich abgestimmte

Präsidialdemokratie einzuführen, hat ihren Urgrund darin, daß jedes Volk intuitiv den besten und stärksten aus seiner Mitte als den politisch verantwortlichen Führungsmann sich wünscht. Schon in der Frühgeschichte entsprach das dem Gedanken des Herzogtums. Der Beste wurde bei der Thing-Versammlung des Stammes zum Herzog gewählt (‚Der vorne herzog'). Solange er das Heil für den Stamm hatte, wurde er gewählt; hat sich dasselbe zum Nachteil seines Stammes von ihm abgewendet, wurde er beim nächsten Thing abgewählt. Die Präsidialdemokratie ist das Herzogsystem auf die heutige Zeit übertragen." (S. 439)

[287] Der Verfasser schließt sich hierbei Reinhold Oberlerchers Vorstellung an, die eine staatliche Aufsicht der im Reich zugelassenen Religionsgruppen durch das vom Volk direkt gewählte Staatsoberhaupt vorsieht. So wäre es möglich, sowohl Katholiken, Protestanten als auch Neuheiden unter einem gemeinsamen staatlichen Dach („Reichskirchenbund") zusammenzufassen, ohne in die jeweiligen Glaubensgrundsätze einzugreifen. Soweit diese sich nicht gegen die Einheit von Volk und Staat richten, oder ihre Gläubigen zum Völkermord und Völkerzwietracht auffordern, was ein Verbot durch das Staatsoberhaupt nach sich ziehen würde. Natürlich würde der politische Katholizismus schwer daran zu schlucken haben, sich zuallererst dem deutschen Staatsoberhaupt und danach erst dem Papst unterzuordnen. Vgl. Oberlerchers *Reichsverfassungsentwurf*. Erstveröffentlichung in *Staatsbriefe* 1/1992).

[288] Arnim, Hans Herbert von: Staat ohne Diener. 1993. S. 335. Zitiert nach *Staatsbriefe* 6-7/1999.

[289] Mahler, Horst: Der Globalismus als höchstes Stadium des Imperialismus erzwingt die Auferstehung der deutschen Nation. In *Staatsbriefe* 6-7/1999.

Literaturverzeichnis:

Anderson, Benedict R.: Die Erfindung der Nation. Zur Karriere eines erfolgreichen Konzepts Campus. Frankfurt/Main 1988.
Apel, Hans: Die deformierte Demokratie. Parteienherrschaft in Deutschland. Stuttgart 1991.
Axmann, Artur: Das kann doch nicht das Ende sein. Hitlers letzter Reichsjugendführer erinnert sich. Verlag S. Bublies. Koblenz 1995.
Benoist, Alain de: Kulturrevolution von rechts. Gramsci und die Nouvelle Droite. Edition d. Bd. 6. Sinus-Verlag. Krefeld 1985.
Bremisches Landesmediengesetz.
Brunck, Helma: Die deutsche Burschenschaft in der Weimarer Republik und im Nationalsozialismus. Universitas Verlag. München 1999.
Brzezinski, Zbigniew: Die einzige Weltmacht. Amerikas Strategie der Vorherrschaft. Fischer Taschenbuch Verlag. Frankfurt/Main 1999.
Bundeszentrale für politische Bildung (Hg.): Privatkommerzieller Rundfunk in Deutschland. Bonn 1992.
Dehoust, Peter: So nicht, Herr Bubis. Eine deutsche Antwort. Nation Europa Verlag. Coburg 1999.
Diwald, Hellmut: Die Anerkennung. Bericht zur Klage der Nation. 1970.
Dupeux, Louis: Nationalbolschewismus in Deutschland. 1919-1933. Kommunistische Strategie und konservative Dynamik. Deutsche Ausgabe: Büchergilde Gutenberg. C. H. Beck'sche Verlagsbuchhandlung. München 1985.
Eibl-Eibesfeldt, Irenäus: In der Falle des Kurzzeitdenkens. Piper Verlag. München/Zürich 1999.
Eichberg, Henning: Die Geschichte macht Sprünge. Fragen und Fragmente. Verlag Siegfried Bublies. Koblenz 1996.
Elias, Norbert: Studien über die Deutschen. Suhrkamp. Frankfurt/Main 1989.
Fraenkel, Ernst: Deutschland und die westlichen Demokratien. Neu hrsg. von Alexander von Brünneck im Suhrkamp Taschenbuch Verlag. Frankfurt/Main 1991.
Freiherr Jordis von Lohausen, Heinrich: Mut zur Macht. Vowinckel Verlag. Berg am See. 2. Auflage 1981.
Fried, Ferdinand: Das Ende des Kapitalismus. Tat Schriften. Eugen Diederichs Verlag. Jena 1931.
Grundgesetz für die Bundesrepublik Deutschland u.a.. Schriftenreihe Innere Führung. Hrsg. vom Bundesministerium der Verteidigung. Führungsstab 13. Bonn 1987.
Habsburg, Otto von: Die Paneuropäische Idee. Eine Vision wird Wirklichkeit. Amalthea in der F. A. Herbig Verlagsbuchhandlung. Wien/München 1999.
Haidn, Carl: Volk und Kirche. Eine Abrechnung mit dem christlichen Europawahn. Jomsburg-Verlag. Uelzen 1998.
Hegel, Georg Wilhelm Friedrich: Grundlinien der Philosophie des Rechts. In: Recht, Staat, Geschichte. Friedrich Bülow (Hg.). Alfred Kröner Verlag. Stuttgart 7. Auflage 1981.
Herrmann, Wolfgang: Der neue Nationalismus und seine Literatur. Ein besprechendes Auswahlverzeichnis. 1. Auflage. Stettin 1933. Neu herausgegeben von Markus Josef Klein im San Casciano Verlag. Limburg a.d. Lahn 1994.
Hundseder, Franziska: Rechte machen Kasse. Gelder und Finanziers der braunen Szene. Droemersche Verlagsanstalt Th. Knaur Nachf.. München 1995.
Jung, Edgar Julius (Hg.): Deutsche über Deutschland. Die Stimme des unbekannten Politikers. Mit einem zusammenfassenden Nachwort: „Deutschland und die konservative Revolution". München 1932.

Jung, Edgar Julius: Die Herrschaft der Minderwertigen. Ihr Zerfall und ihre Auflösung durch ein Neues Reich. Berlin 1930.
Jung, Edgar Julius: Sinndeutung der deutschen Revolution. Gerhard Stalling. Oldenburg 1933.
Jünger, Ernst: Der Friede. Manuskript von 1944. Herausgebracht von Stiftung F.V.S. zum 90. Geburtstag Ernst Jüngers. Hamburg 1985.
Kienzle, Michael und Dirk Mende (Hg.): Zensur in der BRD. Fakten und Analysen. Carl Hanser Verlag. München-Wien 1980.
Lehner, Franz und Ulrich Widmaier: Vergleichende Regierungslehre. Leske und Budrich. Opladen 1995.
Lippmann, Walter: Die Gesellschaft freier Menschen. Verlag A. Francke. Bern 1945.
Mann, Thomas: Betrachtungen eines Unpolitischen. Fischer Taschenbuch Verlag. Frankfurt/Main 1995.
Marx, Karl und Friedrich Engels: Manifest der Kommunistischen Partei. Dietz Verlag. Berlin 1986.
Maunz-Dürig: Grundgesetzkommentar. Loseblattsammlung.
Meier-Stein, Hans-Georg: Die Reichsidee 1918-1945. Das mittelalterliche Reich als Idee nationaler Erneuerung. San Casciano Verlag/Brienna. Aschau 1998.
Meinecke, Friedrich: Die Idee der Staatsräson in der neueren Geschichte. Oldenbourg. München 1924.
Meinecke, Friedrich: Weltbürgertum und Nationalstaat. 2. Auflage. Oldenbourg. München 1919.
Meyers Großes Taschenlexikon in 24 Bänden, herausgegeben von der Lexikonredaktion des Bibliographischen Instituts, Mannheim/Wien/Zürich, 1983.
Michels, Robert: Zur Soziologie des Parteiwesens in der modernen Demokratie. 1. Auflage 1910. Neu erschienen im Alfred Kröner Verlag. Stuttgart 1989 (4. Auflage).
Mohler, Armin: Die Konservative Revolution in Deutschland. 1918-1932. Ein Handbuch. Wissenschaftliche Buchgesellschaft. Darmstadt 1989.
Montesquieu, Charles de: Vom Geist der Gesetze. XI. Buch. 6. Kapitel.
Niekisch, Ernst: Deutsche Daseinsverfehlung. Aufbau-Verlag. Berlin 1946.
Niekisch, Ernst: Widerstand. Ausgewählte Aufsätze aus seinen „Blättern für sozialistische und nationalrevolutionäre Politik". Uwe Sauermann (Hg.). Bd. 3. Sinus Verlag. Krefeld.
Noelle-Neumann, Elisabeth; Winfried Schulz u. Jürgen Wilke (Hg.): Fischer Lexikon Publizistik, Massenkommunikation. Fischer Taschenbuch Verlag. Frankfurt/Main. 1993.
Noelle-Neumann, Elisabeth: Öffentliche Meinung. Die Entdeckung der Schweigespirale. Ullstein Verlag Berlin. Erweiterte Ausgabe von 1991.
Oberlercher, Reinhold: Reichsverfassungsentwurf. Schulungsmappe des Deutschen Kollegs (Einführungskurs: „Reichsbürgerkunde").
Oberlercher, Reinhold: ABC der politischen Begriffe. Schulungsmappe des Deutschen Kollegs (Zusatzkurs „Kleines ABC").
Pannen, Stefan: Die Weiterleiter. Funktionen und Selbstverständnis ostdeutscher Journalisten. Ilse Spittmann und Gisela Helwig (Hg.). Edition Deutschland Archiv im Verlag Wissenschaft und Politik Claus-Peter von Nottbeck. Köln 1992.
Pomian, Krzysztof: Europa und seine Nationen. Wagenbach. Berlin 1990.
Rambouillet, Vertrag von: Anhang B: Status des multinationalen Militärs.
Ruzkoi, Alexander: Vom Reich. Aus dem Russischen von Günther Döring. Verlag der Freunde. Berlin 1996.
Sander, Hans-Dietrich: Der nationale Imperativ. Ideengänge und Werkstücke zur Wiederherstellung Deutschlands. Heitz & Höffkes. Essen 2. Auflage 1990.
Sander, Hans-Dietrich: Die Auflösung aller Dinge. Zur Moderne. Castel del Monte. München 1989.

Scheuch, Erwin K. u. Ute Scheuch: Cliquen, Klüngel und Karrieren. Rowohlt Taschenbuch Verlag. Reinbek bei Hamburg 1992.
Schieder, Wolfgang u.a. (Hg.): Sozialgeschichte in Deutschland. Bd. 2 – Handlungsräume des Menschen in der Geschichte. Vandenhoek & Ruprecht. Göttingen 1996.
Schmitt, Carl: Der Begriff des Politischen. Text von 1932 mit einem Vorwort und drei Corollarien. 3. Auflage der Ausgabe von 1963. Duncker & Humblot. Berlin 1991.
Schmitt, Carl: Die geistesgeschichtliche Lage des heutigen Parlamentarismus. 7. Auflage. Duncker & Humblot, Berlin 1991.
Schmitt, Carl: Politische Theologie. Duncker & Humblot, Berlin. 6. Auflage von 1993.
Schmitt, Carl: Positionen und Begriffe im Kampf mit Weimar-Genf-Versailles 1923-1939. Duncker & Humblot. Dritte Auflage. Berlin 1994.
Schrenck-Notzing, Caspar von: Charakterwäsche. Die Politik der amerikanischen Umerziehung in Deutschland. Verlag Ullstein. Frankfurt/Main-Berlin 1993.
Schuster, Detlev: Meinungsvielfalt in der dualen Rundfunkordnung. Duncker & Humblott. Berlin 1990.
Schüßler, Wilhelm: Mitteleuropa als Wirklichkeit und Schicksal. Köln 1939.
Schwab, Jürgen: Die Meinungsdiktatur. Wie „demokratische" Zensoren die Freiheit beschneiden. Nation und Europa Verlag. Coburg 1997.
Schweiger, Herbert: Evolution und Wissen. Neuordnung der Politik. Grundsätze einer nationalen Weltanschauung und Politik. Arbeitsgemeinschaft für Philosophie, Geschichte und Politik. Mürzzuschlag 1995.
Schwilk, Heimo und Ulrich Schacht (Hg.): Die Selbstbewußte Nation. Ullstein Verlag. Frankfurt/Main und Berlin 1994.
Spengler, Oswald: Der Untergang des Abendlandes. Umrisse einer Morphologie der Weltgeschichte. Deutscher Taschenbuchverlag. Bd. 2. Auflage von 1991.
Taubenberger, Hermann: Bayerische Verfassung. Grundgesetz für die Bundesrepublik Deutschland. München 1982.
Tocqueville, Alexis de: Das alte Staatswesen und die Revolution. Leipzig 1857.
Tönnies, Ferdinand: Gesellschaft und Gemeinschaft. 1987.
Waldstein, Thor von: Die Pluralismuskritik in der Staatslehre von Carl Schmitt. 1989 vorgelegte Inaugural-Dissertation.
Walser, Martin: Ein springender Brunnen. Suhrkamp Verlag. Frankfurt/Main 1998.
Walser, Martin: Finks Krieg. Suhrkamp Taschenbuch. Frankfurt/Main 1998.
Walser, Martin: Heilige Brocken. Aufsätze. Prosa. Gedichte. Suhrkamp Taschenbuch Verlag.Frankfurt/Main 1988.
Walser, Martin: Über Deutschland reden. Edition Suhrkamp. Frankfurt/Main 1989.
Walser, Martin: Versuch, ein Gefühl zu verstehen, und andere Versuche. Reclam Verlag. Stuttgart 1982.
Walther, Karl Kraus: Buchhandel, Leihbibliotheken und Zensur in Coburg zwischen 1790-1840. In Bibliothek und Wissenschaft. Bd. 25. Wiesbaden 1991.
Weißmann, Karlheinz: Der Nationale Sozialismus. Ideologie und Bewegung 1890-1933. Herbig Verlag. München 1998.
Weithmann, Michael W.: Balkan Chronik. 2000 Jahre Geschichte zwischen Orient und Okzident. F. Pustet/Styria. Graz/Wien/Köln, 2. Auflage 1997.
Wulf, Joseph: Presse und Funk im Dritten Reich. Eine Dokumentation. Reihe: Zeitgeschichte. Ullstein Buch Nr. 33028. Verlag Ullstein. Frankfurt/Main/Berlin/Wien 1983.
Zippelius, Reinhold: Geschichte der Staatsideen. Beck. München 1985.
Zitelmann, Rainer: Hitler. Selbstverständnis eines Revolutionärs. Herbig Verlag. München 1998.